JN436778

인물 중심의 종교교육사

엘머 L. 타운즈 엮음 | 임영금 옮김

A HISTORY OF RELIGIOUS EDUCATORS

Ed. by ELMER L. TOWNS
Tr. by IM YOUNG GUEM

한국장로교출판사

A HISTORY OF RELIGIOUS EDUCATORS

Ed. by
Elmer L. Towns

Tr. by
Im Young Guem

1984

Publishing House
The Presbyterian Church of Korea
Seoul, Korea

차 례

머 리 말

역사를 편찬하는 데 있어서 사람들보다는 사건이나 일시나 장소를 강조하는 경우가 너무 많다. 그러나 역사를 생생하게 만드는 것은 바로 사람들이다. 그 사람들이 더 좋은 세계를 꿈꾸었고, 그들의 확신을 성취하기 위하여 싸웠고, 학생들에게 가르쳤고, 희생을 당하였으며, 뜻하지 않게 일찍 죽어갔다. 그 사람들이 없었더라면 역사도 없었을 것이고 기대하는 미래도 없었을 것이다.

본서는 주로 사람들에게 그들이 기독교 교육사에 큰 공헌을 하였고 영향력을 미친 사람들이라고 강조하였다. 여기서 의도한 것은 기독교 교육사를 쓰려는 것이 아니고 그 영역에서 큰 공헌을 남긴 거장들의 역사적 연구를 하려는 것이다. 본서에 포함하도록 선택된 사람들은 당대에 교육적 경향을 대표할 만한 사람돌이거나 직접적이 아니더라도 결국 종교교육에 영향을 미쳤던 개혁 또는 운동을 시작하였던 사람들이다.

여기 선택된 교육자들 모두가 그들 당대에 널리 알려졌

던 사람들은 아니다. 예를 들면 코메니우스(John Amos Comenius)는 자기 당대 사람들에게 조금 알려졌던 사람이지만 그가 죽은 후 거의 2세기 동안이나 잊어버렸던 사람이다. 오늘날에 와서 어떤 사람들은 그를 "최초의 근대 교육자"라고 찬사를 보낸다. 또 본서에 포함된 교육자들이 모두 교육에 주로 일생을 바치고 활동하던 사람들만은 아니다. 즉 루터(Martin Luther)는 처음에 개혁가요 설교가였다. 그러나 그는 교육계에 중요한 영향을 미쳤다. 듀이(John Dewey) 이후의 교육자들은 본서에 포함시키지 않았다. 그것은 한편으로 일차적 자료나 부차적 자료가 다 같이 손쉽게 접근할 수 있고, 다른 한편으로 종교교육에 미친 그들의 영향력이 아직도 미결로 남아 있기 때문이다. 편자가 본서를 편집하고 교육자들을 선택하는 과정에서 몽고메리(John Warwick Montgomery)와 여러 기고자들의 도움을 크게 받았다.

덧붙여 말한다면 기고자 한 사람 한 사람이 자기가 쓴 인물들에 대하여 권위가 있음을 인정받고 있다. 대부분의 기고자들은 학위 논문을 썼거나 그 주제에 대하여 학자적 논문이나 책을 써서 출판한 사람들이다. 본서에 포함된 상당수의 논문은 벌써 출판된 것들이다.

각 논문은 주제로 선택된 사람의 교육 철학과 그 사람이 그것을 어떻게 이행하였는가를 검토하였다. 그리고 각 기고자는 독자들에게 원자료에 접근하도록 안내하고 있다. 각 논문의 원자료에서 인용한 것은 가능한 한 구별된 글씨로 인쇄하여 본문에서 곧 알 수 있게 하였다. 다른 한편 부차적 자료에서 인용한 것은 구별된 글씨로 인쇄하지 않았다.

본서는 교육, 신학, 기독교 교육에 대해 진지하게 연구하려고 하는 모든 학생들에게 참고서가 되도록 저술하였다. 본서는 대학원이나 학부에 교회사 같이 읽을 만한 가치가 있는 책이다.

두 대학원생이 도움을 주었음을 밝히고 싶다. 하나는 밀러(Glen Miller)이고, 다른 하나는 휘셔(John Fischer)이다. 밀러는 논문들을 맡기고 선별하기 위한 기초가 될 서지 연구로 도움을 주었고, 피셔는 역사적 연구에서 자연히 발생되는 여러 가지 상세한 점들을 대조하고 검사하는 가운데 도움을 주었다. 또 원고를 편집하기 위하여 읽고 도움말을 준 체프먼(Marie Chapman) 부인에게 감사를 드린다.

제 I 부

A.D. 1-500

1. 예 수
2. 바 울
3. 아우구스티누스

교육은 교회생활과 통합되어 있다. 그것은 마치 히브리 백성에게 나타났던 것과 마찬가지이다. 모든 이스라엘 사람들은 시내산에서 그들을 위하여 받은 하나님의 법으로 교육을 받아야만 했다. "오늘날 내가 네게 명하는 이 말씀을 너는 마음에 새기고 네 자녀에게 부지런히 가르치며 집에 앉았을 때에든지 길에 행할 때에든지 누웠을 때에든지 일어날 때에든지 이 말씀을 강론할 것이며, 너는 또 그것을 네 손목에 기호를 삼으며 네 미간에 붙여 표를 삼고 또 네 집 문설주와 바깥 문에 기록할지니라"(신 6:6－9). 교회가 히브리적 환경에서 시작되고 양성될 때부터 교육목회를 강하게 강조하는 것은 자연적인 현실로 되었다.

예수님은 바로 유대문화를 거쳤고 지배하셨다. 예수님에 관하여 우리는 이런 말씀을 읽을 수 있다. "예수께서 무리를 보시고 산에 올라가 앉으시니 제자들이 나아온지라. 입을 열어 가르쳐 가라사대…"(마 5:1,2) 예수님이 가르치시기를 마치셨을 때에 "무리들이 그 가르치심에 놀래니 이는 그 가르치시는 것이 권세있는 자와 같고 저희 서기관들과 같지 아니함일러라"(마 7:28,29). 그리스도는 그의 방법과 메시지에 있어서 뛰어난 교육자이셨다.

사도 바울은 육신으로 예수님을 뵈었다고 주장하던 사람이었다(고후 5:16). 그는 소아시아 전역과 결국 로마까지 기독교 복음을 전파하였던 최초의 전도자이었을 뿐만 아니라 2~3 세대의 크리스천들에게까지 관심을 가졌던 교육자였다. "또 네가 많은 증인 앞에서 내게 들은 바를 충성된 사람들에게 부탁하라. 또 다른 사람들을 가르칠 수 있으리라"(딤후 2:2).

3세기 초에 교리 문답 교육제도가 설정되었다. 따라서 입교자들은 3년 과정으로 세례를 받기 위한 준비를 했다. 이 과정은 복음을 지키고 목회를 하려는 젊은 사람들의 훈련 센타로 발전하게 되었다. 히포의 감독이었던 아우구스티누스(354- 430)는 서방 교회가 교리적 발전을 하는 데 크게 영향을 미쳤고, 동시에 교리 문답의 대스승이 되었다. 그는 그의 책 「최초의 요리문답 지도자」(The First Catechetical Instructor)에서도 그 기술을 보였으나 이것은 그의 사후에 쇠퇴하였다.

기독교는 외관상으로 애매한 운동으로서 시작하였다. 즉 기독교는 로마 세계에서 여러 가지 운동 가운데 하나로 여겨졌다. 기독교가 숭앙하는 대상은 로마 정부가 사형에 처했던 예수 그리스도였다. 그 같은 정부가 기독교를 최초로 포함하려고 하였고 또 심한 박해를 하여 파괴하려 하였다. 그러나 초기 크리스천들

이 신앙을 전파하였다. 그들은 이방인들에게 적극적으로 열심히 복음을 전파하였고 교육하였다. 기독교는 생존하였을 뿐만 아니라 4세기 후반에는 로마 황제의 공식 종교로 채택되었다.

기독교는 로마제국과 그 문명을 지나치게 동일시하였던 반면, 두 가지 사실에도 불구하고 살아 남았다. 즉 410년에 로마시는 불탔고 약탈되었으며 476년에 로마의 최후 황제가 물러나게 되었다. 496년에 프랑크족의 왕 클로비스(Clovis)가 세례를 받았다. 이렇게 해서 독일 사람들이 서방에서 신앙의 승리자가 되었던 시대가 시작되었다.

1. 예 수

Jesus

도날드 거스리 (Donald Guthrie)

기독교는 예수님 자신이 예술의 최고 설명자이셨기 때문에 역사적으로 종교적 가르침을 강조하였다. 교회에서 교육에 관한 그의 영향력은 대단히 크지만 한 가지 점에 있어서 조심해야 한다. 그것은 예수님이 교육자 이상의 위치에 있기 때문이다. 예수님은 정신의 조명자(照明者)로 생각할 수 있지만[1] 그에게 있어서는 선교가 더· 기본적인 것이었다. 그는 구속사업을 하시기 위하여 오셨고 그 구속사업은 그의 가르침의 관건(關鍵)이었다. 그가 구속주로 오시지 않았다고 가정한다 하더라도 그의 가르침은 내용과 방법에 있어서 고유한 것이라고 말할 수 있을 것이다. 그러나 실제로 그가 탁월하다는 것은 그의 가르침의 실천성과 타당성이 그의 구속사업에 의존한다는 사실에 근거한다. 이와 같은 사실은 예수님의 가르침에 관하여 아래에서 논의할 때 지나쳐버릴 수 없는 것이다.

일부에서는 예수님을 사회사업가나 정치적 혁명가의 신분

1) 초기 헬라 교부 저술가들, 특히 오리겐이 이 점을 주장하였다.

으로 감축시키는 경향이 있었다.[2] 그의 가르침 가운데 어떤 면에서는 그러한 점이 나타나는 듯하지만 그러한 생각은 그의 선교의 본질적 기반에서 완전히 빗나간 것이다. 그는 인간들을 위한 그의 관심 때문에 그들을 속죄하기 위하여 오셨다. 그리고 그는 그의 구속적 목적 때문에 불가피하게 사회적 관심을 가질 수 밖에 없었다. 그의 가르침은 혁명적이었다. 왜냐하면 그는 사람들이 자기 자신의 힘으로 할 수 없는 것을 하도록 기대하였기 때문이다. 사람들로 하여금 원수를 사랑하도록 권면하는 선생이(마 5：44) 그와 같은 가르침을 생소하고 모순된 것으로 여기는 사람들과 충돌하는 것을 피한다고 기대할 수 없기 때문이다. 그는 또 사람들에게 그의 불가능한 요구를 시행할 능력을 줄 책임을 피할 수도 없다. 우리는 예수님을 종교적 선생으로 접근하는 가운데 역동적 개성이나 종교적 천재 이상의 분으로 생각하고 있다. 우리는 하나님의 아들이라고 주장하신 분의 교육방법을 검토하고 있다. 이러한 논구(論究)는 종교교육에 대한 다른 접근 방법들과 다른 위치에 있다. 예수님은 그의 고유성 가운데서 하나의 모형을 제시함으로써 다른 사람들이 거기에서 배웠고 또 아직도 배우고 있다. 그의 방법에 관한 연구는 대단히 적절한 일이다. 그것은 정확히 말해서 그가 그의 성역(聖役)에서 모든 세대에 종교적 진리를 나누어 주려고 할 때 사람들이 직면한 문제들과 유사한 의사소통의 문제에 직면하셨기 때문이다. 종교교육의 어떠한 철학도 예수님의 접근 방법의 기본적 원리를 무시할 수는 없을 것이다.

---

2) 브렌든(S.G.F. Brandon)은 최근에 예수님과 혁명가들의 집단인 세롯당 운동을 연관지으려고 하였다. ***Jesus and the Zealots***(New York: Scribner, 1968).

교육 방법

예수님을 교사로 평가한다면 여러 가지 기본적인 질문을 해야 한다. 교육 방법이 교사의 배경을 아는 데 반대되도록 이해될 가능성이 있기 때문에 우리가 제일 먼저 해야 할 일은 예수님이 가르치신 환경(milieu)을 입증하는 것이다. 이렇게 해서 그의 환경에 의하여 배타적으로 결정된 그의 방법적 요소들은 보편적 타당성을 갖는 요소들과 구별될 수 있다. 그 다음에 우리는 예수님께서 사용하신 여러 유형의 교육 방법과 그의 메시지 내용을 전달하는 그의 다른 방법에 대한 주의를 기울일 것이다.

배 경 : 예수님은 로마 제국의 통치를 받던 팔레스틴에서 가르치셨다. 로마 사람들은 유대인들이 로마 제국의 틀 안에서 특별한 범주를 제시하였다고 생각하였다. 유대 사람들의 종교적 절차는 대부분의 다른 예속 국민들과는 달리 로마의 만신전(萬神殿)이 제시한 일반적인 종교 혼합주의에 흡수될 수 없었다. 유대 사람들은 우상 숭배자들도 아니었고 그렇다고 로마 사람들이 여러 봉신(封臣)을 통하여 수집된 지역신들과 함께 둘 수 있었던 여호와의 상을 가지지도 않았다. 이것은 외국의 통치가 유대 사람들의 종교적 방법과 접근에 아무런 영향을 주지 못했다는 것을 의미하였다. 팔레스틴이 넓게 퍼져 있는 헬라 문화의 한가운데 있는 유대 문화의 한 작은 보유지이었다는 사실에도 불구하고 유대 사람들의 격리주의는 강한 종교적 확신의 지원을 받음으로 말미암아 혼합주의로 가려는 일반적 경향을 막는 책임이 있었다.

유대인의 교육 방법은 예수님의 방법을 이해하는 데 어떤 도움을 줄 수 있다. 유대의 선생들은 그들의 학생들을 훈육할 때에[3] 분명한 교육 원리를 따랐다는 증거가 있다. 첫 단계는 명료한 제 2단계인 의미를 이해하려고 하지 않고 연구해야 할 본문을 항상 암기하는 것이었다. 그들은 본문의 정확한 전달을 대단히 강조하였다. 그리고 암기하는 데 도움이 되는 보조 자료로 많은 방안을 사용하였다. 이것에 대한 많은 증거가 분명히 예수님 때보다 더 늦게 나타난다. 그러므로 예수님이 그와 같은 방법에 어느 정도 영향을 받았는지 결정하기 어렵다.[4] 물론 우리는 예수님이 전통적 랍비가 아니셨다는 것을 알아야만 한다. 그의 비인습적(非因習的) 목적은 그의 방법에 영향을 미쳤어야만 했다. 그러나 그는 기억해야 되고 해석해야 할 필요성을 무시할 수 없었을 것이다. 이러한 기본적인 요구가 사실상 비유의 목적에 대한 관건(關鍵)을 마련해 줄 수 있다. 우리는 생명의 참된 의미를 포착할 수 있을 때에 생명을 일으키는 자료에 대해 마음을 둘 수 있도록 제일 먼저 생각을 해야 한다. 예를 들면 예수님의 가르침 가운데 많은 것이 고난에 연속되는 사건에 비추어 새로운 의미를 가졌다. 이에 앞서 사람들이 부활하신 그리스도와 새로운 관계를 갖는 데 적절하게 의존한 가르침을 이해하는 것은 불가능하였다.

예수님의 교육 방법 가운데 어떤 것들은 본보기적 방법이라기보다는 오히려 예비적인 방법으로 보아야만 한다. 그는

3) B. Gerhardsson, ***Memory and Manuscript***; and ***Tradition and Transmission,*** E. J. Sharpe 역(Lund: Gleerup, 1964).

4) Gerhardsson의 비판을 위하여 A. N. Wilder, "Form-history and the Oldest Tradition", in *Neotestamentica et Patristica,* W.C. van Unnik 편(Leiden: Brill, 1962), pp. 3 - 13; W. D. Davies, "The Gospel Tradition", in *Neotestamentica et Patristica,* pp. 14-34; Davies, *The Setting of the Sermon on the Mount,* 부록 15 등을 보라.

선생으로서 고유한 위치에 있었다. 그것은 그의 교리가 그의 선교와 분리시킬 수 없기 때문에 그 자신의 인격과 사역에 선회하였다는 데서 나타난다. 그의 방법은 이러한 특별 선교에 완전히 적용되었다. 여기서 그의 방법은 유대 사람들의 방법과 현저히 달랐다. 유대 사람들은 기존 선생들의 가르침을 전달하는 중요성을 강조하였다. 정확한 전통을 이들이 강조한 것은 전도되지 않은 전달을 확실히 하는 데 적합한 기술을 요구하였다. 그러나 예수님은 그의 제자들에게 그가 가르치신 모든 것을 성령이 생각나게 할 것이라고 확인시키셨을 때(요 14 : 26) 기억하는 방안보다 기억하는 데 더 좋은 도움이 되는 보조 자료를 약속하셨다. 우리는 이것을 예수님의 가르침을 전달하기 위하여 특별히 마련된 것으로 알아야 한다.

교육의 유형들 : 우리는 랍비들의 방법과 예수님의 방법을 비교해 볼 때 예수님이 순회적 사역을 하셨다는 것을 기억해야 한다. 랍비들은 계속적인 훈육을 하기 위하여 학생들을 자기들 주변에 모을 수 있었다. 같은 주제에 대해 계속해서 되풀이하는 것은 학생들이 들었던 것을 대체로 재생산할 수 있다는 것을 보장하였다. 그러나 예수님은 그와 같은 방법을 사용할 수도 없었고 또 사용하지도 않았다. 그의 교육 목적은 주어진 기회를 가장 효과있게 사용하기 위하여 그의 가르침을 적용하는 것이었다. 유대인의 가장 전통적인 방법의 기계적 특성은 그와 같은 목적에 전혀 맞지 않았다.

때때로 예수님은 연속적인 논의로—예를 들면 산상보훈(마 5-7)을 통하여, 그리고 종말론적 논의(마 24, 25)를 통하여—가르치셨지만 그의 일반적인 방법은 그의 가르침을 좀더 간결하게 전달하는 것이었다. 예수님의 연속적인 논의가 다 복음서에 기록되었다고 생각하는 것은 잘못이다. 왜냐하면 그는 사역 기간 동안 여러 번 청중을 자기 주변에 모아 놓고 많은 무리를 먹였던 경우처럼 연속적인 기간 동안 가르치셨던 것이 나타나고 있기 때문이다. 지나치는 여러 경우에 지식을 이해하도록 한다는 것은 분명히 더 큰 기술이 요구된다. 그리고 예수님이 이러한 기술을 최상급으로 가지셨음을 우리는 의심할 여지가 없다. 그가 가르치는 모든 방법 가운데서 비유를 사용한 것은(후에 논의하겠지만) 주어진 모든 기회를 선용하기 위하여 선택한 그의 가르침의 형식이 얼마나 완전한가를 보여 주고 있다.

예수님의 목표는 청중이 듣는 것을 기억하는 가운데 잊어버릴 수 없는 예증들을 이식하는 것처럼 보인다. 예수님은 청중이 반사하는 가운데 영적인 진리가 전달될 수 있다고 생각하신 것 같다. 그는 비유를 많이 사용하였다. 그것은 쉽게 기억하고 많은 것이 보통 언어로(예를 들면, "회칠한 무덤"으로) 전달될 수 있게 하였다. 예수님이 그의 가르침을 표현한 형식은 상당히 다양하였다. 예수님이 가이사의 것은 가이사에게, 하나님의 것은 하나님에게라고 역설하신(마 22:21) 세금에 관한 말씀처럼 중요한 주제에 관해 논평하신 것을 요약한 경귀(警句)를 어떤 사건은 때때로 야기시켰다. 때때로 하나의 치유 사건이 신앙의 필연성이나 물리적 치유보다 영적 치유가 우월하다는 것을 보여 주었을 때처럼 그 사건 자체에서 자연히 배우게 된 경우도 있었다.

예수님이 가르치신 "양식"을 분석해 보면 구태의연한 양태의 접근 방법은 전혀없는 것을 알 수 있다. 수사학적 방안이 사용되었다면 수단으로 이용되었고, 그것이 그의 가르침을 지배하지는 않았다. 예수님은 때때로 유대인의 논증 방법을 사용하였으나 특정한 목적을 달성하기 위해서만 사용하였다. 그는 논증 자체를 위하여 논증을 사용하지 않았다. 그의 방법이 다양한 것은 그의 가르침을 비교할 수 없이 새롭게 하였다. 그는 인습적 형식을 사용함으로써보다는 오히려 특정한 청중의 요구에 완전히 적용되는 말을 함으로써 사람들로 하여금 그의 말을 들을 수 밖에 없도록 하였다. 예를 들면 예수님은 자기들의 특권을 악용하였던 바리새인들에게, 보통 사람들에게보다 더 날카로운 도전으로 말씀하셨다(마 23 : 13).

예수님의 가르침 가운데 나타난 또 하나의 특징은 추상적인 형식을 거의 사용하고 있지 않다는 점이다. 이것은 다시 유대인들의 본질적인 사고방식을 예시(例示)한다. 왜냐하면 셈족계의 교사가 사용하는 방법은 추상적이라기보다는 구체적이다.[5] 예수님은 진리나 빛에 대하여 말하는 것을 선택하였을 때에라도 사람들이 일반적인 삶에 적합한 것을 볼 수 있는 평범한 예증을 선택하셨다. 예를 들면 등잔을 말 아래 두지 않았다는 것과 같다(마 5 : 15).

예수님의 가르침 속에는 생생한 맛이 난다. 그는 진리를 전달하기 위하여 다양한 형식을 광범위하게 사용함으로써 결코 둔감하지 않았다. 그의 목적은 더욱 더 발전적인 사고를 촉진시키는 생각을 전달하기 위하여 항상 주의를 끌었다.[6] 그처럼 웅건(雄建)한 가르침은 예수님의 수난 이후에까지 완전히 이해할 수 없었다는 사실에 비추어 볼 때 위임적인

---

5) 유대 문서 가운데 형식들을 분리해낼 가장 가까운 접근 방법이 쿰란 문서에서 발견되었다. 그러나 이것은 대체로 헬레니즘의 영향을 받은 것이었다. 빛이라는 것을 사용하는 것에 관하여 A. R. C. Leaney, *The Rule of Qumran and It's Meaning*(Philadelphia: Westminster, 1966)와 비교하라.

6) 사상의 활력의 보기를 들기 위하여 12 : 24와 비교하라. 또 예수님의 가르침 가운데 많은 것이 시적 특성을 가졌다는 것에 주목하라. C. F. Burney, *The Poetry of our Lord*(Oxford Claredon, 1925)와 비교하라.

사항이었다. 초기 크리스천들은 예수님의 구속사업과 부활의 능력에 비추어 그의 본질적인 가르침을 해석하기 위하여 그 가르친 내용을 상기할 필요가 있었을 것이다(요 7 : 38).

추론 방법(推論方法) : 모든 가르침은 이해하는 것을 목적으로 하여야 한다. 예수님의 가르침은 청중의 마음에 완전히 적용되는 사고 형식을 사용하는 많은 보기를 제공해 준다. 그는 다음과 같은 논리적 논증의 방법을 사용하였다.

예수님은 영적인 진리를 좀더 잘 알 수 있게 하기 위하여 자주 유비(analogy)를 사용하였다. 예수님은 지상의 아버지가 하나님의 자녀들의 복지에 대한 관심을 가지고 있음을 사람들이 빨리 이해하기 때문에 그처럼 하나님이 아버지로서 그의 영적인 자녀들에 대해 훨씬 더 큰 관심을 가지고 계심을 예시(例示)하였다(마 7 : 10). 예수님의 가르침에 절대적인 기초가 되는 기본적인 가정은 물리적 세계가 영적인 것을 이해하기 위한 모형을 마련해 준다는 것이다. 양을 목자로서 먹인다는 것은 하나님께서 그의 백성을 위한 선한 목자로서 돌보시는 것을 생생하고도 타당한 묘사로서 나타내 주고 있다(요 10 : 11).

예수님의 가르침의 또 하나의 방법은 불합리한 것에 대해 논증(argumentum ad absurdum)하는 것이었다. 예수님께서 귀신의 왕의 힘을 얻어 귀신을 내쫓는다는 비난을 받았을 때 그를 고발하는 자들이 조용하게 하고 청중이 심오한 영적 진리를 알게 하는 방법을 사용하였다. "사탄이 사탄을 어떻게 쫓아낼 수 있는가?"라고 예수님은 도전하셨다(막 3 : 23, 마 12 : 55 이하, 눅 11 : 15 이하). 그를 고발한 사람들은 예수님을 반대하여 표방하였던 책임의 논리적 결과를 포착하지 못하였다. 그들은 자기들의 입장이 불합리하다는 것을 부인할 수 없었다. 예수님은 이와 비슷하게 옷을 꿰매는 헝겊과 가

죽부대의 술을 예화로 사용하면서(막 2 : 21-22) 그의 새로운 가르침을 옛 사람들의 낡은 양식에 한정시키려고 하는 불합리성을 보여 주었다.[7] 예수님은 이러한 방법으로써 인간들의 사고가 피상적임을 되풀이하여 지적하였다. 그는 당시 사람들이 세례 요한은 먹지 않았기 때문에 부인하였고, 예수님은 유쾌히 잡수셨기 때문에 부인하였던 모순점을 지적하였다(막 11 : 17-19). 이러한 환경에서 그들은 춤추지도 않았고 슬퍼하지도 않으면서 시장에서 놀았던 어린이들처럼 변덕스러웠다(마 11 : 16, 눅 7 : 32).

예수님의 가르침의 또 하나의 방법은 대인 입증(対人立証, argumentum ad hominem)이었다. 이 방법은 적수들이 주장한 전제들 속에서 이끌어낸 것이다 이것에 대한 가장 현저한 방법은 요한복음에서 찾을 수 있을 것이다. "너희가 신이다"라는 말을 포함한 성서에 호소함으로써 예수님은 하나님을 모독한다는 유대인들의 비난에 대해 대답을 하였다. 너희가 신이다라는 말은 지상의 재판장들이 신이라고 불리워진다고 예수님이 하나님의 아들이라고 주장한 것에 대해 반대해서는 안 된다는 것을 의미한다(요 10 : 34-36). 논증 방법은 생소하게 보일 수 있으나 그 말을 듣던 유대인들은 그것이 친숙한 것임을 알았을 것이다. 즉 그것은 랍비들의 논의에서 자주 사용되었던 논증이었다.

이와 흡사하게 예수님은 그의 청중에게 질문하거나 그에게 질문한 자들에게 되묻는 방법을 사용하였다. 예를 들면, 요한의 권위가 어디서부터 오는가에 대한 질문이다. 예수님은 그 자신이 행위하고 가르치셨던 권위에 대해 묻는 사람들에게 반문을 하셨다. 그가 이렇게 반문했을 때 그를 비판

7) 마 9 : 16 이하; 막 2 : 21, 22; 눅 5 : 36, 37 등과 비교하라. A. Plummer에 의하면 새 옷에서 찢어진 조각은 "금식"이었다. *The Gospel According to St. Luke*(Edinburgh: Clark, 1896).

하는 자들은 곤경에 빠지게 되었다(마 21 : 23-27). 그는 많은 경우에 같은 기술적인 방법으로써 그를 잡으려고 하던 사람들로 하여금 잠잠하게 만들었다. 예수님의 제자들이 안식일에 이삭을 따먹는 것을 보고 서기관들과 바리새인들이 둔사(遁辭)를 했을 때 비슷한 상황에서 다윗이 했던 것에 관한 기록을 읽었는가 라고 물었다(막 2 : 23-27). 예수님께서는 서기관들이 성서에 대해 무지했던 것을 들추어 보여준 경우가 많이 있다. 예를 들면 예수님이 이혼에 관한 모세의 가르침에 대해 언급한 것이다(마 19 : 3-6).

때때로 예수님은 더 작은 것에서부터 더 큰 것에까지 논증하는(argumentum a fortiori) 방법을 사용하였다. 여기서 예수님은 인간의 아버지가 그의 자녀들에게 선물을 주는 데 기뻐하는 것에 호소함으로써 인간들에게 하나님께서 선물을 주시는 데 크게 기뻐하신 것을 강조하였다(마 7 : 11). 이것은 논증의 힘을 포착하기 위하여 사상의 큰 비약을 필요로 하지 않는다. 왜냐하면 하나님께서 사람보다 더 우월하여야 한다는 것은 자명하기 때문이다. 다시 말해서 예수님은 하나님께서 사람을 훨씬 더 크게 돌보신다는 것을 증명하기 위하여 풀과 같은 일반적인 것들도 돌보신다는 것을 지적하셨다(마 6 : 30). 같은 방법을 거꾸로 보여 주시기도 한다. 즉 예수님은 그의 제자들의 발을 씻기시면서 제자가 스승보다 더 낫지 못하다는 근거 위에 그의 본보기를 열심히 따르도록 도전하였다(요 13 : 14, 15).

예수님은 반문하는 것에 덧붙여 흔히 묻고 대답하는 방법으로 가르치셨다. 때때로 수사학적 질문이 "너희가 사랑하는 사람을 사랑한다면 어떤 상을 받겠는가?"와 같은 말에서 일어난다(마 16 : 26). 그처럼 통찰력있는 질문은 청중으로 하여금 적합한 대답을 찾도록 충동할 수 밖에 없었다. 예수님은 보통 대답을 기다리지 않고 그것에 기초하여 자기가 사고하는 방향을 따라 발전시키는 것을 추정하였다. 여기에 예시된 중요한 원리는 예수님이 청중편에서 어떤 영적인 참여가 있을 것을 분명히 기대하고 계신 것이다. 이러한 사실은 세 번째로 논의하는 종교교육 철학에 대한 평가에서 취급될 것이다.

예화의 사용 : 예수님께서 사용한 가장 중요한 교육 방법 가운데 하나는 말로 표현되고, 눈으로 볼 수 있는 예화이다. 은유법을 사용한 것은 특별히 인상적이다. 예를 들면 많은 경우에 육체적인 데서 이끌어낸 언어의 표현이 영적 진리를 전달하는 데 사용되었다. 육신적 맹인이 훨씬 더 심각한 영적 맹인을 예증하였다(요 9 : 39－41). 정치적 속박은 영의 속박을 나타냈다(요 8 : 31－36). 예수님은 일반적인 사물을 예리하게 관찰하셨고 그의 가르침을 예증하는 데 적합하게 사용하였다. 어디에나 있던 참새는 하늘에 계신 아버지의 사랑을 주장할 수 있었다(마 10 : 29). 눈 안에 있는 가시들은 영적 분별력에 대한 장애물로 나타난다(마 7 : 15). 풀은 생명의 불가사이함을 보여 준다(마 6 : 50). 나무는 참된 성장의 비결을 보여 준다(마 7 : 17, 18). 그와 같은 예화는 추상작용이 할 수 있는 것보다 더 활발하게 마음에 기억하도록 하였다. 그러한 예화는 교육의 근본적인 면에 대해 주의를 기울이게 했다. 예화없는 가르침은 창문없는 집과 같다. 즉 그것은 많은 보물을 포함할 수는 있지만 그 보물을 볼 수는 없는 것과 같다.

예수님은 자신의 선교를 서술할 때에 흔히 은유적 언어를 회복시켰다. 그는 선한 목자라고 주장하였다. 왜냐하면 모든 사람이 참 목자는 양들을 돌본다는 것을 알았기 때문이다(요 10 : 11). 그는 세상의 빛이라고 주장하면서 도덕적 흑암을 추방하는 그의 논박할 여지가 없는 기능에 주의를 기울이게 하였다(요 8：12). 후에 한 제자가 같은 비교를 하면서 세계가 그 빛을 이해하지 못하였다고 논평하였다(요 1：5). 더우기 예수님은 자신을 문이라고 불렀을 때처럼 기대하지 않았던 은유를 주저하지 않고 사용하였다.[8]

예수님이 가라지(마 13：18 이하)와 오물(눅 14：35)과 썩은 고기(마 13：14)와 같은 은유를 가지고 하나님 없이 산 삶의 무가치함을 서술했을 때처럼 예수님의 가르침의 다른 면에서도 같은 것이 사실로 나타난다. 사람들로 하여금 심각한 생각을 하도록 충격을 주기 위하여 그처럼 일상생활에서 예화를 사용한 것은—싫어하는 것까지라도—예수님의 사역의 강한 특성을 나타내었다. 그는 종교적 선생으로서 예화를 사용하는 데 있어서 비교가 안 될 만큼 우월하였다. 예화의 생동성은 당대의 사람들을 사로잡았을 뿐만 아니라 많은 것이 현대적 삶에 병합되었다. 예를 들면, "진주를 돼지에게 던지지 말라"(마 7：6)와 같은 잠언은 일반적으로 완전히 맞지 않은 원천으로부터 대답을 기대하는 어리석음을 나타낸다. 진주를 돼지와 어울리지 않게 연결시키는 것이 그처럼 인상적이었기 때문에 청중들이 쉽게 잊어버릴 수가 없다.

선생의 광범위한 예화는 선생에 관하여 많은 것을 나타낸다. 그것은 예수님의 경우에 환경에 관하여 예리하게 아는 정신, 즉 심원한 진리를 조명하기 위하여 중요하지 않은 것들에 주석을 달 준비를 하는 것을 가리킨다. 예수님은 분명히 시골을 사랑하였다. 그것은 예수님이 그처럼 자주 그의

---

8) C.C. Torrey와 M. Black은 다 같이 문(door)이라는 말이 아람어에서 잘못 번역된 것이라고 제안하였다. *Our translated Gospels* (New York: Harper, 1936), pp.108, 111—13; *An Aramaic Approach to the Gospels and Acts*, 3rd ed. (Oxford: University Press, 1964), p.193(각주 1).

문자적 묘사를 시골풍경에서 이끌어 내는 가운데 나타났기 때문이다.[9] 그는 멍에의 모양을 의미깊게 사용할 수 있었다. 왜냐하면 그는 목공실에서 멍에를 만들 수 있었기 때문이다(마 11 : 29, 30). 그는 상인들이 바삐 움직여 장사하는 것을 유심히 보았고, 그의 가르침을 조명하기 위하여 상인들을 사용하였다(마 13 : 45, 46). 이처럼 그는 어부와 강도에 관해서 언급하였다. 어떠한 교육자도 예수님이 당대 사람들에게 의사소통하면서 사용하였던 방법을 무시할 수 없다. 왜냐하면 종교와 대중이 멀리 떨어져 떠돌아다니고 있을 때에 보다 더 생동감이 넘치기 때문이다.

비유의 사용 : 예수님의 비유는 그의 교육 방법에 현저한 공헌을 하였다는 특별한 논평을 받는다. 복음서 안에 있는 많은 보기 가운데 몇 개만이 그처럼 중요하기 때문에 모든 공관복음 가운데 나타나며 대부분의 보기는 한 복음서 기자만이 언급하면서 많은 다른 것들이 기록되지 않았다는 것을 제안한다. 각 기자는 그의 목적에 가장 적합한 비유를 선택하였다. 비유는 교육의 수단으로서 특정한 적용성을 갖고 있다. 비유는 묘사하는 가운데 생각하는 습관을 가지도록 특별히 잘 조정되었다. 왜냐하면 그것은 단순한 이야기를 수단으로 하여 기초적인 진리를 나타내는 것을 목적으로 하기 때문이다. 더우기 예수님의 비유는 그 간결성이 현저하게 나타난다. 예를 들면 한 이야기를 선한 사마리아 사람의 비유처럼 몇 마디로 그처럼 많은 행위와 비교하는 것은 어려운 것이다(눅 10 : 29 이하). 비유를 기억할 수 있게 하는 것은

9) J. M. C. Crum은 소위 Q문서를 예수님께서 시골을 좋아하셨음을 많이 나타낸 것으로 여겼다. *The Original Jerusalem Gospel* (New York: Macmillan, 1927), p. 62.

바로 그 비유 안에 있는 간결성의 요소이다.[10]

예수님의 제자들이 비유들의 목적에 관하여 질문한 것에 대한 그의 수수께끼 같은 응답에 특별히 비추어 볼 때 비유들을 해석하는 데 많은 논의가 넓게 되어졌다. "내가 그들에게 비유로 말하는 것은 그들이 보아도 보지 못하고 들어도 듣지 못하고 또 깨닫지 못하게 하려 함이다." 예수가 청중으로 하여금 그의 의미를 알지 못하도록 막는 분명한 목적을 가진 교육 방법을 선택한 것을 생각할 수도 없다. 그러나 예수님은 현실주의자로서 대화의 어려움에 대하여 완전히 살아 있는 사람이었다. 비유는 청중이 완전히 이해하지 못한 때에라도 상상할 수 있게 하는 수단을 제공해 주었다. 비유는 기억하는 데 일단 뿌리를 내리게 되면 후에 기본적 진리를 더 완전히 포착하게 될 수 있다. 그러나 비유적 형식은 진리에 대하여 벌써 마음을 닫아버린 사람들에게는 아무런 의미를 가지지 못한다.

때때로 부정한 재판관의 비유에서처럼 중심 인물의 주요 특성에 주의를 집중시켰다.[11] 그러나 일반적으로 비유의 주제의 특성들을 행위나 말에서 추론하도록 남아 있다. 교육의 비유적 방법이 가지는 본질은 복잡하지 않는 계획을 요구한다. 아버지와 작은 아들과 큰 아들 모두가 비유에 나타난 여러 가지 점에서 집중되고 있는 탕자의 비유에서처럼

---

10) 마 13：3과 비교하라. 다른 교사들의 비유와 같지 않게 예수님의 비유들은 예수님 자신과 불가분리의 관계에 있다고 R. V. G. Tasker는 간단히 주석을 단다. "그를 이해하지 못한 것은 그의 비유를 이해하지 못한 것이다." "Parable", in *New Bible Dictionary*, ed. J. D. Douglas(Grand Rapids: Eerdmans, 1962), p. 934.

11) 눅 18：1 이하와 비교하라. 재판관의 인품이 많은 주석가들에게 장애가 되었다. J. Jeremias, *The Parables of Jesus*, p. 153에서 최근에 논의된 것과 E. Linnemann, *Parables of Jesus*, pp. 119 이하를 보라.

서로 겹치지 않고 특성이 장면 가운데 나타난다.[12] 상세한 장면이 간단하게 감축되었고 해석하는 데 비본질적인 것이 되었다. 이러한 모습들이 많이 나타나는 것은 예수님의 비유에 고유한 것이 아니고 인습적 모형에 동조적이다.[13] 그러나 예수님을 비유로 가르쳤던 모든 다른 사람들과 구별시킨 것은 그러한 이야기가 가지는 진리의 심원함 때문이었다. 그는 대 교육자로서 가장 심오한 마음을 위하여 생각하도록 음식을 마련하였던 집안의 생각을 끌어내기 위한 가장 간단한 수단을 선택하였다.

예수님은 두 개의 비유에서만 자신의 해석을 제공한다(마 3 : 18-23, 13 : 36-43). 그의 제자들이 비유의 의미에 관하여 어떤 안내를 구하였다는 것은 쉽게 있음직하여 예수님이 해석을 위하여 일반적인 모형을 제공하고 있었다는 것을 생각할 수 있다. 씨뿌리는 비유와 가라지의 비유에서(마 13 : 1 이하, 24 이하, 36 이하) 왕국의 발전은 마음 가운데 있으며 두 비유는 하나의 비유를 상세하게 말하는 것보다 더 중요한 의의를 보여 준다. 해석의 기본적인 원리는 물리적 세계와 영적 세계 사이의 유비를 나타내는 것처럼 보인다. 해석하는 데 있어서 어떤 학파의 특성을 나타낸 사치스러운 알레고리적 표현은 아무 것도 없다.[14] 그럼에도 불구하고 비

12) 탕자의 비유(눅 15장)의 근대적 설명에 대하여 Linnemann, *Parables of Jesus*, pp. 73 이하를 비교하라.

13) *History of the Synoptic Tradition*, trans. J. Marsh(Oxford Blackwell, 1963), pp. 116 이하에서 R. Bultmann이 비유를 문학적 형태로 논의한 것과 비교하라. 비유의 유대적 사용에 관하여 H. L. Strack, et al., *Kommentar Zum Neue Testament aus Talmud und Midrasch*, vol. 1(Munich: Beck, 1922), p. 654와 비교하라.

14) 알레고리 방법(allegorical methods)을 사용하는 교부 저술가 가운데 가장 유명한 사람은 Origen이었다. the Epistle of Barnabas와도 비교하라.

유가 나타내는 관건적 교훈에 관한 논쟁은 아직도 남아 있다. 어떤 사람은 그것을 종말론에서 찾고, 어떤 사람은 그것을 왕국의 주제에서 찾으며, 어떤 사람은 사회적 윤리적 가르침에서 찾는다.[15] 모든 비유가 같은 주제로 말하는 것을 기대하는 것은 타탕하지 않을 것이다. 예수님이 비유를 경우에 따라 그리고 청중에 따라 변화하는 그의 직접적 의도를 나타내기 위하여 모든 경우에 사용하였다고 생각하는 것은 합리적이다.

예수님의 인품의 중요성：어떤 교육자들은 그들의 방법이 가지는 우수성에 의존하나 청중에 미치는 그들의 인품의 영향에 관하여는 거의 주의를 기울이지 않는다. 어떤 선생들은 일단 좋은 관계가 성립된다면 청중이 좀더 쉽게 배울 것이라는 확신 가운데 그들의 인품을 사용한다. 예수님의 경우에 관계를 정립하고 과목을 전달하는 작업이 완전히 연결되어 있다. 예수님은 말씀하셨을 때 권위를 가지고 말씀하셨다. 그의 말씀의 타당성이나 중요성에 대하여 마음 속에 전혀 의문이 없었다. 그는 그의 적수들까지라도 감명을 받도록 확실히 말하였다. 이렇게 권위를 가진 접근은 주관적으로 방향을 정립하여 훨씬 세속적으로 가르치는 것과 활발하게 대조시킨다. 예수님은 시간을 존중하는 유대인의 법보다 더 큰 권위를 주장하였다. "모세는 이렇게 말하였다… 그러나 나는 이렇게 말한다"는 그의 입에 자주 오르내린 공식이었다(마 5：21, 27, 33, 43).[16]

예수님의 고유함은 그의 가르침에 밀접하게 매어 있다. 어떤 다른 사람이 같은 가르침을 전달전달하였다면 그 말은 권

---

15) 비유를 이해하는 데 열쇠가 되는 여러 가지 사상을 논의하기 위하여 Tasker, "Parable", Jaremias, ***The Parables of Jesus***, Linnemann, ***Parables of Jesus*** 등과 비교하라.

위가 없었을 것이다. 더우기 그는 높은 교육적 이상을 세워 놓고 완전하게 그것을 성취하였던 유일한 선생이시다. 그는 다른 사람들의 모형이라고 바로 주장할 수 있었다.[17] 그는 사람들이 원수를 사랑해야 한다(마 5 : 44)는 외형적으로 불가능하게 보이는 명령을 촉진시켰을 때에라도 그를 십자가에 못박고 있던 사람들의 잘못에 대해 용서를 구함으로써 그것을 실천하는 방법을 보여 주었다.

예수님의 따뜻한 인간성이 그의 말씀을 통해 많이 빛나는 것을 잊어서는 안 된다. 그의 가르침에 관한 차갑고 추상적인 것은 아무 것도 없다. 가장 심원한 부분까지라도 생명에 적절하였다. 그가 바늘귀를 통과하여 지나가는 낙타에 관해서나, 사람의 눈 속에 있는 들보에 관해서 말할 때처럼 그의 말씀 가운데 어떤 것은 유우머로 가미되었다.(마 19 : 24, 23 : 24). 이러한 예는 예수님이 유우머를 그의 가르침을 전달하는 적법적 수단으로 보았다는 것을 나타내 주고 있다.

예수님의 가르침의 내용을 다음에 생각할 때에 예수님이 말씀하신 것의 가장 적절한 특성은 어디에서나 나타나게 될 것이다. 그는 당대의 사람들 뿐만 아니라 그의 지혜의 말씀을 듣기 위하여 나타난 모든 시대의 사람들의 요구에 맞는 메시지를 가졌다.

---

16) "그러나 나는 너희에게 말한다"는 들어가는 말의 형식이 갖는 의미에 관하여 Tasker는 이렇게 주석을 단다. "유대 사상 가운데 율법은 최고의 위치를 차지하였다. 기독교에서는 그 자리를 그리스도 자신이 차지하였다." "Gospel of Matthew", in *New Bible Dictionary,* p. 797

17) 요 13 : 15과 비교하라. 여기서 예수님은 자기가 제자들의 발을 씻기신 것을 하나의 본보기(***hupodeigma***)라고 불렀다.

메 시 지

종교교육의 영역에서 예수의 위대함은 그의 효과적 방법에 있다기보다는 오히려 그가 가르친 것에 있다. 방법은 사상의 유포를 위한 수단일 뿐이었다. 그리고 그 사상은 사람들이 전에 들었거나 지금까지 들어왔던 어떤 것보다 더 심원하였다. 예수님의 가르침이 가지는 가장 독특한 특징을 간단히 요약할 수 있을 뿐이다. 그것은 "좋은 소식"이라는 말로 요약할 수 있다. 그것은 기독교의 메시지를 서술하기 위하여 사용하는 복음이라는 말로 바꾸어 현대적 의미로 사용할 수 있다(고전 15：1－3).[18]

하나님에 관한 좋은 소식：중요 종교적인 추구는 하나님에 관한 것이다. 동시에 많은 다른 생각도 제안되었다. 그러므로 예수께서 하나님에 관하여 전한 메시지가 모든 다른 사람들에 비교하여 볼 때 고유하고 우월한 이유를 알아볼 필요가 있다. 근본적으로 그 이유는 하나님을 아버지로 보는 사상 가운데 있다.[19] 그와 같은 사상은 예수님의 말을 듣던 유대인들에게는 전혀 새로운 것이 아니었다. 왜냐하면 그들은 하나님을 자기 백성을 특별하게 돌보신다는 의미 가운데 유대 민족의 아버지로 여겼기 때문이다.[20] 그러나 이러

18) 복음이라는 말을 충분히 논의하기 위하여 G. Griedrich, "Euangelion", in *Theological Dictionary of the New Testament*, ed. R. Kittel, vol. 2 (Grand Rapids: Eerdmans, 1954), pp. 718－35를 보라.

19) 예수님의 가르치심에서 아버지되심에 관하여 분명하게 설명한 곳을 위하여 H. E. W. Turner, ***Jesus, Master and Lord,*** 2nd ed. (Naperville, Ill. : Allenson, 1954), pp. 213 이하를 보라.

20) 외경에는 하나님께서 아버지되시는 것이 현저하게 나타나지 않는다. 인격적이고 개별적인 개념에 대한 제일 가까운 접근은 지혜서(Ecclesiasticus) 23：1, 4에서 찾을 수 있다.

한 아버지되심의 개념은 본질적으로 공동적(corporate) 성격을 지녔다. 그러한 개념은 예수님의 메시지 가운데 발견된 따뜻하고 인격적인 의미가 결핍되었다. 그럼에도 불구하고 그 개념은 예수님의 좀더 친근한 접근을 하기 위한 길을 마련해 주었다.

예수님 당시에 유대인의 신관과 문제가 되었던 주쟁점은 사람들이 하나님께 접근하기 위하여 협상할 어떤 매개체가 필요하였는 데도 불구하고 하나님이 너무 높이 계셔서 그들과 인격적 접촉을 할 수 없다는 개념이었다. 하나님께서 그처럼 거룩하시기 때문에 사람들이 그에게 쉽게 가까이 갈 수 없다는 것을 당시 유대인들 못지 않게 예수님은 확신하고 있었다. 예수님의 선교의 전 목적은 사람으로 하여금 하나님에게 가까이 갈 수 있도록 하는 것이었다. 우리는 하나님께서 아버지로서 특별히 계시하신 계시를 생각하는 가운데 예수님의 선교가 하나님께 사람이 접근할 수 있게 하였다는 근거 위에 이루어진 것임을 기억해야 한다.

예수님은 그의 제자들에게 가르쳐주신 기도 가운데(마 6:9－13), "아버지"라는 인사하는 말을 사용하도록 가르치셨다. 왜냐하면 그의 목적은 복음에 응답하는 자들이 하나님의 아들들이라고 부를 수 있게 되도록 하는 것이었기 때문이다.[21] 이것은 하나님의 아들이라는 이스라엘의 개념에서 놀라울 만큼 전진하는 도약이었다. 이 개념은 하나님을 인간과 매우 가까운 관계에 들어가도록 하였다. 이 개념의 유비는 인간의 아버지의 모습이 다만 희미하게 하나님의 아버지되신 더 큰 영광을 반영하기는 하지만 보편적으로 알 수

21) 모형 기도에 관한 연구를 위하여 E. Lohmeyer, *The Lord's Prayer,* trans. J. Bowden (London: Collins, 1965); W. Lüthi, *the Lord's Prayer,* trans. K. Schoenenberger (Richmond Knox, 1962) 등과 비교하라.

있는 내용이었다.

하나님께서 아버지이시라는 관점에서 접근했을 때 하나님은 또 창조주이시라는 평행된 진리를 덜 두려운 개념이 된다.[22] 예수님은 하나님의 창조적 활동을 상술하기보다는 오히려 다 아는 것으로 추정하였다. 예수님에게 있어서 세계는 아버지께서 직접 관장하시는 것으로 이해되었다. 참새 한 마리도 하나님이 알지 못하시고는 떨어질 수 없다고 생각되었다. 이러한 사실에 비추어 하나님이 자기의 섭리 가운데 가지시는 인간에 대한 관심은 분명하여야만 하였다. 예수님은 그의 제자들에게 하늘에 계신 아버지께서 그들이 필요한 것을 아신다는 소식을 가져오셨다(마 6：8). 그러므로 창조주이신 하나님을 아버지되시는 하나님에게서 떼어 놓고 생각한다는 것은 불가능하다. 예수님의 마음 속에는 하나님께서 그처럼 멀리 계시기 때문에 자기의 피조물에 대하여 관심을 가지지 않으신다는 생각을 전혀 할 수가 없었다. 사람들로 하여금 이처럼 하나님이 멀리 계시다는 개념을 갖게 하는 것은 대단히 다른 접근을 하게 한다. 그들의 마음은 근본적으로 새로운 신관에 묶이게 된다. 예수님은 사람들이 그와 같은 계시가 필요하다는 것을 인식할 때까지 기다릴 수 없었다. 그래서 그는 선취권을 가지고 그 개념을 분명하게 알리기 시작하였다.

자신에 관한 좋은 소식：많은 선생들은 자신들에 관한 주장을 당당하게 주장하였으나 아무도 예수님께서 한 것과 같은 심원한 주장을 할 수 없었을 뿐만 아니라 동시에 그

22) W. N. Clarke은 기독교의 창조주로서의 하나님론이 예수님의 가르침의 영향을 받은 하나님과 인간에 관한 교리에 기초한 것임을 지적하였다. "그가 채우시는 공간에서 보다 겸손한 자들과 함께 거하시는 가운데 더 고상한 계시가 있다." ***The Christian Doctrine of God*** (New York：Scribner, 1909), pp. 135 이하.

주장을 실체화할 수도 없었다. 이러한 주장들은 예수님이 자신에 관하여 전에 서술하였던 직함(title)에서나 다른 사람들이 그에 관하여 말할 때 사용하였던 직함으로써 잘 설명되었다. 그는 많은 경우에 **인자**라는 직함을 사용하였다(마 16 : 27, 막 8 : 31). 그것을 사용할 때 그 밖에는 아무 것도 복음서에 기록되지 않았다. 의견의 차이는 그것을 해석하는 데 있다.[23] 어떤 사람들은 예수님이 자신에 관하여 말한 것을 거부한다. 어떤 사람들은 그것을 사용하는 몇 가지 보기만이 예수님에 대한 본질적인 것이라고 생각한다. 또 어떤 사람들은 그 용어에 관한 당시 사람들의 생각 때문에 메시야라는 용어를 공적으로 사용하는 것을 피하기 위하여 예수님 편에서 인자라는 용어를 신중하게 선택한 것이라고 여기고 있다. 가장 마지막에 설명한 것이 타당성이 있어 보인다. 예수님은 에스겔과 다니엘에서처럼 어떤 구약성서에서 말하는 것을 마음에 둘 수도 있었을 것이다. 예수님은 그의 완전한 인간성을 표현하고 동시에 그의 특정한 사명을 강조하는 것을 적합한 것이라고 생각하였다. 예수님 당시의 사람들이 그것을 완전히 이해할 수는 없었다 할지라도 의심없이 예수님 자신에게는 그것이 메시야적 의의를 가졌다. 예수님 자신이 사용하지는 않으셨지만 **메시야**(요 4 : 25－29)나 **다윗의 자손**(눅 18 : 38)과 같은 다른 용어를, 그를 서술하는 데 사용한 사람들도 있었다. 그럼에도 불구하고 그의 가르침 가운데 많은 것이 예수님께서 그러한 내용

23) G. S. Duncan, ***Jesus, Son of Man***(New York: Macmillan, 1949); S. Mowinckel, ***He That Cometh,*** trans. G.W. Anderson(Oxford : Blackwell, 1956), pp. 346 이하; O. Cullmann, ***Christology of the New Testament,*** 2nd ed. (Philadelphia : Westminster, 1964), pp. 137－92; E. Schweizer, "The Son of Man," ***Journal of Biblical Literature*** 79(1960) : 119－29 등과 비교하라.

을 사실로 받아들이고 있음을 전제로 하였다. 예를 들면 그는 여러 번 하나님을 아버지라고 부르셨을 때 특정한 관계를 가지고 있는 것으로써 (요 10 : 29-33),[24] 자신을 아들로 언급하셨다.

그가 자신을 하늘에 계신 아버지의 아들로 인식한 것은 대단히 중요한 사실이다. 그가 행하신 것은 무엇이든지 아버지의 뜻과 연결되었기 때문이다. 그는 하나님으로부터 보냄을 받으셨고 (요 5 : 37) 하나님께 영광돌리기 위하여 오셨다 (요 17 : 4). 그는 하나님께로 가는 유일한 길로서 자기의 고유함을 의식하였다 (요 14 : 6). 그는 자기가 **세상의 빛**이셨고 (요 1 : 12) **사람들의 생명**이셨음을 (요 14 : 6) 확언하였다. "내가 누구이다"라는 말로 시작하는 연속적인 말 가운데 그는 "아브라함이 있기 전에 내가 있었다" (요 8 : 58)[25] 라고 지지했을 때 놀라울 만큼의 주장을 하는 절정에 달하게 되었다. 이러한 소식을 들은 유대인들은 "내가 누구이다" 라는 말이 하나님에 대한 이름 **야웨** (여호와)와 유사하기 때문에 (출 3 : 14, 15) 신성에 대한 주장을 발견하게 되었을 것이다.

예수님께서 자신에 관하여 주장하신 것을 공평하게 요약한다면 그는 자신을 완전히 인간적이며 목마르고 피곤함과 같은 인간에게 공통적으로 일어나는 반응을 경험한 것으로 여기셨으며 동시에 인간 이상의 분이심을 스스로 주장하고 계신다. 우리는 도성인신 (incarnation)의 신비에 직면한다. 그가 종교적 선생님으로서 고유하셨다는 것을 우리는 놀랄 필

24) "하나님의 아들"이라는 직함 일반에 관하여 Turner, ***Jesus, Master and Lord,*** pp. 213 이하와 비교하라. 마가가 사용한 것에 관하여 V. Taylor, ***The Gospel According to St. Mark*** (London: Macmillan, 1953), p. 120과 비교하라.

25) "나다" (I am) 라는 교설에 관하여 J, H. Bernard, ***The Gospel According to St. John*** (New York: Scribner, 1929), pp. cxvi 이하와 비교하라.

요가 없다. 그의 청중이 그의 행위에 깊은 관심을 가졌다는 것에 대해서도 놀랄 필요가 없다. 인간의 형태를 입고 하나님의 아들이 하시는 행위는 무의미한 것이었다. 예수님의 행동은 예수님의 가르치심을 가장 잘 설명하고 있다.[26] 복음서들은 예수님의 인격과 그가 하신 것들에 대해 초대교회가 깊은 관심을 가졌음을 증거해 준다.

그의 선교에 관한 좋은 소식 : 예수님께서 자기의 삶과 죽음의 목적으로 인식하셨던 것을 완전하게 간단히 설명하는 것은 불가능하다. 그러나 이것은 그가 가르친 것의 핵심을 이루었기 때문에 그의 선교를 간결하게 정리하는 것은 본질적인 작업이었다. 첫째로, **하나님의 나라**에 관한 그의 가르치심이 주목된다.

예수님이 왕국의 시작에 관하여 언급하셨을 때 그는 통치의 의미이지 지배의 의미는 아니었다.[27] 통치(reign)와 지배(domain)의 의미가 구별되는 것은 중요하다. 왜냐하면 그것이 상태보다 활동에 주의를 끌고 있기 때문이다. 예수님이 가르치신 것은 영적인 왕과 그의 백성 사이에 가지는 새로운 관계이었다. 그의 가르치심에는 두 가지 국면이 있다. 하나는 현재적인 것이고, 다른 하나는 미래적인 것이다. 첫번째 것을 나타내는 가장 중요한 것은 누가복음 17 : 20, 21이다. 예수님은 거기서 이렇게 말씀하시고 있다. "하나님의 나라는

26) D. Guthrie, *New Testament Introduction,* rev. ed. (Downers Grove, Ill.:Inter-Varsity, 1971), pp. 55, 56과 비교하라. 많은 학자들은 예수님이 하나님의 아들의 이러한 역할을 주장하신 적이 있다는 것을 부정하였다. 그러나 그의 주권은 복음서의 기록으로 말미암아 확증되었다. C.K. Barret, *Jesus and the Gospel Tradition*(Philadelphia:Fortress, 1968)과 비교하라.

27) G.E. Ladd, *Jesus and the Kingdom*(New York:Harper, 1964), pp. 118 이하와 비교하라.

너희 가운데 있다."[28] 이것은 분명히 그의 선교를 통하여 오는 현재적 실현에 관계된다. 이와 비슷하게 그가 하나님의 영으로 귀신을 쫓아내셨을 때 그 왕국이 도래하였다고 주장하셨다(마 12:28, 눅 11:20). 이것은 악을 지배하는 행위를 지배하는 능력이 그 왕국을 설명하고 있음을 보여 준다. 그것은 예수님과 그를 따르는 자들이 영적인 전쟁에 종사하고 있음을 상기시켜 주고 있다. 더우기 그는 세리와 창기들까지라도 종교 지도자들보다 먼저 왕국에 들어갈 것이라고 말씀하셨다(마 21:31).[29]

왕국의 미래적 국면은 자주 예수님께서 특히 비유 가운데에 강조하셨다. 왕은 그를 배척한 자들을 심판할 때가 올 것이라고 하였다. 그와 같은 선교는 소위 "종말론적 강화"(eschatological discourse) 가운데 언급되었다(막 13, 마 24, 눅 21). 그러나 예수님의 일차적인 선교는 심판이 아니었다. 그는 그의 백성을 구원하시기 위하여 오셨다. 그리고 그의 구원 사업은 다음에 윤곽이 그려져야만 한다.

복음서들을 일견해 볼 때 예수님께서 구원의 행위로써 그의 죽음에 부여하는 중요성에 대해 유일한 설명이 되는 수난사화를 설명하는 데 있어서 너무 불균형적인 양을 차지하고 있음을 보여 주고 있다. 수난은 그의 선교의 본질적인 부분에 속하였다. 그것은 성서 가운데 예측되었다(마 26:24).

---

28) E. E. Ellis는 눅 17:20, 21에 대하여 주를 달면서 "안"(within)이라는 말의 의미가 믿지 않는 바리새인들에게 말한 것 같지는 않다고 지적하였다. The Gospel of Luke (New York :Nelson, 1966).

29) 이 두 계층이 왕국에 들어갈 수 있는 가능성은 가장 작은 것으로 종교 권위자들은 생각하였다. A. H. M' Neile가 *The Gospel According to Matthew* (London:Macmillan, 1915)에서 마 21:31에 관해 주석한 것과 비교하라.

그것에 관하여 하나님께서 강요하고 계셨다(막 9 : 12).

예수님께서 하신 몇 가지 말씀은 그의 죽음이 희생적인 의의를 지니고 있음을 가르치고 있음을 보여 주고 있다. 그는 그의 죽음을 기념하기 위하여 기독교 예배의 중심 의식인 주의 만찬을 제정하였다. 그는 이 목적을 성취하기 위하여 공통 요소로서 떡과 잔을 선택하고 그것에 영적인 의의를 부여하였다. 뗀 떡은 그 자신의 찢어진 몸을 말하고, 잔은 그의 흘린 피를 말하였다. 그러나 그의 희생적인 행위는 다른 사람들 때문에, 즉 다른 사람들의 죄를 용서하기 위하여 행해진 것임을 상기시키는 것으로서 의의가 있다(마 26:26-28). 어떤 경우에는 예수님께서 인자가 자기의 생명을 많은 사람들의 대속물로 줄 것에 관하여 말씀하셨다(막 10 : 45). 그는 자신을 한 알의 밀알에 비교하였다. 그 밀알은 재생산시킬 수 있기 전에 땅에 떨어져 죽는다(요 12 : 24). 그는 또 자신을 선한 목자에 비교하였다. 그 선한 목자는 자기의 양을 위하여 자기의 생명을 내어준다(요 10 : 15). 그처럼 생생한 비유는 제자들의 마음에 깊은 인상을 남겼다. 예수님에게 있어서 영광에로 가는 길은 고난을 통해서 가능하다는 것이 의심할 여지가 없다.

예수님은 그에게 다가오는 수난에 관하여 언급하시는 가운데 그의 죽음이 자기의 힘으로 통제할 수 없는 환경에 의하여 부가되는 어떤 것임을 결코 의미하지 않았다. 그는 빌라도가 권력을 위에서 받은 것임을 제외하고는 자기를 통제할 권세가 없음을 주장하였다(요 19 : 10, 11). 그는 자기의 죽음에 대해 자가가 스스로 하는 자원적 행위라고 말하였다(요 10 : 18). 그는 자기의 죽음의 때에 관하여, 즉 그의 수난의 때에 관하여 하나님께서 진행시키시는 프로그램의 한 부분이라고 말씀하셨다.[30] 그러므로 그의 죽음은 어떤 의미로든지 미리 예측하지 못한 비극으로 여겨질 수 없다. 그의 죽음은 그의 선교를 성취하는 데 있어서 기본적인 것이었다. 예수님은 세례 요한이 자기를 세상 죄를 지고 가는 하나님의 어린 양이라고 하였을 때, 즉 예수님의 공적 목회가 시작되었을 때 세례 요한에게 주어진 통찰력을 의심없이 받아들이셨다(요 1 : 29).

그리스도의 죽음의 완전한 의의는 그 사건이 일어난 후에야 비로소 알 수 있게 되었다. 그러나 예수님이 그 죽음의 중요성을 의식한 것은 그의 교육목회에 강력한 영향력을 미치었다. 그는 결정적으로 그의 선교의 절정으로 치솟아 갔으며 그 사이의 시간은 후에 새로운 의의를 가지게 될 영적 진리를 의사소통할 기회로 여기었다.

예수님께서 자신의 선교에 접근하는 것을 이해하는 데 가장 중요한 관건은 아마 그 선교의 진리를 귀속시키기 위한 신앙을 그가 주장한 것이다. 그는 사람들이 회개하고 믿을 것을 권유하셨다(막 1 : 14, 15). 예수님은 의로운 사람들이 왕국을 요청하고 있지 않다는 것을 분명하게 밝히었다. 그들은 자기들의 필요한 것을 기꺼이 인지하는 것이었다(마 9 : 12, 13, 막 2 : 17, 누 5 : 31, 32 등과 비교하라). 예수님의 가르치심 가운데 믿으라고 권면하는 것은 자주 나타난다. 그는 거기서 자신을 새로운 삶의 길에 기꺼이 내어 줄 것을 요구하신다. 그의 선교는 개인적 결단을 요구한다.[31]

---

30) 요한복음에서 "시간"(the hour)에 관한 준거는 특별히 주의를 기우릴 만하다. 2 : 4, 4 : 23, 5 : 25, 7 : 30, 8 : 20, 12 : 23, 27, 13 : 1, 16 : 32, 17 : 1 등과 비교하라. "아직 아니"(not yet)로부터 "지금 온다"(now come)로 진행함으로 말미암아 감동없이 남아 있다는 것은 불가능하다.

31) Bultmann은 종말론적 실존, 즉 부단한 결단과 갱신에 관하여 언급하였다. "New Testament and Mythology", in *Kerygma and Myth*, trans. R.H. Fuller, ed. H. W. Bartsch(London: SPCK, 1953), pp. 20, 21.

성령에 관한 좋은 소식: 구약시대의 사람들은 성령의 활동에 대해 거의 생각하지 못했다. 그러나 예수님은 그의 가르치심 가운데 성령을 약속하셨고, 그 성령의 하시는 일은 예수님께 영광돌리는 것이었다. 근본적인 것은 사람들이 성령의 활동의 참된 성질을 파악하는 것이었다. 이 주제에 대한 가르치심은 주로 제 사복음서에, 즉 예수님이 수난 전날 저녁에 다락방에서 그의 제자들에게 하신 말씀 가운데 있다. 그는 세 번이나 성령을 "진리의 영"이라고 말씀하셨다(요 14 : 17, 15 : 26, 16 : 13). 그리고 그것은 그의 지배적인 특성 가운데 하나임을 보여 준다. 예수님 자신이 진리라고 주장하셨다(요 14 : 6). 그의 선교 전체가 거짓된 모든 형태와는 정 반대가 되었다. 영은 또 **중보자**(paraclete), "상담자", "돕는자"로 서술되었다(요 14 : 16). 그러므로 약속된 영은 인격적이고 대단히 친절할 것이다. 사실상 예수님 자신보다 제자들에게 더 가까울 것이다(요 14 : 17).

성령의 주요 활동 가운데 하나는 종교적 교사로서의 예수님께 매어 있다. 즉 영은 예수님이 제자들에게 말씀하신 모든 것을 그들에게 상기시킬 것이다(요 14 : 26). 의심없이 예수님의 교수 방법은 이렇게 상기시키는 일 가운데서 성령을 돕도록 고안되었다. 예수님이 오는 교회가 하여야 할 것을 정해 준 것은 무엇이든지 예수님이 가르치셨던 것과 완전히 일치하여야만 한다. 즉 제자들은 그들 자신의 가르침을 발전시켜서는 안 된다. 그들은 예수님의 기본적인 가르치심을 시작한 자들이 아니고 증거하는 자들이어야 한다.[32]

성령이 가지는 또 하나의 주요한 국면은 죄지은 사람들에게 유죄를 선언하는 일이다(요 16 : 8). 예수님은 그의 선교

---

32) B. S. Easton은 장로들이 기능적으로 전통을 보유하는 사람들이었다는 견해를 주장하였다. *The Pastoral Epistles*(New York: Scribner, 1947).

가 모든 사람들로 하여금 마음이 편안함을 느끼게 한다는 의미에서 그것을 모든 사람이 바라는 것임을 결코 시인하지 않는다. 그 선교가 계속되는 가운데 성령의 역사는 사람들로 하여금 그들의 영적 책임을 지각하도록 하는 것이었다. 죄의 선언은 결코 즐거운 것이 아니다. 그러나 사람들이 예수님의 선교의 전적 타당성을 배운다면 죄의 선언은 불가피하다.

부활하신 그리스도께서 오순절날의 경험을 미리 맛봄으로써 사도들에게 숨을 내쉬며 이렇게 말씀하셨다. "성령을 받으라"(요 20：22). 사도들은 성령이 주시는 그와 같은 능력이 없이 미래의 가공할 도전에 결코 직면할 수 없을 것이다. 오순절 이후 사도들의 경험은 그들의 만만찮은 과업을 위해 성령이 그들에게 주신 능력을 충분히 나타내 주고 있다.

공관복음서에 나타난 확실한 증거 가운데 특별히 예수님께서 하신 말씀이 의의가 있다. "그러나 내가 만일 하나님의 성령을 힘입어("손을 힘입어" 눅 11：20) 귀신을 쫓아내는 것이면 하나님의 나라가 이미 너희에게 임하였느니라"(마 12：28).[33] 이것은 예수님이 성령의 활동을 특히 악령의 세력과 싸우는 데 있어서 왕국의 현재적 실제의 증거로 보았다. 악령의 영역에 예수께서 영향을 미친다는 주제는 복음서 안에서 반복된다. 예수님을 통하여 오신 성령은 교회사를 통하여 계속되는 반격을 시작하였다.

예수님은 그의 모든 성역이 성령께서 인도하시는 것으로

33) Plummer에 의하면 눅 11：20에 "하나님의 손가락"이라는 귀절은 히브리 사람들의 신인동형론(神人同型論)에 대해 누가가 즐겨 쓰던 보기이다. *The Gospel Accoding to St. Luke.* J. N. Geldenhuys는 "하나님의 영"이 손가락의 은유를 설명하는 것이라고 주장하였다. *Commentary on the Gospel of Luke* (Grand Rapids: Eerdmans, 1952), p. 332.

알고 계셨다. 예수님이 세례를 받으실 때 그에게 임하신 성령에 대하여 모든 공관복음이 주의를 집중시키고 있고 또 즉시 후에 시험받을 장소로 성령이 그를 인도하셨다고 말하고 있다(마 3 : 16, 막 1 : 10, 눅 3 : 22). 그는 누가복음에 따르면 공적인 사역을 시작했을 때 자신에 대하여 이사야 61 : 1, 2의 말씀을 적용하였다. 그것은 성령의 활동에 대하여 언급하고 있다. 이러한 증거는 어두움의 세력이 예수님의 선교를 통하여 패배의 잔을 마셨다는 깊은 의식이 예수님의 가르치심 이면에 있음을 강력하게 생각나게 하고 있다. 1세기의 세계에서는 적대의 영적 세력을 두려워하는 것이 많은 사람들에게 불구적 영향을 미쳤다. 예수님께서 가르치시고 시작하신 복음은 사람들을 속박에서 구원하셨다. 예수님은 자기와 자기를 비판하는 자들과 논쟁하는 가운데 사탄의 능력으로 사탄을 쫓아낸다고 비난을 받았다. 예수님은 그러한 비난이 애매하다는 것을 보여 주셨을 뿐만 아니라 성령을 거스르면 용서받을 수 없다고 경고하였다.[34] 예수님은 성령의 활동을 악령의 활동으로 만들려는 어떠한 시도도 대단히 중하게 대하였다. 예수님이 인간에게 전체적인 접근을 하는 것은 인간이 옳고 그른 것을 구별할 능력을 가졌다는 것을 가정하고 한 것이다. 옳은 것보다 오히려 그른 것을 선택하려는 어떠한 신중한 시도도 그러한 인간들이 용서를 받지 못한다는 것, 참으로 그들이 그렇게 고집한다면 예수님의 선교의 전체적인 목적에서 벗어나는 것임을 보여 준다.

예수님은 자기 자신의 선교에서 성령의 활동을 의식하셨을

---

34) 마 12 : 32과 비교하라. P. Bonnard가 예수님의 귀신 쫓아내는 목회를 반대하던 사람들의 태도에 대해 여기서 언급하는 것을 제한한 것은 옳은 일이다. *L'évangile Selon Saint Matthieu* (Neuchatel: Delachaux and Niestlé, 1963), p. 182.

뿐만 아니라 그의 제자들이 그들의 신앙을 위하여 대답하는 도전을 대하게 될 때 그들 가운데서 성령의 활동이 필요하다는 것을 가르치셨다. 그들은 통치자들이나 군주들 앞에서 심문을 받을 때 성령의 격려를 확신할 수 있다(마 10：18). 이러한 확신은 그와 같은 환경에서 교육이 분명하게 적합하지 않는 사람들에게 특별히 타당했어야만 한다.

예수님의 교육목회에 필요하였던 성령의 활동을 나타내는 또 하나의 국면은 성서가 성령의 영감을 받아 기록되었다는 확신이었다(막 12：36을 시 110：1과 비교하라).[35] 이것은 예수님의 가르치심 가운데서 구약성서에 광범위하게 호소하는 데 비추어 볼 때 특별히 중요하다. 예수님은 그의 말을 듣는 청중이 성령의 증거를 권위있는 것으로 받아들일 것을 가정하였다. 이러한 가정은 변증적 접근이 결여되었음을 설명해 준다. 예수님은 성서의 사실성에 대해 논증할 필요가 없음을 알게 되었다. 성서의 권위는 자명한 것이었다. 그것은 성령으로 말미암아 확인되었다. 예수님의 가르치심을 나타내는 이러한 국면은 지나치게 강조될 수 없다. 왜냐하면 그것이 복음서를, 후에 계속해서 설교하는 사람들을 위한 모형을 제시하였기 때문이다.

인간에 관한 좋은 소식：예수님은 완전한 사람으로서 주로 인간과 인간의 가능성에 관하여 관심을 가지셨다. 그

---

35) 성경에 나타난 영감에 관한 일반적 주제에 관하여 R. Pache, *The Inspiration and Authority of Scripture*, trans. H. I. Needham (Chicago: Moody, 1969), J. I. Packer, *Fundamentalism and the Word of God*(Grand Rapids: Eerdmans, 1958) 등과 비교하라. 보수적이 아닌 견해를 위하여 G. W. H. Lampe, "The Bible Since the Rise of Critical Study," in *The Church's Use of the Bible Past and Present*, ed. D. E. Nineham (Naperville, Ill.: Allenson, 1963), pp. 125 이하와도 비교하라.

는 인간의 영적 필요에 관하여 현실적이며 그의 본성이 나타내는 죄의 경향성을 인식하였다 할지라도 인간의 존엄성을 가정하였다.[36] 인간의 제한성이 인지되었다. 예수님은 인간이 자기의 키를 한치도 뜻대로 크게 할 수 없으며, 또 머리털 하나도 그의 의지대로 희거나 검게 할 수 없다는 것을 지적하였다(마 5：36, 6：27, 눅 12：25과 비교하라). 그러나 예수님은 인간으로 하여금 불가능한 것을 하도록 부르셨다. 즉 하늘에 계신 아버지처럼 완전한 것은 완전하다.[37] 욕심과 사악함과 폭력과 극단적인 이기심이 만연된 대로 사람 앞에 더 이상 강요되는 과업이 부가되지 않았다. 예수님은 인간의 본성의 가능성에 대해 확신을 가지시고 계신다. 왜냐하면 그는 자기의 선교가 사람들의 자연적 경향성을 초극시킬 수 있는 것을 알았기 때문이었다. 그는 인간의 자연적 성향과 완전히 다른 새로운 본성을 마련해 주기 위하여 오셨다.

인간에게 직면한 가능성은 무한하다. 그러나 그 가능성은 사람으로 하여금 완전히 헌신하고 그의 인격적 관심 앞에 가장 고상한 이상을 두도록 준비하는 데 관련된다. 그와 같은 사람은 자기 자신을 증진시키려고도 하지 않고 다른 사람들을 희생시켜가면서 최고의 자리를 획득하려고 하지도

---

36) H. W. Robinson, *The Christian Doctrine of Man*, 3rd ed. (Edinburgh: Clark, 1926), pp. 76 이하.

37) 마 5：48과 비교하라. J. C. Fenton은 이렇게 기록하였다. "그의 법은 우리 앞에 우리의 능력이 미치지 못하는 완전과 사랑을 놓았기 때문에 불가능하다." "*The Gospel of St. Matthew* (Baltimore: Penguin, 1963), p. 95. E. P. Blair나 F. C. Grant도 절대적으로 죄가 없다는 의미로가 아니고 내적 선함의 의미로 완전을 받아들였다. *Jesus in the Gospel of Matthew* (New York: Abingdon, 1960), p. 136; *The Earliest Gospel* (New York: Abingdon-Cokesbury, 1943), pp. 218 이하.

않는다. 그는 원수가 자기 빰을 때렸을 때 다른 빰을 돌려 대기까지 할 것이다. 이와 같은 가르침은 혁명적이다.[38] 그와 같은 가르침은 모든 사람이 자신을 돌보아야 한다는 보편적 신념에 도전한다. 그와 같은 인간관은 인간을 중심으로 삼으려는 철학을 자신의 삶의 철학으로 가지는 사람들로부터 반대를 받는다는 것이 놀라운 일은 아니다. 인간이 자기의 십자가를 지고 예수님을 따르는 가운데 자기의 존엄성을 발견한다는 사상은 인기를 얻기에는 너무나 거북한 것이다(막 8 : 34, 10 : 21). 그러나 예수님은 이것을 인간의 유일한 소망이라고 진지하게 권유하였다. 이것을 시험해 본 사람들은 그의 주장이 사실이었음을 알게 되었다.

그리스도 안에서의 삶은 기쁨이 충만한 것이었다. 그것의 특징은 축복이었다. 그것은 마음의 정화와 의에 대한 영속적인 추구와 겸손의 참된 정신을 수반하였다. 그것은 인간의 행위 이상의 것이 아니라면, 그것 만큼의 동기에 적용되어야만 하는 새 법에 대해 충절할 것을 요구할 것이다. 예수님의 요구의 절정은 새로운 종류의 사랑에 대한 것이었다. 그 사랑은 감정의 지시보다는 완전히 우위에 있는 사랑이었다. 참으로 그것은 인간이 자기의 원수를 사랑하는 것을 배울 때 가장 완전한 표현을 하게 된다. 만일 모든 사람이 예수님의 길을 배웠더라면 사람들 가운데서 일어나는 다툼과 피흘림이 곧 그칠 것이라는 사실을 아무도 논쟁하지 않을 것이다. 그러나 많은 사람들은 그와 같은 가르침이 너무나 이상적이어서 실제로 옮기기에는 어렵다고 평가한다.

---

38) 이러한 종류의 혁명적 가르침은 세롯당과 같은 정치적 혁명가들의 방법과 정반대되는 것이다. Brandon(*Jesus and the Zealots*)과 같은 어떤 사람들은 그럼에도 불구하고 예수님을 그러한 운동과 어떤 연결을 계속 지으려고 노력하였다.

교제에 관한 좋은 소식 : 예수님의 가르침의 가장 중요한 면들을 가장 간단하게 요약한다 할지라도 그의 기독교 공동체의 사상을 말하지 않고는 완전한 것이 못될 것이다. 예수님이 단순히 그의 교회에 관하여 말한 것만이 아니고 믿는 자들 가운데 교제가 필요하다는 것을 의미하고 있었다. 그는 선교하기 위하여 제자들을 보냈을 때 하나씩 따로따로 보내지 않고 둘씩둘씩 짝지어 보냈다(눅 10 : 1). 그는 두세 사람이 그의 이름으로 모이는 곳에 함께 하실 것이라고 약속하셨다(마 18 : 20). 그는 그의 제자들에게 많은 사람들을 제자로 삼고 세례를 주고 가르치도록 위임하셨다. 그는 신앙을 가지고 그에게 헌신하며 같은 마음을 가지는 사람들의 계속적이고 발전적인 교제를 분명히 직시하였다. 예수님을 종교적 선생으로 평가하는 데 있어서 이것을 충분히 고려한 것은 대단히 중요하다. 그의 사역과 기독교 공동체의 사역 사이에 맺어지는 연속성은 그의 선교를 계속하는 데 있어서 하나의 생동적인 요인이었다. 어떤 의미에서 보면 그를 믿기 위하여 온 모든 사람은 구원의 메시지를 선포하는 데 있어서 예수님의 성역을 재생산하는 것이었다. 이러한 본질적 연속성을 거부하는 학파들은 역사적 예수에서 타당성을 거의 발견할 수가 없다. 그러나 본 연구는 역사적 예수의 어떤 지식이 특별히 그의 교육목회에서 그가 세워 놓은 기독교 공동체의 기원과 발전을 설명하는 데 불가결하다는 가정 위에 기초를 두고 있다. 이와 똑같이 그 공동체가 예수님의 기본적 방법에서 떠나자마자 효과있게 기능하는 것을 중지한다는 가정을 전제로 하고 있다. 한 선생의 위대함은 그가 남겨 놓은 계속적인 영향력으로 평가될 수 있다. 이 점에 있어서 예수님을 필적할 만한 사람이 없다.

교육 원리

여기서 우리는 예수님은 그가 가르치신 사람들에 대한 반응을 어떻게 하였는지에 대해 생각하고자 한다. 예수님은 그의 청중에게 주입식으로 가르치고자 하는 욕망으로 말미암아 얼마 만큼 지배되고 있는지? 그는 그의 제자들의 절실한 요구로 말미암아 얼마 만큼 지배되고 있는지? 이러한 질문에 대답하기 위하여 청중의 여러 가지 유형을 조사해 보는 것이 필요하다.

예수님이 복음서에서 반영된 대로 그의 청중과 함께 지속시켰던 관계는 세 가지 관계로 요약할 수 있다. 즉 하나는 그의 제자들과 가지는 관계이고, 다른 하나는 일반 대중과 가지는 관계이며, 또 다른 하나는 종교적 지도자들과 가지는 관계이다.

예수님은 그의 제자들을 다루실 때에 특히 그의 성역 말기에 민중들에게 가르치셨던 것과 다른 기술을 사용하셨다.[39] 때때로 예수님은 "주여, 우리에게 기도를 가르쳐주십시오" (눅 11 : 1), 또는 "당신은 왜 우리에게 비유로 말씀하십니까?" (마 13 : 10)와 같은 특정한 요구에 대해 대답하셨다. 여기서 가르침은 청중의 절실한 요구에 대한 응답이다. 이러한 종류의 질문은 청중으로 하여금 주의를 집중시킬 수 있도록 사전에 조치하는 마음을 요구하는 것을 나타내주고 있음은 의심할 여지가 없다. 그러나 대부분의 경우에 예수님 자신은 그 자신의 본보기와 방법으로 그 요구를 촉진시켰다. 예를 들면 한 부자 청년이 영생을 얻는 것에 관한 질

---

39) 청중의 반응에 관한 연구를 위하여 J. A. Baird, *Audience Criticism and the Historical Jesus*(Philadelphia : Westminster, 1969)과 비교하라.

문을 가지고 왔을 때 예수님은 부에 관하여 가르칠 기회로 사용하였다. 사실상 그 부는 의심할 여지없이 필요한 것이었지만 그 부자 청년의 편에서 볼 때 절실한 요구는 분명히 아니었다(마 19 : 16-22). 복음서들은 제자들이 잘 이해하지 못한 것을 그럴싸하게 지나가지는 않는다(막 4 : 13, 40). 그들은 많은 경우에 예수님의 말씀 때문에 좌절하였다. 그러나 그는 그들이 아직도 이해할 수 없다는 것을 알고 계심을 주저하지 않고 그들에게 말씀하셨다. 그의 기본적 가르침 가운데 많은 것이 그의 미래의 부활에 비추어서만 이해될 수 있었다. 예를 들면 제자들에게 자기의 십자가를 지고 예수님을 따르라는 명령을 하신 것은(눅 9 : 23) 그들이 예수님의 수난을 증거한 후에 더 깊은 의의를 얻게 되었을 것이다. 그러므로 그는 그의 제자들에게 그들이 필요하다고 생각한 것을 가르치신 것이 아니고 그의 자신의 완전한 통찰력에 따라 그들이 실제로 필요한 것을 가르치셨다.[40)]

이 방법은 일반 대중을 대할 때도 다르지 않았다. 예수님은 그들을 목자없는 양 같이 생각하였다(마 9 : 36). 그들은 조언이 필요하였다. 그의 정책은 그의 가르침에서 인기와 영합하는 것이 아니었다. 그가 처음에는 인기를 얻었지만 그의 말씀이 공격을 하는 것으로 여겨졌기 때문에 오래가지 못하였다(요 6 : 59 이하와 비교하라). 인기에 따라 일으키는 반응은 변하기 쉬운데 예수님의 가르침에 대한 반응도 예외는 아니었다. 사람들은 예수님의 말씀이 너무 도전적이 될 때까지 들으려고 준비하였다. 그러나 예수님은 도전하는 것을 좋아하지 않았다. 그는 이것이 너무나 당연하고 필요한 것이기 때문에 인기와 결코 영합해서는 안 된다는 사명을 가지고 오셨다. 그의 접근 방법은 남의 편의를 잘 돌보

---

40) 요 2 : 24과 비교하라.

아 주는 것이라기보다는 오히려 권위주의적인 것이었다.

종교 지도자들과 예수님의 관계는 주로 긴장관계였다. 예수님께서 종교 지도자들을 접근하신 것은 전통적으로 내려오는 방법도 아니고 혁명적 방법도 아니었다. 그것은 기존 전통에 대한 직접적인 도전이었다. 그러므로 반대를 받았다는 것은 놀라운 일이 아니다. 그렇지만 니고데모나 아리마대 요셉과 같이 쾌히 받아들이는 지도자들의 반응도 받았다. 예수님은 통치하는 당의 당원들을 환영하였으나 그들의 마음을 사기 위한 타협은 결코 하지 않았다. 그와는 대조적으로 예수님은 통치하는 당원들의 권위에는 관심을 가지지 않고 자신의 권위를 보여 주셨다. 보통 사람들은 서기관들의 권위가 예수님의 가르치심의 권위에 미치지 못한다는 것을 알 수 없었다(마 7：29). 서기관들은 주로 다른 사람들이 말한 것을 되풀이 하였으나 예수님은 직접 아버지로부터 보내심을 받은 분으로서 말씀하셨다. 예수님이 그 당시의 종교 지도자들에 대하여 가르치실 때 주로 그들의 악용에 집중하여 가르치셨다. 예수님은 변함없이 너무나 분명하게 보았던 필요한 것에 주의를 집중시켰지만 예수님의 말씀을 듣는 사람들은 그것을 알아차리지 못하였다.

예수님의 접근 방법이 오늘을 위한 모형(pattern)으로서 적절한가? 그렇다고 가정한다면 우리는 현재의 조망이 1세기의 조망과 동일하다는 것을 보여 주어야만 한다. 문제의 요점은 권위에 대한 태도에 있다. 예수님이 지상에 계실 때에 어린 아이들은 어른들의 권위를 존경할 것을 배웠고, 학생들은 선생님들의 권위를 존경할 것을 배웠다. 권위가 땅에 떨어진 오늘에 있어서 교육자들은 어려운 문제에 직면하고 있다. 그러나 이러한 이유 때문에 예수님의 접근 방법이 낡은 것으로 여겨질 수는 없다. 오늘날 권위에 대해 부정하는 것은 권위 자체에 대해 부정하는 것이라기보다는 오히려 그 권위의 원천에 대한 존경이 없기 때문이다. 어느 시대나 어떤 사람들에게서나 존경을 요구하는 데 만족할 만한 권위가 있는 사람들에게 항상 주의를 집중할 준비가 되어 있다. 20세기의 사람들은 기술적인 면에 있어서 대성공을 하였다 하더라도 도덕이 필요하다는 점에서 1세기의 사람들과 다르지 않다. 예수님의 방법은 적절하다. 이 점에 있어서 예수님은 종교적 영역에서 사람들을 교육하고자 하는 사람들에게 고유한 분이시다. 모든 사람들이 예수님을 대단히 존경하는 것은 그의 접근 방법이 무시간적이라는 점이다. 당시 사람들이 인식한 대로 아무도 예수님처럼 권위있게 가르치지 못하였다는 것이 사실이라면 오늘도 그것이 사실일 것이다. 진리는 그 자체의 권위를 지니고 있다.

Selected Bibliography

Curtis, W. A. *Jesus Christ the Tcacher.* London: Oxford University, 1943.

Davies, W. D. *The Setting of the Sermon on the Mount.* 2nd ed. Cambridge: University Press, 1964.

Denney, J. *Jesus and the Gospel.* New York: Armstrong, 1909.

Dodd, C. H. *The Parables of the Kingdom.* New York: Scribner, 1961.

Gerhardsson, B. *Memory and Manuscript.* Translated by E. J. Sharpe. Copenhagen: Munksgarrd, 1961.

Hunter, A. M. *Interpreting the Parables.* Philadelphia: Westminster, 1960.

Jeremias, J. *The Parables of Jesus.* London: SCM, 1963.

Linnemann, E. *Parables of Jesus.* London: SPCK, 1966.

Marshall, I. H. *Eschatology and the Parables.* london: Tyndale, 1963.

Montefiore, C. G. *Rabbinic Literature and Gospel Teachings.* London: Macmillan, 1930.

2. 바 울

Paul

리차드 N. 롱지네커(Richard N. Longenecker)

기독교인이 아주 뛰어난 "스승"에 관하여 이야기할 때는 항상 예수 그리스도를 생각하게 된다. 그러나 사도 바울도 역시 신약성경에서는 스승으로 나타나 있다. 사도행전은 수리아의 안디옥에서 행한 바울의 가르침(행 11:26, 참조 13:1, 15:35)을 언급함으로써 그의 이방 선교에 관하여 기록하기 시작하며 그의 선교여행 기간들 동안에 그가 고린도 및 에베소와 같은 도시에서 가르쳤다는 것(행 18:11, 20:20)을 계속해서 명확하게 언급하고 있으며, 로마에서 그가 손수 세든 집에 2년 간 감금되어 있던 동안에도 그는 계속 "담대히 하나님 나라를 전파하며 주 예수 그리스도께 관한 것을 가르치되 금하는 사람이 없더라"(행 28:31)라는 말로써 끝맺고 있다. 바울은 자신이 그리스도에 관한 전승을 "각 처 각 교회에서"(고전 4:17, 살후 2:15) 그가 접촉하게 되는 "각 사람"에게(골 1:28) 가르쳤다고 기록하였다. 그는 자신이 하나님에 의해 전파하는 자와 사도로서 부르심을 입었으며, 또한 스승으로 부르심을 입었다고(딤전 2:7, 딤후 1

: 11) 이야기했다. 그는 "믿음 안에서 참 아들"인 디모데에게 권고하기를 그가 에베소에서 목사 임무를 수행할 때 가르치는 것을 포함시키라고 하였고(딤전 4 : 11, 6 : 2), 교회 지도자는 유능한 스승이어야 한다고 가르쳤다(딤전 3 : 2, 딤후 2 : 24). 한 때 바울은 가르치는 것을 사도와 선지자 바로 다음에 둠으로써, 교회를 강건케 해 주는 것을 위하여 성령이 주신 은사들의 계층에서 세 번째 되는 것으로 등급을 매기기까지 하였다(고전 12 : 28, 29). 그러나 다른 데서는 그것이 하나님이 주신 다른 모든 은사들과 동등한 것으로 그는 기록하였다(고전 12 : 4-11, 엡 4 : 11).

분명히 바울의 생각으로는 복음을 가르친다는 것은 기독교 선교에 있어서 대단히 중요하였다. 이것은 그 복음을 가장 단순한 필수요소들로 축약하고, 복음을 요점별로 분석하고, 긍정적 정의나 부정적 정의에 의하여 복음의 의미를 고착시키며, 메시지의 각 부분이 나머지 부분과 어떻게 연결되는가를 보여 주고, 그것의 주요한 함축적 의미들을 지적해 주며, 듣는 이들이 그 의미를 파악했다고 확신이 생길 때까지 그것을 설명하는 것을 포함하고 있다. "성 바울의 기록에 관한 연구는 그가 직접 간접으로, 교훈이나 실례로써 기독교 선교에 있어 가르치는 기능의 중요성을 대단히 강조했다는 것을 인정하지 않고는 이루어질 수 없다"고 W. 에드워드 채드윅(W. Edward Chadwick)은 보았다.[1] 그러나 아마 호워드 T. 퀴스트(Howard T. Kuist)가 생각한 대로 "사람들이 그의 가르침에만 너무 관심을 갖고 있어서 이 스승의 교육학적인 면은 생각하지 못했기" 때문에, 또 "바울이 자신의 기술을 나타내 보이지 않았기" 때문에 교육사에선 이 사도를 거의 고려하지 않았다.[2]

---

1) *The Pastoral Teaching of St. Paul*, p. 7.

2) *The Pedagogy of St. Paul*, p. 146.

위대한 선생은 자신의 방법에 주의를 집중시키거나 자신을 지나치게 투사하지 않으면, 자기 학생들과 진리를 위해 살아간다. 그럼에도 불구하고, 위대한 교사는 자신의 말을 듣는 이들에게 즉시로 감명을 주며, 사상계에도 광범위한 영향을 준다. 이런 기준에만 의한다면 바울은 위대한 스승이었고 우리는 그의 저술들 속에 내재하는 교수법으로부터 많은 것을 배울 수 있을 것이다.

교육적 배경

현존하는 것 중에서 아마 가장 오래된 랍비의 글에 붙은 한 부록에 보면 다음의 과정이 유태 남자들에게 지정되었다. "5세엔 성경, 10세엔 미쉬나(Mishnah), 13세엔 계명들의 준수, 15세엔 탈무드(Talmud), 18세엔 신방(bride-Chamber), 20세엔 직업의 추구, 30세엔 권위(authority), 40세엔 분별(discernment), 50세엔 권면(counsel), 60세엔 장로(elder) 가 되는 것, 70세엔 백발, 80세엔 특별한 힘, 90세엔 휘어진 등, 100세엔 죽어 이 세상에서 사라지는 것" 등이었다.[3] 1세기 유태사가였던 요세퍼스(Josephus)는 성경 및 전통 관습들이 "의식(consciousness)이 처음으로 생길 때부터" 모든 도시에서 유태인 소년들에게 가르쳐졌으며,[4] 그 자신도 14세가 되자 위의 두 가지에 고도로 정통할 정도로 조숙했다고 이야기하였다.[5] 그리고 바울 당시에 알렉산드리아의 유태교 철학자요, 정치가였던 필로(Philo)도 "아주 어릴 때부터" 가르쳐지던 토라 교육에 관하여 언급하였다.[6]

---

3) Mishnah, Aboth 5: 21.

4) Contra Apion 2. 178.

5) Life 9.

6) Legatio ad Gaium 210.

가정에서 : 무엇보다도 우선, 유태인 소년의 교육은 가정에서 비롯되었다. 거기서 그는 하나님의 계약받은 백성에 연합한다는 표시로, 난지 8일 만에 할례를 받았다(참조, 17:9-14). 거기서 그는 "가장 막중한" 계명인 "네 부모를 공경하라"(출 20:12)는 효도의 계명을 배웠다. "하나님께서 자신을 경외하는 것에 관한 계명보다도 그것을 더 잘 사용하시기" 때문에 이 계명은 하나님을 경외하는 것에 관한 계명 만큼이나 또는 그보다 더 비중있게 가르쳐졌다.[7] 거기서 그는 갖가지 축제, 상징, 그리고 가족 단위의 기념제 등과 같은 일련의 실물학습(object lesson)을 접했는데, 이것들을 지키는 데서 교육적인 영향을 받았다. 예를 들면 일년중 봄이 있던 유월절(Passover, ***Pesach***)에 예루살렘으로 순례를 떠날 수 없는 모든 사람들은 가정에서 기념되었다. 아버지가 주재하였고 장남은 그 의식의 의미를 물었다. 가족은 기쁨과 감사로 애굽으로부터의 하나님의 구원을 회상하였고, 자신들을 미래에 대한 이스라엘의 소망에 결속시켰다. 가을에 있던 장막절(Tabernacles, ***Sukkoth***)은 오두막집들의 상징과 함께, 이스라엘이 광야에서 방황했던 것과 땅 위에서 하나님의 예배하심에 관하여 교훈을 주었다. 성서에는 나와 있지않지만 겨울에 있는 수전절(Festival of Dedication, ***Hanukkah***)은 양심의 자유, 민족주의, 그리고 하나님이 가능케 하시는 소수민의 힘에 관하여 심원한 교훈들을 베풀어 주었다. 비슷하게 정초(***Rosh Hashanah,*** New Year), 속죄절(***Yom Kippur,*** Day of Atonement), 부림절(***Purim,*** Lots)은 그것들이 가진 의식들과 상징으로 인해 수 많은 질문들을 야기시켰으며, 유태인 부모들이 자녀들에게 자신들이 본 대로 인생의 의미를 가르칠 기회를 제공해 주었다.

---

7) Jer. Talmud, Peah 15c.

자기 아들에 관하여 유태인 아버지가 행할 최소한의 의무 조항들이 규정되어 있었다. 그는 그를 할례받게 해야 하며, 그 아이를 대속(참조, 출 13 : 15, 민 18 : 16) 해야 하며, 토라를 가르쳐야 하며, 직업을 가르쳐야 하고, 아내를 얻어 주어야 한다. 유태인은 육체 노동의 고귀함을 알고 있었으며, 지적인 용기와 신체적인 활동이 병행되어야 한다고 생각했다. 랍비 가말리엘 2세는, "토라 연구는 세속적인 일과 함께 하면 매우 좋다. 왜냐하면, 노동이 개재되지 않은 모든 토라는 결국 실패하며 죄악을 낳을 것임에 틀림없기 때문이다" 라고 말했다고 한다.[8] 어떤 유태교 소책자는 "자기 아들에게 일을 가르치지 않는 자는 누구든지 그 아이에게 도둑질을 가르치는 것이다"라고 주장했다.[9] 그러한 가정에서 바울은 자기 민족의 전통과 이상들을 배웠을 뿐 아니라, 장막을 만드는 기술도 익히게 되었던 것이다(참조, 행 18 : 31). 유태교의 교육은 지식인도 얼간이도 아닌 사람, 즉 생각하며 행동하는 사람을 길러내고자 하였다. 바울의 만년을 보면 그가 이러한 훈련에서 얼마나 많은 유익을 얻었는지 알 수 있다.

학교에서 : 초등교육은 부모들에게 맡겨져 있었으며, 그들이 교육을 시키거나 그들이 고용한 가정교사들이 교육을 시켰지만, 바울 시대의 바리새파 유대교는 각 유대인 사회가 회당에 붙여서 또는 회당 부근에다 중등(혹은 보다 고급의) 학교(***Beth Midrash***)를 세워 운영할 필요성이 있음을 강조했다.[10] 학교들에 관한 자세한 정보는 주후 2세기부터이지만, 유태 공동체들이 초등학교(***Beth Sefer***)와 마찬가지로 중등

8) Mishnah, Aboth 2 : 2.

9) Bab. Talmud, Kiddushin 99a.

학교를 자주 운영했던 것 같다. 초등학교는 읽기와 쓰기를, 중등학교는 성서해석을 강조하였다. 중등학교에서는 성서가 기록된 고대 히브리어나 학자들이 사용하던 미쉬나 히브리어로 공부를 하였는데, 학생들은 등록 이전에 자기 조상들의 언어를 읽고 쓸 줄 알아야 했다. 공부는 레위기의 해석에서 시작하여서, 모세 오경을 모두 섭렵한 뒤, 예언서를 공부하였고, 마지막으로, 히브리어 경전의 세 번째 부분인 이른 바 문집을 공부하였다. 물론 각 소년이 모두 그 전 과정을 수료한 것은 아니지만, 수료한 이들은 히브리어 성경 전체를 알고 주해할 수 있다고 생각되었다.

13세에 유태교의 소년은 바 미스바(***bar mitzvah***, "계명의 아들")가 되며, 그 때부터 그는 율법에 대한 전적인 책임을 지게 된다. 그 나이의 대부분의 유태인 소년들은 벧 미드라쉬(***Beth Midrash***) 수준의 공부를 시작하거나 거기에 몰두하였지만, 보다 촉망되는 아이들은 보다 유능한 선생들의 지도를 받는 랍비학교에 보내졌다. 아마 이 나이에 바울은 더 훈련받기 위하여 예루살렘에 왔었고, 사도행전 23 : 16에서 언급된 시집간 누이와 함께 아마 기거했을 것이다. 제 1세기의 위대한 랍비들 중 한 사람인 랍비 가말리엘 1세 문하에서 그가 공부하도록 선발되었다고 하는 것은, 아마 그의 가문의 중요성도 있었음은 물론, 젊은 바울의 유능함을 가리켜 주는 것이다(행 22 : 3).

랍비 교육은 히브리어 성경과 전통적인 해석에 중점을 두었다. 하지만 그것은 풋나기 랍비들로 하여금 "희랍인들의 지혜"에도 접하게 하였다. 랍비 시므온 벤 가말리엘 2세(Rabbi Simeon ben Gamaliel II)는 2세기의 선생인데, 500명의 학

10) 이 학교들에 관해서는 G. F. Moore, ***Judaism in the First Centuries of the Christian Era,*** vol. 1 (Cambridge : Harvard University, 1927), pp. 314-22를 참조.

생은 히브리인들의 전통적인 것들을 공부하게 하고, 나머지 500명은 희랍인들의 글을 공부하게 하였는데, 나중에 그 관계를 거꾸로 바꾸어 이중적 교육 과정으로 공부시켰다고 탈무드는 보고하고 있다.[11] 유태교는 헬레니즘적 사상체계에 대해선 적대적인 태도를 가졌지만, 그것이 이스라엘의 하나님을 섬기는 데에 고무적인 것이라면 희랍인들로부터 개념들과 형식들을 차용하는 것을 꺼리지 않았다. 랍비적 유대주의는 사실상 이런 식으로 헬레니즘에 충분히 접해 있었으므로 이방인들의 문학과 관습에 관한 바울의 지식을 전부는 아닐지라도 대체로 설명해 준다.[12] 진짜 희랍 철학이라고 바울이 알고 있었던 것은 정녕 빈약하고, 간접적인 것으로, 희랍 훈련을 통해서 혹은 일상적인 관습으로부터 전적으로 유래한 것이었다. 예를 들면 그가 희랍 작가들로부터 인용한 네 가지(행 17 : 28, 고전 15 : 33, 딛 1 : 12에 있음)는 "통속적인 철학자들이 공통적으로 소유한 것"에 지나지 않는다.[13] 그는 희랍 세계에서 통용되던 용어들과 형식들을 채용하였으나, 그것들을 그는 유태교 및 기독교에서 그가 깨닫고 체험한 것에 맞추어 사용하였다. 그들이 희랍 사상 속에서 본래 뜻하는 바와는 상관없이 그는 자신이 뜻한 바를 실어서 그것들을 사용하였다. "비유태 문헌이나, 희랍 종교 또는 이방 신비주의에서 발견되는 그의 사상의 병행적 요소는 명백히 이차적인 것이다"라고 C.A. 앤더슨 스코트(C.A. Anderson Scott)가 올바로 지적하였다.[14]

---

11) Bab. Talmud, Sotah 49b.

12) Cf. W. L. Knox, *Some Hellenistic Elements in Primitive Christianity* (London : Oxford University, 1944), pp. 30-34.

13) M. Dibelius, *Paul*, trans. F. Clarke (New York : Longmans and Green, 1953), p. 31.

14) *Christianity According to St. Paul* (Cambridge : University Press, 1927), p. 10.

바울의 교육적 배경은 그 자체로만 보건대, 집약적이고 광범위했다. 그는 자기 선조들의 전통들을 잘 체득하고 있었고, 희랍 문화와도 접촉하여 로마 시민권을 상속받기도 하였다(행 16:37 38, 22:25－29). 그리하여, 로마 세계의 어느 지역에서나 그 풍습이 히브리적이거나, 희랍적이거나 그는 자유롭게 말을 구사할 수 있었다.

교육 철학

사도 바울이 의도적으로 또 정확하게 교육 철학을 체계화하였다고 단언하기는 어려울 것이다. 참으로, 바로 그런 표현은 그에겐 생소하게 들렸을 것이다. 하지만 일종의 체계적인 교육적 접근이 그의 저술 속에서 발견된다. 바울은 철학적으로 생각했다기보다는 신학적으로 생각하였으며, 그의 가르침은 하나의 이론을 제시하는 것이라기보다는 신앙의 선포였다. 그는 인간적인 마음의 범주들이나 인간적인 체험의 추출보다는 계시적인 사건들과 문헌에서 연유하여 글을 썼다. 희랍 지성과는 대조적으로, 그는 정적인 혹은 사변적인 양식으로보다는 기능적이고 관계적인 용어들을 가지고 생각하곤 하였다. 그럼에도 불구하고 그는 자신의 목회의 틀을 형성한 어떤 요인들과 목표들을 의식하고 있었으며, 그의 가르침 속에는 교육 철학이라고 해도 좋을 만한 어떤 요소들이 내재해 있다.

삶의 통일성에 관하여: 바울은 자신의 히브리 사상적 배경으로부터 삶의 통일성에 관한 강렬한 느낌을 물려받았다.[15] 이것은 지식과 실천 사이에 중대한 통합이 존재한다는 것을

15) Cf. H. Mueller, ***A Critical Analysis of the Jewish Educational Philosophy in Relationship to the Epistles of St. Paul*** (Sieberg: Steyler, 1967).

그에게 의미했다. 그는 마음의 교화가 또한 인격 교육임을 알고 있었고, 이교도 세계엔 이런 것이 없다고 비난하였다 (예, 롬 1 : 21 이하, 엡 4 : 17 이하). 바울은 또한 "거룩한 것"과 "속된 것"의 통일을 가정하였다. 독실한 유태인에게 종교란, 삶 속의 한 요소에 불과한 것이 아니라, 삶 전체에 스며들고 가르침을 주는, 그의 존재 전체의 중심이었다. 그래서 인간을 위하여 역사 속에서 하나님께서 행하신 것은 모든 삶에 관계되므로, 예수 그리스도 안에, 그리고 옛부터 전해온 성경들 속에 있는 하나님의 계시는 바울의 교육 과정의 핵심을 형성하였다.

비슷하게, 바울의 사상 속에는 물질적인 것과 비물질적인 것, 자연적인 것과 초자연적인 것, 그리고 가시적인 것과 불가시적인 것의 통일성이 존재하고 있다. 헬레니즘적인 종교철학과는 대조적으로, 대체로 그는 물질 그 자체를 비물질적인 것과 대립시키거나 가시적인 것을 불가시적인 것의 오염된 반영이라고 격하시키지는 않았다. 그는 그 두 가지 사이에 존재하는 구별을 인식하고 있었으며 (통일성을 구성하고 있는 다양한 요소들을 언급하지 않고는 "통일성"에 관하여 이야기할 수 없다.), 죄가 물질계에 침투해 들어왔다는 것을 그는 인정했다. 그러나 그는 구약의 가르침에 너무 지나치게 의존하였기 때문에 그 결과, 물질과 감각의 자연세계가 초자연적, 불가시적, 그리고 비물질적인 모든 것에 내면적으로 대립하고 있다고 주장할 수 없었다. 그러므로 바울의 교육 철학은 "전반적인"것이다. 그의 가르침은 인간 삶의 국면들이나 영역들 뿐만이 아니라, 인간의 영적, 윤리적, 그리고 사회적 관계들 모두-즉 하나님에 의해 창조된 모든 것, 죄에 감염된 모든 것, 그리고 하나님이 예수 그리스도를 통하여 구속하신 모든 것에 관계되어 있다.

바울은 또한 자신의 삶과 가르침 속에서 공부와 육체 노동을 결부시켜서 유태인이 바라는 바 이상적인 것을 보여 주었다. 희랍의 귀족들은 육체 노동은 삶의 고매한 것들에 대한 인간의 이해를 무디게 만든다고 믿었기 때문에 노동자들에겐 시민권을 허용하지 않았다. 그러나 바울은 자신의 생활을 꾸리기 위해 일을 하였으므로 그는 "값없이", 그리고 장애없이 고린도에서 자기 메시지를 전할 수 있었을 것이며(고전 9：6－23), 데살로니가교회 안에 있던 게으름뱅이들에게 자신의 본을 따르라고 하였다(살후 3：6－15). 장막을 깁는 일의 육체적 노고와 창조적인 솜씨를 통하여 그는 당연히 쾌락을 느꼈을 것이지만 그는 자신의 육체 노동을 그 자체만으로 하나의 목적이라고 생각하지 않았다. 오히려 윌리엄 A. 비어즐리(William A. Beardslee)가 지적한 대로, 그는 "노동이 사랑의 동기를 표현할 수도 있으므로, 자신이 남의 짐이 되지 않도록 노동이 방지해 주므로, 노동 안에서 비기독교인들의 오해가 풀릴 수도 있으므로, 노동은 필요하며 의의있는 것이다"라고 생각했을 것 같다.[16]

하나님의 성품에 관하여： 바울의 교육 철학을 규정하는 데에 있어서 매우 중요한 것은 하나님 및 인간에 관한 그의 이해를 살펴보는 것이다. "인간성에 관하여 어떤 개념을 당신이 갖고 있는가를 내게 보여 주면, 나는 당신이 신봉하는 교육 철학을 이야기할 수 있소"는 모든 교육의 근본적인 격언이다. 다른 말로 하면 존 S. 브루바처(John S. Brubacher)가 보다 산문적으로 이야기한 것처럼, "…인간이 살고 있는 세계 및 인간의 본성에 관한 철학적인 개념은 모든 교육 방법의 강력한 결정 요인이다"라고 하겠다.[17] 그러나 인간을 인간으로서 생각한 희랍인들이나 대부분의 현대적 교육가들과는 달리 유

16) ***Human Achievement and Divine Vocation in the Message of Paul***, p.62.

태인으로서, 그리고 기독교인으로서 바울은 "먼저 하나님을 바라보았고, 그리고 나서 신성한 빛 속에 선 채로 인간을 생각하였다."[18]

바울은 자신의 유태교 선조들과 히브리 성서를 통하여 하나님에 관한 위대하고 고상한 개념을 물려 받았다. 역사 속에서의 신의 감독, 선지자적 말씀, 그리고 바벨론 포로생활을 통하여 지역적인 또 국가적인 모든 신들이 일소되고, 유태교는 하나님의 유일성에 관하여 변함없는 확신을 갖게 되었다. 하나님은 한 분이시고, 창조주시며, 천지를 지으신 분이며, 만인의 심판자요, 인간의 삶과 역사에 대한 유일한 통치자이시다. 한 분이신 참 하나님, 히브리 예언 속의 하나님은 초월적이며, 또한 내재하신다. 결코 역사의 함정에 빠지지 않으시면서도, 보편적인 인간사의 과정 속에 또 특별히 자기 백성 이스라엘의 체험 속에 자신을 참여시킨다.

바울의 모든 생각과 가르침의 배경 속에는 바로 이제껏 살펴본 개념 그대로의 하나님이 존재하였다. 그러나 그 당시의 유태교의 하나님 사상과 바울의 기독교적 하나님 사상 사이에는 다른 점들이 있다. 다메섹으로 가던 도상에서 존귀한 그리스도를 대면한 후, 바울은 나사렛 예수를 이스라엘이 경배하는 하나님과 친밀하게 결부되어야 한다는 결론을 피할 수 없었다. 그의 최상급의 신임장, 그의 열화같은 정열, 그리고 하나님의 의지를 수행하고 있다는 데에 대한 개인적인 확신(참조, 롬 9:4, 5, 10:2-4)에도 불구하고, 유태교에 속한 바울의 삶과 활동은 하나님의 견책을 받게 되었다. 왜냐하면 하늘로부터의 한 목소리가 그의 오류를 정정해 주고 예수를 옹호하였으며 그 이상의 것은 아무 것도 말할 수 없었기 때문이다.

---

17) *A History of the Problems of Education* (New York : McGraw-Hill, 1947), p. 165.

18) W. D. Stacey, *The Pauline View of Man*, p. 144.

인간의 본성에 관하여 : 자신의 유태교 선조들의 교리와 마찬가지로 바울의 인간론은 분석적이고 사변적이라기보다는 종합적이고 관계적이었다. 인간은 "하나님의 형상"대로 창조되었고(창 1:27) 하나님과는 도덕적인 친화관계에 있으며, 하나님을 알 수 있고, 그 분과 교제를 나눌 수 있도록 창조되었다. 여기에 인간의 본질적인 존엄성과 가치가 존재한다. 그러나 인간은 불순종과 하나님께 대한 대립으로써 하나님과의 도덕적인 유사성을 상실했으며, 그래서 의존과 신뢰의 관계가 파괴되었다(창 3:1－24, 시 14:2, 3, 에스라 제 4권 7:116－26, 롬 5:12－14). 그러나 인간은 원래의 하나님의 형상 가운데 어떤 것을 현재도 소유하고 있어서, 하나님의 책임있는 피조물로서 호소할 수 있다. 하나님의 율법에의 순종을 통하여, 그리고 마침내는 메시야의 시대에 이르러 그러한 영광과 유사성이 회복될 것이다. 대체적으로, 이것이 바울의 인간 이해였다.

기독교인으로서, 바울은 유태교적 인류학을 그 기본적인 구조에 있어서 계속 견지하고 있었으나, 인간 속에 있는 하나님의 형상 및 하나님과 인간과의 관계가 어떻게 회복될 것인가에 관한 그의 이해는 자신의 개종과 더불어 바뀌었다. 예수 그리스도와 관여함으로써 메시야 시대의 능력을 체험하고나서, 그는 "누구든지 그리스도 안에 있으면 새로운 피조물이라"(고후 5:17)는 것과 그리스도를 믿는 자들은 "주의 영광을 보매, 그와 같은 형상으로 화하여 영광으로 영광에 이르니"(고후 3:18)라는 것을 알게 되었다. 하나님과 인간과의 화해는 "그리스도를 통하여", "그리스도 안에서"(고후 5:18－21), 그리스도께 순종하면서 성령의 인도하심으로 사는 크리스천의 삶과 더불어서 이루어진다(갈 5:16－26, 빌 2:6－11).

이러한 인간관과 함께 교육 철학에 있어서 바울은 비관적이면서 또한 낙관적이었다. 인간의 기본적 문제들을 도외시하려 하거나 오로지 인간적인 지식을 늘려서 그들을 해결하려는 모든 노력에 관해서는 비관적이었다. 라인홀드 니버는 다음과 같이 적절하게 이야기했다. "현대의 교육가들 및 도덕론자들을 집요하게 따라 다니는 오류는 우리의 사회적 난점이 기술 문명을 태동시킨 자연과학에 사회과학이 보조를 맞추지 못한 것에서 기인한다고 하는 추론이다. 이 추론의 불변적인 암시는 조금만 더 시간이 있다면 보다 조금 더 적절한 도덕적, 사회적 교육학이 있고, 인간의 지성이 일반적으로 좀더 발달하면, 우리의 사회적 문제들은 해결에 이르게 될 것이다."[19] 바울이 보기에는, 인간의 근본적인 문제란 내적인 것-즉 하나님께 인간이 반역함으로써 유래된, 자기 중심주의라는 해묵은 문제이다. 인간의 딜렘마는 자기 삶의 표면에 나타난 것이 아니라, 그 심층에 존재한다. "그것은 그의 순간적인 행위보다는 그의 근본적인 범행, 즉 목적들을 추구하는 데에 그가 구사하는 수단들의 효율성보다는 그가 추구하는 목적들의 질에 관계된다."[20]

오늘날의 교육은 인간의 본성은 완성할 수 있으며, 그것은 근본적으로 불변하다는 인문주의적 추론에 지배되고 있다. 그러한 철학의 진실성은 역사 속에 존재하는 인간은 어느 정도의 이타주의와 광범위한 방탕 두 가지를 다 행할 능력이 있다고 하는 사실에 있다. 일반적인 은총(common grace)에 의해서 인간은 많은 선에 대한 가능성들을 지니고 있다는 것을 바울은 알고 있었지만, 그는 거기에 자기의 희망을 두지 않았다. 훨씬 더 낙관적으로, 그는 신의 특별한 은총(special grace)에 의하여 인간은 자신의 현재 상태나 자연 상태로 가능한 것

19) *Moral Man and Immoral Society* (New York : Scribner, 1934), p. xiii.

20) J. F. A. Taylor, "The University and the Moral Frontier, *The Educational Forum* 21 (1962) : 422.

을 훨씬 능가하는 그 이상의 존재가 될 수 있다고 확신하고 있었다. "그리스도 안에" 있음으로써, 인간은-교육이 할 수 있는 것을 훨씬 능가하는-하나님의 자녀가 되고 새로운 피조물이 되어서 그리스도인의 성숙에 이르게 된다(빌 3 : 12-16). 따라서 그는 확신을 가지고 "내 속에서 능력으로 역사하시는 이 〔하나님〕의 역사를 따라 힘을 다하여 수고"하면서 "각 사람을 권하고 모든 지혜로 각 사람을 가르침은 각 사람을 그리스도 안에서 완전한 자로 세우려함이니"라는 목적으로 자신의 목회에 열중하였다(골 1 : 28, 29).

교수 방법

교육에 있어서 끈질긴 문제는 철학과 실천-또는 종교교육에서처럼, 신학과 방법론 사이의 관계를 규정하는 것이다. 바울 사도가 이러한 필요성을 느끼고 이 문제에 관심을 기울였다고 하는 증거가 바울서신 속에 있다. 비록 바울은 자기 메시지의 내용을 강조했지만, 그 메시지를 전달하는 기능 역시 대단히 중요시하였다. 데이빗 M. 스탠리(David M. Stanley)는 다음과 같이 적절하게 이야기했다. "그 자신의 매개적 역할은 아주 필요하다. 그는 복음이 기계적으로 다른 사람들에게 전파되는 대변인만은 아니었다. 그가 말하는 내용은 물론이고 그의 말하는 방법, 그의 인품도 그가 선교하던 사람들을 그리스도인으로 형성시키는 데 한 몫을 한다. 그가 전파하는 복음은 종속적이긴 하지만, 진정한 의미에서 그의 복음이기도 하다."[21] 물론 바울에게서는 교육학적 방법에 관한 공식적인 토론을 찾을 수 없다. 그럼에도 불구하고, 그의 선교에 관한 사도행전의 기록 및 그의 목회서신들 속에는 이러한 점에

21) "Become Imitators of Me," *Biblica* 40(1959) : 874.

있어서 마땅히 주의를 끄는 몇 가지 것들이 내재해 있다.

복음전도자로서 : 사도행전에 기록된 대로 사도 바울의 설교를 우리가 연구할 때 두 가지가 곧바로 두드러지게 나타난다.[22] 첫째로, 그는 자기 청중들이 모인 곳에서 시작할 수 있는 재능이 있었다. 바울이 이러한 능력을 가졌다는 사실은 사도행전에 기록된 세 가지 설교에서 특별히 찾아볼 수 있는데, 비시디아 안디옥의 회당에서(13 : 16-41), 루스드라의 사람들에게(14 : 15-17), 아덴(아테네)의 아레오바고 앞에서(17 : 22-31) 행하여진 것 등이다.

이 세 가지 설교는 접근 방식에 있어서 전혀 다르다. 안디옥의 회당에서 그는 유태인들, 유태교로 개종한 사람들, 그리고 하나님을 두려워하는 이방인들, 즉 유대의 역사 및 성경에 큰 관심이 있는 모든 이들에게 복음을 전파하였다. 그래서 그는 유대의 역사에 따라서 자신이 말할 것을 조직하였고, 구약으로부터 인용한 본문들을 가지고 자신의 주장을 밑받침했다. 루스드라에서는 유태적 전통이나 희랍 문화가 거의 침투되지 않았던 소아시아의 오지에 사는 이들에게 그는 자연으로부터, 즉 "비와 결실의 계절"이라는 말로부터 시작하였다. 그러나 아테네에서는 그 지역의 종교적 예배로부터 시작하였고, 희랍의 시인들을 인용하였다(행 17 : 28). 그는 유대의 역사나, 히브리 성경이나, 자연에 관한 증거를 결코 이야기하지 않았다. 윌리엄 바클레이(William Barclay)가 지적한 대로, "그의 접근 방식에 있어서, 바울은 일정한 계획이나 공식같은 것을 갖고 있지 않았으며, 그의 접근은 융통성이 있었다. 그는 자

22) Cf. W. Barclay, "A Comparison of Paul's Missionary Preaching and Preaching to the Church," in *Apostolic History and the Gospel*, ed. W. W. Gasque and R. P. Martin (Grand Rapids: Eerdmans, 1970), pp. 165-70.

기 청중이 처한 처지에서 시작하였다."[23]

둘째로, 바울의 설교는 독백만은 아니었으며, 청중이 참여한 대화이기도 하였다. 그의 설교는 선포였지만, 듣거나 말거나식의 선포는 아니었다. 그것은 설명과 방어를 겸비한 복음의 선언이었다. 사도행전에 있는 바울의 선교적 설교에 나타난 특징적인 말은 **논쟁하였다** 라는 말이다. 다메섹(다마스커스), 아덴(아테네), 고린도, 에베소에서 그는 자신이 발언의 기회를 얻을 때까지 각 도시에 머무르면서 복음을 논하였다. 그는 신앙을 선포하고 방어하였으며, 감성은 물론 지성을 충족시켜 준 것이 확실하다.[24]

목회자로서 : 바울 서신에 나타난 바울의 목회적 선교에서도, 자기 청중과의 공감대 위에서 시작한다는 교육적 원리가 두드러지게 나타난다. 고린도 전서 9 : 22에서 그는 자기가 "여러 사람에게 여러 가지 모양으로" 나타난다고 이야기하였는데, 이러한 그의 방법이 특히 가장 적절히 나타난 것은 바로 그 서신에서이다.[25]

교회 내에서의 부도덕성 문제를 다루면서, 고린도 전서 5 : 13에서 바울은 그것을 비난하고, 6 : 12-20에서는 그리스도인의 자유에 관하여 오해하고 있던 개종자들과 상호 의견을 나누고 있다. 그들의 사상을 취급하면서 "모든 것이 내게 가하다." 그리고 "식물은 배를 위하고 배는 식물을 위하나니"라고 함으로써 그들과 의견을 같이 하면서 그가 말을 시작하는 것은 흥미있는 일이다(고전 6 : 12, 13). 외부로부터의 억제를 받지 않는 삶을 변호하기 위해서 이교도의 세계에서 사용되던 진부한 경귀들에 지나지 않는 이 속담들

23) Ibid., p. 166.
24) Ibid.
25) R. N. Longenecker, *Paul, Apostle of Liberty,* pp. 230-44.

은 믿는 사람들에 의하여 "기독교적 자유주의"(Christian Ibertarianism)를 변호하는 데에 전적으로 사용되다시피 하였다. 그러나 한 가지 점에 있어서는 바울이 그들과 의견을 같이 하였다. 이 방탕한 그리스도인들에게 그는 말하기를 만일 복음이 그리스도께서 우리가 우리 멋대로 하라고 우리를 해방시켰다는 것만을 선포한다면, 부도덕까지도 정당한 것으로 여겨질거라고 하였다. 그러나 그는 계속하여 주장하기를 기독교적 자유에 관한 질문은 무엇이 합법적인가 혹은 야기된 것은 무엇인가를 곰곰히 생각하는 것만으로 해결되지 않는다고 하였다. 이상의 사실들은 모든 것이 유익한 것은 아니라는 자각과 우리는 어떤 것의 노예도 되지 않겠다는 결단, 그리고 주님께의 헌신에 의하여 끊임없이 조절되어야 한다(고전 6 : 12-20). 바울은 도덕적인 도착(moral perversion)을 영적 자유의 연습이라고 부르며, 교회의 지도를 세속적인 기능이라고 부를 정도로 비틀어진 신자들을 다루고 있다. 그런데 여기에서도 그는 그들이 자신들의 신앙을 더 참되게 이해하고 표현하도록 인도하기 위해 "여러 사람에게 여러 가지 모양으로" 나타나 있다.

고린도 전서 8-10장에서, 우상으로 바쳐진 고기를 먹는 문제에 관하여 바울이 어떻게 접근하는지에 주의하는 것도 퍽 유익하다. 비록 당장의 상황에 대하여 예루살렘 법령의 첫번째 조항이 직접적으로 천명하고 있었지만, 그는 그 법령을 인용하지 않았다. 왜냐하면, 여기 이 사람들은 자신들의 뛰어난 영성에 관하여 자부심이 대단하였고, 교회의 권위 따위를 용납하려 하지 않았던 사람들이었기 때문이다. 그래서 이 사도는 "우리가 다 지식이 있는 줄을" 안다는 것과, "우상은 참된 존재가 아니며", "하나님은 한 분 밖에 없는 줄을 아노라"라는 말로써, "완강하다"고 생각되던 개종자들과 의견을 같이 하면서 말을 시작하였다(고전 8 : 1, 4).

그러나 그는 계속하여 주장하기를, 그들이 자기들의 약한 형제들에 대한 사랑으로써 자신들의 자유함을 조절하기를 거절할 때, 그들은 그리스도 밖에 있는 자들에게 거침이 되며, 교회 안에서는 혼란을 일으키며, 그들의 기독교적 자유로움의 구사로 인하여 하나님을 영화롭게도 하지 못한다고 하였다(고전 8 : 7－13, 10 : 24－32).

그는 또한 이러한 접근 방식을 고린도 전서 12－14장과 고린도 후서 12장에서, 영적 은사들을 잘못 사용하는 것에 관하여 다룰 때에도 그대로 적용했다. 그는 방언의 은사가 진정 초자연적인 권능이며(고후 12 : 10, 28) 계시적인 환상들이 참된 가치가 있다는 것(고후 12 : 1－4)에 동의했다. 실제적으로, 그는 선언하기를, "내가 너희 모든 사람보다 방언을 더 말하므로 하나님께 감사하노라"(고전 14 : 18)라고 하였으며, "14년 전" 그가 "낙원으로 이끌려 가서" "말할 수 없는 말"(abundance of revelations)을 들었던 때에 관하여 이야기하였다(고후 12 : 2 이하). 이런 말들은 바울이 진정한 황홀경 몰입자였기 때문에 꾸며낸 것이 아니었다. 그러나 이런 체험들을 그가 여기서 언급한 것은, 영적 은사들은 "그 뜻대로 각 사람에게 나눠주시는" 성령에 의해 주어지며 그것은 "공동의 선을 위한" 것이라는 그의 논지를 이야기할 기회를 얻기 위해서였을 뿐이다(고전 12 : 4－11). 그러므로 그의 호소는 고린도의 신자들이 적절한 범위를 벗어날 정도로 방언의 은사를 뽐내지 말고, 사랑을 자신들의 목적으로 하며, 성령께서 그들에게 주시는 대로 영적 은사들을 사모하며, 그러한 은사들을 교회를 세워가고 다져가는 데에 쓰라고 하는 것이었다. 황홀경에 마음이 기울어져 있던 사람들을 설득하기 위하여, 그는 한 사람의 황홀경 몰입자로서 그들에게 접근하였다.

이 모든 경우에 있어서, 원칙이나 결과에 상관없이 상황의 이점을 이용한다는 의미로서 기회주의적이라고만 바울을 평할 수는 없을 것이다. 그는 결코 속임수를 사용하려 하지 않았다. 모든 경우에 있어서 그는 그 개종자들이 참된 그리스도인이지만, 복음의 일면만을 파악하고서, 진리를 오류로 도착시켜버린 그리스도인들이었다는 것을 알고 있었다. 그는 이해된 진리의 한 요소부터 시작하여 그리스도 안에서의 자유에 대한 보다 충실한 이해와 표현에 관해서까지 언급했다. 궁극적인 결과들을 결코 무시하지 않은 채, 그는 그 개종자들 및 그 교회를 굳건히 해 주는 것을 목적으로 삼았다. 공통된 일치점에서 시작하고, 불필요하게 거리낌을 야기시킬 만한 것들은 삭제해버림으로써, 그는 "여러 사람에게 여러 가지 모양으로" 적응한다는 자신의 목회 원칙을 나타내보였다. 모든 기독교 목사, 교사, 선교사, 학자, 그리고 정치가의 성품이 되어야 할 접근 방식의 알맞은 유연성과 태도의 신축성이 여기에 있다.

모범으로서 : 철학이나 방법을 적절히 강조해야 하지만 일반교육에서, 특히 기독교 교육에서 "학습에 영향을 미치는 가장 중요한 한 가지 요소는 스승의 삶과 인격이다"라고 하는 점을 인정하지 않으면 안 된다.[26] 바울은 자신의 특출한 장점과 자신의 개인적인 약점 모두에 관하여 건전한 자각을 갖고 있었다(고후 12 : 1－10, 빌 3 : 12－16). 그리스도께서 그를 그 분의 소유로 만드셨고(빌 3 : 12), 그 결과 그는 "그리스도 안에서 하늘에 속한 모든 신령한 복으로" 복주심을 받았음을 그는 알고 있었다(엡 1 : 3). 그러나 그는 그리스도 예수 안에서 그의 것이 되는 모든 것을 체험상으로 그의

---

26) F. Edge, *Teaching for Results* (Nashville : Broadman, 1956), p. 223.

것이 되도록 하려면 자신이 "서둘러서 쫓아 가야함"을 잘 깨닫고 있었다(빌 3:12-16). 자신이 전하는 메시지의 진리성과 능력과 삶을 변화시키는 성질에 관해서 확고한 신념을 가지고 있었으나 참으로 겸손했다. 자신들을 "성숙한(mature)" 그리스도인들이라고 생각하던 모든 이들에게 이르기를 "그러한 마음을 품고", "함께 나를 본받으라. 또 우리로 본을 삼는 것 같이 그대로 행하는 자들을 보이라〔…자들에게 주목하라〕"고 촉구하였다(빌 3:15-17).

여러 번 바울은 그가 대하는 개종자들에게 자기의 본을 따르라고 권고하였다. 사도의 무리(바울, 실라, 그리고 디모데)나 "주님의" 삶을 본받고, 다시 마게도냐와 아가야에 있던 믿는 자들의 본이 된 데살로니가인들을 그는 칭찬하였다(살전 1:5 이하). 고린도에서 일어난 문제에 관하여 언급하면서, "내가 그리스도를 본받는 자 된 것 같이 너희는 나를 본받는 자 되라"고 그는 썼다(고전 11:1, 참조, 4:16). 그리고 그가 빌립보에게 마지막으로 타이른 말은 "너희는 내게 배우고 받고 듣고 본 바를 행하라. 그리하면 평강의 하나님이 너희와 함께 계시리라"고 한 것이었다(빌 4:9). 바울이 생각했던 대로, 예수로부터 비롯되어서 사도들에 의하여 중개된, 그리고 그리스도께로의 연속적인 개종을 통하여 세계로 뻗어나가는 증인과 모범의 연쇄가 존재한다. 그는 자신이 주님의 최상권을 손상시키지 않은 채, 자기의 삶과 선교를 본받으라고 권고하였다.

그는 "이방인을 위하여 그리스도 예수의 일꾼이 되어 하나님의 복음의 제사장 직무를 하게" 하신 독특한 자신의 소망을 의식하고 있었지만, 자기를 통하여 역사하시는 이는 그리스도이시며 자기에게 능력주시는 이는 성령이심을 너무나 잘 알고 있었다(롬 15:15-19). 그는 기도를 방법이나 수단들 가운데서 최고의 것으로 생각하였으며, 자신을 위하여 기도해달라고 거듭해서 교회들에게 요청하였다(예를 들면, 롬 15 : 30, 엡 6 : 19, 20, 골 4 : 3, 4, 살전 5 : 25, 살후 3 : 1, 2). 또한 그는 "그리스도의 몸" 안에서의 믿는 자들의 상호 의존에 관하여 깊은 확신을 가지고 있었다(고전 12 : 4 – 31). 그리스도인들은 "성령의 하나되게 하신 것"에 소명을 받았으며, 하나되게 하신 것을 힘써 지키고 하나님께 드리는 예배로 그것을 표현해야 한다(엡 4 : 1 – 6). 그 사도 자신이 자기의 이방선교와는 다른 기독교적 노력들이 정당성과 이방선교에 참여한 다른 목회자들의 정당성을 인정하고 있었다(예, 고전 9 : 5, 갈 2 : 7 – 10, 고전 3 : 5 이하, 9 : 6). 자기의 선교 사명을 독점적인 것인양 이기적으로 생각하지 않고, 자신이 하나님을 전적으로 의지해야 된다는 것과 하나님이 쓰시는 모든 목회자들이 상호 의존해야 한다는 것을 예리하게 의식하고 있었다. 예를 들면, 고린도인들에게 그는 이르기를, "나는 심었고 아볼로는 물을 주었으되, 오직 하나님은 자라나게 하셨나니"라고 하였다(고전 3 : 6).

여러 가지 면에서 바울은 기독교사의 연대기들 속에서 거의 독특한 인물로서 자리를 잡고 있다. 그는 복음 전도자의 열정, 목회자의 동정심, 학자의 지각, 선생의 교육적 기술, 그리고 정치가의 외교술을 겸비하였다. 그는 유대인들의 회당에서 그들에게 그들의 이해 범위 내에서 의미있게 설교할 수 있었고, 유태교와의 약간의 접촉이 있었던 이방인들에게나, 유태교적인 가르침에 전혀 생소한 이방인들에게도 마찬가지였다. 그는 공통적인 일치점에서 시작하여 그가 대면하는 개종자들의 기독교 신앙을 그들 자신이 보다 십원하게 이해하고 제대로 표현하도록 인도해 줌으로써 그들을 바로잡아주고 가르쳐 주었다. 그는 이방인들의 전파자요, 선생이었고, 부활 사건 후의 기독교 사상의 해석자였으며, 그의 사명을 완수하기 위하여 그는 자신이 할 수 있는 모든 수단과 기량을 사용하였다.

Selected Bibliography

Beardslee, W. A. *Human Achievement and Divine Vocation in the Message of Paul.* Naperville, Ill.: Allenson, 1961.

Chadwick, H. *The Enigma of Paul.* London: Athlone, 1969.

Chadwick, W. E. *The Pastoral Teaching of St. Paul.* Edinburgh: Clark, 1907.

Kuist, H. T. *The Pedagogy of St. Paul.* New York: Doran, 1925.

Longenecker, R. N. *Paul, Apostle of Liberty.* New York: Harper and Row, 1964.

__________. *The Ministry and Message of Paul.* Grand Rapids: Zondervan, 1971.

Niebuhr, R. *The Nature and Destiny of Man.* vol. 1. London: Nisbet, 1941.

O'Connor, J. M. *Paul on Preaching.* New York: Sheed and Ward, 1964.

Stacey, W.D. *The Pauline View of Man.* London: Macmillan, 1956.

Whiteley, D. E. H. *The Theology of St. Paul.* Philadelphia: Fortress, 1964.

3. 아우구스티누스

Augustine / 354 – 430

하워드 그림스 (Howard Grimes)

전 교회사는 아닐지라도, 서양의 초대 교부들 중 가장 위대한 교부인 아우구스티누스는, 지금은 알제리아의 수크-아라스 (Souk-Ahras)인 타가스테 (Tagaste)에서 354년에 태어났다. 그의 부친 패트리시우스 (Patricius)는 임종 직전 372년에야 개종하였으나, 아우구스티누스의 모친 모니카 (Monica)는 헌신적인 기독교인으로서 그의·생애에 대단한 영향을 주었다. 아우구스티누스는 마도라와 카르타고에서 교육을 받았고, 그 후에 먼저 타가스테에서, 그리고 카르타고에서 수사학 교사가 되었다. 383년에 이태리로 가서 5년 동안 머물렀는데, 여기에서 그의 생애가 급선회하게 되었다.

아우구스티누스는 비록 교회에서 자라났지만, 373년 키케로의 호르텐시우스 (Hortensius)를 읽고서 철학을 추구하게 되었다. 북아프리카를 떠나서 로마로 향할 때쯤에, 그는 마니교도였는데, 플로티누스 (Plotinus)와 포르피리 (Porphyry)의 신플라톤주의 영향으로 마니교를 탈피하였다. 384년 밀란으로 가서 교직을 계속하였는데, 거기서 암브로스 (Ambrose)의 설교를 들었고, 386년 회심하고, 387년 암브로스에게 세례를 받았다.

아우구스티누스는 곧 그의 직업을 그만 두고 388년에 북아프리카로 돌아왔다. 3년 후 그는 사제가 되어 세례 지망생들에게 설교하고, 성직 훈련학교를 포함한 수도원을 세웠다. 뿐만 아니라 다산적인 저술생활이 시작되었다. 395년 아우구스티누스는 힙포의 주교였던 발레리우스(Valerius)의 후계자로 임명되었다. 그리고 나서 1년 후 발레리우스가 죽자 아우구스티누스는 430년, 그가 사망할 때까지 그 직위를 지켰다.

아우구스티누스의 교육 철학과 방법에 관한 두 가지 일차적 출처는 약 389년에 쓰여진 「교사」(*De magistro*)와 400년 또는 그 직후 쓰여진 「최초의 요리문답 지도자」(*De catechizandis rudibus*)이다. 전자는 대화체로 쓰여진 것으로, 아우구스티누스와 그의 친아들 아데오다투스(Adeodatus) 사이의 대화를 기초로 한 것이다. 이것은 인식론[1]에 관한 비기술적 토의, 또는 보다 현대의 교육적 어법으로는 "어떻게 우리가 배우는가"에 관한 것이다. 그리고 후자는 문답학교에 입학하려는 **입학생**(accedentes)[2] 들에게 하는 예비교육과 관련된 보다 실천적인 논문이다. 이 논문은 그의 친구이며 카

---

1) J. H. S. Burleigh, "Introduction to *The Teacher*", in *Earlier Writings*, p. 65.

2) 이것은 예루살렘의 시릴(Cyril)이 쓴 문답강의(*The Catechetical Lectures*)와 대조되는 것으로 시릴의 저서는 세례준비생을 위한 것이었다. 참조, W. Telfer, "General Introduction," in *Cyril of Jerusalem and Nemesius of Emesa,* Library of Christion Classics, vol. 4 (Philadelphia : Westminster, 1955), pp. 33 - 33 ; and J. Christopher, "Introduction", in *De catechizandbis rudibus,* Patristic Studies, vol. 8 (Washington, D. C. : University of America, 1926), pp. 1, 2.

르타고의 부제(deacon)인 데오그라티아스(Deogratias)에게 보낸 것이다. 「교사」는 소크라테스적인 비형식주의적 특색을 지녔으나, 「최초의 요리문답 지도자」는 보다 더 형식적이다. 전자는 아우구스티누스의 교육 철학을 발견하는데 보다 풍부한 출처이며, 후자는 그의 교육 방법을 발견하는 데 더욱 풍부한 출처이다.

교육 철학

아우구스티누스는 학습자는 이미 진리에 대한 내적 이해를 가지고 있다고 믿었다. "인간은 말로 교육되는 것이 아니라 하나님께서 내적으로 그에게 보여 주시는 것들에 의하여 스스로 배운다."[3] 이 말은 존 버레이(John H. S. Burleigh)가 말한 것처럼 진리는 주관적이라는 뜻이 아니라, "진리는 하나님께로부터 오며, 하나님의 영원한 진리, 곧 그리스도는 그를 영접할 준비가 되어 있는 마음 속에 거하신다"[4] 는 뜻이다. 어떤 의미에서 이 말은—우리가 우리 신앙의 본질이나 이유를 이해할 수 있기 전에 믿어야 한다는 아우구스티누스의 신앙과 이성에 대한 구별의 재언명이다.[5] 아우구스티누스는 비록 한 번도 이러한 두 개의 개념을 함께 제시하지는 않았지만, 진리에 대한 내적 지식을 가지고 있고, 외부로부터 그런 진리와 대면하고 있는 인간 정신은 신앙을 가지고 있으며, 이 신앙을 추론의 능력을 사용함으로써 설명한다는 것을 그가 의미한 것이 분명하다.

아우구스티누스는 또한 언어는 그 자체가 가르치는 데에,

3) *The Teacher* 12.40, in *Earlier Writings*.
4) "Introduction to *The Teacher*", p. 66.
5) Cf. *Confessions* 6.5.7; and *The Usefulness of Belief* 14.31, in *Earlier Writings*.

그리고 내적으로 느끼고 아는 것을 전달하는 데에 부적절한 도구라고 주장하였다.[6] 언어는 "사물을 추구하도록 명하거나"[7], 또는 "언어에 의하여 인간은 배우기 위하여 단지 경각심을 갖게 된다…"[8] 고 그는 말했다. 언어 외에 기호(예를 들면, 몸짓)들이 교수에 도움을 줄 수 있는데, 이것을 현대적 술어로 말하면, 교수는 관계를 통하여 일어난다고 말할 수 있다. 아우구스티누스에 있어서 이것의 중요성은 학습에 있어서 비언어적이고, 비인식적 요소의 중요성에 대한 현대적 지식 없이는 이해할 수가 없다. 아우구스티누스가 확실히 이러한 요소들을 이해한 것은 아니나, 어느 점에서는 그는 무의식의 이론에 접근하였다.[9]

아우구스티누스에 의하면, 학습은 언어적 동의 이상의 것을 상당히 포함한다. 그리고 마찬가지로 태도와 행위의 변화를 포함한다. 그는 교사에게 "교사가 말한 모든 것과 관련시킬 수 있는 목적을 사랑할 것과 교사가 말한 것을 믿고, 믿음으로 희망을 가질 수 있고, 희망을 가짐으로 사랑할 수 있도록 모든 가르침을 베풀도록" 지시하였다.[10] 믿음, 소망, 사랑—이 셋은 교사의 목적 속에 포함되어 있다.

"우리의 참된 교사"는 "내적 인간 속에 거하시는 분, 곧 그리스도로, 변하지 않는 하나님의 능력이며 영원한 하나님의 지혜"[11] 라고 그는 기술하였다. 이것은 명백히 인간은

6) *The Teacher* 1.1-2.3, in *Earlier Writings.*

7) Ibid., 11.36.

8) Ibid., 14.46.

9) Cf. *The Trinity* 14.9.

10) *The First Catechetical Instructor* 4.8. Christopher가 한 이 번역은 Patristic Series에서 그가 한 번역을 개작하고 수정한 것이다.

11) *The Teacher* 11.38, in *Earlier Writings.*

진리에 관한 본유적 능력을 소유하고 있다는 것을 전제로 한다. 그러나 이것은 또한 자아에 대한 지식이 어느 분야에서든지 확실한 지식의 시작이라고 하는 아우구스티누스의 주장과도 관련이 있다.[12] 누군가가 들어붓는다고 해서 종교적 진리를 사람이 배우는 것이 아니라, 내면에서 종교적 진리를 이해함으로써만 가장 완전한 의미에서 종교적 진리를 배울 수 있다. 이것을 현대적으로 말하면, 경신(輕信, credulity)－즉 진리를 단지 간접적으로 받아들이는 것－으로 충분한 것이 아니라, 어떻게 설명되든지간에 내적 응답이 필요하고, 이 응답의 시작은 하나님께 긍정적으로 응답하기 위하여 우리가 창조되었다는 것을 아는 것이다.

> 당신은 우리를 당신을 위하여 만드셨으며 당신 안에서 쉴 때까지 우리 마음은 쉴 곳이 없나이다.[13]

마지막으로, 아우구스티누스는 신념(신앙)은 필연적으로 우리가 감각 경험과 이성으로 알 수 있는 것을 초월한다고 주장하였다.

> 내가 아는 것을 나는 또한 믿는다. 그러나 나는 내가 믿는 모든 것을 아는 것은 아니다. 내가 이해하는 모든 것을 나는 안다. 그러나 내가 믿는 모든 것을 내가 아는 것은 아니다.[14]

아우구스티누스의 은혜론은 대단히 중요하므로 그의 교육이론과 은혜론을 분리시킬 수가 없다. 인간이 요즘 말하는

---

12) *Enchiridion* 7.20. Cf. *Confessions and Enchiridion,* p.351(7.38).

13) *Confessions* 1.1.1., in *Confessions and Enchridion.*

14) *The Teacher* 11.37, in *Earlier Writings.*

"신앙의 도약"을 할 수 있는 것은 오로지 하나님의 은사이다.

그러면 하나님이 어떻게 자신을 인간에게 "제시"할 수 있는가? 여기에 대하여 아우구스티누스의 예정론을 그의 유일한 답변으로 생각하고 싶은 유혹이 있으나, 그러나 적어도 다른 어떤 한 곳에서 그는 다른 것을 암시하는 것 같다. 「성령과 편지」(*The Spirit and the Letter*)에서 신앙의 의미를 얼마 만큼 거론한 후에 그는 다음과 같이 말하였다.

> …하나님은 우리가 경험하는 인상이, 복음이 훈계하는 것처럼 외적인 것이거나, 또는 싫든 좋든 마음 속에 들어오는 개념처럼 외적인 것이거나 상관없이, 이러한 인상을 유도함으로써 우리의 자발성과 우리의 신앙을 위하여 일하신다. … 이러한 방법으로 하나님은 이성적인 영혼이 믿도록 작용하신다 …[15]

이것은 아우구스티누스가 「교사」의 마지막에 나중에 언급하기로 약속한 것에 대한 핵심인 것 같다. 즉 언어의 유용성에 관한 것이다.[16] 그리고 그것은 또한 어떻게 인간이 먼저 신앙으로 응답하도록 고무되는가를 설명하는 것 같다. 그러므로 교사의 기능은 학습자가 신앙으로 응답할 수 있도록 외적 인상을 제공하는 것이다.

교수 방법

어떻게 교사가 이 교육 철학을 실천할 수 있는가? 아우구스티누스는 몇 가지 권고를 제시한다.

---

15) 60.34, in *Later Works.*
16) 14.46.

첫째, 교사는 그가 가르치는 것에 순수하게 관심을 가지고 즐거워해야 한다. 왜냐하면 이렇게 해야만 그가 전달해야만 하는 모든 것을 전달하는 데에 언어의 부적절성을 극복할 수 있다. 아우구스티누스는「최초의 요리문답 지도자」에서, 문답교사는 그의 일의 중요성을 인식해야 한다. 분명히 그 때도 지금처럼 바쁜 목회자는 문답교육을 일상계획에 방해가 되는 것으로 생각하였다. 더우기 문답교사는 그가 가르치는 것을 방해하거나 관심을 딴 데로 돌리게 하는 어떤 것도 용납해서는 안 된다. 만약에 교사가 신앙이 부족한 누군가에 의하여 방해를 받으면,

> 새로운 입학생들이 다른 사람의 신앙의 부족으로 인한 우리의 슬픔을 신앙의 발전이 있으리라는 희망 속에서 씻어 줄 것이다.[17]

교사가 최선을 다하는 것을 방해하는 것은 무엇이든지간에, 교사는 그것을 극복해야 한다.

둘째로, 교사는 참으로 학생을 존중해야 한다. "…형제의 동포애로써 학생의 수줍음을 가라앉혀야 한다."[18] 아마 아우구스티누스는 그가 요리문답생이었을 때 암브로스와 가졌던 그 자신의 경험을 회상하는 것 같다. 그는 이 경험을 그의「고백」(confessions)에서 언급하였다.

> 그 하나님의 사람이 세상 아버지처럼 나를 용납하였다. … 그리고 나는 그를 사랑하게 되었는데, 진리의 스승으로서가 아니라 친절한 인간으로서였다. 왜냐하면 나는 당신의 교회에서 진리를 발견하는 데 전적으로 실망하였기 때문이다.[19]

---

17) *The First Catechetical Instructor* 14.21.
18) Ibid., 13.18.
19) 5.13.23, in *Confessions and Enchiridion*.

세째로, 교사는 말솜씨가 다양해야 한다. 그리고 학생들에 따라서 다양하게 접근해야 한다. 그러려면 학생의 신분을 알아야 한다. 그래서 「최초의 요리문답 지도자」에서 한 장에서, "교육받은 사람을 어떻게 다룰 것인가"와 다른 장에서 문답과 수사학 학교(그 당시의 "세속" 학교) 출신의 학생을 다루는 법을 설명하였다. 교사는 학생 자신들의 문제를 물어보아서 개별적인 학생들의 특별한 문제를 이해하려고 애써야 한다.

네째로, 교사는 학생들을 이끌어내어 자신들을 표현하도록 격려해야 한다. 아우구스티누스는 「최초의 요리문답 지도자」에 다음과 같이 기록하였다.

> 우리는 학생이 자신의 의견을 표현하는 것을 방해하는 지나친 수줍음을 부드럽게 격려하여 물리쳐야 한다….[20]

「교사」에서 그는 학생이 더욱 참여할 것을 암시하고 있다.

아우구스티누스는 「최초의 요리문답 지도자」에서 학생들의 육체적 편안함에 관하여까지 한 부분을 할애하였다. 그 당시의 일반적인 방법과는 달리 교사가 피곤해 보이는 학생들에게는 의자를 권할 것을 말하고 있다. "의심할 바 없이 학생들은 처음부터 앉아서 듣는 것이 더 좋다…"[21] 고 아우구스티누스는 덧붙였다.

근본적으로 종교교육을 대화의 삶, 즉 교사와 학습자 사이의 대화, 학습자와 학습자 사이의 대화, 학습자와 교사와 성서적 신앙 사이의 대화, 그러나 무엇보다도 하나님과 인간 사이의 대화라고 생각하는 종교교육의 이론을 아우구스티누스가 긍정할 것이라고 말하는 것이 정당할 것 같다. 하

20) *The First Catechetical Instructor* 13.18.
21) Ibid., 13.19.

나님의 능력있는 행위가 학습자에게 알려지는 인간적인 도구, 즉 교사와 교사의 이상은 흙으로 빚은 그릇들이나, 그들 역시 하나님께서 학습자를 감동시키시는 수단 중의 하나이다. 어쨌든, 교육이 이 모든 외적인 수단(언어까지 포함하여)을 초월하지 않는 한, 기독교적인 교육은 되지 못한다.

Selected Bibliography

Augustine. *Basic Writings of Saint Augustine.* Edited by W. Oates. New York: Random, 1947.

________. *Confessions and Enchridion.* Edited by A. Outler. Library of Christian classics, vol. 7. Philadelphia: Westminster, 1955.

________. *Earlier Writings.* Edited by J. Burleigh. Library of Christian Classics, vol. 6. Philadelphia: Westminster, 1953.

________. *The First Catechetical Instructor.* Edited by J. Christopher. Ancient Christian Writers, no. 2. Westminster, Md.: Newman, 1946.

________. *Later works.* Edited by J. Burnaby. Library of Christian Clibrary of Christian Classics, vol. 8. Philadelphia: Westminster, 1955.

________. *Sancti Aurelli Augustini hipponensis episcopi: Opera omnia.* Patrologie cursus completus, vols. 32-46. Paris, 1841-1842.

Bourke, V. *Augustine's Quest of Wisdom.* Milwaukee: Bruce, 1945.

D'Arcy, M. C., et al. *A Monument to Saint Augustine.* New York: Sheed and Ward, 1930.

Kevane, E. *Augustine the Educator.* Westminster, Md.: Newman, 1964.

Papini, G. *Saint Augustine.* Translated by Mary Agnetti. London: Hodder and Stoughton, 1930.

제 2 부

A.D. 500-1500

4. 콜럼바
5. 토마스 아퀴나스
6. 거트 그루트

교회사에서 500년에서 1500년까지의 천년 동안에 수 없이 중요한 발전들이 있었고, 그들 중 많은 것들이 7세기 초의 아라비아의 이슬람제국의 설립과 이슬람의 기독교국에 대한 도전과 관계가 있었다. 이슬람 군대가 그 건국 1세기 동안 팔레스틴을 포함해서 대부분의 지중해 세계를 점령하였다. 12-13세기의 십자군 원정은 주로 중앙아시아를 이슬람의 지배에서 해방시키고자 한 것이었다. 그러나 오토만 터키(Ottoman Turks)가 15세기에 이슬람의 통치를 재 수립하였다. 이 시기의 가장 중요한 교회의 발전은 1054년 기독교권이 서부와 동부로 분리된 것이며 십자군 원정으로 이 분리는 더욱 심화되었다.

영국제도는 이 발달에 거의 참여하지 못했다. 아일랜드 수도승 콜럼바(Columba)가 한 때 수도원이었고 외국 선교사를 위한 훈련장이었던 중요한 교육센터를 세운 곳이 바로 아이오나(Iona)섬이었다.

신학적으로 더욱 중요한 것은 토마스 아퀴나스(Thomas Aquinas, 1225?-1274)의 스콜라학풍(Scholasticism)과 거트 그루트(Geert Groote, 1340-1384)의 신비주의였다.

스콜라학파는 희랍-특히 주로 아리스토텔레스적-철학과 과학으로 인하여 생기는 지적 의심에서 기독교 신학을 옹호하고 유지시키려 하였다. 그래서 기독교를 근대 문명과 조화시키고자 하였다. 스콜라학파는 아퀴나스 때에 그 절정에 달했었고, 아퀴나스가 진리의 해설자로서 이성을 강조한 것은 기독교 교육 과정에 끊임없는 영향을 끼쳤다.

그루트의 추종자들이 공동생활 형제단을 형성하고 수 백개의 학교를 세웠으며 그 중 어떤 학교는 2천 명이 넘는 재적 학생이 있었다. 형제단은 학생들을 등급으로 나누고 정신을 집중시키는 시간과 기숙생활 등이 교육에 끼치는 영향을 알고 있었다. 형제단 학교는 토마스 아 켐피스, 존 칼빈, 마틴 루터, 존 스텀과 같은 인물들에게 영향을 주었다.

4. 콜럼바

Columba / 521 − 597

존 우드브리지(John Woodbridge)

문예부흥 시대의 사람들처럼, 유럽 역사의 해석가들은 종종 로마 제국의 붕괴를 인간 경험의 어둡고 퇴행적인 시기, 즉 중세로, 또는 "암흑기"의 시작이라고 인용한다.[1] 최근 몇 십 년 사이에, 어쨌든 고대 후기와 중세 초기의 사료편찬이 훌륭한 증거 문헌의 연구로 혁명을 일으켜, 그 시기(A.D. 450 − 750)의 비참과 혼란을 그럴 듯하게 꾸며낸 것은 아니지만, 전보다는 훨씬 더 좋게 묘사하였다. 윌리엄 캐롤 바크(William Carroll Bark)는 그의 저서 「중세의 기원」(*Origins of the Medieval World*)에서 새로운 관점으로 해석하도록 설득력 있게 주장하였다. 그는 중세 초기는 "혁신과 발견의 시기였고 로마 수준에서 서양 문명이 후퇴한 것은 다행한 일"[2] 이었다고 주장하였다. 뿐만 아니라 바크는 중세 초기의 사회적 특징은 개척자 정신으로 지리적 국경 뿐만 아니라 지적 미개척 분야를 향한 것이었다고 주장하였다.

---

1) F. Lot, ***The End of the Ancient World and the Beginning of the Middle Ages***(New York : Harper, 1961), p. 406.

이러한 미개척 분야에 도전하는 데 있어서, 기독교인들이 때때로 결정적 역할을 하였다. 그 뛰어난 예가 콜럼바인데, 그는 영국 북부 해안에서 1마일 떨어진 곳에 있는 섬에 아이오나(Iona) 수도원이라는 기독교 학문의 저명한 중심지를 창설하였다. 콜럼바의 목적은 적어도 영국의 그가 사는 구석진 곳이라도 기독교 문화와 증인의 빛을 밝히는 것이었다. 그의 노력으로 대단한 성공을 거두었다. 교회사 연구가인 조안 네안더(Johann Neander)가 지적한 대로, "아이오나에서 콜럼바는 수도원을 창설하였는데, 그가 운영하는 30년 동안, 고귀한 명성을 얻었는데, 성서연구와 다른 학문을 연구하기 위해서는 멀리 떨어진 외진 곳이었다."[3] 여기에서는 아이오나의 종교교육자로서의 콜럼바의 공헌을 분석해보기로 한다.

역사적 참 모습과 전설을 구별하는 것이 콜럼바의 생애에 관심있는 역사가들의 주요한 난점이다. 뿐만 아니라, 기본적인 재료의 부족도 문제거리이다. 역사가는 단지 제한된 출처에만 의지할 뿐이다. 몇 가지 남아 있는 콜럼바의 저서들과 애덤난(Adamnan)의 「성 콜럼바의 생애」(*Life of St. Columba*)와 베더(Bede)의 「영국 국민의 교회사」(*Ecclesiastical History of the English People*)[4] 등이다. 애덤난의 책이

---

2) *Origins of the Medieval World* (Stanford : Stanford University, 1958), p.41. 유명한 역사가 Richard Sullivan 역시 *Heirs of the Roman Empire* (Ithaca : Cornell University, 1960)에서 중세 초기에 관하여 보다 호의적으로 묘사하였다.

3) W. Cathacart, *The Ancient British and Irish Churches* (Philadelphia : American Baptist, 1894), p.206에서 인용된 것임.

4) 콜럼바의 저작이라고 여겨지는 현존하는 저서의 예를 알려면, *The Cathach of St. Columbia*를 참조하시오. 1532년 Manus O'Donnell이 편찬한 *The Life of Compiled*는 그 내용의 대부분이 전설적이므로 이 연구서에는 이용되지 않았다.

확실히 콜럼바의 생애에 관한 가장 광범위하고 가치있는 설명서이다. 다음과 같은 애덤난 자신의 서문을 믿는다면 표면상으로는 이 책이 믿을 만한 기록이다. "내가 이처럼 위대한 인물에 관하여 잘못 말한다거나, 또는 의심스럽거나 불확실한 것을 기록한다고 그 누구도 생각해서는 안 된다. 신뢰할 만하고 분별력 있는 내 선배들과의 지속적인 대화를 통하여 배운 것을 내가 공평무사하게 말한다는 것을 안다면, 그리고 나의 이야기가 나보다 더 옛날의 권위있는 책에 기록되어 있는 것에 근거한다는 것과, 또는 학식있고 신뢰할 만한 선배로부터 내가 들은 것에 근거한다는 것을 안다면, 그들 스스로가 가진 진리를 증거하는 사실들을 얻을 수 있다."[5] 그러나 7세기에 아이오나의 수도원장이었던 애덤난 자신이 콜럼바의 행적을 지나치게 미화하여 그 확실성에 의심이 들 정도이다. 사실 이 지시는 중세 성인전의 뛰어난 작품으로 묘사된다.[6] 결과적으로 역사가는 때로 다른 표준이 없이 자신의 통찰력과 비판적 판단에 의하여서만 역사적 사실과 이 위인을 싸고 있는 진실과 가공적인 이야기를 구별해야만 한다. 또한 「영국 국민의 교회사」에서 콜럼바에 관한 베더의 산발적인 언급에서 단편적인 정보를 얻을 수 있다.

아일랜드에서

콜럼바는 521년 12월 7일 아일랜드의 도너갈(Donegal) 의 거치른 언덕배기에 위치한 가르텐(Gartan) 에서 출생하였다. 그의 세례명이 콜럼(Colum)으로 라틴어로는 「콜럼바」(Colu-

5) p. 4.
6) A. Plummer, *The Churches in Britain Before* A.D. *1000*, vol. 1(London : Scott, 1911), p.87.

mba) 이며, 그 뜻은 "비둘기"이다. 고대의 아일랜드 자료에 의하면, 동시대인들에게 그는 콜럼－킬레(Columb－Kille), 즉 "암자 또는 교회의 콜럼바"로 알려졌다. 이는 그가 자주 교회에서 나오곤 했기 때문이며, 교회에서 그는 이웃 어린이들에게 시편을 읽어 주었었다. 그들은 서로 말하기를, "우리 새끼 비둘기(콜럼：Colum)가 교회(Cille)에서 오늘 나왔는가?"[7] 하였다. 이제 살펴 보겠지만, 콜럼바가 40세 되기 이전까지는 그의 성격은 때로 비둘기와 같은 평화로운 성격은 아니었다.

아마 콜럼바는 왕족이었으므로 훌륭한 교육을 받았다. 그는 저명한 학자들과 당대의 지도급 수도원 학교에서 연구하였는데, 피니안(Finnian)과 함께 모빌(Moville)에서, 그리고 다른 피니안(Finnian)과 함께 클로나르드(Clonard)에서, 그리고 모비(Mobhi)와 함께 글래스너빈(Glasnevin)에서, 그리고 게만(Gemman)이라 불리우는 늙은 시인과 레인스터(Leinster)에서였다.[8] 그는 역사와 법학에 대한 일반적인 이해 뿐만 아니라 라틴어와 희랍어의 산 지식도 배웠다.[9] 더우기 이 성자는 음악과 시에 예민한 관심을 가졌으며, 아일랜드어와 라틴어로 시를 썼으나, 그 대부분은 불행하게 시간의 흐름과 함께 사라져버렸다.[10] 결과적으로 콜럼바는 563년 아이오나 해변가에, 예외적인 교육을 받고 다양한 흥미를 가진 성숙한 학자로, 그리고 그의 고향 아일랜드에서는 가장 훌륭한 문화에 친숙한 사람으로서 발을 들여 놓았다.

그러나 그가 왜 영국 북부지방을 위한 복음적이고 교육적인 선교사업을 위한 수도원{그 중 더로우(Durrow)와 데

7) J. A. Duke, *The Columban Church*, p.59.

8) Ibid.

9) Cathcart, *The Ancient British and Irish Churches*, p.185.

10) L. Menzies, *Saint Columba of Iona*, pp.170－77.

리(Derry)}을 설립하는 것을 포함하여, 아일랜드에 있는 그의 일터를 떠났는가? 때때로 서로 상충되는 몇 가지 전설을 이 수도승의 전기작가들이 제시하였다. 그의 열렬한 숭배자 애덤난이 설명하는 바와 같이 그가 단순히 "그리스도를 위한 순례"를 하고자 해서 영국으로 옮기기로 결정했을 수도 있다. 그러나 다른 전설은 보다 복잡한 동기로 양심의 가책을 지적한다. 이는 콜럼바 자신이 다이어매인(Diarmain)이라는 어떤 왕과 함께 참전하였던 쿠일 드렘인(Cuil Dreimhne, 561) 전투가 3천 명의 병사를 학살하는 것으로 끝나자 그가 몹시 의기 소침하게 되었다는 것이다. 이 전투를 선동한 죄로 그는 아일랜드 교회에서 파문당하였다. 후에 이 파문이 취소되었지만, 이것은 "비둘기"라는 이름을 가진 싸우기 좋아하는 수도승의 행동에 교회가 실망하였다는 것을 보여 준다. 전승에 의하면 콜럼바는 회개하고서, 사랑하는 아일랜드를 떠나 외국에서 그리스도를 위한 참회의 수고를 하였다.[11] 그리하여 성자의 깊은 후회가 열 두 명의 추종자들과 함께 아이오나섬에 이민가는 자극제가 되었다.

이 전승이 얼마 만큼 참인지 확인하기는 어렵다. 그러나 그가 사십대 초에 어떠한 종교적 변화를 경험하였으리라고 추측하는 것이 좋을 것이다. 그래서 콜럼바의 "그리스도를 위한 순례"에 관한 애덤난의 일반적 견해가 어느 정도 아이오나섬의 여행을 설명해 준다. 이 섬에서 그는 수도원 공동체를 창설하였고, 이 공동체가 영국제도의 기독교 교육과 선교 증인의 중심지가 되었다.

11) Ibid., pp. 292-307.

아이오나에서

아이오나 수도원은 상당히 빨리 다른 수도원보다 탁월한 명성을 얻었다. "그 수도원은 오랫동안 북부 아일랜드와 픽트의 모든 수도원을 감독하는 제 1의 수도원이었다"[12] 고 베더(Bede)는 기록하였다. 그러나 왜 그렇게 중요한 위치로 성장하였는가? 그 성공은 기독교를 전도하는 콜럼바의 전략과 관계가 있다. 그는 기독교 교육이 복음전도와 연결되어야 한다고 생각하였다. 다시 말하면, 그는 아이오나를 문화와 인간적 관심사에 있어서 모범적인 기독교 공동체를 만들어 이웃 이방 문화의 삶의 방식과 비교해 볼 때 이방 문화의 삶의 방식이 비천함을 보여 주고자 했다. 그래서 아이오나에 도착한 지 2년 내에, 콜럼바 자신이 복음 전도를 위한 선교 사업에 종사하였다는 것은 놀라운 일이 아니다. 어쨌든 아이오나의 공동체에서, 그는 엄숙하고 겸손한 경건생활과 활발한 학문의 본보기를 세웠다. 참으로 콜럼바는 그가 설교한 대로 살았다. 그래서 그의 추종자들의 깊은 존경심을 얻었고, 그가 접촉하는 이방인들은 그의 종교에 관심을 보였다. 그러므로 복음 전도와 기독교 교육을 연결시킨 성자의 전략이 주로 아이오나에서 성공하게 된 연유이다.

아이오나에서 공동체를 세울 때, 콜럼바는 적어도 세 가지 핵심적인 원칙을 따랐다. 수도원에 동참하는 사람들은 (1) 수도원장의 권위에 복종해야 하며, 성서의 명령을 순종해야 한다. 연구의 초점은, (2) 명상과 성서연구와 같은 종교적 업무를 육체적 노동과 기술발달과 결합시키며, (3) 그들 자신이 가까운 지역의 선교사로 나가지 않더라도 아이

12) *Ecclesiastical History of the English People,* ed. B. Colgrave and R. A. B. Mynors (Oxford : Clarendon, 1969), p. 221.

오나의 선교사업을 지원하는 것이다. 이러한 원칙을 자세히 고려해보는 것이 필요한 일이다.

첫째 원칙에 관하여, 콜럼바는 행정과 교육 정책에 주로 책임을 지는 수도원장을 머리로 하는 규율을 가진 공동체를 조직하였다. 주교는 항상 공동체의 영적인 생활을 지도하지만, 수도원장은 비록 교회에서의 직위가 장로로서 주교보다 낮지마는, 더 많은 실권을 쥐고 있다.[13] 베더에 의하면, 수도원장은 중요한 문제에 관하여서는 조언해 줄 수도사의 회의를 소집하곤 했지만, 그렇지 않은 경우에는 아이오나 문제들을 다스렸고, 아이오나에 있는 콜럼바의 교회를 다스렸다. 공동체의 회원들은 수도원장에게 복종하였으며, 콜럼바의 훈계에 따라 순종, 독신생활, 말을 삼가고 분별을 가지며, 겸손, 자애와 동물들에게 친절히 대하는 것을 준수하였다. 개인 재산은 소유하지 않았으므로, 수도사들은 수도원의 재산을 공동으로 소유하였다. 뿐만 아니라, 콜럼바를 따라서 그들도 성서를 세상을 이해하고 하나님과 그들의 관계를 이해하는 출처로 삼았다. 재미있는 것은 로마의 교황이 아이오나에 아무런 권위를 갖지 못한 것 같다. 왜냐하면 콜럼바의 수도원과 교회 조직이 다른 기독교권과는 독립해서 일하였기 때문이다.

콜럼바의 둘째 원칙은, 수도사들이 육체적 노동과 함께 종교적 노력에 참여할 것을 강조하였다. 초대 수도원장은 수도원의 인구를 적어도 세 가지 부류로 나누었다. 즉 (1) 연장자, 이들은 주로 노인들로 대부분의 시간을 성서를 암송하고(주로 시편), 성서 본문을 베끼고 삽화를 넣는 일을 하였다. (2) 작업하는 형제들은 가르치고 선교하는 일과 마

---

13) 비록 그가 그의 인품이 찍힌 콜럼바 교회를 세웠지만, 아이오나의 최초의 수도원장이었던 콜럼바는 주교의 서열에 결코 오르지 못하였다. Duke, *The Columban Church*, p. 59 참조.

찬가지로 수도원의 대부분의 육체적 노동을 하였다. (3) 연소자들 또는 초심자들은 기독교인의 헌신의 생활과 선교사업을 배우는 학생들이었다.[14] 그러나 지위에 상관없이 공동체의 모든 회원들은 적어도 어느 정도는 육체 노동을 하도록 되어 있었다. 애덤난에 의하면, 수도사들은 밭을 갈고, 씨뿌리고, 수확하고, 목재로 건물을 짓고, 쇠붙이를 다루는 등의 일을 하였다. 그래서 비록 종교적 관심사가 일상생활의 주요업무였지만, 육체 노동이 무시되지는 않았다.

이 섬에서 기독교 교육의 프로그램은 기독교인의 예배와 경건에 대한 훈련, 성서의 많은 부분을 암송하기, 그리고 라틴어 성서를 연구하는 것이었다. 콜럼바는 대스승으로서 모범과 권고로 가르쳤다. 그는 겸손을 말로만 가르친 것이 아니라, 손님들 앞에 무릎을 꿇고, 일터에서 돌아오는 수도승의 발을 씻어주는 등 행동으로 실천하였다. 애덤난이 "주 칠일간의 찬송가"를 말하는 것으로 보아 콜럼바는 아마도 수도승들에게 찬송을 가르쳤던 것 같다. 그는 성서 암기, 그중에서도 시편 암송을 강조하였다. 그는 자신의 손으로 성서를 아마 삼백부 정도를 필사(copy)하여 그가 세운 교회에 나누어 주었다.[45] 또 그는 라틴어 학자이었으므로, 수도승들을 교육시켜 성서를 더 잘 연구할 수 있도록 하고 또 잘 필사할 수 있도록 하였다. 한 마디로 아이오나에 있어서 기독교 교육의 계획은 학생들에게 본이 되는 경건한 교사들을 가르치는 데 근거하고 있었다. 이 교사들은 그들의 언행에 분리가 일어나지 않도록 힘썼다.

콜럼바의 제 3의 원칙은, 아이오나의 수도승들은 인접 지

---

14) W. D. Simpson, *The Historical Saint Columba,* pp. 11, 12. 아이오나에 평신도들도 약간 있었다. 그들은 육체적 노동에 종사하였다.

15) Ibid., p. 5.

역의 선교여행을 후원해야 한다는 것이었다. 어떤 수도승들에게 있어서는 기독교 교육이 복음전도를 위한 봉사의 준비였다. 아이오나에서 사는 동안 콜럼바는 영국 북부(Northumbria), 맨섬(the Isle of Man), 심지어 영국 남부에까지 선교사를 파송했다.[16] 선교사업의 노력의 열매로 존 듀크(John A.Duke)의 감탄할 만한 모노그라피에 묘사되어 있는 콜럼바교회가 창건되었다. 이 선교사업의 동기는 기독교 말씀을 전달하려는 콜럼바의 책임감이었다. 그러나 그의 동료들이 비록 대륙의 기독교 공동체와 직접적인 관계는 없었지만, 6세기에 일반적으로 이해되었던 정통에서 빗나가지 않았다. 베더(Bede)와 같이 콜럼바를 비평하는 사람들도 그 성자가 신조에 표현되어 있는 주요한 모든 기독교 신앙을 믿었다는 것을 인정한다.[17] 콜럼바는 그리스도의 복음이 영국제도에도 침투되기를 원했다. 그러기 위하여 아이오나가 중계 역할을 할 수 있으리라고 생각하였다.

콜럼바의 유산

종교교육자로서 콜럼바가 기여한 것은 무엇인가? 첫째, 교육자인 기독교인으로서 성자의 모범은 어떻게 그의 영향을 평가한다 해도 고귀한 위치에 속한다. 애덤난은 콜럼바를 다음과 같이 묘사하였다. "기독교 학자인 콜럼바는 외모는 천사와 같고, 옷차림은 우아하고, 일에 있어서는 거룩하며, 최고의 질서와 더할나위없이 완전한 신중함으로, 그가 선택한 섬(Iona)에서 35년 간 그리스도의 선한 군인으로 살았다. 그는 한 시간도 낭비함이 없이 연구하거나, 기도, 또

16) J. M. Flood, *Ireland: Its Saints and Scholars* (New York: Kenedy, n. d.), p. 25.

17) Menzies, *Saint Columba of Iona*, p. 79.

는 저술, 또는 다른 거룩한 일을 하였으며, 끊임없이 밤낮으로, 경계하고 육체적 내핍생활을 쉬임없이 실천하여, 그 한 사람의 노동의 무게가 모든 인간의 참을성의 한계를 초월하는 것 같았다. 뿐만 아니라 그는 모든 사람에게 사랑을 받았었다. 그리고 그의 얼굴에서 항상 빛나는 거룩한 기쁨은 성령이 그의 영혼을 채우는 황홀을 보여 주었다."[18] 둘째로, 콜럼바가 성서연구와 필사를 강조한 것은 주로 중세 초기에 아일랜드와 영국에서 기독교 메시지를 보존하기 위함이었다. 세째로, 기독교 교육을 복음전도와 결합시킨 것은 아이오나에 가까운 이방 문화 속에 침투하기 위한 성공적인 방법임이 증명되었다. 아이오나의 창시자에 관한 역사적 실재와 전설과 가공적인 이야기를 구분해 보려고 하더라도 그는 역시 중세 초기의 교회 역사의 뛰어난 인물이었다.

성자의 생애를 연구해보건대 중세 초기를 "암흑시대"라고 부를 수는 없는 것 같다. 사실상 로마 제국의 붕괴는 대륙의 많은 사람들에게 고난과 혼동을 가져왔으나, 콜럼바가 기독교 교육의 중심지를 창건하고 기독교 복음을 전파하는데 문자 그대로 헌신한 것은 전체적인 문화적 난맥의 암흑이 서양에 계속되지 않도록 햇살이 비치었다는 것을 가리켜준다. 참으로, 콜럼바는 중세에 유럽을 지배하였던 기독교 문화의 선구자였다.

---

18) *Life of Saint Columba,* p.5.

Selected Bibliography

Adamnan. *Life of Saint Columba.* Translated and edited by D. MacCarthy. Dublin: Duffy, n.d.

Columba. *The Cathach of St. Columba.* Edited by H. J. Lawlor. Proceedings of the Royal Irish Academy, vol. 33. Dublin: Hodges and Figgis, 1916.

Duke, J. A. *The Columban Church.* Edinburgh: oliver and Boyd, 1957.

Godfrey, J. *The Church in Anglo-Saxon England.* Cambridge: University Press, 1962.

Menzies, L. *Saint Columba of Iona.* London: Dent., 1920.

O'Kelleher, A., and Schoepperle, G., eds. *Life of Columcille Compiled by Manus O'Donnell in 1532.* Urbana: University of Illinois, 1918.

Simpson, W. D. *The Historical Saint Columba.* Aberdeen: Milne and Hutchison, 1927.

5. 토마스 아퀴나스

Thomas Aquinas / 1225 ? – 1274

조안 엘렌 더벌 (Joan Ellen Duval)

1225년 경 나포리 근교에서 태어난 토마스 아퀴나스는 다섯살 때 그의 양친이 몽테 카지노에 있는 베네딕트 수도원에 그를 보냄으로써 공식적인 교육이 시작되었다. 14세 때에 그는 나폴리대학 문학부에 입학하였다.[1] 이 때에 토마스는 보통 도미니코회(the Dominicans)라고 불리는 전도자의 교단에 들어갔다. 귀족 출신이었던 그의 양친은 단순한 탁발 수도사들의 생활보다 그들의 일곱 번째 아들에게 더 큰 영향력을 주었다. 파리로 여행하는 도중에 그의 형제들에게 납치되어 일년 이상을 집안 성안에 감금되었다. 아무리 그를 설득해보아도 그가 택한 소명감을 단념시킬 수 없었고, 마침내 어머니의 도움으로 도망쳤다.

이러한 경험 후에 토마스는 신학의 중심지였던 파리대학에 입학하였다. 여기에서는 알베르트 더 그레이트(Albert the

1) M. C. D' Arcy, *St. Thomas Aquinas*, pp. 25–40 ; K. Foster, trans. and ed., *The Life of Saint Thomas Aquinas : Biographical Documents*.

Great)의 문하생이 되었다. 이미 계발되고 있었던 아리스토텔레스적인 사고와 마찬가지로 알베르트의 백과사전적 지식에 접하여 토마스의 지적 활동의 발달, 스타일과 방향이 영향을 받았다. 꼴로뉴에 잠깐 머물렀던 것을 제외하고는, 교황의 궁정, 나포리, 파리대학이 그의 연구, 가르침과 저술의 중심지였고, 또한 아리스토텔레스에 대한 그의 공적인 변호와 이교도와 거짓 아리스토텔레스주의(Aristotelianism)에 대한 공격의 거점이었다.

1274년 교황 그레고리 10세가 토마스를 리용의 교회회의에 소환하였다. 이 여행 도중 토마스는 포소누오보(Fosso-nuovo)의 수도원에서 서거하였다. 1323년 로마에서 성자로 추대되었다. 신학자와 철학자에 대한 그의 유산은 30권에 수록되었다.

신학적 전제

진리에 대한 11개의 질문(「교사」)을 제외하고는 토마스는 사실상 가르치는 것과 배우는 것에 직접 관계를 갖지 않았다. 여기(「교사」)에서도 가르침과 배우는 것에 주로 관심을 가진 것이 아니라, 진리와 지식의 전체적인 영역과 본질에 관하여, 그리고 인간이 어떻게 지식을 얻는가에 관한 것을 중점적으로 다루고 있다. 11개의 질문은 단지 29개의 질문 중의 하나일 뿐이다. 토마스의 교육 철학에 관하여 저술한 많은 교육자, 특히 가톨릭 교육자들은 토마스가 직접 그 문제(교육)에 관하여 썼다고들 하지만, 실은 그렇지 않았다.

이것은 토마스의 저서에서 어떤 교육 철학을 세울 수 없다는 것은 아니다. 만일 교육을 인간의 본성의 계발, 지식의 습득, 그리고 잠재성의 실현이라고 정의한다면, 물론 그의 저서에서 교육 철학을 세울 수 있다. 토마스는 그의 형이상학, 심리학, 인식론, 도덕철학에서, 사실상 교육의 제 1원칙, 특히 도덕적이고 종교적 교육이 아니라 지적인 교육 원칙이 되는 원칙들을 전개하였다. 그러나 이러한 원칙 역시 도덕교육과 종교교육에 중요한 것들이다.

토마스의 전반적인 사상은 인간에 관한 신중심적 견해이다. 자신 이외의 모든 존재의 출처요, 마지막이신 창조주 하나님과 함께 그의 서열제도(hierarchy)의 개념이 그의 교육적 사상에 함께 들어 있다. 이것은 유한한 존재의 작업과 성향이 어떻게 무한에 참여하는가 하는 것을 이해하게 해 주고, 무한자에 대한 근사치에 따라서 유한자가 다른 유한자와 배열되는가 하는 것을 이해하게 해 준다. 서열상의 인간의 위치는 인간을 모든 피조물 가운데 가장 고상한 피조물로 만든다. 이것은 인간이 다른 피조물의 모든 능력을 소유했을 뿐만 아니라, 인간을 모든 존재의 출처를 반영시켜주는 지성과 의지를 소유하고 있기 때문이다. 인간의 위엄도 진리를 알고 선을 사랑하는 이 능력에서 나오며, 바로 이 점에서 인간은 지고의 존재(Supreme Beings)의 본질에 참여한다. 이 지고의 존재가 진리(Truth)이며, 선(Good)이고 자신을 가장 완전히 아시고 사랑하시는 분이시다.

신학과 계시의 의미와 갈래를 간파하기 위하여, 토마스는 아리스토텔레스의 인과율과 잠재성과 현실성의 관계의 원칙을 이용하였다. 하나님은 모든 창조의 제 1의 동인(efficient cause)이며, 인간은 하나님의 인과율에 행동(현실성)으로 옮겨가는 잠재적 존재의 제 2의 동인으로 참여할 수 있다. 하나님은 모든 존재가 지향하는 궁극적 원인인 목적이다. 그리고 존재의 목적론적 본성 안에서 중간 목적이 있고, 인간은 이 중간 목적의 창조에 참여할 수 있다.

교육 철학

학생 : 학생으로서 인간의 본성, 목적과 작용을 파악하기 위하여, 인간의 형이상학적, 심리학적, 육체적 구성을 이해해야 한다. 토마스는 이것을 아주 상세히 다루었다. 그러나 토마스의 제자는 인간을 구분짓는 분석적 견해에 대하여서는 경고를 받았다. 토마스는 인간을 열심히 분석하였으나, 종합적이고 통일된 견해를 유지하였다.

「교사」에서 그가 지적한 대로, 토마스는 분석을 인간의 지적 능력과, 학습자가 스스로 또는 교사의 도움으로 지식을 얻는 방법으로 제한하였다. 지적 존재로서 인간의 형이상학적이고 심리학적인 특성이 질문의 주요 내용이다. 제 1 원인(하나님)의 활동을 통하여, 인간도 그 본성의 일부로서 현실적 잠재성, 또는 대리적 지성을 가졌는데, 이것이 감각적 지식에서 이끌어낸 상상에 작용하여 지적으로 만든다. 또한, 모든 과학적 지식의 싹이 되는 이해의 제 1개념들이 인간 속에 선재하며 대리적 지성의 빛을 통하여 직접 알려진다.[2)]

> 지식은… 학습자 속에 잠재적으로 선재한다. 그러나 단지 수동적 의미에서가 아니라, 능동적 의미에서 그렇다. 그렇지 않으면, 인간은 지식을 자주적으로 획득할 수 없을 것이다. 그러므로 치료될 수 있는 두 가지 방법, 즉 자연의 활동을 통하거나, 약의 도움을 통한 자연의 활동의 두 가지 방법이 있듯이 지식을 얻는 방법에도 두 가지 방법이 있다. 한 가지는 자연적 이성이 스스로 미지의 것들에 대한 지식에 도달하는 것으로, 이것을 발견이라 부른다. 다른 방법은 누군가 학습자의 자연적 이성을 도와 주는 것으로 **교육에 의한 학습**[3)]

2) *Truth* Q.11, A.1, 답변.

(learning by instruction) 이라 불리운다.

토마스는 또는 이러한 발견의 과정을 다음과 같이 묘사하였다.

발견에 있어서 미지의 것에 대한 지식에 도달하는 자들의 과정은 어떤 정해진 물질에 일반적인 자명한 원칙을 적용하는 것으로 여기에서 구체적인 결론으로 나아가고, 또 거기에서 다른 결론으로 이끌어가는 것이다.[4]

발견을 통한 학습은 어떤 의미에서, 지식을 습득하는 데 보다 완전한 방법이다. 왜냐하면 이것은 학습자가 지식을 습득하는 기술이 있다는 것을 뜻하기 때문이다. 그러나 다른 의미에서 볼 때, 교사가 학문 전반적인 것을 명확히 알기 때문에, 학생이 혼자서 배울 수 있는 것보다 더 쉽게 가르칠 수 있다. 그러므로 교육을 통하여 지식을 얻는 것이 보다 완전하다.[5]

토마스의 지식을 얻는 두 가지 방법에 대한 설명이 비록 질문 11에 섞여 있지만, 학생의 본성과, 교사의 활동을 강조하기 위하여 따로 다루기로 하겠다. 그러나 교사에 관하여 고찰하기 전에 토마스가 생각한 대로 학생을 이해하는 것과 특별히 관계가 있는 다른 주제가 있는데, 그것이 다시 말하면 지성의 지적 미덕, 또는 좋은 습관이다.

아리스토텔레스와 마찬가지로 토마스가 생각하는 인간의 미덕은 인간이 목적에 적합한 방법으로 습관적으로 행동할 수 있게 해 주는 획득된 자질이다.

---

3) Ibid.
4) Ibid.
5) Ibid., A. 2, a. 4.

> 미덕은 한 능력이 확실히 완전한 것을 의미한다. 어떤 사물의 완전은 주로 그 목적과 관련되어 생각된다. 그러나 능력의 목적은 행동이다. 능력이 완전하다고 말할 때는, 그 행동에 따라서 결정된다……. 그러나 합리적 능력들은 인간에만 고유한 것으로, 어떤 구체적인 행동을 결정하는 것이 아니라, 많은 것에 공평하게 작용하는 경향이 있고, 이들은 습관에 의하여 행동을 결정한다…. 그러므로 인간의 미덕은 습관이다.[6)]

이러한 미덕, 또는 구체적이고, 안정되고 적절한 방법으로 행동할 수 있는 성향은 반복을 통하여 획득되는 인격의 변형이다.

다섯 가지의 지적인 미덕이 있는데, 세 가지는 사색적 지성이요, 두 가지는 실천적 지성이다. 사색적 미덕은 구체적인 지식을 획득하고 소유하는 것을 다루는 것으로, 다시 말하면, 이해, 학문, 지혜이다.

> 사색적 지성의 미덕도 진리를 탐구하기 위하여 사색적 지성을 완전케 하는 것들로 이것이 그들의 선한 작업이기 때문이다. 진리는 두 가지로 고려해야 한다. ―즉 저절로 알려지는 것과 다른 것을 통하여 알려지는 것이다. 저절로 알려지는 것은 원칙으로서 지성에 의하여 직접 이해된다. 그래서 그러한 진리를 고찰하기 위하여 지성을 완전히 숙달시키는 습관을 이해라 부르며, 이것이 원칙의 습관이다.
>
> 반면에, 다른 것에 의하여 알려지는 진리는, 지성에 의하여 알려지지만, 직접 알려지는 것이 아니라 이성의 질문에 의하여 알려지며, 종국(term)으로서이다. 이것은 두 가지 방법으로 일어날 수 있다. 첫째로, 어떤 구체적 속(genus)에 있어서 마지막이다. 둘째로, 그래서 모든 인간 지식의 궁극적 종국이

6) *Summa Theologica* Ⅰa - Ⅱae, Q.55, A.1, C.

다. 그리고 우리의 입장에서 맨 마지막에 알 수 있는 것들은 그 본성에 있어서 최초로 그리고 주로 알 수 있기 때문에(phys. 1. 2, 3) ; 모든 인간 지식에 있어서 종국적인 것은, 그 본성에 있어서 최초로, 그리고 주로 알 수 있는 것이다. 그리고 이것이 지혜로 형이상학 i. 1, 2. 에 말한 대로 지고의 원인으로 여겨진다. 그래서 그것이 모든 사물을 올바르게 판단한다. 이는 제 1원인에 근거하지 않은 완전하고도 보편적인 판단은 있을 수 없기 때문이다. 그러나 알 수 있는 물건의 이러저러한 부류에 있어서 종국적인 것은 지성을 완성시키는 과학이다. 그래서 알 수 있는 것들의 다른 종류에 따라서, 여러 가지 다른 과학적 지식이 있으나 지혜는 단 하나일 뿐이다.[7]

실제적 지성의 미덕은 무엇을 행하고 만드는 데 올바르게 적용되는 이성과 관계가 있다. 예술을 만드는 미덕이요, 신중은 행함의 미덕이다. 그러나 토마스는 학습을 지적 학습에만 제한시켰으므로, 이러한 미덕은 언급하지 않기로 하겠다. 그러나 예술의 미덕은 가르침의 본질과 특별한 관계가 있다.

학생은 지식과 지적인 미덕을 획득할 수 있는 능력을 가졌다. 지적인 미덕이 지식을 심화시키는 것을 방해하는 것들을 막아주고, 지식의 습득과 통일의 정확성으로 학생을 인도하여 준다. 간단히 말하면, 이러한 미덕은 미덕의 행위를 반복하고, 반대되는 행위를 제거시킴으로 획득될 수 있다. 이러한 미덕을 획득하기 위하여서는 그들의 행위가 강력히 행해져야 한다. 그러므로 학생들은 초보적인 과학자, 형이상학자, 예술가 등등처럼 행하여야 한다.

토마스가 학습의 조건에 관하여 도미니코 새 신자에게 쓴 편지의 발췌문은 적절한 방법에 관한 그의 견해를 보여 준다.

---

7) *Ibid.*, Q. 57, A. 2, C.

> 친애하는 존이여, 그대가 그리스도 안에서 지식의 보고를 얻기 위하여서는 어떻게 연구해야 할 것인가를 말해달라고 하였은즉 다음 몇 가지 충고를 하려고 합니다. 조그만 실개울을 건너서 지식에 도달하려고 하시오. 갑자기 대양으로 뛰어들지 마시오. 진보란 쉬운 것에서 점차 어려운 것으로 나아가야 합니다… 부탁드리기는 말을 조심하고, 잡담을 삼가하시오…지혜의 보고에 들어가고자 하시거든, 그대의 방에서 부지런하시오… 무엇이나 그대가 다른 사람에게서 들은 것에서 생각하지 마시고, 들은 선한 것을 마음에 새기시오. 읽고 들은 것은 무엇이나 이해하도록 철저히 노력하시오. 온갖 의문 속에서도 진리에 꿰뚫어 들어갈 수 있도록 애쓰시오. 가능한 한 많이 그대의 정신 속에 저장하려고 항상 힘쓰시오. 너무 어려운 것은 당장 알려고 애쓰지 마시오.[8]

결론으로 학습자는 지식을 탐구하는 사람이다. 그는 자신의 발견이나 교육을 통하여 지식을 얻을 수 있다. 이러한 지식의 탐구는 지적인 미덕을 의식적으로 획득함으로써 도움이 된다.

교사 : 토마스는 학습을 제한하였던 것처럼 가르침을 지적인 행동으로 제한한다. 교사는 그가 가르치는 지식을 명백히 필수적으로 이해해야 한다. 그는 확실히 지식을 알고 있어야 하고, 의미를 알아야 그의 교육의 제 1의 자명한 원칙에 따르게 할 수 있다. 이러한 상황 속에서 교사는 진리를 가르친다고 말할 수 있다. 뿐만 아니라, 진리는 사물의 존재에 근거하고 있지, 교사의 정신 속에 근거하는 것은 아니다.

가르치는 자는 학습자에게 진리를 야기시키는 것이 아니라

---

8) D'Arcy, *St. Thomas Aquinas*, pp. 28, 29에.

> 진리에 대한 지식을 야기시킨다. 왜냐하면 가르치는 명제는 그들이 알기 전에도 진리이며, 진리는 진리에 대한 우리의 지식에 의존하지 않고 사물의 존재에 의존한다.[9]

비록 토마스가 결코 구체적으로 말하지는 않았지만, 학습자가 지식에서 뿐만 아니라, 지적인 미덕에서도 성장함에 따라, 교사도 역시 엄격한 지적 훈련을 보여 주어야 한다고 가정할 수 있다. 지적인 미덕의 획득은 결코 완전할 수 없으나, 교사는 적절히 배치하여 지식의 영역에 접근한다고 가정할 수 있다. 그래서 형이상학 교사는 지혜의 미덕을 보여 주어야 한다. 그리고 수학교사는 과학의 미덕 또는 수학의 미덕을 보여 주어야 하는 것 등이다.

가르치는 데 있어서 제 1의 명령은 교사는 학습자의 본성에 의하여 인도되어야 한다. 그리고 학습자는 발견에 의하여 배우며, 학습자가 이미 확실하게 소유하고 있는 원칙들을 긍정하는가 부정하는가에 따라서 현재 알고 있는 지식과 배우는 것을 관련시킴으로 미지의 것에 대한 지식으로 나아간다. 새로운 지식을 보여 주는 데 있어서 교사는 학습자의 지식에 근거하며, 이 새로운 지식을 학습자가 제 1의 자명한 원칙을 이용하는 상태로 화하게 한다.

> 그러나 인간은 어떤 의미에서 자명한 원칙에 의하여 야기되는 새로운 지식에 관하여서는 다른 사람 속에 있는 지식을 야기시킨다. 이는 원칙들을 알려주는 자로서가 아니라, 외적 감각에 한 감각적 신호를 보여 주는 자로서이다. 그렇게 해서 원칙 속에 내재적으로, 그리고 어떤 의미에서는 잠재성으로 내포되어 있는 것을 현실성이 되게 한다…[10]

9) *Truth* Q. 11, A. 3, a. 6.
10) Ibid., A. 3, 답변.

의술과 마찬가지로 가르치는 것은 예술이다. 의사가 환자의 건강을 야기시키지 않는 것과 마찬가지로, 교사도 효과적인 원인으로서 학습자의 지식을 야기시키지 않는다. 이들은 다 자연을 모방하고 완성시킴으로 그들의 예술을 수행하는 것이다.

> 자연과 예술의 효과에 있어서, 예술은 자연과 마찬가지 방법과 동일한 수단으로 일한다. 자연이 감기로 고생하는 사람을 따뜻하게 해서 치료하듯이, 의사도 그렇게 하기 때문이다. 그러므로 예술은 자연을 모방한다고 말할 수 있다. 비슷한 일이 미지의 것에 대한 지식을 획득하는 데도 일어난다. 이는 자신이 모르는 것을 발견하는 과정을 통하여 자신을 지시하는 것과 같은 방법이다.[11)]

교육 예술의 소산은, 본래 학생의 지식이 아니라, 교사가 학생의 지성에 제시하는 것이다. 감각적 신호(signs), 선택, 배치, 제시가 학습자의 지성의 대상이 된다.

> 신호에 의하여, 자신의 자연적 이성이 경험한 추론적 과정을 다른 사람에게 보여 줄 수 있을 때에 그 사람을 교육한다고 말한다. 그래서 이를테면, 학습자가 들은 것을 방편으로 해서, 학습자의 자연적 이성이 미지의 것에 대한 지식에 도달하게 된다. 그러므로 의사가 자연의 활동을 통하여 환자를 치료한다고 말하는 것과 같이, 인간(교사)도 학습자 자신의 자연적 이성의 활동을 통하여 학습자의 지식을 야기시킨다고 말하며, 이것이 곧 교육이다.[12)]

교사가 학습자의 본성을 통하여 안내되지 아니하고 이러한 근본적이고 자명한 원칙에 내포되지 않는 개념이나 결론을

---

11) Ibid., A.1, 답변.

12) Ibid.

제시한다면, 이것은 교육이 아니라, 주입시키는 것이다. 그러한 예로는, 교사가 자신의 견해나 신앙을 제시하는 것이다.

> 그러나, 만약 누군가 자명한 원칙 속에 포함되지 아니한 다른 것들을 제시하거나, 또는 그들이 포함되어 있다는 것을 명백히 하지 않으면, 그 사람은 다른 사람 속에 지식을 야기시키는 것이 아니라, 아마, 견해나 신앙을 야기시키는 것이 될 것이다. 비록 이러한 견해나 신앙이 제 1원칙에 의하여 선천적으로 야기된다고 하더라도 교육은 아니다. 왜냐하면 이러한 원칙들에 의하여 사람은 자명한 원직들에 따르는 것은 확실히 신봉하고, 이 자명한 원칙에 따르지 않는 것은 완전히 거부해야 한다는 것과, 동의는 자명한 원칙에 따르느냐, 따르지 않느냐에 따라서 주어질 수 있다는 것을 알기 때문이다.[13]

토마스의 저서 속에 나타난 교수 스타일이 이러한 원칙을 완벽하게 적용한 실례이다. 그 중에서 **진리**가 유일한 시리즈로 되어 있는 논쟁적 질문(The Disputed Questions)들은 이 때문에도 연구할 가치가 있다. 질문이 제시되고, 난점이 열거되어 긍정적인 답변을 부정할 지경에 이르고 올바른 답변을 주는 응답이 제시되고, 마침내 난점들이 해결된다. 이것은 저서의 스타일이 아니라, 교수 스타일 또는 교수 방법이다. "생생한 제시" 이후에만 문제가 다듬어지고 저서 속에 기록된다. 지적으로, 자유로운 질문이 스콜라학파의 특징이었다. 어떠한 출처도 대충 지나치는 법이 없다. 왜냐하면 그 출처가 다른 종교적 신념, 시대, 문화를 나타내기 때문이다. **진리**에서만도 232곳의 출처가 인용되어 있는데, 플라톤에서부터 13세기 당대의 사상가들을 망라하고 있다. 그리고 희랍과 로마 철학자들과 가톨릭 신학자에게만 국한되어 있는 것이 아니다.

---

13) Ibid.

유대인 모세 매모나이드(Moses Maimonides)와 아랍인 아베로에즈(Averroës)와 아비센나(Avicenna)도 포함되어 있다. 토마스의 제 1원칙과 일치하거나, 또는 일치할 수 있는 모두가 포함되어 있다. 그리고 반대되는 모든 것들도 이러한 동일 원칙에 의하여서 그렇다는 것이 증명되어 있다.

결론으로, 「교사」에서, 토마스는 학습자의 본성과 교사 자신이 배우는 방식에 따라서 인도되는 예술적 노력으로서 교수의 본질을 전개시켰다.

교과 과정 : 토마스는 한 번도 구체적으로 교과 과정의 문제를 다룬 적이 없다. 어떤 원칙들을 추론할 수 있으나, 토마스가 매우 고등한 학생들을 위하여 저서를 썼고 가르쳤다는 것을 기억해야 한다. 이 학생들은 이미 교양 과정을 끝마쳤고 신학부에서 고등과정을 이수하는 중이었다.

파리대학에서 교육 프로그램을 조사해 보면 좋을 것이다. 우리는 토마스의 생애에서, 특히 알베르트 더 그레이트(Albert the Great)와의 교제로부터 그가 그 당시의 예술과 학문의 기초가 튼튼했다는 것을 알 수 있다. 위에서 언급한 대로 그의 저서는 그가 사상사에 정통하다는 것을 보여 준다. 마지막으로 그는 "Office of Corpus Christi"를 썼고, 그의 전기작가 중 어떤 사람은 적어도 시를 한편 썼다고 주장한다. 어쨌던 이 모든 배경은 토마스 자신이 광범위한 흥미와 위대한 지적－아마도 예술적－재능을 지닌 사람이라는 것을 말해 준다. 그러나 어디에도 토마스가 만인의 교육이 그 자신처럼 광범위하고 다양해야 한다고 주장한 것을 발견할 수는 없다. 그러나 그의 저서가 학생들의 지식의 축적을 전제로 하고 있으므로, 그가 그 당시의 교과 과정을 용납하였다는 것을 가정하여도 좋을 것이다.

중세기에 구별되고 배열된 학문과 각 학문의 질문의 적절한 방법은 **보에티우스의 삼위일체론에 대한 토마스의 주석**'(Thomas's ***Commentary on the "De Trinitate" of Boethius***)의 질문 5와 6에 제시되어 있다. 그는 형이상학적 원칙에 따라서 학문을 구분하고 서열별로 배열하였다. 그리고 몇몇 학문의 방법들은 인식론적 원칙에 따라서 배열하였다. 그는 교양 과목의 일곱 중의 구별에 대하여 다음과 같이 코멘트하였다.

> 일곱 가지 교양 과목(문학부 ; liberal arts)이 이론적 철학을 적절히 구분하지 못한다. 그러나…… 일곱 가지 학문은 함께 모아져 있어서 어떤 다른 학문들을 제외시켜버렸다. 왜냐하면 철학을 배우고자 하는 학생들은 먼저 그들을 배워야 하기 때문이다. 그들이 삼학(문법, 수사, 논리)과 사학(산술, 음악, 기하, 천문)으로 구분한 이유는 "그들이 열성적인 정신으로 하여금 철학의 비밀로 인도하는 길"이기 때문이었다. 이것은 또한 철학자〔아리스토텔레스〕가 **형이상학**에서 말한 것과 조화를 이루고 있다. 그래서 우리는 학문 자체를 하기 이전에 학문적 사고의 방법을 탐구해야 한다. 그리고 주석자〔아베로에르〕도 같은 책에서 다른 모든 학문 이전에 논리학을 배워야 한다고 말했다. 논리학이 모든 학문의 방법을 가르쳐주기 때문이다. 그리고 삼학은 논리학 분야에 속한다. 또한 철학자(아리스토텔레스)는 **윤리학**에서, 젊은이들은 수학을 알 수 있으나 경험을 필요로 하는 물리학〔자연철학〕은 알 수 없다고 말하였다. 그러므로 우리는 논리학 다음에 곧 바로 사학이 속하는 수학을 배워야 한다는 것을 이해할 수 있다. 그리고 이들은 다른 철학적 훈련을 위해 정신을 준비시키는 길들이다.[14]

명백히 하기 위하여, 중세기의 **과학**은 사물의 원인을 통하여 그 지식을 설명하였다. 오늘날에는 그것을 과학철학이라고

14) *The Division and Methods of the Sciences* Q.5, A.I., 답변 3.

부르는 것이 더 타당할 것이다. 오늘날 우리가 알고 있는 과학은 13세기에는 그 태동기였다. 그리고 토마스는 그들을 중간과학이라 불렀다.

학문을 배워야 할 순서는 학적 지식이 상호 의존적이고, 실재에 대한 인간의 지식은 사물의 존재에 근거하고 있다는 것과 실재를 아는 방법은 감각적 물건에서 시작해야 한다는 사실들에서 유래한다.

> 비록 신학이 본질상 모든 학문의 제 1의 것이지만 우리와 관련해서는 다른 학문이 신학 앞에 온다. 왜냐하면, 아비센나(Avicenna)가 말하듯이, 이러한 학문의 순서는 신학이 형이상학에 의하여 사용되는 많은 것들을 설명해 주는 자연과학 뒤에 배워야 하기 때문이다… 수학 다음에 배워야 하고 … 더우기 처음에는 자연과학의 증명에서 나오는 감각적 결과가 우리에게 더욱 명백하다.[15]

수학과 자연과학의 관계에 관하여, 토마스는 다음과 같이 기록하였다.

> 수학이 근거한 광범위한 자료가 경험과 시간을 필요로 하기 때문에 수학 다음에 자연과학을 배우지만, 자연적인 것들은 감각 하에 있기 때문에, 자연히 감각적 재료에서 추출한 수학적 실재보다 자연적인 것들을 더 잘 알게 된다.[16]

학습 도구와 학생의 일반적 이해력은 일곱 가지의 교양 과목에 의하여 개발된다. 이 토대가 세워진 후에야 학생들은 철학, 특히 "제 1철학", 또는 형이상학을 연구할 준비가 된다. 비록 수학을 자연과학 이전에 배워야 하지만, 자연과학이 감

15) Ibid., 답변 9.
16) Ibid., 답변 10.

각적 자료를 포함하기 때문에 사람에게 더 쉽고 더 잘 알 수 있다. 이는 인간의 지적 지식이 감각과 함께 시작되기 때문이다. 학생이 질료에서 형상을 구별할 수 있는-즉 수학적 실재를 이해할 수 있는- 지적인 능력과 기본적인 지적인 지식을 개발한 후에, 질료와 분리된 형상, 또는 순수형상, 즉 형이상학의 대상을 연구하기 시작할 수 있는 위치가 된다.

토마스의 교육 철학을 요약하면, 학습자는 발견을 통하여 미지의 것에 대한 지식에 도달할 수 있는 적극적 능력을 갖는다고 주장하였다. 모든 교수는 이 원칙의 안내를 받아야 한다. 교사가 학생에게 제시하는 신호와 상징은 학생들로 하여금 이미 알고 있는 것을 뒷받침해 주는 제 1원칙에 이 신호와 상징들을 관련시킬 수 있게 해야 한다. 그러므로 교사는 그가 가르치는 것에 대한 명백한 지식을 소유해야 하며, 이 지식을 제 1원칙에 환원시킬 수 있어야 한다. 교과 과정에 관하여는, 학습자의 지적인 지식은 감각적 지식에 근거하고 있으므로, 학습자는 수학과 질료와 분리해서 존재하는 존재, 즉 순수형상을 사고하는 형이상학의 세계와 같은 추상적인 분야로 나아가기 이전에 질료의 세계에 대한 지식을 획득해야 한다. 진리는 사물의 존재 속에 근거한다. 그러므로 진리에의 길은 인간이 이해하는 존재의 질서이다.

Selected Bibliography

Aquinas, T. *The Division and Methods of the Sciences: Questions V and VI of His Commentary on the "De Trinitate" of Boethius.* Translated by A. Maurer. Toronto: Garden City, 1953.

________. *Summa Theologica.* Translated by the English Dominican Fathers. 3 vols. New York: Benziger, 1947.

________. *Truth.* Translated by R. W. Mulligan. 3 vols. Chicago: Regnery, 1952.

Copleston, F. *A History of Philosophy.* vol. 2, Westminster, Md.: Newman, 1959.

D'Arcy, M. C. *St. Thomas Aquinas.* Westminster, Md.: Newman, 1955.

Foster, K., trans. and ed. *The Life of Saint Thomas Aquinas: Biographical Documents.* Baltimore: Helicon, 1959.

Hart, C. A. *Thomistic Metaphysics.* Englewood Cliffs, N.J.: Prentice-Hall, 1959.

Maritain, J. *Education at the Crossroads.* New Haven: Yale University, 1943.

6.
거트 그루트

Geert Groote / 1340 – 1384

줄리아 S. 헨켈 (Julia S. Henkel)

네델란드 데벤터 (Deventer) 출신의 거트 그루트는 14세기에 살았던 사람으로 공동생활 형제단 (the Brethren of the Common Life) 또는 ***Devotio moderna***의 창시자로 유명하다. 이것은 수도원 같은 교단은 아니었다. 사실상 그 조직은 중세의 수도원 개념과는 근본적으로 상이했다. 형제단은 경건을 실천하였고, 가난한 자를 먹여 주었고, 집없는 자에게 거처를 주었으며, 병든 자를 고쳐 주었고, 예배드리고, 연구하고, 책을 쓰고, 거룩한 교재들을 필사하고 마침내는 프린트하고, 학교를 창설하고 가르쳤다.[1] 비록 역사가들이 이들을 여러 해 동안 소홀히 다루었지만, 그들의 광범위한 영향력은 이제 현저해졌다.

생 애

그루트는 데벤터가 한자동맹 (Hanseafic League)의 번창하

1) J. van Ginneken, *Geert Groote's Levensbeeld,* pp. 62 – 78.

는 회원이었을 때 1340년에 태어났다. 그 후 꼭 10년 후 페스트(Black Plague)가 이 도시에 침범하였고, 시의회의 부유한 회원이었던 부친과 모친이 이 병으로 타계하였다. 그래서 그의 삼촌 요하네스 옥켄브랙(Johannes Ockenbroeck)이 그의 보호자가 되었다. 그루트의 유년 생활은 거의 알려진 것이 없다. 그는 성 레브윈(St. Lebwin) 교회의 학교에 다녔고, 아마 독일 도시인 아켄(Aachen)과 꼴로뉴(Cologne)[2]에 있는 학교에 다녔던 것 같다. 그는 파리에 있는 법률학교에 입학하였고 18세에 석사(M. A.) 학위를 얻었다. 1358년과 1359년에 그는 신학을 연구하였고, 1359년에 강의하고 가르치기 위하여 데벤터에 돌아왔다. 후에 그는 푸라그(Prague) 대학에서 가르쳤다.[3] 1362년 아켄에 있는 성 매리(St. Mary)교회의 성당참사회원(canon)으로 임명되었다. 그래서 1369년에 성직록을 받기 시작하였다. 2년 후 교황이 그에게 유트레히트(Utrecht)에서 또 성직록을 받도록 승인하였다. 3년 후에 그는 데벤터에 돌아왔고, 그의 위치와 부동산 소유권, 그리고 우아한 생활양식까지 포기하였다.[4]

이 놀라운 포기는 그루트의 회심의 결과였다. 이 회심의 첫 단계는 한 신비주의자가 길거리에서 그를 세우고, 헛된 것을

---

2) A. Hyma. *The Brethren of the Common Life,* p. 16.

3) P. Horn, "Vita Gerardi Magni", ed. W. Kuhler, *Ned. Ar. voor Kerkg,* N. S., 6(1909) : 333, 334. 약 1500년 경, 베디어스 아센시우스(Badius Ascensius)는 유명한 인문주의자이고 인쇄업자이며, 형제단의 전 겐트(Ghent)학생이었는데, 그가 형제단과 그 창시자에 대하여 기술하였다. 그는 그루트의 마술연구를 그의 생애 이 시점에 배열하였다.

4) R. R. Post, *De Moderne Devotie, Geert Groote en Zijn Stichtingen,* pp. 11, 12, 154 ; Hyma, *The Brethren of the Common Life,* pp. 17, 18.

포기하라고 권고했을 때였었다. 후에 데벤터에 있는 동안, 그는 심히 아팠다. 그가 거의 죽게 되었을 때, 삼촌의 목회자가 마술에 관한 그의 책들을 태워버리고 성례를 받도록 하였다. 린 톤다이크(Lynn Thorndike)에 의하면, 이 때에 그루트는 변화되었다.[5] 제이콥 밴 긴너켄(Jacob van Ginneken)은 제 3의 사건을 또 제시하였는데, 이것은 그루트가 그의 성직록과 재산을 포기한 후에 그의 친구 캘커(Calcar)의 헨리(Henry)와의 대화이다.

비록 그루트는 평신도였지만, 설교하기 시작하였다. 그의 매력적인 인품과 진지한 종교적 열성과 열심이 청취자들을 황홀하게 하였다. 그루트는 그의 초기 생활의 공허함을 예민하게 느꼈고, 광범위한 도덕적이고 종교적인 개혁의 필요성을 괴로우리 만큼 알고 있었다. 제이콥(E. F. Jacob)은 그에 관하여 다음과 같이 말하였다. "학문에 관한 흥미를 가지고 고위 직책을 가진 장래 유망한 파리와 프라그의 성공적인 대가는 세상을 떠났다가 새로운 선교사의 모습으로 세상으로 돌아왔다. 그런 사람은 불가피하게 친구들을 모으게 된다."[6] 그루트는 몇몇 경건한 여인들이 공동생활 자매단(the Sisters of the Common Life)을 조직하는 데 그의 재산의 일부를 기부하고 그들의 설립을 기록하여 도왔다. 그는 또한 데벤터에서 그 주변에 열 두 명의 제자를 모았다. 그 중 한 사람이 젊은 플로렌티우스 래드윈스(Florentius Radewijns)로, 그는 그루트와 더 가깝기 위하여 유트레히트(Utrecht)의 성직록을 포기하였고 그루트사후 형제단을 이끌어갔다. 그루트를 따르는 몇 사람들은 래드윈스와 같이 살았고, 다른 사람들은 그루트

5) L. Thorndike, *A History of Magic and Experimental Science*, vol. 3 (New York : Macmillan, 1934), pp. 511, 512.

6) *Essays in the Conciliar Epoch,* 2nd ed. (Manchester : Manchester University, 1953), p. 123.

와 함께 순회설교를 하였다. 그루트를 따르는 남자들은 그의 생전에는 공식적으로 조직화되지 못하였는데, 이는 그들이 새로운 교단을 설립한다고 탁발 수도승들에게 비난을 받게 될 것이기 때문이다. 그러나 그들이 마침내 조직화되자, 그들은 그들의 평신도의 신분을 강조하였다.

그루트와 그 추종자들은 그 당시의 신비주의의 영향을 상당히 받았다. 어떤 신비주의자는 이성적인 신앙을 상실하고 신앙, 명상, 그리고 기도를 통하여서만 하나님께 도달하려고 하였다. 지나친 종파도 있었는데 때때로 그들은 신비주의의 "열광적 지지세력"이라 불리웠는데, 정적주의자(quietists), 또는 부정주의자(negativists) 등이다. 후자는 관상(觀想)에만 전념하였고, 저서를 통한 것 이외에는 영향력이 거의 없었다. 그러나 사회와 접촉을 하고 있는 그루트와 공동생활 형제단과 같은 신비주의자들도 있었고, 그들의 활동은 종교적 개혁과 교육개혁에 열매를 거두었다.

그루트가 마이스터 엑카르트(Meister Eckhart)와 잔 리즈브랙(Jan Ruysbroeck), 특히 리즈브랙과 같은 위대한 신비주의자들에게서 깊은 영향력을 받았는데, 특히 리즈브랙의 저서 몇 권을 그루트가 번역하였다.[7] 그러나 그루트가 거짓 신비주의와 반지성주의에 반대하였다는 것은 명백하다.

비록 위대한 종교적이고 교육적인 개혁을 그가 주도하였고 이 개혁이 룩셈부르크 삼국(Low Countries)의 국경을 넘어 널리 퍼졌지만, 그가 일찌기 페스트로 죽을 때엔 아마 실패한 인간처럼 여겼을 것이다. 탁발 수도승, 세속적 성직자, 그리고 몇몇 이교도들은 그가 순회설교하는 것을 격렬히 반대하였다. 그들은 유트레히트 주교에게 그루트를 잠잠케 해 줄 것을 요청하였고, 주교는 그의 관할 구역의 어떠한 집사(deacon)

---

7) Van Ginneken, *Geert Groote's Levensbeeld,* p. 223.

도 공적으로 설교해서는 안 된다고 명령하였다. 그루트는 여기에 순종하였으나, 교황 어반 6세(Urban VI)에 호소하였다. 교황은 금지명령을 폐기하였으나, 이 소식이 그가 죽은 후에야 도착하였다.

교육 활동

그루트의 힘있는 설교는 많은 사람들을 끌어모았다. 그래도 총 인구에 비하면 소수에 지나지 않았다. 전혀 영적이고 지적인 것을 알지 못한 채 평범한 생활로 허송세월하는 평민들에 대하여 그루트는 무거운 개인적인 책임감을 느꼈다. 신약성서는 다른 사람을 가르칠 수 있는 사람들을 가르치는 계획을 제시하고 있다. 그래서 그루트는 그의 제자들을 주의깊게 가르치고 청소년을 위한 학교를 세울 계획을 마련하여 이러한 일을 하기로 결정하였다. 북부 유럽의 학교상태는 개혁을 필요로 하였고, 그루트는 청소년을 위한 교육의 질을 개선하기 시작하여, 그들에게 ***Devotio moderna***의 원칙을 불어넣어 주고, 그들도 나아가서 다른 사람들을 가르치도록 강권하였다. 그래서 교육적 개혁이 종교 개혁의 수단이 되었다.

그루트는 학생들을 그의 집에 초대해서 책을 필사하게도 하고, 그들의 학교수업에 관하여, 또 그들의 목적과 이상에 관하여 이야기를 나누었다. 이처럼 소년들의 학업을 격려하는 한편, 그는 집도 없고 친구도 없는 데벤터의 소년들을 도와줄 계획도 세웠다. 자매단에서 이들을 그들의 자녀로 삼아 재우고, 먹이고, 입혔다. 그루트는 유능하고 경건한 교사를 구하였는데, 가능하면 대학 출신으로, 학생들의 사랑을 받을 수 있고, 온갖 친절한 형태의 훈계가 실패할 때까지는 벌을 삼가할 수 있는 지적인 특성을 가진 교사를 채용하였다.[8)]

그루트의 가장 가까운 친구는 존 셀(John Cele)로 즈볼(Zwolle)의 젊은 학교 경영자였다. 때때로 그루트는 셀과 함께 그의 꿈과 포부를 나누었다. 그리고 그루트가 죽기 직전에, 셀에게 교육 개혁의 보다 구체적인 계획을 표명하였다.[9] 셀은 즈볼에서 그루트의 정책을 실천하여, 데벤터에 있는 형제단 학교 만큼 역사적으로 중요한 학교로 만들었다.

점차적으로 형제단은 수백개의 학교를 창설하거나 개혁하였다. 그 학생들 중의 유명한 사람들이 에라스무스(Erasmus)로 12년 동안 이들의 두 개의 학교에서 공부하였고 토마스 아 캠피스(Thomas â Kempis)는 데벤터에서, 또 존 칼빈(John Calvin)은 파리의 몽테그(Montaigu)의 형제단 기숙사에서 4년 간을 지냈으며, 존 스텀(John Sturm)은 리지(Liege)에서 공부하였다. 또한 형제단의 교육 효과에 강한 영향력을 받은 사람들이 윔펠링(Wimpheling), 부서(Bucer), 베아투스 레나누스(Beatus Rhenanus), 애그리콜라(Agricola), 그랜스포트(Gransfort), 교황 아드리안 6세(Pope Adrian Vl), 드링겐버그(Dringenberg)와 쿠사의 니콜라스 추기경(Cardinal Nicholas of Cusa)이다.

교육 목표

그루트의 사상에 정책과 실천이 확고히 입각하고 있는 형제단 학교는 무엇보다도 그들의 학생이 좋은 기독교인, 즉 그들의 제일가는 욕구가 그리스도와 그 사도들을 본받는 제자들

8) T. â Kempis, *Vita Gerardi Magni* 18. 5, 6 ; and M. Schoengen, *Die Schule von Zwolle* (Freiburg : Des Werkes vom heiligen Paulus ,1898), p. 76.

9) Hyma, *The Brethren of the Common Life*, pp. 22-26 ; K. De Beer, *Studie over de Spiritualiteit van Geert Groote* (Brussels : N. v. standaard-boekhandel, 1938), pp. 126-35. 드 베어(De Beer)는 교육에 대한 그루트의 태도를 논하였다.

이 되기를 원했다. 교육에 있어서 종교적인 목표를 갖는다는 것은 새로운 것이 아니나, 그러한 목표는 항상 성직자의 교육에만 제한되어 있었다. 평민을 교육하고, 그들에게 종교적인 교육을 시킨다는 형제단의 개념도 독특한 것이었다. 그들의 교수와 설교의 의무는 좀더 많은 순결, 더 많은 자신, 더 많은 인내, 더 많은 각성, 인간 능력에 대한 더 많은 존중이었다. 평민에 대한 그들의 관심은 방언의 사용, 즉 성서의 일부를 네델란드어로 번역하는 지경에까지 이르렀고, 이것은 로마 교회의 많은 사람에게 공격을 받은 일이었다. 그러나 그들의 신비적인 근거에도 불구하고 형제단은 교육 목표를 핵심적인 종교적 목표에만 국한시키지 않았다. 그들도 역시 그 학생들의 지적이고, 육체적이고, 사회적인 생활에 관심을 가졌다.

형제단 교육의 지적인 목표는 형제단이 초급학교와 중등학교에만 그들 교육을 한정시킴으로 제한을 받았다. 그러나 어느 정도 고차적인 학습과 생산적인 학문에 자극을 주었다. 그들은 룩셈부르크의 문화의 특징인 엄청난 부, 예술적 번영, 인문주의 문학의 분출을 초래하였다. 고전에 대한 형제단의 관심이 남부 유럽에서는 특이한 것이 아니었지만, 북부 유럽에서는 그랬다. 형제단의 몇몇 사람들은 라틴어와 희랍어에다 히브리어까지 가르쳤다.

학생들의 육체적 안녕에 대한 관심은 형제단 학교에 따라 달랐다. 그러나 일반적으로 형제단은 육체를 소홀히 하는 것이 꼭 경건을 가져오는 것은 아니라고 하는 그루트의 가르침을 존중하였다. 고대 희랍어 다음에 육체적 교육을 짜넣어 교과 과정으로 넣도록 애쓴 사람이 머멜리우스(Murmellius)라는 형제단원이었다.

사회적으로, 형제단은 학교 내에 민주적 사회를 목표로 하였다. 평민을 교육시킴으로써, 사람이 재산이나, 지위나, 또는 다른 재능 때문에 다른 사람보다 우월하다는 개념을 부인하였다. 그들도 어떤 학생들은 지적으로 재정적으로 다른 사람보다 더 뛰어난다는 것을 인정하였으나, 모든 사람에게 동등한 기회를 주고자 최선을 다하였다.

교육 실천

형제단 교사들이 항상 석사 학위까지 소유할 정도는 아니었으나, 많은 교사들은 훌륭한 교육을 받았고, 대부분은 헌신적이고 탁월한 교사였다. 어떤 교사들은 전통적이고 표준적인 교재를 사용하였으나, 보다 사려깊고 활동적인 교사들은 그들의 교육 철학과 방법에 보다 더 적합한 교재를 저술하였다. 그들이 저술한 교재는 전 교과 과정이 ***Devotio moderna***의 원칙 아래 쓰여졌다. 후자는 사학(quadrivium)과 삼학(trivium)이 섞여 있으나, 이 과목들은 상당히 현대적인 해석이 붙여진 것들이다. 이와 관련해서 애그리콜라(Agricola)와 같은 사람들의 사상이 사용되었다. 형제단은 상당히 특이한 과목을 교과 과정 속에 도입시켰으나, 교과 과정의 가장 특징적인 것은 종교란 분리된 과목이 아니라는 것이다. 그리고 종교가 보다 자연스럽게 교육 계획 속에 섞여 있었다.

그들의 교육 방법의 많은 것들은 혁신적인 것이었다. 그들은 연습하기 전에 학생들을 덜 질리게 하고, 흥미를 고조시키기 위하여 학과를 설명하였다. 교사들은 어린이들의 제한된 정신 집중의 범위를 알고 있었다. 그들은 그들의 학생을 이해할 필요성과 친화 관계를 유지할 필요성을 알고 있었다. 교사들은 학생들의 흥미를 불러일으키고, 때때로 상을 주어서 학생들의 동기를 유발시키려고 하였다. 그리고 교사들은 친절한 경고가 가혹한 벌보다 우월하다고 생각하였다.

교육에 있어서 소집단과 개별학습이 가치가 있다는 것을

알고서, 교사는 학생들을 학년별로 조직하였다. 그리고 학생을 학년별로 진급시킨 것이 아니라, 학생들의 자질에 따라 개인별로 진급시켰다.

마지막으로, 형제단은 자질있는 감독이 있는 기숙사에서 더 많은 교육과, 더 많은 도덕적이고 종교적인 도움을 학생들에게 줄 수 있다는 것을 알았다.

비록 형제단 학교가 단지 2 세기 후에 소멸되기는 하였지만, 그들의 영향력은 지대하였다. 북부 유럽에서 유트레히트, 리지, 부루셀(Brussels), 첼므노(Chelmno)와 같은 중요한 도시들이 형제단에게 중등교육에 대한 지역적 독점권을 주었다. 그리고 아머스푸르트(Amersfoort)와 즈볼(Zwolle) 같은 많은 도시들은 그들에게 실재적인 보조와 특권을 주었다.

그들의 영향력은 청교도와 네델란드 칼빈주의자를 통하여 미국 해안에까지 상륙하였다. 그런데 어째서 형제단과 그 창시자 그루트와 그들의 학교에 관하여서 별로 알려진 바가 없는가? 그들은 명성과 영광에 거의 관심을 두지 않았다. 그들은 당당하며 인격적이고 조직적인 명성을 세우려고 하지 않았다. 그들은 다만 종교적인 개혁의 결과로, 사람들의 삶의 진로를 변화시키기를 바랐을 따름이다. 그리고 그들은 이 일을 대부분 교육 개혁에 의하여 수행하였다.

Selected Bibliography

Groote, G. *Gerardi Magni epistolae.* Edited by W. Mulder. Tielt: Lannoo, 1933.

Henkel, J. S. "An Historical Study of the Educational Contributions of the Brethren of the Common Life." Ph. D. dissertation, University of Pittsburgh, 1962.

Hyma, A. *The Brethren of the Common Life.* Grand Rapids: Eerdmans, 1950.

________. *The Christian Renaissance: A History of the Devotio Moderna.* Grand Rapids: Reformed, 1924.

Post, R. R. *De Moderne Devotie, Geert Groote en Zijn Stichtingen.* Amsterdam: Van Kampen and Zoon, 1950.

Van Ginneken, J. *Geert Groote's Levensbeeld.* Amsterdam: Noord-Hollandsche, 1942.

제 3 부

A.D. 1500-1750

7. 에라스무스
8. 마틴 루터
9. 훌드라이히 쯔빙글리
10. 이그나티우스 로욜라
11. 필립 멜랑히톤
12. 존 낙스
13. 존 칼빈
14. 존 아모스 코메니우스
15. 어거스트 헤르만 프랑케
16. 니콜라우스 루드비히 진젠도르프

교회를 개혁하려는 다양한 시도가 1500년대에서 1750년대까지의 특징이었다. 이 운동들이 기독교 교육의 발달에 상당한 기여를 하였다. 종교 개혁자들은 기독교 인문주의자에서 경건주의자에 이르기까지, 또 개신교도에서 가톨릭의 반동 종교개혁가(Counter- Reformation Catholics)들까지 포함되었다.

에라스무스(Erasmus, 1466? – 1536)는 가장 탁월한 기독교 인문주의자로 영적인 정박지(spiritual moorings)를 상실한 로마교회를 고대의 순수함으로 회복시키고자 하였다. 그러나 그도 또한 더 나은 교수법과 학생들을 더 잘 이해할 것을 권고함으로써 유럽 교육에 결정적인 영향을 주었다.

에라스무스는 형제단이 운영하는 데벤터에 있는 한 학교에서 교육을 받았다. 형제단은 중요한 교육자를 수 없이 배출한 이질적인 경건주의자의 집단이었다. 그들 가운데서 존 아모스 코메니우스(John Amos Comenius, 1592– 1670), 아우구스트 헤르만 프랑케(August Hermann Francke, 1663– 1727), 니콜라우스 루드비히 진젠도르프(Nikolaus Ludwig Zinzendorf, 1700– 1760)가 배출되었다. 경건주의자들은 헌신적인 삶, 인격적인 기독교, 진지하고도 실천적인 성서연구에의 복귀를 강조하였다.

코메니우스는 30년 전쟁 동안 고향을 강제로 등지게 된 독일 형제단의 목회자였다. 보편교육을 강조하고 청소년의 교육에 과학적 접근을 강조함으로써 현대적 교육 이론과 실천에 진정한 의미의 선구자가 되었다. 그는 간접적이긴 하지만, 루소, 페스탈로찌, 헤르바르트와 같이 유명한 사람에게 영향을 주었다.

프랑케는 할레(Halle)에 유명한 고아원과 학교를 설립했는데, 이들이 후에 교육 제도의 한 모형이 되었다. 그는 적은 학급, 공작교육, 교실에서의 과학적 예시 등과 같은 것을 주장하였고, 교사 훈련기관을 최초로 설립하였다. 여러 사람 가운데 웨슬레와 진젠도르프의 저서에 그의 영향이 분명히 나타나 있다.

진젠도르프는 자기의 영지인 베셀도르프에 극심한 박해를 피해 살아남은 피난민들에게 피난처를 제공하고 보헤미안 형제단원이 되었다. 곧 이 형제단의 지도자가 된 진젠도르프는 그 당시에는 혁명적인 교육관을 갖고 있었다. 어린이들은 어른들처럼 가르쳐서는 안 되고 그들 수준에 맞춰서 그들이 배운 것을 이해하고 즐길 수 있도록 가르쳐야 한다. 진젠도르프가 조직한 형제단의 교육 체계는 두 가지를 강조하였다. 즉 이성(head)이 결코 마음(heart)을 앞질러서는 안 된다는 것과 외부의 강요가 결코 내적 종교를 이루어낼 수 없다는 것이다.

유럽에 있어서 개신교 종교 개혁은 교육을 포함하여 사회의 모든 측면에 중요한 영향을 주었다. 그 주요한 지도자로는 독일의 마틴 루터(Martin Luther, 1483－1546)와 필립 멜랑히톤(Philip Melanchthon, 1497－1560), 스위스의 훌드라이히 쯔빙글리(Huldreich Zwingli, 1484－1531)와 존 칼빈(John Calvin, 1509－1564), 스코틀란드의 존 녹스(John knox, 1505－1572)이다. 개신교는 성서의 유일한 권위만 인정하고 교황의 권위와 타락을 거부하였다.

평생을 교사로 지냈던 루터는 그 누구보다도 교육에 관하여 많이 썼다. 그는 학교를 강화하고 설립하는 것을 도와 주고 새로운 커리큐럼을 수립하였다. 세속 당국들에 그들의 선거구민의 교육에 적극적인 역할을 하도록 격려하고 세상 지도자들과 영적인 지도자들이 다같이 독일 전역에서 교육 문제에 관하여 그에게 자문을 구하였다. 그는 멜랑히톤의 도움을 받았고, 멜랑히톤은 점차 "독일의 스승"으로 알려졌다. 멜랑히톤은 교육 문제를 포함하여 루터의 사상을 조직하고 발전시키고 다듬었다.

쮸리히의 쯔빙글리와 제네바의 칼빈의 교육적 노력은 그들의 종교 개혁의 구성요소였다. 쯔빙글리는 모든 사람의 교육에 관

심을 가졌고, 개개인을 고려하는 공동체 안에서 교육이 이루어져야 한다고 보았다. 칼빈의 김나지움(gymnasium)은 스트라스부르그에서의 그의 경험의 산물이었고 이것이 젊은 교역자를 위한 훈련소가 되었다. 그것은 칼빈의 *Institutes of the Christian Religion*의 원칙에 입각한 것이었고 논리적으로, 방법론적으로 그대로 조직되었다. 칼빈의 아카데미는 종교 개혁 교육의 모형이 되었다.

녹스에게는 모든 교육이 근본적으로 종교교육이었다. 그리고 그 당시의 문화와 그의 종교적 메시지 사이에는 역동적인 상호작용이 있었다. 그의 교육의 구조는 가난한 자를 위한 것으로 재능있는 사람을 인정하고 자녀교육에 있어서 부모의 책임을 강조한 것으로 스코틀란드에 지속적인 영향을 주었다.

로마교회는 자신들의 부패를 일소하고 개신교와 맹렬히 투쟁함으로써 종교 개혁에 응답하였다. 이 반동 종교 개혁의 지도적 인물 가운데 하나가 이그나티우스 로욜라(Ignatius of Loyola, 1491–1556)로 예수회의 설립자이며 그 학교 체계의 설립자이다. 그 당시에 사용할 수 있는 가장 훌륭한 교육 이론과 방법을 조직하고 적용하는 데 그의 재능을 쏟았고, 등급별로 또한 우수한 학생들의 개인적 발전을 마련해 주는 통합적인 커리큐럼을 만들었다. 그는 자활(self-activity)의 교육적 가치를 강조하였다. 그의 목적은 학생들에게 기독교적인 인생관을 심어 주어 사회에 유익을 끼치게 하려는 것이었다.

7.
에라스무스

Erasmus / 1466? - 1536

로버트 율리히(Robert Ulich)

르네상스와 그 시대의 인문주의(humanism)를 전통에 대항하는 개별적인 자기 주장이라고 부를 수 있고, 인간 실존의 가치와 깊이를 새롭게 그리고 좀더 경험적으로 시험하는 것이라고 부를 수도 있고, 새로운 형태의 증명을 탐구하는 것이라고 부를 수도 있을 것이다. 이러한 주장들은 부분적으로 볼 때만 옳다. 왜냐하면 인문주의자들은 아리스토텔레스가 아니라 이제는 플라톤, 키케로, 퀸틸리안(Quintilian) 같은 고전을 신뢰하였지만, 어떤 점에서는 이러한 고전 해석보다는 권위를 더 신뢰하였기 때문이다. 영적인 토대를 상실한 교회 내에서는 소수의 이교도적인 인문주의자들이 있었지만, 위대한 인문주의자 중의 상당수에게는 고대의 순수성을 회복시키는 것이 그 당면한 목적이었다. 예를 들면, 데시데리우스 에라스무스(Desiderius Erasmus)는 혁명을 통하지 않는 개혁을 위하여 그의 전생애를 바쳤다.

그러나 인문주의자들이 역사적 현장에 임하게 되자 새로운 시대가 시작되었다. 세계는 넓어졌다. 어떤 선구자들은 단순히 전통적인 우주의 질서가 아니라, 자연적이고 직접적인 질서를 마음 속에 그렸다. 그들은 삶의 아름다움과 지상에 있을지라도 인간의 고귀함을 알고 있었다. 사물에 대한 의혹과 호기심이 악이 아니라 그들에게는 미덕이었다. 그러나 시대정신은 자유주의자들에게는 우호적이 아니었다. 인문주의는 개신교와 가톨릭의 싸움에 휘말려들었다. 전통과 삶의 새로운 양식을 화해시키려는 그들의 시도는 위축되었다. 루터는 에라스무스가 종교개혁의 근거를 이탈한 것에 대하여 못마땅해 하였고, 가톨릭교회는 그의 충성과 학문으로 인하여 그가 받은 모든 명예에도 불구하고 그를 불신하였다. 종교적 영역에서 배척받은 인문주의는 철학적이고 심미적으로 되어갔으며, 또한 근대 과학의 터전이 되었다.

생 애

에라스무스는 네델란드의 로테르담(Rotterdam)에서 태어났는데, 그 당시에는 독일 신성 로마제국의 한 지방이었다. 그는 라틴지방과 독일지방에서 연구를 하였지만 가장 그에게 친밀하였던 곳은 영국이었다. 그가 교직에 완전히 종사하게 될 자극을 받은 것도 영국 친구들로부터였다. 또한 많은 북부인들이 그랬던 것처럼 그가 내적으로 가장 갈망하였던 지방은 이탈리아였다. 그곳에서는 "감미로운 자유와 풍부한 도서관, 작가와 학자들과의 매혹적인 교제와 유적지를 즐길 수 있는 곳이었다.[1]"

그에게는 뿌리를 내릴 조국도 고향도 없었고 가족도 없었다. 그는 부친과 어떤 과부 사이에서 생겨난 두 아들 중의

1) 에라스무스의 편지 P. Smith의 저서 ; *Erasmus : A Study of His Life, Ideals and Place in History* (New York : Harper, 1923), p. 115에서 인용.

하나였다. 그래서 그는 친척들에게 멸시를 받았고, 그와 그의 형제를 없애버리려고, 친척들은 그들이 수도원에 들어가도록 강요하였다. 그래서 에라스무스는 수도사가 되었으나, 자신의 결정에 의하여 된 것이 아니라 압력에 의한 것이었다. 그가 복종하여 수도사가 된 것은 아마 학문에 대한 사랑 때문이었을 것이다. 그는 그의 동료를 대부분 멸시하였다. 그리고 그들도 그를 싫어해서 이단자라고 불렀다.

가족이나 고향이나 교회도 에라스무스에겐 참된 거처가 될 수 없었다. 그는 오로지 그리스, 로마, 팔레스틴에서 비롯된 학문의 영적인 세계에만 익숙할 뿐이었다. 그가 그리스도에 대하여 심오한 감정을 갖게 된 것도 바로 그의 생애의 근거가 없기 때문이었다. 그리스도는 그에게 내적 위안의 신비적 출처였고, 쉴곳없는 인간의 구원자였으며, 역사의 영원한 중심이었다. 그러나 이러한 감정은 개화된 것으로 비교리적인 것이었으며, 가톨릭 제도주의에게는 루터의 새로운 신학만큼 거리가 먼 것이었다.

그의 생애를 통하여 그는 그의 지적인 친구들을 옹호하였다. 모든 갈등과 동요에도 불구하고, 그는 자신에게 성실하였다. 그는 결코 자신을 팔지 않았다. 추기경의 심홍색의 의관을 자신을 팔아 얻으려고 하지 않았고 심지어 임종시에까지도 그러했다. 임종시 그 당시의 관습적인 사제의 도움을 청하지 않고 그의 영혼을 하나님께 헌신함으로써 그의 독자성을 보여 주었다. 그러므로 루터가 그의 관점에서 타당할런지 모르지만, 에라스무스와의 탁상담화들(Table Talks) 가운데, 에라스무스가 궤변적이며, 애매하고 진지하지 못하다고 비난한 것은 본질적으로 틀린 것이다.[2]

대부분의 에라스무스의 특성과 사상은 그의 교육 이론에

2) E. Korder, ed., *Luthers Tischreden der Mathesischen Sammlung* (Leipzig, 1903), p. 283.

반영되어 있다. 그 속에서 종교적 도덕적 개혁자, 평화의 옹호자, 인간의 어리석음에 대한 풍자적인 비평가, 신앙과 이성의 화해를 바랐던 인간, 인간의 본성을 예리하게 꿰뚫어본 자유주의적이고 참을성있는 인격, 고전적인 학문의 애호가, 실험적 유형이 아닌 문학에 조예가 깊은 학자, 고향이나 조국이 없는 방랑자를 발견하게 된다.

에라스무스가 저술하는 것에는 무엇이나, 또 그가 신약을 신학자로서 다루든지, 교회 교부로서 다루든지, 또는 고대언어의 문헌학자로 다루든지간에, 기독교 문명의 인문주의적인 개혁에 대한 그의 관심을 어떻게든지 피력하였다. 그는 교회를 비록 비꼬았지만, 그의 종교적 태도가 그의 모든 언어 속에 나타나 있다. 이 점에서 에라스무스는 때때로 냉소적이고 이교화된 그의 이탈리아 친구들과는 분명히 다른 북부 인문주의자였다.

신 학

식자들은 에라스무스가 16세기 초엽의 신학적 문제에 있어서 중재자(umpire)라고 생각하였다. 그와 루터가 처음에는 교회 개혁이라는 공통된 명분 때문에 동료로 여겨졌다. 그러나 나중에는 서로 대적하는 사이가 되었는데 그것은 그들이 인간적인 태도에 있어서 두 가지 근본적인 대립을 나타내기 때문이다. 루터는 삶의 형이상학적 출처를 요구하여 선교사업의 정열을 부추기고 죽음과 공포를 경멸하고 후에 어찌되든지간에 전투에서 이겨야 하는 투사의 용기를 선동하였다. 반면에 에라스무스의 인격의 핵심은 지적이었다. 그러나 이것은 에라스무스가 두뇌의 기능이 성숙한 인격의 모든 다른 자질을 흡수해버린 그런 협소한 재능을 가진 사람이었다는 것을 의미하는 것은 아니다. 그의 지성은 현저한 도덕적 감각과 정력적이라기보다는 보다 감각적인 강렬한 정서적 생활과 특이한 유머, 그리고 형태와 미에 대한 생생한 추구로 풍성하였다. 그러나 그의 재능이 표현되는 것은 주로 이성을 통해서였다.

루터는 고풍이 종교적 헌신에 해악을 주지 않는 범위에서만 고풍을 이해하였으나, 반면에 에라스무스에게는 문화의 목적은 고풍과 기독교와의 결합이었다. 그의 견해에 의하면, 이러한 결합이 이성과 신앙, 노동과 은혜, 계시와 질문, 자기 주장과 권위의 갈등을 해결할 것이라고 보았다. 루터에 있어서, 역사와 철학이 인간문제에 관한 정보의 위대한 출처이나, 단 하나 유일하게 신성한 것은 기독교의 계시였다. 예수의 가르침을 "철학"이라고 부르는 것은 루터를 노엽게 하였다. 에라스무스는 "그리스도의 철학"(philosophy of Christ)이 확실히 가장 위대하고 가장 신적인 것이라고 말하였으나, 플라톤, 아리스토텔레스, 키케로, 아우구스티누스의 철학도 역시 언급하였다.

에라스무스가 성서에 대하여 현대적인 역사 비평을 할 만큼 앞서가지는 않았으나, 그러나 그러한 개념 자체가 그에게 생소한 것은 아니었다. 철학자 피코 델라 미란들라(Pico della Mirandola)와 프랑스 문헌학자 헤페브르 데따쁠레(L-efēvre d'Etaples) 같은 사람들과 더불어 에라스무스는 성서의 참된 의미와 성서의 단순한 역사적 형태를 구별하였다. "복음은 그 자신의 육신과 그 자신의 영혼을 가지고 있다"라고 그는「크리스천 기사 편람」(the *Manual of the Christian Knight: Enchiridion militis Christiani*)[3] 에서 말하였다.

의지의 자유에 관한 논쟁에서, 의지가 속박되어 있다고 주장하는 루터가 확실히 그의 상대보다 더 시종일관하였다.[4]

---

3) *The Enchiridion,* p. 108.

그러나 일반적으로 말하여, 에라스무스는 "우리 종교의 개요는 어떤 하나의 교리 속에 있는 것이 아니라, 평화와 일치이다"[5] 라고 말하였으며, 이것은 당대의 사람들보다는 현대 사람들에게 더 호소력이 있다. 에라스무스는 예정론을 거부하였고, 만인에게 그리스도에게 올 수 있는 기회를 주었으므로 우리에게는 더 이성적으로 여겨진다. 그의 생애를 통하여 종교와 성직계급의 동일시를 기독교의 핵심적인 악으로 공격하였으며, 성직에 있어서 기계적인 일상성이 사랑의 정신과 종교적 교화를 방해하는 주요한 요인이 된다고 주장하였다.

반면에, 역설적이긴 하지만 에라스무스를 전통적인 교회의 편에 서 있게 한 것도 역시 동일한 합리주의 때문이었다. 아무리 그가 성직자들의 악덕을 공격하고, 학자들의 허망한 명성을 비웃고, 새로운 시대의 여명을 느꼈지만, 그는 그것이 이성적이고 자유스러운 시대이기를 바랐었다. 그는 개신교 설교자들의 비합리주의, 성상파괴, 새로운 움직임을 추종하는 혁명을 부르짖는 군중을 싫어하였다. 그래서 결국 그는 르네상스 시기의 교황들의 사치와 우상숭배를 대부분 묵과하게 되었는데, 이것은 그들이 연구와 문화문제에 관하여 더 개방된 정신을 가지고 있었기 때문이다. 성직계급 내에서 르네상스의 위대한 대표자이며, 메디치 가문의 교황 레오 10세에게 보낸 서한에서 에라스무스는 다음과 같이 썼다.

> 트로이 목마에서 쏟아져 나온 것처럼 불과 몇 년 사이에 귀하의 가문에서 키케로와 버질과 플라톤과 히에로니무스와 같

4) 루터의 입장을 현대 결정론과 혼동해서는 안 된다. 현대 결정론은 전혀 다른 전제에 근거하고 있다. 루터는 하나님의 전능과 아담의 타락에 관하여 자유의지를 부인하였다.

5) *Opera omnia*, 3 : 694.

은 모든 예술에 뛰어난 대가들이 배출되었다는 것은 모든 예술 애호가들이 레오 교황께서 하나님의 섭리로 귀하의 치세하에 모든 뛰어난 미덕과 자유로운 예술이 새롭게 번성하게 되기를 바랄 수 있도록 격려해 주는 바입니다.[6]

이 로테르담의 학자가 적어도 루터 같은 사람보다는 훨씬 더 외교관적이었으나, 이는 항상 평화와 문화에 대한 관심 때문이었다. 그가 종교와 사상에 있어서 혁명주의(radicalism)를 몹시 싫어한 까닭은 이성과 인내가 배제되기 때문이었다. 그는 기회있을 때마다 전쟁의 온갖 야만성을 표시하면서 혁명만큼이나 전쟁도 싫어하였다. 그는 현대 민주주의 국가의 이상과 비슷한 만인을 위한 평화와 정의의 정치적 기구와 지적인 엘리트를 훈련시키며 온 백성을 깨우쳐 줄 수 있는 교육체계를 소망하였다. 그는 그리스도의 단순성을 회복시키고 고전의 지혜와 아름다움에 마음을 개방시킴으로써 그러한 사회에 필요한 심성을 얻기를 바랐었다. 이 점에서 그는 오리게네스(Origen), 클레멘트(Clement), 그리고 그의 친구 루이 비베(Louis Vives)를 따르고 있다.

교육 이론

국가의 역할 : 국가, 문명, 교육과의 관계에 대하여 에라스무스는 1516년에 출판된「기독교 군주의 교육에 대하여」(*On the Education of a Christian Prince*)에서 그의 견해를 밝혔다. 이보다 3년 먼저 마키아벨리의 유명한 「군주」(*The Prince*)가 출판되었는데, 이것은 르네상스 인문주의자가 기독교 원리로부터 완전히 해방되는 것과 군주의 행위의 지고의 원칙

6) *The Epistles of Erasmus, from His Earliest Letters to His Fifty-first Year,* 2 : 198.

으로서 국가 이성(*raison d'ētat*)의 숭상을 상징한 것이었다. 그러나 에라스무스는 그 반대의 입장이었다. 그 당시의 모든 진보적인 인물들과 마찬가지로, 그는 제한된 절대군주 국가가 최상의 정치형태라고 생각하였다. 그 당시에는 이러한 정치 조직이 다른 어떤 것보다 더 질서있고 효율적인 사회를 약속하였다. 그러나 정부의 외적인 형태보다 영적인 형태에 더 강조점을 둔다면 「기독교 군주의 교육에 대하여」가 민주주의자의 최초의 학구적인 성명서라고 볼 수 있는 것이다.

이 논문에서 에라스무스는 군주와 그 배우자는 신민과 밀접한 접촉을 하며 살아야 하고, 그들 자신이 스스로를 백성의 한 부분으로 여기고 또 여겨져야 한다고 주장하였다. 법은 바로 다름아닌 국가의 행복을 위하여 일하여야 한다. 그리고 모든 백성은 부나 출생신분에 상관없이 명예롭게 자라고 살아가도록 허용되어야 한다. 범죄는 벌을 주어서가 아니라, 예방적인 경제적, 정치적 조치로 방지해야 한다. 그리고 계급의 차이와 착취는 폐기되어야 한다. 정부는 건축과 농업개혁으로 국가의 부를 개발해야 한다. 기독교 군주는 인권옹호에 불필요한 전쟁은 그리스도의 영속적인 투쟁과 정신에 위배된다는 것을 알아야 한다. 마키아벨리의「군주」가 유럽 역사에서 한 "고전"이 되고 에라스무스의「기독교 군주」가 거의 망각된 것은 유럽 정치풍토의 특성이다.

에라스무스는 1526년에 출판된「기독교 결혼에 대하여」(*On Christian Matrimony*)에서 기독교 사회의 도덕적 개혁을 시도하였다. 여기에는 소녀들의 교육에 대하여 광범위한 내용을 포함하고 있기 때문에 교육 역사학자들에게는 특별히 흥미거리이다. 에라스무스는 그의 사랑하는 친구인 영국인 토마스 모어경의 가정과 독일귀족인 빌리발트 피르크하이머(Willibald Pirckheimer)의 가정에서 교육받은 여성에게서 발산되는 사회적 분위기의 우아함을 느꼈다. "교육은 나의 남편과 나를 더 다정하게 붙들어 준다"[7] 고 한 그의 표현이 무엇보다도 지적 문화의 가치에 대한 그의 신념을 표현해 준다.

학생 : 에라스무스에 의하면 교육의 목적은 사람을 지식, 정직, 독자적인 판단에로 이끄는 것이다.

> 말못하는 피조물에게 어머니 자연은 본능이라는 내적 능력을 주었다…… 그러나 인간에게만 이성의 특권을 부여하신 섭리는 인간존재를 훈련을 통하여 개발시키라는 짐을 주었다. 이것이 첫째가 의미하는 바라면, 둘째와 세째가 의미하는 바는 행복은 올바른 훈련이나 교육이다. 건전한 교육이 참된 지혜의 조건이다.[8]

이처럼 아리스토텔레스식으로 지혜를 찬양하는 것은 이성적 존재로서 인간이 잠재적인 하나님의 형상이라고 하는 기독교적인 개념과 결합되어 있다. 그러므로 인간은 결코 노예 상태로 전락될 수 없으며 인간의 고귀한 운명을 실현시키기 위하여 인간의 모든 자질을 개발시키는 것이 허용되어야 한다. 만일 인간이 이것에 실패하면, 동물 이하가 될 수도 있을 것이다.

> 이성을 통하여 철학과 건전한 학습에로 교육받지 못한 인간은 짐승보다 못한 피조물이라는 것은 말할나위도 없다. 왜냐하면 야망이나 욕망으로, 또는 분노나 시기로, 또는 무법적인 성깔로 이리저리 흔들리는 인간은 짐승보다 더 거칠고

7) *Opera omnia,* 3 : 746 ; W. Woodward, *Desiderius Erasmus Concerning the Aim and Method of Education,* p. 150.

8) *De pueris instituendis* 4 ; Woodward, *Desiderius Erasmus,* p. 183.

또 해독을 끼치기 때문이다.[9])

이성의 선물은 인간을 영적 공동체에로 결합시키는 것이다. 국가나 종족 자체에는 본질적인 차이란 없다. 문화의 성취에 대한 인간의 참여 정도에 따라서 개인적인 차이가 있을 뿐이다. 또한 인간은 무조건적인 권위에 복종해서도 안 된다. 고전적인 견해일지라도 일단 의심해 보아야 한다.

인문주의적인 저서 이외에도, 교육에 관한 에라스무스의 저서들은 일반적으로 기독교적인 삶의 영적인 개혁을 목적으로 하는 집단도 또한 포함한다. 예를 들자면, 1503년에 출판되고 1533년에 영어로 처음 번역된「기독교 기사의 요람」따위이다. 그 책에 의하면 그리스도를 본받는 것(Imitatio Christi)은 자아 훈련을 위한 계속적인 노력이며 이것만이 인간과 하나님이 만날 수도 있는 영역으로 우리를 인도하여 준다.

교사 : 교육에 관한 에라스무스의 저서 중에서 가장 원숙한 것이「소년들의 교양교육」(*Liberal Education of Boys*, 1529)이다.「올바른 훈육의 방법」(*The Method of Right Instruction*)과 함께 인문주의 교육의 상당히 통일된 체계를 나타내며, 훌륭한 교사의 책임에 대한 순수한 감정으로 가득 차 있고 15세기 초기 인문주의자들이 교육에 관한 저서 중에서 가장 뛰어난 것이다.

개인의 위엄에 관한 그의 감각이 에라스무스를 잔인한 선생들의 가장 큰 적으로 만들었다. 에라스무스에게 있어서 어린이를 학대하는 것에 대항하는 싸움은 일종의 성전이었으며, 그가 기꺼이 참가한 유일한 전투였다. 그는 학생들의 관

9) *De pueris instituendis* 7, 24; Woodward, *Desiderius Erasmus*, pp. 186, 207.

심을 일깨우는 것과 교사에 대한 사랑에 관심을 가졌다. 학생들이 이해되기 때문에 학교는 어린이들이 즐거워하는 곳이어야 하며, 말하기, 쓰기, 그리고 살아가는 훌륭한 스타일을 개발시킬 수 있도록 그들의 정신을 준비시켜야 한다.

> 우리가 찾아볼 수 있는 형편없는 교사는 거의 전적으로 학습동기로서 벌받는 것을 두려워하는 것에 의존한다. 한 학급을 벌주는 것이 한 소년을 적절하게 가르치는 것보다 더 쉽다. 한 소년을 적절하게 가르친다는 것은 항상 명예로운만큼 진지한 과업이어야 한다. 이것은 국가에 있어서도 마찬가지이다. 시민의 존중을 받고 동의를 얻는 법률은 강력한 전제군주보다 더 고차원적인 군주의 자질을 필요로 한다…… 진지하고 신중한 학생들을 이러한 형태—교수형 집행인 형태—로 다룸으로써 얼마나 많은 학생들을 냉담으로 인하여 그 희망을 꺾어버렸다고 교사들은 생각하는가?[10]

매질없이 교육하기 위하여, 교사는 어린이의 본성과 교육과정의 고유한 법칙을 이해해야 한다. 다른 말로 말하면, 교사는 심리학적 통찰력과 효과적인 방법을 필요로 한다. 이러한 교육의 필요조건을 연구하기 위하여, 에라스무스는 주로 아리스토텔레스, 플루타크, 퀸틸리안을 추종하였다. 그러나 이러한 사람들의 영향은 에라스무스 자신의 경험과 친밀하게 섞여 있었다.

> 세 가지 조건…이 개인의 발전을 결정한다. 그들은 본성, 훈련, 실천이다. 내가 의미하는 **본성**(Nature)이란 한편으로 훈련될 수 있는 역량이요, 다른 한편으로는 미덕을 지향하는 본래적 성향이다. **훈련**(Training)이라 함도 훈육과 지도의 숙련

10) *De pueris instituendis* 24; Woodward, *Desiderius Erasmus,* pp. 205, 206.

> 된 적용을 뜻한다. 실천(Practice)이라함은, 본성이 부여하고 훈련이 도야시킨 행동을 우리 자신이 자유롭게 실천하는 것이다. 숙련된 훈련없는 본성은 불완전하며, 훈련이 제공하는 방법없는 실천은 가망없는 혼돈으로 인도한다.[11]

에라스무스가 상당히 애매하게 명명한 세 가지 "조건"의 결과에 따라서, 교육은 어린이의 지적 발달과 아울러 육체적 발달도 포함해야 한다. 그러나 대부분의 독일 인문주의자들처럼 에라스무스도 육체의 훈련보다는 정신의 추구에 더 관심을 가졌다.

라틴어 교사들 가운데에서 에라스무스는 그의 「대화집」(***Colloguies***) 때문에 유명해졌다. 이것은 인문주의 저술의 광범위한 유형을 표현하는 것으로 상상적인 회화인데, 학생들에게 라틴어 회화를 가르쳐 주기 위한 것이다. 에라스무스는 그가 젊어서 가정교사를 할 때에 쓰기 위하여 이 회화집의 첫 부분을 기록해 두기 시작했었다. 그가 살아 있을 동안 이 「대화집」은 여러 번 증보판으로 출판되었다. 이것은 아우구스티누스의 요리문답스타일의 순수하고 참된 경건을 회복하려는 에라스무스의 소원을 분명히 묘사하였다. 에라스무스는 청소년을 교육시키는 것에 대한 그의 관심 때문에 "유치하다"는 비난에 대하여 자신을 방어해야만 하였다.

> 노인이 어린애 같이 노는 것이 꼴사납다고 할 때 그것이 유익하기만 하다면, 아무리 어린애 같다 할지라도 나는 개의치 않는다. 만약 고대의 교사들이 어린이들에게 기초적인 것을 가르치기 위하여 과자를 주면서 얼러서 가르쳤던 것을 칭찬한다면, 마찬가지로 내가 청소년들을 얼러서 라틴어의 우아

---

11) *De pueris instituendis* 11; Woodward, *Desiderius Erasmus,* p. 191.

함이나 경건을 가르치는 것을 비난해서는 안 된다고 생각한다.[12]

교육 과정 : 에라스무스는 지성(intellect)을 인간의 핵심으로 보았기 때문에, 고전과 교부들의 저서들이 마찬가지로 중요하였다. 그의 교육 과정은 일방적으로 고전과 표현에 중점을 두었다. 모국어나 과학에는 별 관심을 두지 않았다. 과학이 아직은 인간의 삶의 형성에까지 영향을 주진 않았다. 코페르니쿠스의 이론이 아직 프톨레미적인 기독교의 우주론을 무너뜨리지 못하였고 또한 갈릴레오와 다른 과학자들의 실험이 아리스토텔레스의 물체의 낙하 이론을 뒤엎지는 못하였다. 에라스무스는 그 당시의 보다 경험적인 정신을 가진 사람들의 일차적인 경험을 멸시하였다. 그러나 그가 원칙적으로 자연의 연구를 반대한 것은 아니었다. 그는 항상 학생들이 보다 나은 삶의 이해를 하도록 인도하기를 원하였다. 그에게 있어서 언어는 경험을 향한 문이었지, 경험을 닫아버릴 장벽이 아니었다. 그의 「대화집」이 이것을 충분히 증명해 준다. 왜냐하면 이 책 속에 라틴어를 가르치는 것을 세상적인 삶과 행동의 요소를 가르치는 것과 결합하여 정확히 표현하고 있기 때문이다.

교육 방법론

1509년부터 1514년까지 에라스무스는 캠브리지 대학의 신학교수였다. 성 바울학교에서 그의 학풍을 시작한 인문주의자 존 콜레트(John Colet)와 공통된 관심이 에라스무스로 하여금 「올바른 훈육의 방법」(***Method of Right Instruction,***

12) *The Whole Familiar Colloquies,* trans. N. Baily (Glasgow, 1877), p. vii.

1511)을 쓰게 하였다. 그는 여기에서 고전 교육의 바른 방법, 저자의 해석, 그리고 작문 기술에 관하여 그의 사상을 피력하였다. 교양과목에 관한 그의 수 많은 현대 추종자들과는 달리, 그는 방법적 교수의 중요성을 매우 잘 알고 있었다.

> 교육의 바른 방법에 대하여 내가 강조하는 것은—교육의 방법과 마찬가지로 재료선택까지 포함하여—그렇게 함으로써 단지 보통의 지식수준에 있는 청소년들을, 요즈음의 평범한 교사의 지도 하에서는 단지 입문서를 떠듬거릴 나이의 청소년들에게 훌륭한 학문의 수준에 이르게 하고 라틴어와 희랍어 회화에도 훌륭한 수준에 이르게 하려는 것이다. 기초 지식을 올바로 습득한 소년들은 자신있게 고급단계의 성취를 기대할 수 있을 것이다. 뒤돌아 보면, 그가 도달하게 된 본질적인 조건이 학습초기에 몰두한 배려 때문이었음을 인정하게 될 것이다.[13]

에라스무스가 조직적인 교사 훈련을 최초로 주장한 사람들 중의 하나가 되었다는 것은 놀라운 일이 아니다.

교사가 이용하기 위하여 알아두어야 할 어떤 성향을 인간이 부여받았다고 에라스무스는 믿었다. 인간 존재는 상상력과 그리고 다른 본유적 또는 잠재적 충동, 예를 들면 자아보존, 모방, 야망, 그리고 애착의 욕구 등을 가지고 있다. 이러한 자질에 호소함으로써, 교사는 학생들이 교육 과정과 관련된 많은 불편을 자발적으로 견디고, 심지어 즐길 수 있도록 유도할 수 있다. 그러므로 훌륭한 교육은 대부분 격려이다. 인내와 이해를 엄격함과 적절히 혼합하는 것이 훌륭한 교사의 표준이다. 교사는 또한 어린이에게 있어서 놀이

13) *Opera omnia,* 1 : 530 ; Woodward, *Desiderius Erasmus*, p. 178.

는 휴식이나 즐거운 일 뿐만 아니라 어린이의 삶과 학습의 한 부분이라는 것을 알아야 한다. 에라스무스는 또한 시각 교제의 사용을 추천하였다. 왜냐하면 교육은 정신이 언어 뒤에 감추어진 실제를 파악하는 것을 돕기 위하여 감각을 사용해야 하기 때문이다.

훌륭한 교사는 학생들의 개인차를 존중한다. 그러나 다른 학생들을 희생하고 부분적인 자질의 개발만 허용하는 것은 아니다. 특별한 재능을 존중하는 것과 헤르바르트(Herbart)가 말한 대로 "다방면의 관심"을 길러내는 것이 서로 배제하는 것은 아니다.

독일 신학자이며 전기작가인 멜키어 아담(Melchior Adam)은 1600년경 교회 부패에 대한 에라스무스의 풍자(특히 「바보의 찬양」(*Praise of Folly*)에 표현된)는 루터의 직접적인 공격보다 더 큰 해를 교황권에 주었다고 기록하였다. 에라스무스의 영향력은 영국에서 이탈리아로, 그리고 스페인에서 항가리와 폴란드에 미쳤다. 그러나 에라스무스는 고독하게 죽었다. 그의 동시대인들에게 그는 과단성없는 사람의 상징이 되었다. 왜냐하면 그는 종교적 투쟁에서 어느 한편에 가담하기를 거부했기 때문이다. 루터에게 있어서 에라스무스는 그리스도의 적이었다. 가톨릭에서는 에라스무스를 포기하였다. 트렌트 종교회의(1545-1563)에서 그들은 에라스무스를 금지된 자유주의자들의 명단(Index librorum prohibitorum)에 포함시켰다. 그리고 대학에서 그의 영향력을 억압하였다.

그러나 몇몇 사람들이 유럽교육을 결정적으로 에라스무스식으로 형성하였다. 그는 더 나은 교수법과 학생들에 대하여 더 이해심있고 참을성있는 태도를 권장하였고 고전연구에 정확성의 정신과 역사비평, 그리고 국제적 전망을 침투시켰다. 이러한 태도는 19세기 초까지 고대 철학이 인문주의자들을 지배하도록 허용하였다.

Selected Bibliogrphy

Allen, P. *The Age of Erasmus.* New York: Oxford University, 1914.

Erasmus, D. *The Enchiridion.* Translated by R. Himelick. Bloomington: indiana University, 1963.

__________. *The Education of a Christian Prince.* Translated by L. Born. Records of Civilization: Sources and Studies, no. 27. New York: Columbia University, 1936.

__________. *The Epistles of Erasmus, from His Earliest Letters to His Fifty-first Year.* Translated by F. Nichols. 3 vols. New York: Longmans and Green, 1901-1918.

__________. *Opera omnia.* Edited by J. Aerici. 20 vols. Lugd. Bat., 1703-1706.

__________. *Opus epistolarum.* Edited by P. Allen. 12 vols. Oxford: Clarendon, 1906-1958.

Froude. J. *Life and Letters of Erasmus.* New York: Scribner, 1899.

Huizinga, J. *Erasmus.* New York: Scribner, 1924.

Mangan, J. *Life, Character and Influence of Desiderius Erasmus of Rotterdam.* 2 vols. New York: Macmillan, 1927.

Woodward, W. *Desiderius Erasmus Concerning the Aim and Method of Education.* New York: Columbia University, 1964.

8.
마틴 루터

Martin Luther / 1483－1546

해롤드 J. 그림 (Harold J. Grimm)

종교 개혁 시대는 중요한 변화기 중의 하나였는데, 종교사에서 뿐 아니라, 정치적, 경제적, 사회적, 문화적 역사에 있어서도 그러했다. 지방 국가의 발생, 자본주의 경제의 부상, 점점 더 활동적인 부르조아계급의 성장, 농부들의 자신감의 발달, 모든 형태의 문화의 번영은 모든 계층의 사람들에게 적응이 필요하게 하였고, 모든 생각있는 사람들이 사회에 있어서 교육의 역할에 관심을 갖게 하였다.[1] 그 뿐만 아니라, 수 세기 동안 중세를 지배하였던 교회가 삶과 문화의 다른 측면 뿐만 아니라, 교육에 있어서도 그 지배력을 상실해가고 있었다. 지방 통치자들은 궁정에서 일할 훈련받은 관리의 중요성을 인식하게 되었고, 도회인들은 그들의 자녀들이 그들의 최우선적인 관심과 관련있는 과목들을 교육시켜 줄 학교를 발전시키는 데 열심이었다.

이상하게도 심대한 영향을 끼친 개혁의 자극은 종교계에서부터 왔으며, 그 힘이 유럽의 전반적인 삶, 특히 교육에 엄청나게 영향을 끼칠 만큼 역동적이었다. 교회와 수도원학교의 몰락을 촉진시키고 교육의 훨씬 광범위한 목적과 기능의 토대가 된 것이 바로 루터의 종교 개혁이었다. 그 후로부터 교육은 교회 뿐만 아니라, 대체적으로 국가와 사회에 봉사하게 되었다. 그 궁극적 결과인 국가가 통제하는 오늘날과 같은 세속교육은 루터와 완전한 세속화를 반대하였던 다른 종교 개혁자들이 예측하지 못했던 것이었다. 이 세속화가 많은 문제를 일으켰으므로, 20세기에 있어서 루터가 우리에게 말할 중요한 것이 많은 것은 바로 교육에 관한 종교의 영향, 특히 종교적 윤리의 영향의 분야이다.

16세기의 어떤 다른 종교 개혁자들보다도 루터가 교육에 관하여 더 많은 것을 기록한 것은 흥미있는 일이다. 그는 교육에 관하여 소책자들, 설교, 요리문답, 주석, 서신 등을 출판하였다. 그의 전반적인 경력은 가르치는 것이었다. 그는 학교를 창설하고, 새로운 교과 과정을 수립하였는데, 자

---

1) 교육에 관한 루터의 주요한 저서는 "To the Councilmen of All Cities in Germany That They Establish and Maintain Christian Schools"와 "A Sermon on Keeping Children in School"이다. 교육의 이론과 실제에 대한 종교개혁의 기여에 대한 가장 훌륭한 연구로는 F. Paulsen, *Geschichte des gelehrten Unterrichts auf den deutschen Schulen und Universitäten vom Ausgang des Mittelalters bis zur gegenwart*, 3rd ed., 2 vols. (Leipzig, 1919－1921) ; Paulsen, *German Education Past and Present*, trans. T. Lorenz (London : Unwin, 1912) ; H. G. Good, *A History of Western Education* (New York : Macmillan, 1947) ; E. P. Cubberly, *A Brief History of Education* (Boston : Houghton-Mifflin, 1922)이다. 교육에 대한 루터의 공헌에 관한 영어로 된 상세한 연구서는 G. M. Bruce, *Luther as an Educator* (Minneapolis : Augsburg, 1928) ; and F. Eby, ed., *Early Protestant Educators* (New York : McGraw-Hill, 1931)이다. Bruce와 Eby는 둘 다 F. V. N. Painter의 *Luther on Education*에서 교육에 관한 루터의 진술의 번역을 사용하였다.

의반, 환경에 의한 타의반이었다. 복음을 전파하고 교회를 혁신시키는 그의 주요한 선교사업은 본질적으로 교육 사업이었다. 다른 한편, 교회의 세속화는 부수적으로 수도원의 몰락을 가져왔고 군주들과 도시들이 교육적 목적을 위하여 기본 재산을 몰수하게 되었고 이것은 여러 지방에서 성당학교와 수도원학교의 붕괴를 가져왔다. 뿐만 아니라, 수 많은 좌익적인 종교집단들은 내적 계시의 중요성과 최소한도의 교육을 강조하였다. 결과적으로 루터는 기존학교의 강화와 새로운 학교의 설립이 필요하다는 것을 발견하였다. 그는 교회의 재산을 많이 몰수하고 교회와 마찬가지로 중세기보다 더 광범위하게 학교를 설립하는 데 관심을 가지고 있는 세속 당국에 지원을 요청하였다.

루터는 선거 후 삭소니지방에서 최초로 그의 교육 이론을 실행하였으며, 교육학 훈련, 교육 과정, 학교의 유지 등의 문제에 관하여 정열적으로 그의 견해를 피력하였다. 종교 개혁에 감동을 받은 독일 각 지방과 도시의 세속적, 영적인 지도자들이 모두 그의 충고를 구하였다. 뿐만 아니라, 루터와 그의 동료들은 어학과 고전 문학에 상당히 역점을 두고 인문주의자들의 교육 원칙을 약간 실현하는 등, 인문주의자의 노선을 따라 초창기의 비텐베르그(Wittenberg)대학을 개혁하였다. 점차 독일의 스승(*Praeceptor Germaniae*)이라고 알려진 젊은 인문주의자 필립 멜랑히톤을 교수로 채용함으로써 그 대학의 명성이 높아졌으며 교육의 명분도 전체적으로 진보하였다. 그는 종교 개혁 운동을 지적으로 존경할 만하게 이끈 훌륭한 교수였으며, 상당한 시간과 노력을 들여서 그의 친구, 루터의 창조적인 두뇌 속에서 샘솟는 개념들을 조직화하였다. 비텐베르그 종교 개혁자들과 유럽 전체의 인문주의자들 간에 활발한 교신이 이루어졌다. 후에 루터의 목적에 반대의사를 표명하게 된 많은 인문주의자들도 멜랑히톤과는 서신을 교류하였었고 복음 운동과 접촉을 유지하였다. 사실상 인문주의와 루터주의는 양자의 근본적 차이점이 그들이 가진 공통된 요소를 능가하게 될 때까지 상당기간 동안 교육 발전에 두각을 나타내었다.

비텐베르그 학생들은 루터의 복음교리와 마찬가지로 그의 교육 이론을 확대시켰다. 그러나 보다 더 중요한 것은 루터가 학교의 개선과 설립에 관한 모든 문제에 대하여 그의 자문을 구하였던 군주들과 그들의 장관 그리고 시의회의 의원들과의 서신을 교환한 것이었다.

청소년 교육

신학적 전제 : 루터가 초등학교와 중등학교에 관심을 가진 것은 주로 그의 엄청난 종교적 관심 때문이었다. 최근의 루터연구에 의하면 종교 개혁의 기원은 얼핏보아서 교회의 타락에 대한 그의 비판에 있는 것 같이 보이지만 실은 구원에 대한 루터의 내적 갈등 때문이었다.[2] 루터로 하여금 영혼 구원을 얻게 해 주는 기관으로서 교회를 비판케 하고 결국에는 교황권에서의 이탈을 가져온 것은 루터의 오직 믿음으로만 의롭게 된다(justification by faith alone) 는 교리였다. 교회가 받아들일 수 없는 이 교리로부터 이단적이면서 또한 16세기 개신교의 기본 교리를 이루고 있는 두 가지 교리가 나온다. 이것이 바로 신앙의 문제에 관한 유일하고도 궁극적인 권위가 성서라는 것과 만인사제론(universal priesthood of believers)이다.

루터의 신앙의인의 교리는 전혀 새로운 인간의 개념과 인

2) G. Ritter, ***Die Weltwirkung der Reformation*** (Munich, 1959), pp. 44, 45.

간과 하나님의 관계에 대한 전혀 새로운 개념을 포함한다. 이러한 개념과 교육과의 관계는 명백하다. 기존 권위에 대한 순종 대신에, 루터는 하나님과 동료에 대한 개인의 책임을 강조하였다. 인간과 하나님과의 관계, 하나님과 하나님의 구원계획에 대한 인격적 신앙이 강력한 힘을 제공하였고 모든 측면에 있어서 그와 사회와의 관계를 결정하였다. 만약 인간과 하나님의 관계가 분리되면, 인간은 순전히 물질적이고, 자아 중심적이며, 16세기의 군주들과 도시인들에게 큰 관심거리인 공통선에 무관심하게 된다. 이것도 권위에 대한 경멸이 팽배해 있었기 때문에 특히 그러했다. 인간 행동의 모든 분야에 불만이 점차로 표현되었으며 이들은 자주 혁명과 폭동의 형태를 띠었다. 루터는, 삶은 이웃에 봉사할 때에만 의미가 있다고 주장하였다. 인간이 일단 자신의 구원을 확신하게 되면, 그는 자유로이 이웃을 위해 봉사하게 되며, 특별히 그의 도움을 필요로 하는 청소년을 위하여 봉사하게 된다.

신앙문제에 관한 유일한 권위로서 루터가 성서를 강조한 것은 그의 동료들로 하여금 성서를 읽고 이해하게 하는 것이 요청되었다. 이 필요성 때문에 루터는 모든 사람의 교육의 필요성을 강조하고 어렸을적부터 고등학교와 대학에서 성서연구를 위한 준비단계로써 언어연구를 장려하였다. 그의 사상이 성서적 인문주의자들의 견해와 일치하고 그들의 전적인 지지를 받게 된 것이 바로 이 점에서였다.

종교 개혁자들의 신자들의 만인사제론은 여러 면에서 기본적인 교육 개념을 변화시켰다. 이제는 더 이상 "사제들의, 사제들에 의한, 사제들을 위한" 것이 아니었다. 목회자의 선택과 일반적인 교회 문제의 통치가 회중의 수중에 있는 것과 마찬가지로, 교육의 감독도 회중의 회원에게로 위임되었다.

루터에 의하면 하나님께서 부모들에게 무엇보다도 먼저 자녀들에 대한 영적이고 세속적인 권위를 주셨다. 부모들이 그들의 자녀를 집에서 요리문답을 공부시키는 것과 요리문답 강해에 규칙적으로 참석시키는 것에 게으르지 말도록 경고하였다. 만일 부모들이 게으르면, 주의 만찬에 참석시키지 않을 것이라고 루터는 말하였다. 루터는 가정에서의 훈련이 가장 중요하다고 생각하였다.

> 아버지와 어머니가 가정을 잘못 다스려, 어린이들이 마음대로 하도록 내버려둔다면, 그들이 장차 아버지가 되고, 판사가 되고, 시장이 되고, 군주가 되고, 왕이 되고, 황제가 되고, 교사 등이 될 것이므로, 시나 시장, 마을, 토지, 공국, 왕국, 제국이 잘 통치될 수가 없다. 하나님께서 부모들에게 자녀를 준 것은 그들의 능력을 최대한으로 발휘할 수 있도록 교육시키라는 뜻이다.[3]

그러나 부모들만의 힘만으로는 그들의 자녀를 적절히 교육시킬 수 없고 또한 교육할 수도 없다. 왜냐하면 성직자들이 설교하고, 성례전을 집례하고, 목회의무를 수행하는 데 훨씬 우선권을 가지기 때문이다. 루터는 학교를 창설하고 유지시키는 책임을 군주와 시의회에 두었다. 그들이 "시의 복지와 개선"에 책임을 지고 있다. 이는 "재물을 모으고, 견고한 성벽을 세우고, 아름다운 건물을 짓고, 총과 갑옷을 풍족히 보급하는 데만 있는 것이 아니라 특히 학식있고, 현명하고 명예스럽고, 예절바르게 자란 시민들"을 소유하는 데 있다.[4] 그러므로 부모 대신 활동하는 교사들은 어린이를 신앙으로 이끌어들이고 이 신앙으로부터 윤리적 삶으로

---

3) *Works of Martin Luther,* 1 : 502(이후 WML로 인용).

4) Ibid., 4 : iii.

이끌어들이는 데 있어서 하나님과 동역자가 된다.

비록 루터가 교회와 국가에 대하여 중세기적 개념의 주요한 특징을 견지하고 있고, 영적인 영역과 일시적인 영역의 두 가지 다른 영역을 주장하지만 실제에 있어서는 이들의 경계가 그에게 있어서 모호했다. 그래서 종교 개혁 운동에 참여함으로써 교회재산과 종교적 기부금을 소유하게 된 군주와 시의회 의원들이 이전에 가톨릭 사제들이 행사하던 행정적이고 법적인 기능을 담당하였다. 비록 루터가 일시적 방편으로서 그러한 주교기능의 장악을 인정한 것은 곧 질서가 회복되고 그러한 기능이 궁극적으로 교회에 복귀될 것이라는 희망 때문이었으나, 사태가 워낙 급박한지라 어떠한 군주나 시의회에서도 그러한 권위를 포기하려고도 하지 않았고 또 포기할 수도 없었다. 16세기 초의 중앙집권적인 경향은 루터의 종교 개혁으로는 거슬러 올라갈 수 없을 만큼 증대하였다.

더우기, 기독교적이든지 아니든지간에 정부의 모든 신권설을 강조함으로써, 영지와 도시국가의 점증적인 중앙 집권화의 종교적 용인을 루터가 제공하게 된 셈이다. 이 정부가 국민학교부터 대학까지 청소년들을 교육시키는 데 많은 관심을 가져야 한다고 하는 것은 이해할 만하다. 왜냐하면, 그들도 교회처럼 교육받고 훈련된 공무원이 필요하기 때문이다. 루터는 교회와 국가의 필요가 일치함을 보고 사회복지와 개화된 주민의 발전을 위한 교육이 크리스천의 신앙과 생활을 위한 교육과 동행해야 한다고 보았다. 그는 교육의 분야에 있어서 사회에 대한 국가의 막대한 의무와 그 파급효과를 인식하도록 한 최초의 근대 교육자였다.

교육 목표 : 인간의 영적이고 지적인 관심과 마찬가지로 삶의 현실의 연구를 포함하는 다각적인 교육을 주장함으로

써, 루터는 전인적 인격 발전에 모두 관심을 가진 인문주의자들의 지지를 얻었다. 그러나 그는 실천적 교육과 만인에 대한 교육을 주장함으로써 순수한 라틴어 사용과 심원한 지식의 발달을 강조하는 극단적인 인문주의를 피하였다. 그는 이렇게 말한적이 있었다.

> 인간의 지혜와 교양학문이 신의 고귀한 선물인 것은 틀림없다… 그러나 이들로부터는 하나님의 관점에서 죄와 의가 무엇인가, 어떻게 우리가 우리 죄를 제거할 수 있으며, 하나님 앞에 경건하고 의로울 수 있으며, 사망에서 생명에로 옮기울 수 있는가를 상세히 배울 수는 없다.[5]

루터가 철저한 교육 개혁을 요구한 주요한 대상은 하나님에 관한 신앙의 점진적인 가르침이었다. 그의 신앙의인의 기본적인 주장은 그의 모든 교육 이론 속에 사실상 명백하거나 아니면 함축되어 있다. 그가 국민학교 과정을 위하여 권고한 종교교육 과정이 유일한 내용과정(content courses)이었고 이 과정들이 또한 중등 라틴학교의 교육 과정에서도 주요한 위치를 차지하였다는 것은 의미있는 일이다. "독일귀족에게 고함"에서 그는 다음과 같이 말하였다.

> 고급학교와 하급학교에 있어서 가장 중요하고 일반적인 연구주제는 성경이어야 한다… 방적업자나 재봉사라도 자기 딸을 어렸을적부터 가업을 가르칠 것이다. 그런데 요즈음은 위대하고 학식있는 고위 성직자나 사제들조차도 성서를 알지 못 한다.[6]

---

5) *D. Martin Luthers Werke: Kritische Gesamt-Ausgabe* (Weimar: Böhlau, 1883 ff.) 48, 78 (이후로는 WA-Weimar Ausgabe로 인용)..

6) WML, 2 : 151, 152.

농민혁명으로 이끌어간 대중의 혼란기였던 1524년에 쓰여진 편지 "크리스천 학교를 설립한 모든 독일 시위원에게"에서, 그는 다음과 같이 요청하였다.

> 여러분, 일시적 평화와 번영을 위하여 소화기(firearms), 도로, 다리, 댐과 수 많은 비슷한 품목들을 위하여 그처럼 많은 경비를 해마다 쓰면서도, 가난한 자와 궁핍한 젊은이들을 위하여 왜 그만큼 쓰면 안 됩니까?[7]

초기에 루터는 하나님과 교회, 국가와 사회의 봉사를 위하여 백성들을 교육시킬 필요성을 매우 강조하였다. 이것이 이른바 1520년대에 쓰여져 영향을 주었던 "기독교인의 자유"(The Freedom of Christian Man)라는 팜플렛의 주요 요지이다. 1519년, "결혼시기에 관한 설교"에서 그는 하나님께 봉사하기 위하여 어린이를 교육시켜야 할 의무에 대한 관심을 촉구하였다.

> 부모들은 바로 자녀들을 교육시킴으로써 자신과 자녀들이 하나님, 전기독교계, 온 세상을 기쁘게 해드리고 있는가를 알아야만 한다.

"학교의 어린이 교육에 관한 설교"(Sermon on Keeping Children in School)에서 그는 다음과 같이 말하였다.

> 만일 여러분이 경건한 기독교 목회자, 설교자, 교사가 될 자녀를 양육한다면, 여러분은 하나님을 위한 특별한 종, …하나님의 천사, 하나님 앞의 진실한 사제, 많은 백성의 종을 양육시키게 되는 것입니다.[8]

---

7) Ibid., 4 : 106.

8) WML, 4 : 146.

목회직은 교사나 설교가, 강연자, 또 사람들이 목사(chaplains)라고 부르는 사제(priests), 성당지기, 학교 교사와 마찬가지로 말씀의 봉사에 속한다.

하나님에 대한 이러한 봉사 속에는 동료에 대한 봉사가 포함되어 있다, 왜냐하면

> 크리스천은 일시적인 세상 속에 살며, 건설하며, 사고 팔고, 사람들과 관계를 맺으며, 이 세상에 필요한 모든 것을 행하나, 주인이 원하는 대로 그리고 그 지방, 도시, 주막의 법칙과 관습에 일치하는 것만 할 수 있는 손님으로서 행할 따름이다. 그러므로 세상을 피하여 황무지와 숲 속으로 달아나는 사람들은 이해할 수 없는 바보들이다.[9]

그러한 봉사는 교회와 국가에 봉사하기 위하여 청소년을 교육시키는 것을 포함한다. 식탁 담화 중에 그는 다음과 같이 말하였다.

> 학식과 지혜와 작가들이 세상을 지배하여야 한다… 만일 하나님이 진노하사 세상에서 학식있는 사람들을 모두 데려가 버리신다면, 사람들은 모두 짐승과 야생 동물이 될 것이다. 그렇게 되면, 지혜와 종교, 또는 법률은 사라지고 다만 강탈, 도적질, 살인, 강간과 온갖 죄악만이 들끓게 될 것이다… 가내 질서나 세속질서가 없는 곳에는 곰이나 사자, 염소, 그리고 개들만 있을 것이다.[10]

다른 경우에 그는 다음과 같이 말하기도 하였다.

> 세상의 일시적 상태를 외적으로 유지하기 위하여, 세상은

9) WA 21, 346.
10) WA 25, 44 ; WML, 4 : 121.

> 훌륭하고 숙련된 남자와 여자들이 필요하다. 그러한 남자들은 우리 소년들에게서, 그러한 여자들은 우리 소녀들에게서 나와야 한다. 그러므로 해야 할 일은 우리의 소년과 소녀들을 적절한 방법으로 가르치고 훈련시키는 일이다.

그 결과에 대하여 1526년 11월 22일 삭소니의 선거 후 존(Elector John of Saxony)에게 편지를 썼다:

> 이제는 다음 세대들을 통치자로 교육시키는 일이 급선무입니다.[11]

"어린이를 학교에 보내야 하는 의무에 관하여"에서 정부를 가리켜 말하기를,

> 그것을 세우시고 설립하신 하나님의 영광스러운 법령이요, 찬란한 은사로써, 인간은 이것이 없이는 아무 것도 할 수 없는 어떤 것으로써 하나님께서 이것을 유지시켜 주실 것이다.

정부가 없이는 인간은 함께 살 수 없을 것이다, 왜냐하면,

> 야만스러운 짐승들처럼 서로 잡아먹으려 할 것이다… 그러므로 야수들에게서 인간을 만드는 것이 세상 정부의 기능이요, 명예이다.

훌륭한 정부는 "주먹의 법"이 아니라 "두뇌의 법"으로써만 유지될 수 있으며, 선량한 자들과 마찬가지로 악인들에게도 힘에 의해서가 아니라 "지혜나 이성에 의하여 통치할 때만

---

11) P. Smith and C. M. Jacobs, eds., *Luther's Correspondence* (Philadelphia : Lutheran Publication Society, 1918), 2 : 383, 384에서 인용.

이 유지될 수 있다고 그는 덧붙였다."[12] 지상의 법칙은 교육받은 법률학자나 학자들이 없이는 지속될 수가 없다. 수상, 장관, 판사, 변호사, 공증인 등등의 필요성을 강조하였다. "모든 군주는 고문이 있어야 한다"고 설명하였다. 그러한 봉사는 "배를 채우려고 일하는 것이나, 오물 속에 코나 쳐박고 딩구는 돼지들처럼 사는 것"보다 훨씬 낫다.

교육에 있어서 또 다른 중요한 목표는 루터에 의하면 인격발달이다. 젊은이들이 법을 무시하고 권위에 순종하지 않으려 하는 경향을 그는 잘 알고 있었다. 심리학적 견지에서, 이것은 방자함(self－will)의 결과요, 모든 사람을 새롭게 하는 완악함이라고 생각하였다. 젊은이들의 윤리적인 기독교적 인품을 도야하기 위하여 먼저 이러한 완악함을 깨뜨리고 나서 널리 모범적인 예들을 들면서 그들의 내면에 행동지침과 안정감을 마련해 주어야 한다고 생각하였다. 따라서 그는 교사들과 설교가들에게 다음과 같이 충고하였다.

> 여러분 자신의 양심과 타인들의 양심을 유혹 속에서도, 가르치고 위로하며, 율법에서 은총으로, 능동적인 정의에서 수동적인 정의에로 인도할 수 있도록 연구와 독서와 명상과 기도로써 자신들을 훈련하시오.

또한 인문주의자들과 마찬가지로 루터는 젊은이들이 가급적이면 문화와 폭넓게 접촉하도록 해야 한다는 것, 즉 사람들이 성경 및 언어들은 물론 문학, 역사, 음악, 그리고 과학도 알아야 한다고 믿었다. 그러나 그는 본질적으로 문화가 목적은 아니며, 문화는 하나님께 대한 봉사의 한 측면이라고 생각하였다.[13] 문화적인 추구에 있어서, 한 개인에게 역

12) WML, 4 : 158－60.
13) WA 35, 475.

동적인 인격을 부여하는 것은 바로 하나님에 의해 주어진 창조적인 힘으로서의 기독교적 믿음이다. 이러한 신성한 힘을 무시하는 모든 학교들은 법적으로 무효가 되어야 한다.

끝으로, 교육은 젊은이들이 신앙심이 깊은 삶을 살도록 도와 주는 것이라야 한다. 루터에 따르면, 모든 선한 교육은 하나님과의 교제에 도달해야 하며, 다른 모든 혜택과 마찬가지로 배우는 것은 기도로써 개인이 감사를 드려야 할 하나님의 그저 주신 은사라는 사실을 깨달아야 한다.

교육 과정 : 근대 교육에 대한 루터의 공헌은, 특히 이론적인 분야에서, 허다하다는 것과 그가 우리가 지금이라도 구조물을 세울 수 있는 터전을 마련해 주었다는 것은 일반적으로 알려져 있는 사실이다. 교육에 관한 그의 말들을 자세히 연구해 보면, 그의 계획의 독창성, 그가 제안한 교육과정 속에 나타난 폭넓은 관심, 그리고 아동심리에 대한 그의 창의적인 접근에 놀라게 된다.

루터는 근대 교육자들 중에서 보통교육과 의무교육의 필요성을 인식하고 있었던 최초의 사람이었는데, 그것은 종교교육의 기본적인 원칙들로 인하여 모든 사람들이 성경을 읽을 수 있어야 한다는 것이 필수불가결해졌다는 것 때문만이 아니라, 교회와 국가가 모두 훈련된 인원들을 필요로 했다는 것 때문이었다. 삭소니의 선거 후 존에게 보내는 한 서신에서, 루터는 그 제후가 도시나 촌락을 "교량이나 도로나 그 지방의 다른 필요한 것들을 위하여 기부금을 내고 부역을 하도록" 강제로 시킬 수 있는 힘을 갖고 있듯이 도시나 촌락이 학교를 후원하도록 강요할 수 있는 힘도 그 제후에게 있다고 이야기했다.[14] "학교의 어린이 교육에 관

14) Smith and Jacobs, eds., *Luther's Correspondence*, 2 : 383, 384에서 인용.

한 설교"에서 루터는 특별히 다음과 같이 이야기하였다.

> 국민들로 하여금 자기 자녀들을 학교에 보내게끔 하는 것은 정부의 의무이다… 왜냐하면 이미 언급된 〔영적인 그리고 세속적인〕 직책이나 계층들을 존속시키는 것이 정부의 진정한 의무이기 때문이다. 그래서 설교자들, 법률가들, 목사들, 작가들, 의사들, 학교 교사들 등이 계속 존속하게 된다.

그는 또 다음과 같이 주장하였다.

> 만일 정부가 시민들로 하여금 단창과 소총을 휴대하고, 성벽에 배치되고 전시에서의 다른 군사적인 임무들을 수행하도록 할 수 있다고 하면, 정부는 그 백성으로 하여금 자기 자녀들을 학교에 보내도록 훨씬 더 잘할 수 있으며 또 그렇게 해야 한다.

그는 재능이 있는 소년들이 초등학교를 마치고서 교회나 국가에서의 전문직이나 봉사직에 대비하여 계속 노력하도록 촉구하였다. 그는 "그 아버지가 가난하면," 몰수된 교회재산으로부터 나오는 수입으로 "〔정부가〕 그를 돕도록 해야 한다"고 했다. "부유한 사람들은 기대를 가지고서 이 일에 뜻을 같이 해야 한다."[15]

1529년 7월 18일자로 브란덴부르그의 마르그라브 게오르그(Margrave George)에게 보낸 한 편지 속에서, 루터는 초등학교들을 바탕에 두고 한 두 개의 대학교를 정점으로 한 일종의 그 지방 전체에 걸친 학교제도를 설치하라고 권고하였다. 그는 놀랄 만큼 폭넓은 교육 과정을 모든 학교들을 위하여 제창하였다. 주로 읽기, 쓰기, 그리고 종교적인

15) WML, 4 : 177, 178.

공부에 치우쳤던 중세 말엽의 학교들의 교육 과정에 불만을 품고, 그는 모국어 및 요리문답의 지식을 주입하고 나서, 성서언어 및 다른 언어들, 문법, 수사학, 논리학, 문학, 시, 역사, 음악, 수학, 체육, 그리고 심지어는 자연공부에까지 가르칠 것을 촉구하였다. 그는 결혼하기 전에 말했다.

> 만일 내가 아이들을 낳아서 가르칠 수만 있다면, 그들은 언어와 역사 뿐만이 아니라 노래와 기악과 수학을 배우게 될 것이다.[16]

그는 교양학과의 창시자들이 "비록 이교도들이긴 했지만, 학식이 있고 뛰어난 사람들"이었다고 하면서, 교양학과의 전반적인 가치를 크게 강조하였다. 교양학과는,

> 현세를 사는 사람들에게 유익하고 실용적이며, 고귀하고 값진 그리스도의 선물로써 그의 기뻐하심에 따라 그의 거룩한 이름의 찬양과 존경과 영광을 위하여 사용하셨고 또 사용하신다.

그러나 고급학교건 하급학교건, 주된 과목은 성경이어야 한다.[17] 학교들의 교육 과정에 관한 루터의 견해를 가장 총괄적으로 언급한 것은 "교구목사들의 방문자들을 위한 지침"이라는 글 속에서 찾을 수 있다.[18] 비록 멜랑히톤이 쓰기는 했지만 그 내용들은 루터의 승인을 받았으며 그 서문을 루터가 썼다. 이 저서 속에서는 학교들이 세 분반 또는 학급으로 나뉘어졌다.

---

16) Ibid., p. 123.

17) Ibid., p. 106.

18) 특히 pp. 314-20을 참조.

첫번째 분반은, 읽기를 시작하는 어린이들로 구성되었다. 그들은 알파벳, 주기도문, 사도신경, 그리고 여러 경우를 위한 기도문들이 실려 있는 입문서를 읽도록 되어 있었고, 아일리우스 도나투스(Aelius Donatus, B.C.4세기)의 *Ars Grammatica*와 푸블리우스 발레리우스 카토(Publius Valerius Cato, B.C.1세기)의 작품 및 중세에 유행했던 교과서 두 권을 공부하며, 읽기와 쓰기를 배우고, 음악을 배우도록 되어 있었다.

두 번째 분반은, 글을 읽을 수 있어서 자세한 문법공부를 할 준비가 되어 있는 사람들로 구성되었다. 그들은 음악, 이솝우화, 페테르 모셀라누스(Peter Mosselanus, A.D.1493－1524)의 「교육학」(*Paedagogia*), 에라스무스의 「대화집」(*Colloquies*)으로부터 발췌한 것들, 테렌스(Terence, B.C. 190? － 159?)의 글들, 플로투스(Plautus, 254?－184 B.C.) 우화의 일부, 기독교 교리, 그리고 성경의 일부를 배웠다.

세 번째 분반은, 라틴어 문법을 잘 배운 명석한 학생들로 구성되었다. 그들은 음악과 버어질(Vergil), 오비드(Ovid), 그리고 키케로와 작문과 변증법 및 수사학을 배웠다. 그리고 그들은 가급적이면 라틴어로 말하도록 되어 있었다. 루터는 성경의 보다 나은 이해를 위해서 뿐만 아니라 장래의 법률가들, 정치가들, 그리고 상인들의 신체적인 사용을 위해서도, 언어들을 공부하는 것을 대단히 강조하였다. "의회 의원들에게" 보낸 그의 편지에서 이렇게 말한다.

> 비록 복음이 다만 성령을 통하여 오며 또 날마다 오지만, 그것이 언어들을 통하여 오며, 그 언어들을 통하여 복음이 국외로 선포되기도 하며 복음이 보존된다고 하는 것을 부인할 수 없다.

그는 주장하기를, 하나님께서 복음전파의 목적을 위하여 언어들을 주셨으며, "로마 제국을 수단으로 하여" 그 분을 희랍어와 라틴어가 각국의 언어가 되게 하셔서 "그 분의 복음이 보다 신속하게 원대하고 광범위하게 결실을 맺도록 하셨다"고 하였다. 그는 그 언어들을 이렇게 말했다.

> 성령의 이러한 검이 담겨 있는 칼집이며, … 이러한 보석을 담는 보석상자이며, … 이 포도주를 담는 그릇이다.[19]

그는 종교 개혁의 놀라운 확산을 새로운 학문의 언어학적 업적 때문이라고 보았는데, 이는 언어학적 업적으로 말미암아 사람들을 사도시대처럼 순수하고 거의 잡것이 섞이지 않은 형태로 그리고 제롬(Jerome)이나 아우구스티누스의 시대보다도 훨씬 더 순수한 형태로 복음을 연구하고 전파할 수 있게 되었기 때문이었다.

> 시편이나 다른 책의 해설에 있어서 성 아우구스티누스는 얼마나 자주 실수를 하지 않았든가! 마찬가지로 성 힐라리(St. Hilary)와 언어들〔에 대한 지식도〕 없이 성경을 해석하려 했던 사람들도 모두가 다 그러했다.[20]

논리학과 수사학을 사용하여 "사람들은 거룩한 진리들을 기막히게 잘 파악하게 되기" 때문에 루터는 논리학과 수사학을 끊임없이 연구할 것을 주장하였지만, 스콜라학파의 많은 이들이 논리학을 사용하는 방법이나, 많은 인문주의자들이 수사학을 사용하는 방법에는 반대하였다.

---

19) WML, 4 : 113, 114.

20) Ibid., p. 116.

> 논리학은 가르치고, 수사학은 감동시키며 설득시킨다. 후자는 의지에 관계되고, 전자는 지성에 관계된다… **변증법**(Dialectic)은 "나에게 먹을 것 좀 달라"라고 말한다, **수사학**(Rhetorica)은 "내게는 종일 가야 하는 험한 길이 있는데 난 피곤하고 아프고 배고픈데 아무 것도 먹질 못했소. 그러니 친구여, 내게 좋은 고기 한 덩어리와 맛있게 튀긴 닭 한 마리와 목을 축일 수 있는 맥주를 가득 한 잔 주시구려" 라고 말한다.[21]

그는 진정한 웅변은 현란한 언어로 이루어지는 것이 아니라, 아름다운 채색화처럼, 바로 가까이에서 주제에 빛을 비추는 분명하고 단순한 말들로 이루어진다고 지적하였다.

이 개혁자는 특별히 역사를 좋아하였으며, 역사를 교육과정 속에 넣는 것을 주창한 점에 있어서 자기 시대를 아주 앞서 있었다. 그는 세계사를 신의 섭리의 이야기로, 그리고 삶을 위한 실제적인 안내자로 생각했기 때문에, 역사가들이 이 세상의 사건들을 이해하도록 도와주며 "하나님의 놀라운 역사(Works)를 기록한다"고 칭찬하였다.[22] 모든 중요한 통치자들은 자신들의 활동에 관한 기록을 가져야 하며 온갖 종류의 역사들을 나중에 사용할 수 있도록 보존시켜야 한다고 그는 주장했다.

> 만일 통치자들이 어렸을적부터 계속 거룩한 책이든 세속적인 책이든 역사를 읽고 또 자기들에게 읽어 주는 것을 듣는다면, 이것은 그들에게 가장 유익한 것이 될 것이다. 왜냐하면 그 책들을 통해서 그들은 모든 법률서적들보다도 통치기술의 모범들을 보다 많이 발견하게 될 것이기 때문이다.[23]

---

21) WA TR 2, no. 2199a.
22) WML, 4 : 128, 129.
23) WA 6, 261.

> 아무도 기록하지 않기 때문에 대단히 많은 중요한 행위들이 알려지지 않은 채 지나가버린다는 것은 불행한 일이다. 단지 희랍인들과 로마인들만이 자신들의 역사가들을 가지고 있다.[24)]

그러나 역사는 객관적으로 쓰여져야 하며, 독자는 미덥지 못한 역사가들의 역사 저술의 동기를 명심해야 한다고 경고하였다.

> 역사가들은 가장 유익한 사람들이며, 최고의 선생들이다. 우리가 그들에게 아무리 많은 존경과 찬사와 감사를 보내도 부족하다… 한 사람의 탁월한 사람, 즉 진리를 제시함에 있어서 두려움 없는, 사자의 가슴을 지닌 사람이 〔역사의 저술을 위해〕 필요하다. 대부분의 사람들은 자신들의 지배자나 친구들의 비위를 맞추거나… 자신들의 조국을 이롭게 하거나, 외국인들을 비하시키기 위하여 자기 시대의 악한 점들이나 나쁜 점들에 관하여 침묵하는 방식으로 글을 쓴다.[25)]

루터 자신이 교회 예배에서는 물론 자기 집에서도 음악을 대단히 즐겼기 때문에, 그리고 음악의 중요성은 "하나님의 뛰어난 선물이며 신학 다음 가는 것"이라고 생각했기 때문에, 그는 음악이 교육 과정 속에 남아 있어야 하며 더 확장되어야 한다고 주장했다. 그는 모든 루터교회에 합창지도자를 채용할 것을 장려하였으며 교회에는 뛰어난 오르간 연주자 및 성가대를 존속시키도록 제후들과 시의회들에게 촉구하였다. 음악은 교회에서는 물론 가정과 학교와 일터에서까지 루터교회 신자들의 영적 생활을 확장시키고 밝게 해

24) WA TR 3, no. 3616b.
25) WA 50, 384-85.

준다.

> 우리가 음악을 학교에서 존속시키는 것은 옳은 일이다. 교장은 노래를 부를 줄 알아야 한다. 그렇지 못하다면 나는 그를 거들떠보지도 않을 것이다. 그리고 한 젊은이가 학교에서 음악을 배우기 전에는 그에게 목사 임무를 허용해선 안 된다. 음악은 하나님이 주신 아름답고 영화로운 선물이다……나는 천금을 준다고 하여도 음악에 관한 나의 조그마한 지식이라도 버리지 않겠다.[26]

루터가 살던 당시에 가장 유별난 것은 그가 과학공부를 옹호한 것이었다. 비록 그 자신이 코페르니쿠스적 이론을 받아들이지는 않았을지라도, 그는 인간들이 더 이상 고대의 서적들에게 전적으로 의존하지 않고 자연 그 자체를 연구한다는 사실에 대단히 기뻐했다.

> 우리는 새로운 시대의 여명에 이르렀다. 왜냐하면 우리는 우리가 아담의 타락으로 잃어버렸던 바깥 세상에 관한 지식을 되찾기 시작하고 있기 때문이다. 우리는 이제 피조물들을 있는 그대로 관찰하며, 예전처럼 교황의 지배를 받으면서 관찰하진 않는다. 그러나 에라스무스는 달랐다. 그는 새싹으로부터 그 열매가 어떻게 맺히게 될 것인가에는 전혀 마음을 쓰지 않았으며 … 황소들이 새로운 문을 바라보는 것처럼 외적인 사물들을 방관하였다.[27]

교사들과 학생들 및 다른 이들의 학문을 신장시키기 위하여, 루터는 서적들의 수집과 도서관들의 설립을 주창하였다. 비텐베르그 대학교의 도서관에 비치할 책들을 사기 위한 금

---

26) WA TR 1, no. 968.

27) Painter, *Luther on Education*, p. 163에서 인용.

액을 확보하기 위하여 그가 지칠 줄 모르고 노력한 것은 잘 알려진 사실이다. 제후들이나 성직자들과 마찬가지로, 뉘른베르그(Nürnberg)와 같은 많은 도시들의 시의회가 학교들과 도회인들과 재능있는 젊은이들이 편리하게 이용할 수 있는 도서관들을 설립하는 데에 믿음직스럽게 착수하였다. "시의회 의원들에게" 보내는 그의 서신에서 루터는 이렇게 말했다.

> 좋은 도서관을 설립하는데, 특히 그것을 감당할 만한 대도시들에 적절한 건물들을 갖추어 설립하는 데에 모든 노력 혹은 비용을 아끼지 않아야 합니다… 장차 우리의 영적, 세속적 지도자들이 될 사람들이 읽고 연구할 책을 갖게 될 뿐만 아니라, 우리가 지금 소유하고 있는 좋은 책들과 교양학과와 언어들이 보존되기 때문입니다.[28]

그는 서적들을 모으고 보존하는 것을 분별있게 할 것을 강조했으며 입수되어야 할 책들의 종류를 제안하기도 했다. 즉 라틴어, 희랍어, 히브리어, 독일어, 그리고 다른 언어들로 쓰여진 성경, 희랍어와 히브리어와 라틴어로 쓰여진 좋은 주석들, 이교도 저자이건 그리스도인 저자이건 상관없이 언어를 배우는 데에 유익한 책들, 교양학과 및 과학에 관한 저술들, 의학 및 법률학에 관한 서적들, 그리고 연대기들 및 역사책 등이었다.

교육 원리 : 루터의 교육 원리들과 그 실천은 더욱 놀랄 만한 것이었다. 루터 이전에는 형식, 문법공부, 그리고 암송에 여전히 역점을 두고 있었다. 이렇게 하는 것은 항상 딱딱한 수련으로 일관되었으며, 제멋대로 하는 아이들에게 위협으로서 체벌을 주는 것이 상례였다. 깜짝 놀랄 정도로 이 개혁자

28) WML, 4 : 126.

는 단순한 형식보다는 내용을 강조하였고, 부모들이나 교사들은 놀고 싶어하고 토론, 논쟁, 연극을 통하여 학습 과정에 참여하고 싶어하는 젊은이들의 욕망과 그들의 자연스러운 호기심에 호소해야 된다고 강조하였다.

> 하나님의 은혜로운 섭리에 의하여, 어린이들은 어학이건 수학이건 역사건 지식을 얻는 데에 기쁨을 느낀다.

학교는 어린이들이 "격변화와 시제 일치로 고통을 받고", "매질, 전율, 분노, 비참한 고통"으로 어린이들이 아무 것도 배우지 못하는 "지옥이나 연옥"이 더 이상 되어선 안 된다.[29)]

이 종교 개혁자의 아동 심리학에 대한 이해는 상당한 것이었다. 그는 어린 사람들은 활발히 움직이지 않으면 안 된다는 것을 깨달았으며, 소년은 "과일즙과 같아서, 간직될 수 없고 틀림없이 발효되고야 만다"고 말하였다. 그는 지나치게 엄격하게 양육되는 젊은이들에게 경고하였다.

> 그렇게까지 엄격하게 길러지지 않은 이들보다도, 그들이 억제로부터 풀려났을 때 훨씬 더 나빠진다. 마찬가지로 인간의 본성을 계율과 처벌로써 개선시키려고 하는 것은 전혀 불가능한 일이다.

반면에,

> 어떤 어린이가 자신이 좋아하는 것은 무엇이든지 하도록 허용받고, 부모들은 "우리 딸이 하는 것은 무엇이든지 좋다"라고 말한다면, 그 소녀는 매춘으로 직행할 것이 분명하다.

---

29) Ibid., pp. 122, 123.

어린이들은 조롱당하거나 구타당해서는 안 되며, "사랑으로 응징" 되어야 한다. 자기 자녀들에게 화를 풀거나 그들이 연약할 때에 을러서 복종하게 하려는 부모들은 그 아이들의 기를 죽여버리며 그들을 매우 소심하게 만들어서 그들이 아무것도 하지 못하게 만들어 버린다.

> 특히 저녁에, 무서운 행동이나 몸짓으로 어린이들을 놀라게 하는, 그런 애보는 여자들도 저지되어야 한다.[30]

어린이들을 가르치는 데 있어서 최상의 결과를 얻으려면, 그들의 군주나 주인인 것처럼 행동하지 말고 그들을 사랑하고, 이해하고, 그들과 함께 활동하는 것이 필요하다고 루터는 말했다.

> 그리스도께서 인간들에게 영향을 주고자 원하셨을 때에,그 분은 인간이 되셔야 했읍니다. 우리가 어린이들에게 설교하려 한다면, 우리는 그들과 함께 어린이들의 말투로 말해야 합니다.[31]

어학을 가르치는 데 있어서 구두교수법(oral method)을 사용하도록 조언한 점에서 루터는 자기 시대보다 훨씬 앞서 있었다. 그는 책으로부터보다는 일상적인 대화에서 언어를 더 잘 배운다고 설명하였으며, 한 예로서 자기 딸 막달레나(Magdalena)를 들었다.

> 내 딸은 아직 네 살도 못되는데, 그녀는 집안 일들에 관하여 아주 잘, 그리고 참으로 똑똑하게 말할 줄 압니다. 소년은 젖먹이가 2년이면 배우는 언어를 10년이 되어도 문법이나 교본

30) WA 1, 449.
31) WA 30, 1, 143.

으로부터는 배우지 못합니다. 모방 (imitation)의 힘이란 바로 그렇습니다.[32]

루터가 발전시킨 또 다른 참신한 이론은 공부 계획이었다.

내 생각은 소년들이 하루에 한 두 시간 가량 학교〔에〕…… 출석하게 하고 그 나머지 시간은 집에서 자기 부모들이 바라는 것들을 하거나 직업을 배우면서 일하는 데에 열중하게 해서 그들이 어렸을 때에 공부와 일에 나란히 익숙해져서 두 가지를 다 할 수 있게 되도록 하는 것이다…… 소녀들은 분명히 하루 한 시간씩 학교에 다니면서도, 가정에서 자신의 모든 의무들을 다 이행할 수 있다. 왜냐하면 그녀는 그런 시간보다도 훨씬 많은 시간을 잠자고 춤추고 놀면서 허비하고 있기 때문이다.[33]

교사 : 끝으로, 루터는 교직의 지위를 향상시키는 데 조력함으로써 근대 교육의 발달에 특별한 공헌을 하였다. 하나님의 동역자들로서, 교사들은 신성한 봉사를 수행한다고 그는 주장하였다. 기독교의 목사들이나 설교가들과 마찬가지로 그들은,

이 지구 상에서 그들보다도 더 값진 보물이나 더 귀한 것이라곤 없는 하나님의 특별한 종들〔이다〕…… 근면하고 경건한 학교 선생이나 교장이나,소년들을 충실히 훈련하고 가르치는 사람은 누가 되었든지간에 아무리 보상을 받아도 충분치 못하다…… 만일, 내가 설교하는 임무 및 다른 것들을 떠날 수 있다면, 혹은 그렇게 해야 된다면, … 나는 학교 선생 또는 소년들의 선생이 되는 것 만큼 기쁜 일이 없을 것이다. 왜냐하면, 나는 그것이 설교하는 일 다음으로 가장 유익하고, 가

32) WA TR 3, no. 2882.
33) WML, 4 : 123, 124.

장 위대하며, 가장 좋은 일인 것을 알고 있기 때문이다.[34)]

장년 교육

구원에 관한 자신의 질문에 대한 대답을 모색하면서 그리고 성경을 연구하면서 루터가 발전시킨 복음적 교리들은 중세 말엽의 교리들과는 판이하게 달랐기 때문에 루터와 그의 동료 종교 개혁자들이 대중들에게 그 교리들을 교육시키는 데 굉장한 노력이 요구되었다. 신학에 관한 옛날의 교과서들과 책자들은 구식이 되어 버렸고, 설교에 관한 중세 말엽의 소책자들은 무용지물이 되어 버렸다. 젊은이들은 물론이고 장년들도 교육을 받아야 되는데, 그들을 교육하는 데에 루터가 일차적으로 사용한 것은 설교였다.[35)] 15세기 하반기에 인쇄되어 지금도 남아 있는 수천 가지 설교들의 증거만 보더라도, 설교가 14세기와 15세기 어간에 유난히 광범위하게 확산되었고 인기를 얻었음을 알게 된다. 그리고 1500년에 이르러서는 본당의 회중석 중앙으로 설교단이 옮겨졌으며, 설교에 부여된 중요성의 상징으로서 설교단이 제단 위로 올려졌다. 그러나 중세적인 설교방식은 새로운 복음적인 교리에 매혹된 사람들의 필요를 채워주지 못했다. 처음에 루터는 널리 유행하던 스

34) Ibid., pp. 173, 174.

35) 루터의 설교에 관한 자세한 설명은 W. Beste, *Die bedeutendsten Kanzelredner der lutherischen Kirche des Reformationszeitalters* (Leipzig, 1856-1858), vol. 1; A. Nebe, *Zur Geschichte der Predigt* (Wiesbaden, 1879), vol. 2; E. C. Dargan, *A History of Preaching* (New York : Armstrong, 1905), vol. 1; H. J. Grimm, *Martin Luther as a Preacher* (Columbus, Ohio : Lutheran Book, 1928); 그리고 E. C. Kiessling, *The Early Sermons of Luther and Their Relation to the Pre-Reformation Sermon* (Grand Rapids : Zondervan, 1935) 등에 있다.

콜라학파적 설교형식을 사용하려 하였는데, 그 설교는 여러 부분으로 딱딱하게 나뉘어졌고, 이 나뉜 부분들은 논리적인 설명, 정의, 질문, 논박, 유추, 예증, 그리고 모든 논점에 대비하여 교회법이나 교황의 교서나 교부들의 글이나 성자들의 생애로부터 인용한 것들을 가지고서 전개되어졌다. 그러나 그는 이내 곧 이런 형식을 버리고, 본문 속의 각 귀절을 그 자체의 고유한 맥락 속에서 다루면서 단순한 훈계, 혹은 담화를 채택하였다. 이런 형식은 3세기에 오리게네스(Origen)에 의해서 시작되었었고 위클리프(Wycliffe)에 의해 잠시 사용되었었다. 자신이 가르치고 있는 교리가 아무리 어렵고 복잡하다고 하여도, 성경에서 발췌한 본문이건 임의로 택한 본문이건 루터가 그것을 설명하면 항상 단순하고 직접적이었다. 그는 형식에 거의 관심을 두지 않았기 때문에 종종 표현하고자 하는 것의 개요를 찾아내기가 어렵다. 요한 게르하르트(Johann Gerhard)는 루터의 설교방식을 "영웅적인 무질서"라고 불렀다. 설교자는 교회에 관한 교리들을 부단히 가르쳐야 한다고 믿고 있었기 때문에, 루터는 이러한 것들 가운데 가장 중요한 점들을 매번 설교 때마다 언급했는데, 기초적인 것들을 몇 번이고 반복해서 언급하였다.

루터와 그의 동료 개혁자들은 설교에 많은 시간을 투입했다. 비텐베르그에서는 일요일마다 세 차례의 설교가 있었는데, 하나는 새벽 5시에 바울서신들에 관하여 하는 것이고, 또 하나는 오전 9시에 복음서들에 관하여 설교하는 것이며, 다른 하나는 오후에 요리문답에 관해서나 아침 설교의 연장으로서 행해졌다. 한 주일 동안 날마다 설교가 있었다. 루터는 일요일마다 교회에서 세 번 집에서 한 번 설교함으로써 이 책임의 큰 몫을 담당하였다.

로고스(Logos) 또는 살아 있는 말씀과 그 역동적인 힘을 그가 대단히 강조하였기 때문에, 루터는 이것을 자신의 가르침과 설교의 핵심으로 삼았다. 바울처럼, 그는 성령으로부터 그 대변자에게 오는, 이야기되어지는 말씀을 부단히 강조하였으며, 성경본문에 설교의 내용과 형식을 모두 결정해야 된다고 주장하였다. 믿음에 의한 칭의(justification by faith)의 교리의 발견으로 느끼게 된 깊은 내적 만족감을 늘 되새기면서, 그는 동방에서는 크리소스톰(Chrysostom), 그리고 서방에서는 아우구스티누스 시대 이후로는 사용되지 않게 된 사도적인 케리그마(kerygma) 혹은 선포를 재생시켰다. 모든 설교는 직접 간접으로 하나님 및 그 분의 구원의 계획과 관련되어 있는 하나의 교훈이었고, 그것은 루터처럼, 극심한 영적인 곤혹함과 실제적인 위험에 직면한 사람들에게 위안을 가져다 주었다. 그가 외치는 모든 말은 자신이 사도들처럼 하나님의 대언자라는 강한 확신 속에서 발화되었다. 그는 한 때 자기 회중에게 다음과 같이 말하였다.

> 우리가 여러분의 설교자라는 것을 우리는 확실하게 자랑해야 합니다. 우리가 우리 자신을 이런 직책에 세우지는 않았읍니다. 말씀, 세례, 그리고 설교는 우리의 것이 아니며, 우리는 이런 목적을 위한 종들이며 이런 직책에 부르심을 받았읍니다. 우리는 복음과 시편을 해석합니다.[36]

루터는 그의 설교에서 자신에 관하여 이야기하기를 꺼려하였지만, 그의 설교를 인간적이고 역동적인 것으로 만드는 것

36) *Predigten D. Martin Luthers,* ed. G. Buchwald (Gütersloh, 1925-1926), 2 : 117. 부겐하겐 교구목사의 부재 기간 중인 1528년부터 1532년까지 루터가 행한 194가지 설교들이 이 선집의 두 권 속에 들어 있는데 정확하게 재구성되어 있으며 그것들이 루터가 설교가로서 전성기에 있을 때에 행하여진 것들이었기 때문에, 그것들은 이 글을 준비하는 데에 거의 전적으로 사용되었다.

은 바로 그의 풍부한, 내적인 종교적 체험이었다. 이런 체험을 그는 대단히 진지하고 열정적으로 사람들에게 일반화시켜서 전달했기 때문에 그들은 종종 그의 이야기로 인하여 격앙되곤 하였다. 그와 자신의 회중과의 상호관계는 대단히 밀접하였다. 그는 자신의 청중들을 자신의 확신 속으로 끌어 들였고, 자신과 그의 청중을 배우는 사람들이며 동시에 교사들이라고 생각했던 것 같다. 빈번히 그는 본문이나 설교의 개요와는 동떨어지게, 자기 회중의 반응이 분명히 제시하는 화제에 관하여 장황하게 이야기하곤 하였다. 그렇지만 그는 자신의 주요한 의도는 그리스도를 위대한 교사, 의사, 혹은 심리학자로서 뿐만이 아니라 농부 한스, 장사꾼 게오르그, 혹은 꼬마 막달레나를 위해 십자가에 달리신 그리스도로서 가르치는 데 있다는 사실을 결코 소홀히 한 적이 없었다. 그는 모든 사람이 각자 자신의 영혼의 구원에 대한 개인적인 책임 및 하나님과의 직접적인 관계를 깨닫게 만들었다. 그의 반대자들로부터 구원에 도움이 되는 선행의 중요성을 감소시킨다고 공격을 받을 때마다, 루터는 선행이란 믿음의 자연스러운 결과이며, 하나님 사랑은 이웃 사랑에 뒤따라 오는 것임을 보여주는 데에 상당한 시간을 들였다. 자신의 선배들과 달리 그는 일정한 권위에 그저 복종하는 것을 강조하기보다는 하나님을 향한 올바른 태도와 하나님께 대한 바른 확신을 더욱 강조했다. 중세적인 명상이나 허례허식보다는 사회적인 봉사가 계속 강조되었다. 논점을 분명히 전달하려면, 인쇄예술에 쓰인 방법들을 동원해야 한다고 설교자 루터는 이야기했다.

> 왜냐하면 평범한 사람의 관심은 심원한 논쟁에 의해서보다는 예화나 예증들에 의하여 일깨워진다…… 그런 사람은 잘 쓰여진 책보다도 채색된 그림을 더 좋아한다.[37]

37) WA 40, 1, 548.

루터는 이런 기술의 대가였는데, 그는 교리적인 논점의 설명에다 생생하고 객관적으로 그려져서 그냥 납득될 수 있는 이야기—그림을 종종 덧붙였다. 예를 들면, 신앙이 깊은 그리스도인은 악마를 쉽사리 이길 수 있다는 것을 설명하면서,

> 그자 〔악마〕가 그의 병기고로 들어갑니다… 그리고는 그의 단검을 쥐는데 칼자루가 아니라 칼날을 움켜쥡니다. 여러분이 여러분 자신을 방어하려고만 한다면, 그자는 자기 손가락들을 스스로 자르게 될 겁니다.[38)]

그의 예화들 가운데 몇 가지는 그가 관찰하고 아끼는 자연 현상에서 직접 끌어왔다. 그리스도의 부활에 관한 설교에서, 그는 인간의 부활을 봄이 되면 자연이 해마다 회생하는 것에 비유했다. 자연은 겨울에는 죽어 있다고 그는 말했다.

> … 땅 위에서는 풀잎사귀 하나, 나뭇잎 하나, 과일 하나도 볼 수 없으며, 모든 것이 땅 속에 감추어져 있읍니다. 마침내 알곡의 씨앗으로부터 예쁜 싹이 자라나고, 그 잎사귀로부터 하나의 사과가 맺힙니다.[39)]

종종 그는 장미화원의 기쁨, 즉 그가 그리스도인의 행복에 관하여 이야기할 때 빈번히 사용하던 그림에 관하여 이야기하곤 하였다. 언젠가 한 번은 많은 농민들과 도회지 사람들이 허다한 예쁜 새들과 꽃들을 구경하지도 않은 채 들판과 숲을 걷는다는 사실을 그는 이야기했다.

> 모든 조그마한 꽃들과 조그마한 새들은 그들의 목에다 복음

---

38) *Predigten D. Martin Luthers,* 1 : 55.
39) Ibid., 2 : 314.

을 써붙이고서 만일 여러분이 재물을 숭배하면 여러분은 우상숭배나 하는 대단히 따분한 사람이라고 가르치고 있읍니다. 모든 꽃과 새들은 여러분보다도 더 경건합니다.[40]

한번은 신앙의 성장을 어린이의 발육에 비유하였다.

엄마가 자기 팔에 자기 애를 안았을 때, 아기는 그 사실을 깨닫지 못합니다. 왜냐하면 아기는 자기 엄마를 엄마가 아기를 아는 것 만큼 알지 못하기 때문입니다…… 그러므로 아기는, "나는 당신의 딸이고, 당신은 내 어머니입니다"라고 이야기하지 못합니다. 그러나 시간이 지난 후, 그 아기의 이해력은 발달해서 "우리 엄마"라고까지 말할 수 있게 됩니다.[41]

루터가 정기적으로 설교하였던 사람들 가운데 몇몇은 스스로 설교할 준비를 갖추고 있었다. 종교 개혁 초기에는, 그 새로운 복음적 교리들에 관하여 설교할 만한 사람들이 거의 준비되어 있지 못했다. 거의 모든 직업의 사람들이 설교자가 되었는데, 그들 중 몇몇은 교육이라고는 거의받지못했다. 종교 개혁을 위해서 이제 설교단들을 채운 많은 사람들은 물론이며 전에 사제요, 승려였던 이들이 기독교의 기초적인 것들을 배워야 할 필요가 생겼다. 학생, 교사, 그리고 성직자로서 비텐베르그에 살던 사람들은 루터의 설교들을 노트들이 두툼해지도록 받아 적었으며 그것들을 일종의 신학적인 자료로 이용하였다. 많은 성직자들이 너무나도 빈약한 교육과 훈련을 받았기 때문에 설교단을 맡기에 부족하다는 것을 깨닫고, 루터는 일찍부터 자신의 성경주석들, 즉 설교단에서 낭독될 수 있거나 설교 준비시에 모델로서 이용될 수 있는 설교집을

40) Ibid., 1 : 72.

41) Ibid., 2 : 330.

발간할 준비에 착수했었다.[42] 설교자가 되기를 열망하는 사람들에게 루터가 요구하였던 자격요건들은 의사전달할 수 있는 능력과 좋은 머리와 웅변력과 좋은 목청과 훌륭한 기억력과 근면, 용기, 그리고 인내심이었다. "사람들에게 그냥 봉사해야 하며 그에 대한 감사를 기대해선 안 된다"고 그는 이야기했으며, 일백 가지 미덕을 가진 설교자라고 하여도 한 가지 결점으로 인하여 그것들의 인상을 흐리게 할지도 모른다고 덧붙여 말했다.[43]

> 요나스 박사(Dr. Jonas)는 좋은 설교자의 모든 미덕들을 갖추고 있지만 사람들은 그 훌륭한 사람이 너무 자주 자기 목소리를 가다듬지 않는다는 것을 놓칠리가 없읍니다.[44]

원숙기에 이른 루터는 자신의 모든 시간을 가르치는 것에 쏟았다. 그가 비텐베르그 대학교 학생들 앞에 서 있건, 시 교회에서 그의 이웃인 읍내 사람들 앞에 있건, 자기 집에서 자기의 가족이나 친구들과 함께 있건, 잦은 여행으로 길동무들과 함께 있건, 혹은 그가 서신을 교환하거나, 위하여 저술을 하는 자신의 동포인 독일인들에게거나, 그는 압도적인 사명을 지닌 한 사람의 선생이었다. 그래서 모든 이들은 그에게서 나오는 온갖 이야기나 글을 소중히 마음에 간직하였다. 그들은 그의 설교를 들으려고 어찌나 많이 몰렸던지 그는 이따금 교회 밖에서 설교하지 않으면 안 되었으며, 그들이 그의 저서들을 얼마나 많이 샀던지 비텐베르그에서만도 세 개나 되는 인쇄소가 그 책들을 출판하기에 계속 바빴다. 그가 자신의 서

42) E.G. Schwiebert, *Luther and His Times* (St. Louis : Concordia, 1950), pp. 631－36.

43) *Predigten D. Martin Luthers,* 1 : 556.

44) WA TR 2. no. 2580.

재의 적막 속에서 고심하며 파악했던 종교적인 교리들이나 논쟁점들을 일반 민중에게 그들의 언어로 소개시켜주는 방법을 알고 있었기 때문에, 루터는 모든 시대의 가장 위대한 설교자와 교사들 가운데 한 사람이 되었다.

Selected Bibliography

Bruce, G. M. *Luther as an Educator.* Minneapolis: Augsburg, 1928.

Eby, F., ed. *Early Protestant Educators.* New York: McGraw-Hill, 1931.

Good, H. "The Position of Luther upon Education." *School and Society* 6:511-18.

Kaufmann, H. "Grundfragen der Erzichung bei Luther." *Luther* 25:60-76.

Luther, M. "To the Councilmen of All Cities in Germany That They Establish and Maintain Christian Schools." Translated by A. T. W. Steinhaeuser. *Works of Martin Luther,* 4:101-30. Philadelphia: Muhlenberg, 1931.

________. "Instructions for the Visitors of Parish Pastors." Translated by C.M. Jacobs. *Luther's Works,* 40:263-320. Philadelphia: Fortress, 1958.

________. "A Sermon on Keeping Children in School." Translated by C. Bergendoff. *Works of Martin Luther,* 4:131-78. Philadelphia: Muhlenberg, 1931.

________. *Treatise on Christian Liberty. Works of Martin Luther,* 2:297-350. Philadelphia: Muhlenberg, 1930.

Montgomery, J. W. "Luther and Libraries." *The Library Quarterly* 32:133-47.

Painter, F. V. N. *Luther on Education.* Philadelphia: Lutheran Publication Society, 1889.

9.
훌드라이히 쯔빙글리

Huldreich Zwingli / 1484 – 1531

H. 웨인 핍킨(H. Wayne Pipkin)

훌드라이히 쯔빙글리는 독일계 스위스인 개혁자이자 현 개혁교회의 선조인데 그는 짧은 생애 동안 학교 및 교육을 열심히 지원하였다. 쯔빙글리의 조기 교육과 성장은 종교 개혁자와 교육자로서 성장하는 데 그에게 끼친 몇 가지의 영향들을 보여 준다.

처음부터, 쯔빙글리는 애국심이 두터운 사회의식을 보였는데, 그가 말년에 인습적인 정계에서 일해보려고(즉, 쮸리히 시장으로) 한 것은 자연히 어린 시절에 그 뿌리가 있었다. 뿐만 아니라, 쯔빙글리의 교육은 철저히 인문주의적인데 그 까닭은 에라스무스가 그의 성장에 지대한 영향을 주었기 때문이다. 이것은 쯔빙글리로 하여금 인문학, 특히 고전들과 어학들에 대한 선호감을 갖게 함은 물론, 진리, 지식, 교육, 그리고 학문에 대하여 전형적인 인문주의자의 헌신과 신념을 갖도록 했다.

쯔빙글리의 정치적 의식과, 교육 자체에 내재하는 고유한 가치들에 대한 그의 헌신은 종교 개혁자로서의 활동에서 아주 분명히 드러난다. 그의 개혁은 정화된 교회를 사악한 사회로부터 철수하게 하는 데에 있는 것이 아니라, 오히려 정확히 말한다면, 사회 전체를 개혁하는 데에 있었다. 하나님께서 사회정치적 영역 안에서 역사하신다는 쯔빙글리의 전제는 그로 하여금 급진주의자들과 결별하게 하였다.[1] 이것이 쮸리히에서 종교 개혁이 신중한 속도로 진행된 것과 쯔빙글리가 대중교육에 전념한 이유를 설명해 준다. 지식은 그의 개혁 작업에 필수 불가결한 무기였다. 포터(G. R. Potter)는 쯔빙글리가 취한 접근 방식의 천재성을 다음과 같이 정확히 평가하였다. "쯔빙글리는 확고한 신념 위에서, 서서히 나아가고, 다음 것을 공격하기 전에 하나의 위치를 확실히 굳히고, 시중의 여론을 앞서 가되 너무 앞지르지 않으며, 각 단계가 이전 단계로부터의 불가피한 결과가 보이도록 하고 그의 대적들이 무지하고 비애국적인 것으로 보이도록 하였다."[2] 이러한 교육에 대한 그의 인내와 신념은 그 혁명적 요소 가운데 대립이 없었던 것은 아니지만, 쯔빙글리가 배척받지는 않았다.

발터 거트(Walter Gut)는 대체로 쯔빙글리의 종교 개혁은 교육적인 관점에서 이해될 수 있다고 하였다.[3] 그건 복음정신에 입각하여 대중을 교육한, 즉 기독교적 신앙 및 일상생활의 태도를 교육한 시기였다. 이렇게 단언을 할 수 있는 분명한 사례들 가운데 하나는 쮸리히에서 종교 개혁을 받아들였던 중대한 시기인 1523-24년에 걸친 큰 사건들과 간행물들이다. 쯔빙글리와 그에 대한 가톨릭측 대항자인 존 훼이버(John F-

1) 쮸리히를 개혁하려는 쯔빙글리의 노력과 그가 급진주의자들과 갈라선 것을 명확히 다룬 것으로는, R. C. Qalton, *Zwingli's Theocracy* (Toronto : University of Toronto, 1967)을 참조.

2) E. Bonjour외 공저, *A Short History of Switzerland* (Oxford: Clarendon, 1963), p. 150.

3) "Zwingli als Erzieher," p. 289.

aber) 간의 제 1차 쮸리히 논쟁으로 시작된 1523년에 허다한 중요한 종교 개혁 저술들이 쏟아져 나왔다. 그 해의 절정은 10월의 제 2차 쮸리히 논쟁과 시의회가 개혁을 서서히, 그리고 평화적으로 추진하겠다고 결정한 것이었다. 쯔빙글리는 자신이, 변화를 환영하지 않는 기성 신앙인들과 급격한 변화를 옹호하는 과격한 성장세대 사이의 중도를 가고 있음을 알았다.

1524년 6월이 되어서야 쮸리히 교회의 최종적인 개혁이 이루어졌다. 의회는 쮸리히의 시민과 다른 연방 회원들이 개혁의 취지에 관하여 철저하게 교육을 받고 또 응답할 기회가 주어졌을 때에 비로소 최종적인 조치를 취하였다. 의회가 쯔빙글리로 하여금, 의도된 개혁에 대한 요리문답이자 신앙고백이 된 **단편 기독교 교육**(Short Christian Instruction)을 저술하도록 권한을 부여하게 된 것은 바로 그러한 필요에 대처하려는 것이었다. 이 논문은 교구 성직자들이 자신을 교육하고 또 자신들의 교구민들을 가르치는 데에 사용되었다. 쯔빙글리와 쮸리히 의회는 만장일치를 원하였다. 쯔빙글리의 생각으로는, 이런 정신적 일치를 얻을 수 있는 바람직한 수단은 교육이었다.

이러한 관점에서 그는 그의 교육적 기반을 확장하였는바, 그의 **단편 기독교 교육**을 모든 목회자들에게 보내서 그들이 모든 국민을 교육하는 데 사용하도록 하였다. 이처럼 민중의 교육에 대한 신념과 신뢰는 쯔빙글리적 종교 개혁의 현저한 특징 가운데 하나이다. 이런 점에서 오스카 뤽케르트(Oskar Rückert)는 쯔빙글리의 교육학적 발상이 민중을 정치 종교적으로 쇄신시키겠다는 이상에 기초했다고 시사했다.[4] 복음정신에 입각, 전체 사회와 개인들을 새롭게 하려는 시도엔 보편교육(general education) 이론에 대한 중대한 의미가 함축되어 있

---

4) *Ulrich Zwinglis Ideen zur Erziehung und Bildung,* p. 30.

다.

교육 이론

교육에 관한 쯔빙글리의 견해에 대한 주된 출처는 1523년에 나온 **청소년 교육에 관하여**(of the Education of Youth)라는 짤막한 논문이다.[5] 그 논문은 **바덴의 선물**(Badenschenke), 즉 바덴 가까이의 온천에서 돌아오는 친구나 친척을 맞이하는 관례적인 선물로서 게롤드 마이어 폰 크노나우(Gerold Meyer von Knonau)에게 주려고 작정했던 것으로 그에게 헌정되었다. 아버지 한스 마이어 폰 크노나우(Hans Meyer von Knonau)를 수년 전에 사별한 게롤드는 1524년 4월 2일, 이 종교 개혁자가 그의 어머니 안나 라인하르트(Anna Reinhard)와 결혼하자 곧 공적인 쯔빙글리의 의붓 아들이 되었다. 게롤드는 후에 대평의회에서 봉사하다가 1531년 카펠(Kappel)에서 쯔빙글리와 함께 죽었다.

그 논문은 교육의 가치와 원리들에 관한 사적인 토론 이상이므로, 그건 쯔빙글리가 그것을 출판할 셈으로 저술한 것이 분명하기 때문이다. 이 논문을 동봉한 편지에서 쯔빙글리는 자신이 얼마 동안 그러한 작업을 구상해왔으나, 자신의 "구상들은 그 당시의 많은 혼란 요인들에 의해 방해를 받았다" 고

---

5) G.W.Bromiley 편, *Zwingli and Bullinger,* pp. 102－18. 비평적인 라틴어 원본은 E.Egli와 G.Finsler가 편집한 *H. Zwinglis Sämtliche Werke,* 2 : 526－51에 있다. 그 독일어역은 십중팔구 쯔빙글리 자신이 한 것 같은데 5 : 427－47에 있다. 최근의 독일어판은 E.G.Rüsch가 편집한 *An den jungen Mann*이다. Bromiley의 번역은 라틴어 원본에 근거했으나 독일어판도 무시하지 않았다. 교육에 관한 쯔빙글리의 다른 저술들에 관한 토론으로는 Rückert, *Ulrich Zwinglis,* pp. 4ff를 참조.

말했다.[6]

그 논문은 어린이나 학교의 초급생들을 교육하는 것과는 관계없다. 그 보다도 쯔빙글리가 제시한 방향은 "이미 철이 들어 자기 자신의 발로 설 수 있는 젊은이에게 적합한" 것이라 했다. 이 개혁자는, 젊은이와 하나님과의 관계, 자신과의 관계, 그리고 타인들과의 관계 등 바로 근본적인 관계와 자연스럽게 일치하는 세 부분으로 이 책을 구분하였다. 이 구분의 순서는 특이한 것이 아니고 쯔빙글리에게 분명히 친숙한 인문주의적 교육에 관한 저술들 속에 그 선례들이 있다.[7]

학습자와 하나님 : 이것은 종교 개혁 신학자의 전형적인 서두인, 하나님의 섭리에 관하여 몇 마디 언급으로써 시작하고 있다. 인간은 하나님에 대한 신앙을 창조할 수 없고 오직 하나님만이 이것을 할 수 있다. 교육에 관한 논문에서, 독자에게 교육의 한계를 직접 상기시켰다. 다시 말하면 사람을 하나님께로 인도할 수 있는 것은 오직 하나님의 성령이 역사하시는 곳에서일 뿐이라고 한 것은 의미심장하다.

이 점을 확실히 하면서도, 이 종교 개혁자는 자연신학(natural theology)의 가능성을 배제하지 않았다. "외적인 현상들 속에서 그들을 통하여 젊은이들이 하나님을 아는 지식에 이르게 하는 것은 그리스도 자신의 교수법과 아주 잘 어울린다"라고 논평하였다. 자신의 어린 시절과 그가 받은 교육이 이 점에 있어서 그에게 영향을 준 것이 틀림없는데 왜냐하면 이것은 오스왈드 미코니우스(Oswald Myconius)가 그의 주인공을 다음과 같이 평가한 것을 상기시켜 주기 때문이다: "… 그는 그

6) *Zwingli and Bullinger,* p. 103.
7) 그 선례로서는 가령 Maffeo Vegio의 저술들 Rüsch, "Die humanistischen Vorbilder der Erziehungsschrift Zwinglis," pp. 130 이하 참조.

가 가까이 하던 하늘로부터 신적인 속성을 지닌 무엇인가를 이끌어냈다."[8] 이런 외적인 현상들은 하나님의 섭리에 관하여 더 한층 우리에게 교훈을 주고 거기서부터 교육이 시작되어야 함을 보여 준다. 젊은이는 "만물이 신의 섭리에 의해 결정된다"는 것을 배워야 한다. 사람이 이 사실을 알게 되면, 그는 자신이 하나님을 의지해야 한다는 것을 알게 될 것이다.

쯔빙글리는 다음으로 복음의 성격을 고찰했다. 젊은이는 먼저,

> 어떻게 인간이 하나님의 계명을 어기고 사망의 희생물이 되었는가? 이런 허물에 의하여 인간이 어떻게 감염되고 후손을 타락시켰는가?

하는 자신의 원초적 상태, 즉 인간에 관하여 배워야 한다. 그러면 그 젊은이는 자신의 죄를 실존적으로 인식하게 될 수 있을 것이다.

> 그리고 우리의 모든 행위가 이 연약함, 탐욕, 그리고 유혹에 그 근원을 두고 있다는 것을 깨달을 때에 죄의 질병을 또한 알게 될 것이다.[9]

이러한 인간 상황은 인간 자신의 공로로 인간이 하나님께 나아가지 못하게 한다. 은총이 필요한 것은 바로 이 까닭이며, 바로 여기에 은총이 뚫고 들어온다.

> 하나님은 우리에게 완전한 의를 요구하시나 우리는 타락하

---

8) "The Original Life of Zwingli, "로 S.M. Jackson 편, ***The Latin Works of Huldreich Zwingli*** (New York : Putnam, 1912), 1 : 2에 있음.

9) Myconius의 "The Original Life of Zwingli, " p. 2에서 인용.

> 였고 죄로 가득하다. 우리가 원하든 원치 않든간에 오로지 악을 행할 수 밖에 없다. 그러므로 우리는 우리 자신을 하나님의 장중에 맡기는 것, 우리가 자신을 완전히 그 분의 은총 앞에 내어 놓는 것 밖에 다른 수가 없다. 바로 여기에 우리가 사로잡힌 바 된 절망적인 곤경으로부터 그리스도께서 우리를 놓아 주신다고 우리에게 선포된 좋은 소식, 곧 복음의 빛이 일시에 쏟아진다.[10]

온전한 의는 오직 그리스도 안에서만 발견될 수 있으나, 인간은 스스로 하나님 앞에서 인정받을 수 있도록 그것을 전유할 수 있다. 인간이란 여전히 인간이고, 그 자체만으로는 유혹에서 자유로울 수 없으며 죄없이 살아갈 수 없다. "그러나 그리스도 그 분은 우리의 것으로써 우리의 모든 결함들을 완전케 하신다."

비록 인간이 이런 의를 받을 만한 가치가 있을리 없지만, 그가 아무 것도 할 필요가 없는 것은 아니다. 쯔빙글리는 독자들에게 "그리스도를" 믿는 확신은 우리를 빈둥거리도록 만드는 것이 아님을 상기시켰다. 진정 그리스도의 백성이라면 움직이지 않고 가만히 있을 수 없으며, 그리스도의 봉사에 참여해야 한다. 그들은 바르게 살려고 애써야 한다.

바로 이것이 교육이 중요하게 되는 점이다. 우리는 "아주 정확하고 착실하게 복음을 배워야" 한다. 기회있을 때마다.

> 우리는 어떤 일들이 하나님을 가장 기쁘시게 해 드릴 것인지 연구해야 되는데, 의심의 여지없이, 의로움, 진실, 그리고 자비, 이런 것들이 바로 하나님 자신이 우리들에게 넘겨주신 것들이다.[11]

---

10) *Zwingli and Bullinger*, p. 106.

11) Ibid., p. 108.

"삶에 있어서 의롭고, 될 수 있는 한 하나님을 가까이 닮아가는 하나님의 사람으로 성장하기 위해" 연구하는 것은 젊은이의 의무가 된다. 교육이 삶의 목표들 가운데 하나로 등장한다. 즉, 인간은 하나님의 방식으로 자신을 교육해야 하고 하나님을 점점 닮아가야 한다.

학습자와 그 자신 : 그 논문의 둘째 부분은 젊은이에게 인격적인 문제를 교육시키는 데 관한 것으로,

> 일단 한 젊은이가 믿음으로 형성된 굳건한 덕으로 교육을 받았다면, 자신을 절제하게 되고 내면으로부터 자신을 풍성히 단장하게 될 것이다.[12)]

출발점은 성서를 연구하는 것이며 가장 잘 이해할 수 있기 위해서는 언어, 즉 라틴어, 희랍어, 그리고 히브리어를 알아야 한다. 한낱 즐거움이나 이익만을 위해 언어를 배우는 것이 아니니, 이는 "여러 언어를 아는 것은 성령의 은사인 까닭이다."

젊은이가 성서를 연구할 수 있는 적절한 도구들을 갖춘 후에는, 삼가 합당한 태도, 즉 "겸손하고 갈급한 마음"으로 조심스럽게 연구에 임해야 한다. 그 때에 학습자는 행위의 참된 모형이신 그리스도를 바라보게 될 것이다.

> 만일 말과 행위에 있어서 그리스도를 온전히 알게 되면, 그는 자신의 모든 행위와 계획들에 있어서 인간의 연약함이 허용하는 한, 그리스도의 미덕들 중 어느 한 부분이라도 과감히 나타내려고 해야 한다는 것을 알게 될 것이다.[13)]

---

12) Ibid.
13) Ibid.

그리고 쯔빙글리는 "모든 미덕들의 온전한 모범이신" 그리스도를 따르는 젊은이에게 어울리는 많은 특성들에 관하여 논하였다.

나아가서 젊은 그리스도인은 모든 형태의 극단들을 삼가고 중용의 모범이 되어야 한다. 이 종교 개혁자는 중용을 필요로 하는 구체적인 사례들을 지적했다. 대화할 때 지나치게 지껄이거나, 공식적인 발언을 할 때 부적당한 차림새나 몸짓을 하지 않도록 쯔빙글리는 경고하였다. 먹고 마시는 것에 관해서는, "식탁을 떠날 때 결코 포만감을 느껴 본 적이 없었기 때문에 120년 동안 살았다"는 고대의 유명한 의사 갈렌(Galen)의 예를 쯔빙글리는 인용하였다.[14] 젊은이는 "대식으로 늑대같이 되버린 사람"과 "먹을 것을 먹지 않아서 자신을 쓸모없이 만들어 버리는" 사람이 되지 않도록 이 양극단을 피해야 한다.

쯔빙글리의 연구 방식은 소견이 좁은 공론가의 것이 아니다. "몸을 감쌀 옷이라고는 성모 마리아가 지니고 다니던 것 밖에는" 갖지 못한 가난한 아기 예수를 가리키면서,[15] 게롤드에게 비싼 옷을 입지 않도록 훈계하고 나서, 이 종교 개혁자는 사랑에 관하여 언급하였다.

> 젊은이가 영혼의 참된 고귀함을 보여 주어야 할 때는 바로 그가 사랑에 빠지기 시작할 때이다. 젊은이가 사랑에 빠지는 것은 어쩔 수 없는 일이다. 하지만 그가 자포자기의 정욕에 굴복하지 않도록 조심해야 한다.[16]

기독 청년은 공명심과 야망을 피해야 하는데, "일단 이런

14) Ibid., p. 111.
15) Ibid., p. 112.
16) Ibid.

악이 마음을 사로잡으면, 바른 행실이 불가능해지기 때문이다." 수학에 관하여(음악을 포함시켜서)서는, 그것은 금지과목은 아니나, 두 가지가 다 많은 시간을 들일 가치는 없다. 가능한 한 그리스도인은 예술분야에 종사하는 것을 피해야 하며, 특히 젊은이는 모든 형태의 나태를 피해야 한다.

학습자와 다른 사람들 : 교육에 관한 그 논문의 세 번째 부분에서, 젊은이가 다른 사람들과 맺는 관계에 대해서 언급하고 있다. 그것은 그리스도인의 삶의 본질적인 관계이다. 이는 그리스도께서 다른 사람을 위하여 자신을 내어 주셨기 때문에,

> 우리는 우리가 자기 자신의 것이라고 생각하지 말고 다른 사람들에게 속하였다고 생각하여서, 모든 사람들의 유익을 위하여 우리 자신들을 내어 주어야 한다.[17]

젊은이는 사회로부터 은퇴하여 평온한 생활을 하기를 추구해서는 안 되며, 그 보다는 그리스도인 공동체와 공동선을 위해 일하면서 사회정치적 영역에 능동적으로 참여하기를 추구해야 한다. 그리스도인은 강인해야 한다. 약자만이 세상으로부터 물러선다. 이 점에 이르러, 쯔빙글리는 공동체에 관하여 강력한 개념을 보여 주었다. 인간은 고립된 개체로서 홀로 살 수 없다. 인류의 한 구성원으로서, 인간은 다른 모든 사람들의 행복과 슬픔의 일부분이다.

쯔빙글리는 젊은이가 레크레이션도 못하게 하는 것은 아니다. 그는 그리스도 자신이 결혼 축하연을 무시하지 않으셨다는 것을 언급하였다. 쯔빙글리는 놀이들을 허용하였으나, "그것들은 교육적으로 또는 육체적 운동으로서 유익해

17) Ibid., p. 113.

야 한다." 그는 달리기나 레슬링과 같은 육체적 활동을 권장하지만, 수영엔 단지 제한된 가치만을 인정하였다.

기독 청년은 자신의 인간관계에 있어서 가능한 한 그리스도처럼 되어야 한다. 그는 노여움과 슬픔을 막아내야 하며, 자기 부모를 존중해야 하며; 부모님이 그리스도의 정신을 따르지 않기 때문에 그들과의 대립이 불가피할 경우엔, 될 수 있는 대로 공손히 해야 한다. 더 나아가 젊은이의 발언은 진리와 일관성이 명백해야 한다. 사실상, "우리는 우리 말은 물론이고 행동에 있어서도 진실해지려고 애써야 한다."[18] 이것은 기독 청년의 특성들을 빠짐없이 열거한 것은 아니다. 실상 이러한 목록은 필요없기 때문이다. 젊은이가 모든 관심을 그리스도께 기울이고 있다면, "그는 자기 자신을 통제하게 될 것이다." 젊은이가 그리스도께서 바라는 사람으로 자신이 변모하고 있음을 발견하게 되는 것은 바로 그리스도를 따라가는 데에 있다. 쯔빙글리는 결론으로 다음과 같이 말하였다.

> 진정한 크리스천이란 단지 하나님의 율법에 관하여 이야기만 하는 자가 아니라, 하나님의 도우심을 입어 위대한 일을 도모하는 자이다.[19]

오스카 파르너(Oskar Farner) 및 다른 사람들도 이 논문이 쮸리히의 학교의 학과 과정표를 개정하기 위한 쯔빙글리의 생각을 담고 있다고 시사하였다. 회고해 볼 때, 이 말은, 1524년 학무위원회에 뽑힌 다음에도 쯔빙글리가 교육에 관한 다른 저술들을 낼 필요를 느끼지 않았다는 사실에 비추어 볼 때, 부분적으로 타당한 말임에 틀림없다.

---

18) Ibid., pp. 116, 117.
19) Ibid.

이 글은, 그것이 제시하는 교과 과정이나 고전적 작가들을 풍부히 인용하는 데 있어서, 인문주의적 선입견을 강하게 드러내고 있음이 분명하다. 뤼쉬(E. G. Rüsch)는 쯔빙글리 이전의 인문주의적 선구자들을 염두에 두고 이 논문을 연구했는데,[20] 그의 연구는 교육에 관한 쯔빙글리의 견해가 여러 측면에서 인문주의적임을 밝혀 주고 있다. 이 논문에 관한 분석은, 비록 그 저자가 인문주의자임은 분명하지만, 그는 또한 복음적인 그리스도인임을 보여 준다. 그는 하나님으로부터 시작했고 그리스도로 끝맺었는데, 교육의 목표를 이러한 맥락에서 정의하였다.

교육의 적절한 목표는 가능한 한 학습자로 하여금 그리스도를 잘 닮아가도록 하는 것으로,[21] 이 점은 그 개요에 나타나 있다. 이것은, 근본적으로 젊은이가 그리스도를 확실하게 본받으면서도 인문주의교육을 받으며 잘 발육된 신체를 가지고 기독교적 신사로 성장하는 것을 의미하였다. 원래 그 논문이 제시한 교과 과정은 고전과 어학에 역점을 두고 윤리(또는 도덕), 체육, 그리고 교양학과의 교육을 제공하려는 것이었다. 쯔빙글리는 자연과학에는 거의 비중을 두지 않았지만 그의 개인적인 서재를 보면 비중을 두지 않았다고 하더라도 그가 자연과학에 활발한 관심을 지속적으로 가지고 있었음을 보여 준다. 어떤 사람은 쯔빙글리가 과학을 고전이나 어학보다 덜 유익하다고 생각했었다고 결론을 내린다. 쯔빙글리에게 있어서 교육이란 학문적 정보의 단순한 전달 이상의 것으로써, 어떻게 사느냐를 가르쳐 주는 것이었다. 학습자는 이런 교육을 필요로 하는데, 사람이 가치있는 삶을 살기 위해서는 그리스도의 모법이 필요하기

20) *"Die humanistischen Vorbilder der Erziehungsschrift Zwinglis,"* 에서 여기 저기서 인용.

때문이다. 인간은 자신이 원하는 목적에 도달하기 위하여 그리스도 안에 있는 하나님의 역사에 의존한다.

교육 실천

쯔빙글리는 아주 젊었을 때부터 쮜리히에서 교육에 관여하였다. 그는 대성당 참사회의 학교와, 신학자들의 공동체 (*Sodalitium literarium Tigurense*)에서 가르쳤다. 1523년 시의회는 수도원과 학교들의 개혁에 관하여 지령을 내렸다. 9월 29일자로 된 그 법령은,

> 신성한 성서를 올바르게 이해하는 데 필요한 히브리어를 한 시간, 그리스어를 한 시간, 라틴어를 한 시간, 그리고 성서를 날마다 공개강좌로 가르칠 수 있는… 학식있고 유능하며 정직한 사람들을[22]

임명하기 위한 예비적 조치였다. 쯔빙글리가 그 법령을 수행하는 위치에 이르게 된 것은 이로부터 거의 2년이 지나서였다. 첫번째 문제는 재정적인 것으로, 대성당 참사회원들을 감축함으로써 대체적으로 해결되었다. 다른 나머지 문제는 학교 개혁에 대한 두 명의 보수적 반대자, 니슬리 박사(Dr. Niessli), 콘라드 호프만(Konrad Hofmann)이었다. 1524년 여름, 호프만이 쮜리히를 떠나고 1525년 4월, 니슬리 박사가 사망한 후에야 비로소 쯔빙글리는 자신의 계획을 실행할 수 있었다.

---

21) Rückert, *Ulrich Zwinglis,* pp. 21이하 참조. 또 K. Spillmann, "*Zwingli und dieZürcher Schulverhältnisse,*" p. 429도 참조.

22) B. J. Kidd ed., *Documents Illustrative of the Continental Reformation* (Oxford : Clarendon, 1911), no. 194.

1525년 4월, 쯔빙글리는 학무위원회에 선출되었는데 그럼으로써 그는 그 시의 교육을 감독할 공식적인 권한을 부여받았다. 그런데 쯔빙글리가 쮸리히의 교육 과정에 가장 크게 공헌한 것은 초등교육을 맡은 하급학교들의 영역에 있지 않고, 성직자들이나 신학자들을 교육하는 부분에서였다. 자주 언급되었던 것처럼, 근본적으로 쯔빙글리의 학교 개혁은 위에서 시작하여 아래로 옮겨갔다.[23] 이 개혁자는 교회 지도자들이 교육을 받도록 조처하였고 그들에게 대중의 교육을 일임하였다. 쯔빙글리의 독창적이고 참신한 교육 실천은 바로 쮸리히에 신학 연구소를 설립한 것이다. 물론, 하급학교에도 관심을 기울였는데 그는 그들의 교수법의 질을 높여주려고 애썼다.

교회의 새로운 상황에 헌신하는 잘 교육된 성직자들을 충원하기 위해, 그는 개혁대학들의 본보기가 되고 후에 쮸리히의 신학부의 원형이 된, 참신하지만 약간 오해를 일으킨 이름인 *Prophezei*라고 불리워졌던 신학연구소를 세웠다. *Prophezei* 라는 명칭은 문자 그대로 "예언"이라는 의미인데, 고린도 전서 14장, 특히 19절과 28－33절에서 쯔빙글리가 끌어낸 말이다. 재미있는 것은, 황홀경에서 지껄이는 것보다도 아는 언어들로 말하는 것을 바울이 언급하고 있다고 쯔빙글리가 그 귀절의 의미를 분명히 하였다. 어쨌든 하나님의 계시를 이해한 사람들을 예언자라고 불렀던 데서 *Prophezei*라는 용어가 유래하였다.

쯔빙글리는 학교를 보조해 줄 유능한 언어학자들이 필요했는데, 쮸리히 사람들인 펠릭스 만쯔(Felix Manz)와 콘라드

23) U. Ernst, *Geschichte des Zürcherischen Schulwesens bis gegen das Ende des sechzehnten Jahrhunderts* (Winterthur, 1879), p. 45에 예가 있다. 쮸리히의 "독일어학교"와 "라틴어학교"에 관한 간단한 개관은 Spillman, "Zwingli," pp. 431－34 참조.

그레벨(Conrad Grebel)이 과격급진파로 넘어가지 않았더라면 그들이 당연히 선택되었을 것이다. 그러나 그는 야콥 비센당거(Jakob Wiesendanger) 또는 체포리누스(Ceporinus)라고도 하는 그가 필요로 하는 학자를 발견하였다. 그를 쮸리히 사람들은 치프린 선생님(Herr Ciprin)이라고 불렀는데, 그는 어학교사로 몇 개월을 쮸리히에서 보내고 나서 바젤에서 자기 연구와 문필활동을 꾸준히 계속했다. 잉골스타트(Ingolstadt)에서 로이힐린(Reuchlin)과 연구를 했던 체포리누스(Ceporinus)는 그 직책에 특출난 자질을 갖추고 있었다. 호프만이 죽고 쯔빙글리가 대성당 참사회에 할당된 자금을 사용할 수 있게 되자, 그는 야콥을 쮸리히로 초빙했다. 6월 19일에, 새로운 연구 모임이 대성당의 성가대석에서 개최되었고 교수가 시작되었다.[24]

교구성직자들(pastors), 전도사들(preachers), 성당참사회원들(canons), 성당전속사제들(chaplains) 그리고 교사들이 참석했다. 다음은 쯔빙글리가 올린 개회기도이다.

> 영원무궁토록 전능하시고 자비로우신 하나님, 당신의 말씀은 우리 발에 등이요, 우리 길에 빛이시니, 우리 마음들을 활짝 여시고 두루 비춰주시사 우리가 분명히 또 충심으로 당신의 예언들을 이해하게 하시고 우리가 올바로 이해한 것을 통하여 변화되게 하소서. 그리하여, 우리가 당신의 위엄에 조금이라도 누가 되지 않게 하소서. 우리 주 예수 그리스도의 이름으로, 기도합니다. 아멘.[25]

---

24) *Prophezei*에 관하여 당시 연대기로부터 인용된 묘사가 J. J. Hottinger와 H. H. Vogeli가 편집한 *Heinrich Bullingers Reformationsgeschichte* (Frauenfeld : Beyel, 1838), 1 : 289-91에 있다.

25) Ibid., p. 290. 오순절에 성령을 간구하는 (개회)기도에 비추어 이 기도문을 분석한 것으로는, F. Schmidt-Clausing, "*Das Prophezeigebet*," pp. 10-34를 참조.

*Prophezei*에서 진행되는 순서는 독특하고 흥미롭다. 먼저, 한 학습자가 라틴어 성경에서 한 귀절을 읽으면, 그 다음 체포리누스가 동일한 본문을 히브리어로 읽고서 라틴어로 그 히브리어의 뜻을 풀이한다. 체포리누스가 마치고 나면, 쯔빙글리가 70인역 성서로부터 동일한 본문을 읽고 라틴어로 그것을 풀이해 준다. 끝으로, 한 전도자가, 대개는 레오 쥬드(Leo Jud)가, 그 본문에 관하여 독일어로 설교를 하여, 참석자들의 마음에 그 토론을 든든히 굳혀 주고 그들로 하여금 그 본문에 관하여 그들의 평신도들에게 이야기할 수 있도록 하였다. 그 모임은 시작과 마찬가지로 기도로 마쳤다.[26)]

*Prophezei*는 장날과 금요일, 주일을 제외하고는 매일 모였다. 아직 적당한 강의실이 없었기 때문에 대성당의 성가대석이 이용되었다. 쯔빙글리의 일생 동안, 이 특별한 모임은 구약성서만 연구하였다. 미코니우스(Myconius)가 프라우뮌스터(Fraumünster)의 성가대석에서 오후마다 신약성경을 읽어가면서 비슷한 모임을 인도하였다. 1525년 성탄절에 예기치 못하게 체포리누스가 죽은 후, 쯔빙글리는 전에 프란체스코 수도회에 속했던 콘라드 펠리칸(Konrad Pellikan)을 쮜리히로 초빙했다. 1526년에도 쯔빙글리는 요한 야콥 암만(Johann Jakob Ammann)과 루돌프 콜린(Rudolf Collin)이라는 두 젊은 학자를 쮜리히로 초빙했는데, 그들이 희랍어의 해설을 맡아 주었고, 그럼으로써 쯔빙글리가 요약과 결론에 보다 치중할 수 있게 했다. 한 권을 끝내면, 그들은 곧장 다음 책으로 옮기곤 하였다. 만일 구약을 끝마쳤었다면, 그들은 그것을 다시 시작하려고 했을 것이다.

연구 중인 귀절들에 관하여 이야기하는 것은 몇몇 권위

---

26) 그런 폐회기도의 어법은 1535년의 쮜리히 가도문에서 옮겨 왔다. O.Farner, *Huldrych Zwingli*, 3 : 556－58에 있다.

자에게 속한 일이었지만 이런 교육 방법이 일방적인 강의였던 것만은 아니다. 요한 케슬러(Johann Kessler)는 지적하기를, 연구 중인 귀절에 관해 학습자 중에 한 사람이 강사보다 더 잘 이해했을 경우, 그 점을 지적해 주는 것은 그 학습자의 특권이자 의무며,[27] 강사는 그런 제언을 우호적인 방식으로 받아들이도록 되어 있었다고 했다. 이것은 강의라기보다는 오늘날의 세미나에 해당한다. 교사는 권위자였지 권위주의자는 아니었다. 사실상, *Prophezei*에서 여러 권위자들이 청빙된 것은 팀 티칭의 거의 완벽한 표본이다. 각 교사는 자신의 전문 지식을 주어진 주제에 적용했고 대화법을 써서 적절한 이해에 도달하도록 했다. *Prophezei*는 실로 진리의 발견에 헌신한 학습자들의 공동체였다.

이러한 연구 방식은 쯔빙글리가 실행한 훈련과 배려에 일치했다. 하루에 알맞게 다루어질 수 있는 소규모 자료 단위들이 선정되었다. 비록 여러 번역판이 있었지만, 유일한 교재는 성서 자체였다. 그것은 기독교의 원전들을 이해하려는 언어학적 접근 방식이지만 무엇보다도 그것은 원전들 그 자체들에 관하여 연구하는 것이었다. 근원을 향하여(ad fontes)라는 인문주의자의 외침은 쮸리히의·그 복음주의적 집단에 의해서 실행에 옮겨졌다. 일단 그 원전들을 이해하면, 이를 배운 이들은 평신도에게 이야기해 줄 준비가 되었다. 연구 방법 자체는 학습자들을 존중하는 것을 보여 주며, 훈련에 있어서 권위주의적이거나 일방적이지 않았다. 쯔빙글리의 사회이해와 완전히 일치하게, 학습 경험은 관심있는 사람들의 공동체의 맥락 속에서 이루어졌다. 인격적 관계는 매우 중요시되었다. 그리고, 쯔빙글리의 교육적 저술의 논조가 보여 주듯이, 그러한 관계들은 학습 경험의 기초이다.

27) Farner, *Huldrych Zwingli,* 3 : 560에서 인용.

아마 이 점에서 쯔빙글리를 현대적 교육 기법의 선구자라 고 하는 것 같다.

Selected Bibliography

Bromiley, G. W., ed. *Zwingli and Bullinger.* Library of Christian Classics, vol. 24. Philadelphia: Westminster, 1953.

Farner, O. *Huldrych Zwingli.* 4 vols. Zurich: Zwingli, 1943ff.

Gut, W. "Zwingli als Erzieher." *Zwingliana* 6:289-306.

Meister, W. *Volksbildung und Volkserziehung in der Reformation Huldrych Zwinglis.* Zurich: Zwingli, 1939.

Rückert, O. *Ulrich Zwinglis Ideen zur Erziehung und Bildung im Zusammenhang mit seinen reformatorischen Tendenzen,* Gotha: Thienemann, 1900.

Rüsch, E. G. "Die humanistischen Vorbilder der Erziehungsschrift Zwinglis." *Theologische Zeitschrift* 22:122-47.

Schmidt-Clausing, F. "Das Prophezeigebet: Ein Blick in Zwinglis liturgische Werkstaat." *Zwingliana* 12:10-34.

Spillmann, K. "Zwingli und die Zürcher Schulverhaltnisse." *Zwingliana* 11:427-48.

Staehelin, R. *Huldreich Zwingli: Sein Leben und Wirken.* 2 vols. Basel: Schwabe, 1895-1897.

Zwingli, H. *An den jungen Mann.* Edited by E. G. Rüsch. Zurich: Zwingli, 1957.

10. 이그나티우스 로욜라

Ignatius of Loyola / 1491 - 1556

죠지 E. 갠쓰(George E. Ganss)

제대로 이해하려면, 이그나티우스 로욜라의 교육적 활동은 15, 16세기의 역사적인 배경에 비추어서 살펴 보아야 한다. 그 당시, 로마 교회는 악습으로 가득하여 "지도층과 그 회원들을" 개혁해야 할 필요가 있었다. 또한, 북 유럽에서는 종교적 통일성이 무너져가고 있었고, 남부 유럽지방은 비록 신앙상으로는 통일되었다고는 하지만 소름이 끼칠 정도로 맹목적인 신앙과 신앙실천이 극도로 소홀해져 있었다. 문화와 교육의 영역에는 수도원의 학교, 대성당의 학교, 왕실학교, 그리고 대학 등 과거로부터의 다양한 유산들이 여전히 존재하고는 있었나. 실제로 1450년까지 해서 '공동생활의 형제단' (Brethren of the Common Life)이라는 약 150개 학교들이 플란더스(Flanders), 프랑스, 그리고 독일에 걸쳐서 퍼져 있었다. 그리고 존 스터엄(John Sturm)은 1537년 이후 스트라스부르그(Strasbourg)에 경이적으로 조직된 김나지움(gymnasium)을 운영하였다. 그러나 많은 도회지와 소도시들에는 학교의 가치에 대하여 깨닫고는 있었지만, 아직 학교들이 없었다. 대부분이 문맹으로, 인구의 5 퍼센트가 대략 읽고 쓰고 셈하는 것 이외에는 거의 교육을 받지 못했다. 15세기 르네상스의 자유로운 교육은 많은 곳에서 키케로적 웅변술이나, 고전적 언어들의 어형을 훈련하는 것, 좁은 의미의 인문주의 교육으로 변화되고 있었다.

생애와 개요

예수회(Society of Jesus) 그리고 기독교 학교의 체제의 창설자가 된 이그나티우스가 1491년 아즈페이티아(Azpeitia)의 바스크족(Basque) 성읍에 가까운 조상 대대로 살아온 로욜라 성에서 태어났을 때의 세상 형편은 그러했다. 그가 약 15세이었을 때부터 26세 때까지 그는 궁정의 수습기사로 훈련을 받았고 1516년 후로는 나헤라(Nájera) 공작을 위한 군사적 원정에 참가했다.

팜플로나(Pamplona)를 방어할 때 입은 부상에서 회복 중이던 1521년, 그는 삭소니의 로돌프(Lodolph of Saxony)가 쓴 「그리스도의 생애」(*The Life of Christ*)와 야코부스 드 보라히네(Jacobus de Voragine)가 쓴 성인들의 짤막한 일대기들인「아름다운 전설」(*Legenda aurea*)을 읽었다. 그 결과 그는 삶의 방향을 전환하여 전적으로 그리스도께 헌신한 기사로 살기로 작정했다. 만레사(Manresa)에서의 일 년 간의 기도와 참회(1522−1523) 후에 예루살렘의 성지를 순례했고, 자신이 남을 영적으로 도울 수 있게 되어야겠다고 결심했다. 그리하여 33세에 그는 알칼라(Alcalá), 살라망스(Salamance) 대학, 특히 파리의 대학들에서(1529−1535) 사제가 되기 위한 공부를 시작했다. 9명의 동지와 더불어 그는 제수잇(Jesuits) 혹은 예수회라는 새로운 종교적 수도회를 창설했는데, 1540년 교황 바오로 3 세(Pope Paul Ⅲ)로부터 승인을 받았다. 1546년부터

1556년 그가 죽을 때까지 수도원장으로서 특히 이그나티우스는 예수회를 다스리고, 규약(Constitutions)을 제정하고 33개 "단과대학들"(Colleges)을 설립하는 데에 심혈을 기울였는데 이들 단과대학들 중 셋은 사실 종합대학들이었다. 잘 알려진 바와 같이, 그는 충실한 가톨릭 신자였다. 비록 그의 생애가 북 유럽에서의 종교 개혁 초기시대와 우연히 일치하였지만, 그는 개신교도들과 싸움을 벌이기보다는 가톨릭 교회를 내부로부터 개혁하는 데에 더욱 열중했다.

이그나티우스는 늘 기도하는 사람이었으며, 기독교의 위대한 신비주의자들 중의 한 사람이었다. 그가 최초로 기독교적 인생관을 이어 받은 곳은 바로 16세기 장식들로 싸인, 그의 고향의 바스크적인 환경에서였다. 만레사(Manresa)에서의 특이한 신비적 체험을 통해서, 인간을 창조하고 구원하는 신적인 계획을 중심으로 한 세계관을 점차 그는 마음에 품게 되었고, 그는 그리스도와 친밀하게 연합한 자가 되기를 강렬하게 원했으며, 하나님이 그 계획을 역사 속에서 서서히 성취시켜 나가실 때 그 분께 협력하기를 열망하였다. 그는 노력없이 하나님께 드리는 찬양보다도 자신의 활동을 통해 더 큰 존귀 영광을 그 분께 드리기를 원하였다. 선택에 직면했을 때, 습관적으로 그는, 어떤 경로가 결국에 가서 하나님께 더 큰 영광을 돌려드리게 될 것인가라는 기준에 따라 결정하였다. 결과적으로 그는 "하나님의 더 크신 영광을 위하여"(*ad majorem Dei gloriam*)라는 귀절을 대단히 자주 사용하였고 마침내 그의 수도회의 좌우명이 되었다.

그리스도와 함께 일하겠다는 이그나티우스의 갈망은 유대에 살으셨던 예수와 특히 이그나티우스가 1537년이 저물 무렵 로마에 가까운 라 스토르타(La Storta)에서 환상 중에 그가 만난 주님은 영화로운 그리스도였는데, 그 분은 여전히 그 분의 신비한 몸인 교회(이그나티우스로서는 로마 가톨릭 교회)와,

그가 지상에서 그리스도를 대표하는 사람으로 생각한 교황 안에서 현존하시고 활동하시었다. 그 환상을 본 이후로 그는 자신이 배우고 있던 수도회를 ***Compañia de Jesus***, 즉 예수께 속한 단체 혹은 친구들이라고 부르기로 작정했다. 그의 견해에 의하면, 참여자들은 자기 동료들에게 영적인 일들, 특히 설교, 세상 어느 곳에서든지의 선교적 복음전도, 그리고 가르치는 것을 통하여 봉사하려는 열망을 가져야 했다.[1]

이것이 아그나티우스가 원숙한 시기에 자신이 쓴 모든 것이 투사시킨 세계관 또는 인생 철학을 압축시켜 놓은 것이다. 그것을 그는 「영적 수련」(Spinitual Exercises, 1548년 출판)에서, 개개인("수련자들")이 자신들이 어떻게 하나님을 가장 잘 섬길 수 있는지를 발견하는 것을 도와 주고 환기시켜 주는 데에 적용하였다. 그는 그것을, 주로 1547－1556년에 쓰여진 예수회의 규약(Constitutions of the Society of Jesus) 속에서는, 하나의 사도적 종교 수도회를 조직하고 분발시키고 다스리는 데에 적용하였다. 그 규약의 제 4부에서는 젊은이로 하여금 선량한 그리스도적 시민이 되도록 훈련시키는 데 그것을 적용하였다.

이그나티우스의 "단과대학들" 중 첫번째는 파리에 있는 것으로, 1540년에 세웠다. 이들은 원래 강의를 받기 위해 공립대학교에 다니는 그 수도회의 청년 회원들은 만족스럽지 못

1) 이그나티우스의 주요 저술은, 영적수련(*Exercitia spiritualia*), 예수회의 규약(***Constitutions Societatis Iesu***), 서간문(***Epistolae et instructiones***), 그리고 자서전이 있다. 이그나티우스의 규약은 영어 번역판으로 볼 수 있는데 G. E. 갠쓰(St. Louis: Institute of Jesuit Sources, 1970)가 번역했다. 이그나티우스의 내면생활과 세계관에 관하여 방대하게 자료가 첨부된 연구로는 J. de Guibert, ***The Jesuite: Their Spiritual Doctrine and Practice,*** trans. W. J. Young(Chicago Loyola University, 1964), pp. 21－73과 Ganss, "Introduction," ***Constitutions,*** pp. 3－ 33

했고 일련의 조직화된 학과들의 연속이 아니었기 때문에 예수회의 교사들이 하는 강의들이 점점 이들 단과대학에 도입되기 시작했다.

이그나티우스로 하여금 평신도 청년 훈련을 그의 수도회의 역점 사업 중 하나로 하게 한 동기는 1547년 시실리 메씨나(Messina)의 행정관료들로부터의 요청이었다. 총체적인 연구(studium generale) 혹은 종합대학을 세우는 것과 "예수회 활동의 결과로서 보통 따라왔던, 기독교 국가에 유익이 되는 것들을 성취하는 것"을 희망하면서, 그들은 신학, 교양과목, 수사학, 그리고 문법을 가르쳐 주도록 다섯 대가를 보내 줄 것을 예수회에 청했다. 이것을 기독교적 봉사의 기회로 여기고, 1548년 이그나티우스는 메씨나 대학을 열기 위해 그의 수도회에서 가장 훌륭한 사람 10명을 파송했다. 만족스러운 결과들이 계속되자, 그 때부터 줄곧 이그나티우스는 그의 수도회의 인적, 물적 자원들을 교육사업에 열광적으로 투입하였다. 1546년과 그가 죽은 1556년 사이에 그는 33개 대학들을 설립하였고 6개교 이상이 승인받았다.[2] 그의 목적과 소망들은 후에 그레고리안대학교(Gregorian University)라고 알려진 로마대학에서 가장 잘 구현되었다.

교 육 관

그런데 이러한 경험은 그가 교육에 관한 자신의 생각들을 완숙시키는 데 도움이 되었다. 1551년 12월 1일자 편지에는 스페인에 대학들의 설립을 촉구하고 있는데, 그의 목적, 시행과정, 교육 과정, 그리고 방법론에 관한 주목할 만한 개요를

---

2) 그것들은 A. P. Farrell, *The Jesuit Code of Liberal Education* (Milwaukee : Marquette University, 1938), pp. 431-35에 열거되어 있다.

담고 있다. 그 편지에서 이그나티우스는, 하나님에 대한 봉사와 인간에 대한 도움을 증진시킬 목적으로 대학들을 설립함에 있어 그 절차와 유익한 점들에 관하여 아낌없는 조언을 해주었다. 시당국 집권자, 혹은 열심있는 사람들로부터 연간 소요경비가 보장되어야 하며, 적당한 건물이 있어야 하며, 건전한 교리를 지닌 두 세 명의 사제들과, 성직자들("스콜라 철학자들") 약간 명이 파송되어야 하는데 그들은 그들을 본받아, 담화, 그리고 가르침에 의해서 학생들이 학습과 덕성 면에서 발전하도록 도울 수 있어야 했다. 가르치는 것은 자유스러워야 했다. 문법이나 인문적 교양의 낮은 분과가 먼저 개강되고, 학생들이 이것들을 충분히 학습한 후에 교양과목이나 철학의 학과들이 개설될 것이다. 훨씬 더 많은 발전을 한 다음에야 신학을 강의하도록 지명되어야 한다.

이런 유형의 학교들을 설립함으로써, 예수회는 그들이 가르치면서 스스로 많이 배우게 되고 그들의 노력의 영적 결실들에 의해 격려를 받게 된다는 점에서 이득을 보았을 것이고, 평신도 학생들은 종종 가난하긴 했어도 공짜 교육을 받으며 덕스러운 그리스도인의 삶을 전개시킬 수 있도록 도움을 받았으리라는 점에서 이득을 보았으며, 그 대학이 설립된 국가나 지역도 이득을 보았을 것이다. 이그나티우스는 교육의 사회적 목적들에 관하여 다음과 같은 결론을 내렸다 :

> 현재는 단지 학생일 뿐이나 시간이 지나면 다양한 역할을 수행할 수 있는 사람들이 나올 것이다 : 어떤 사람은 전도를 하고 영혼을 돌보는 역할을 수행하며, 어떤 사람은 그 지방의 정부나 사법부에 종사하고, 또 다른 사람들은 다른 직업에 종사하게 될 것이다. 결국, 어린 소년들이 자라나서 성인이 되므로 삶과 교리에 관하여 그들을 잘 교육시키면 많은 이들에게 혜택이 미치며, 그 열매는 날로 더욱 널리 퍼져 나갈 것이다.[3)]

그 편지 및 다른 자료들은 이그나티우스의 교육시행 절차를 잘 보여 준다. 그는 중세로부터 내려온 4개 대학분과들의 구조를 끌어들여, 이들을 당시의 르네상스 문화와 활발히 접촉한 자신의 의도와 정신에 맞게 적용시켰다. 그의 이상적인 학교는 최소한 3개 분과를 가지고 있다. 어학들을 다루는 하위분과는 대개 10세부터 13세까지의 소년들을 대상으로 했는데, 당시 어느 분야에서나 더 이상의 공부를 하려면 꼭 필요한 라틴어를 유창하게 말하고 읽고 쓰는 능력을 부여해 주도록 마련되었다. 이 대학, 혹은 어학분과는 보다 상위의 분과들이 더해짐에 따라 종합대학교가 되었다. 그 고등분과들이란, 14세부터 16세까지의 학생들을 대상으로 하는 논리학, 물리학, 수학, 윤리학, 그리고 형이상학의 강좌들이 있는 교양과목 혹은 철학분과와 스콜라 신학, 성경, 교부들, 그리고 교회법을 가르치는 신학분과였다. 민법이나 의학의 분과가 첨가되기도 했으나 실상은 드문 일이었다.

대체적으로, 이그나티우스는 요즈음 통용되는 교육학적 방법들을 끌어다 쓰고 있었다. 새로운 방법을 발명하기보다는, 남으로부터 그가 가장 적당하다고 생각한 점들을 골라 내서 그것들을 자신의 목적에 맞게 적용시켰다. 이탈리아 학교들의 강의체계가 엉망으로 무질서한 데에 반발하여, 그는 학년별로 일련의 순서가 있는 교육 과정 속에다 그 분과들을 배열하여 보다 총명하고, 보다 근면한 학생들이, 보다 빨리 진보할 수 있게 대비했다. 강의에 수동적으로만 참석하는 것은 인정하지 않으면서, 그는 학생측에서 이루어지는 많은 자발적인 활동, 즉 "훨씬 많은 연습을 하는 파리식"(the method of Paris)을 강조하였다.

3) 그 편지 전문은 영어로 옮겨져서 Ganss, *St. Ignatius' Idea of a Jesuit University* (Milwaukee : Marquette University, 1954), pp. 25－29에 있다.

이그나티우스는 그의 규약(Constitutions) 중 제 4 부에서 자신의 교육 철학에 관해 가장 길고 가장 원숙한 표현을 하였다.[4] 1558년 공인을 받은 후 이 논문은 예수회의 학교들에서 영감을 주는 힘이자 공적인 법으로 존속되었다. 이 점에서, 그는 플라톤이 「국가론」(*The Republic*)에서 그랬던 것처럼 추상적인 것으로 교육 이론을 쓴 것이 아니라, 르네상스라는 구체적인 상황에서 학교들을 운영하기 위한 정관으로 교육 이론을 썼다. 결과적으로, 그의 광범위하고 영감이 넘치는 원리들은 교묘히 짜여져서 단지 그의 시대에만 종종 적용될 수 있는 구조와 절차들을 이루고 있다. 지면이 허락되면 그의 규약에서 추려낼 수 있는 보다 많은 목표들로부터, 그의 영구적 목표들 여덟 가지를 발췌해 보기로 한다.

첫째, "본 회와 그 연구 활동의 목적은 우리 동포로 하여금 하나님을 알고 사랑하고, 자신들의 영혼의 구원을 받게 돕는 데 있다."[5] 이그나티우스는 여기서 교육의 궁극의 목적, 즉 "일꾼의 목적"을 다루고 있는데 그것은 직접적 과제들을 초월하여 전개되어 있으며, 그것에 대해 가르치는 일이란 수단과 목적의 계열 속에 있는 하나의 수단이다. 교육자는 학생이 이 생에서의 자신의 모든 활동을 궁극적 목적에다 연관시키도록 자극을 주어야 한다.

둘째, 학생들은 성스러운 것이건 세속적인 것이건 자신이 공부하는 모든 영역들을 숙달하려고 노력해야 한다.[6] 여기서 그는 가르치고 공부하는 직접적인 목표, 즉 그 과목의 숙달과

---

4) *Constitutions* 307－509 ; 비교, Ganss, *Constitutions*, pp. 171－229.

5) *Constitutions* 446 ; 비교, 307, 360, 392, 622. 이것과 여기 주어진 8가지 원리들에 관하여 보다 더 자료를 원할 때, Ganss, *Constitutions*, pp. 210, 211(주 3)을 참조.

6) *Constitutions* 460 ; 비교, 341, 355, 356, 361.

거기에 수반되는 기술들을 다루었다.

세째, 예수회는 교육이라는 수단으로써 유능한 지도자들을 사회 속에 투입하려고 하는데, 선한 영향을 누룩같이 효과적으로 끼칠 수 있을 만큼 많은 수효를 투입하기를 바란다.[7)]

네째, 교육 과정 속의 분과들은 긴밀히 통합되어야 한다. 그래서 각 분과는 전체로서의 교육 과정의 통합적인 목표, 즉 가능한 한 신중하고 과학적이기까지 한 논리적 사유를 거친 기독교적 인생관을 위해서 각기 나름대로의 기여를 하게 될 것이다. 규약에서 명시한 종합대학의 전체 교육 과정 구조에 의하면,[8)] 이그나티우스는 하나님의 계시의 빛이 비칠 때마다, 다른 분과들에서 학습된 모든 구체적인 진리들이 그 빛에 비추어 이해될 것을 그가 바라고 있음을 명백히 하였다.

다섯째, 대학교에서 신학이 가장 중요한 분과로 여겨져야 한다. 이는 신학이 비춰 주는 빛은 신중한 사유를 거친 기독교적 세계관을 나누어 주는 것과 나머지 다른 분과들을 하나로 묶는 것에 있어서 가장 중요한 것이기 때문이다. 다른 분과들도 그 나름대로 본격적인 연구를 할 가치가 있으나 그것들은 역시 신학의 시녀들이다.[9)] 신학에 부여된 이런 중요성은 수업시간 수의 문제라기보다는 강조와 사고방식, 즉 교수나 학생이나 다같이 일시적 선을 참된 선으로 생각할 뿐만 아니라 인간의 영원한 관심에 대한 수단으로 생각하는 분위기의 문제이다. 초기 예수회 학교들에는 대개의 평신도 학생들은 기독교교리 수업을 넘어 선 신학교육을 공식적으로 받진 못했지만, 자신들의 예수회 선생들의 신학적 사고방식으로 충만한 문화적 분위기 속에서 그들은 공부하였다.

여섯째, "본회 산하의 대학교에 지식을 얻으려고 온 사람

7) Ibid., 622 끝.

8) Ibid., 442-52.

9) Ibid., 447-51.

들은 그것을 얻음과 동시에 선량하고 기독교적인 도덕적 습관들이 몸에 배이도록 특별한 배려가 기울어져야 한다."[10] 달리 말하면 도덕적인 삶에 대하여 논리 정연한 동기들을 제공해 줌으로써 지적인 면과 도덕적인 면의 계발이 아울러 이루어져야 한다.

일곱째, 교수들은 자기 학생들의 지적 영적 발전에 개인적으로 관심을 두어야 한다.[11]

여덟째, 학교들은 부단히 시간, 장소, 그리고 개개인의 상황에 그들의 시행절차 (procedure)를 적응시켜야 한다.[12]

중 요 성

많은 성직자와 기독교 평신도가 일찌기 청년 교육에 참여했었지만, 이그나티우스의 수도회가 그 규약에 있어서 기독교 학생들의 운영을 그 주요한 임무들 중에 하나로 규정한 최초의 종교적 수도회였던 것 같다. 그의 역동적인 통합 속에 표현된 기독교 교육의 원리들은 그를 뒤이은 다른 교육자들에 의해 널리 이용되었고, 그래서 그것들이 오늘날 진부하게 여겨진다. 그렇지만 그 당시에는 그들 중 대부분이 창조적으로 독창적인 것이었다. 그들은 또한 그의 수도회 안에서 광범위하고 항구적인 영향을 미쳤다. 그가 유럽 전역에 세운 33개 학교들을 통하여 그는 오래지 않아 전대미문의 보다 광범위한 전반적인 교육 체제를 확립했다. 그것은, 비록 다른 지역에 위치했으나, 공통된 정관에 의해 다스려지고, 동일한 교육 과정을 따르고, 수업과 행정 경험을 조사하고 평가하며, 유능한 교사들을 교환하고 그들을

10) Ibid., 481.

11) Ibid.

12) Ibid., 488 ; 비교, 395, 466.

한결같이 충원해 주는 학교 조직이었다.

이그나티우스가 심은 나무는 1556년 그의 사망 후에도 여러 세기 동안을 차근차근 성장했다. **규약**에서 이그나티우스는, 시행 절차, 일정표, 실습, 또 그의 폭넓은 목적들을 더 잘 성취하려는 다른 교육학적 수단에 관해 개별적이고 보다 충실한 일련의 지침들을 요구하였다.[13] 여기에서 **면학계획**(Plan of Studies, 1559)이라는 논문으로 정점을 이룬 일련의 교육에 관한 논문들이 나왔다. 이것은 교육 이론의 한 문서라는 것 이상으로 교육 과정의 조직 및 교육학적 시행 절차에 관한 하나의 기록이다. 왜냐하면 **규약**의 목표들이 재진술된 것들이라고 하기보다는 **규약**에서 이미 전제되었던 폭넓은 목표들을 성취하는 데에 그것이 한 수단이 되기 때문이다. 그런데 그것은 대단한 장점을 가졌다. 교육적 혼란을 겪으면서 보다 큰 동질성을 모색하던 시기에 그 논문은 유럽, 남북 아메리카, 그리고 아시아에 널리 퍼진 예수회 산하 학교들에서 교육 절차의 통합을 유지시켰다. 그래서 그것은 예수회의 학교 체제가 현저히 발전하도록 촉진시켰다. 중등교육과 고등교육을 맡은 예수회 기관들은 1625년까지 해서 372개소, 또 1710년까지는 612개소에 달했다. 1773년 그 회의 침체가 있기 직전까지, 예수회는 또한 15개 대학교를 관리했고 176개 신학교에 교직원을 파송했다.[14] 1814년에 그 회가 복구된 이래로, 여전히 이그나티우스의 목적들로부터 영감을 얻으면서 이전과 같은 사업에 그 인적 자원과 노력을 예전과 마찬가지로 쏟고 있다. 예를 들면, 1969－70 학년도에 미국 내에서, 예수회는 18개 대학교와 10개 단과대학을 운영했는데 총 등록자 수는 149,456명, 또 중등학

---

13) Ibid., 455.

14) 유럽에 있는 그 학교들의 지도나 많은 삽화들은 Ganss, ***The Jesuit Educational Traditions and St. Louis University***(St. Louis: St. Louis University, 1969).

교 51개소를 운영했는데 학생 총 등록자 수는 36, 982 명이었다.

이그나티우스가 시동을 걸어 놓은 이 모든 기독교 교육적 노력은 종교 개혁의 중요한 원인이 되었던 혼란과 부패로부터 가톨릭 교회를 회복시키는 데에 큰 힘이 되었다. 그러나 아마 더욱 중요한 것으로는, 그러한 교육이 학생 개개인에게 그들의 삶을 훨씬 더 의미있게 또 이생과 내세를 위해 훨씬 더 만족스럽게 살게 하는 기독교적 인생관과 심오한 영성을 심어줌으로써 그들에게 지대한 유익을 가져다 준 것이다.

Selected Bibliography

Donohue, J. W. *Jesuit Education: An Essay on the Foundations of Its Idea.* New York: Fordham University, 1963.

Ignatius. *Autobiography. Fontes narrativi de S. Ignatio de Loyola et de Societatis Iesu initiis,* 1:354-507. Rome, 1943.

__________. *Epistolae et instructiones S. Ignatii. Monumenta historica Societatis Iesu, series* 1. Madrid, 1903-1911.

__________. *Exercitia spiritualia S. Ignatii eorumque directoria. Monumenta historica Societatis Iesu,* series 2. Madrid and Rome, 1919 and 1915.

__________. *Sancti Ignatii constitutiones Societatis Iesu. Monumenta historica Societatis Iesu,* series 3. Rome, 1934ff.

Lukács, L., ed. *Monumenta paedagogica Societatis Iesu.* vol. (1540-1556). Rome, 1965.

11. 필립 멜랑히톤

Philip Melanchthon / 1497 – 1560

카알 S. 마이어 (Carl S. Meyer)

교육자로서 그의 모든 성숙한 삶을 살다 간, 필립 멜랑히톤은 십대에 튜빙겐 대학교에서 가르치기를 시작하여 그가 죽기 10일 전까지 강의실에 머물러 있었다. 또한 그의 교육학적인 노력은 교과서를 집필하고, 학교를 세우고, 교육 과정을 체계화하는 것을 포함하였다. 그는 쟁쟁한 선생들의 선생님이었고, 권위자들이 그를 권위자로 여겼다.

그의 생시에 멜랑히톤은 독일의 스승(Praeceptor Germaniae)으로 알려졌는데,[1] 이는 그의 사후 400년이 지나갔어도 여전한 그의 별칭이다.[2] 그러나 그는 자신을 먼저 기독교 교

1) C. L. Manschreck, *Melanchthon, the Quiet Reformer*, p. 131.

2) 1889년에 편찬한 문헌목록 속에 K. Hartfelder는 멜랑히톤을 *Lehrer Deutschlands* 또는 *Praeceptor Germaniae*라고 명명한 제목들을 가진 최소한 여덟 권의 책을 기록해 두었다. *Philipp Melanchthon als Praeceptor Germaniae*(Berlin, 1889; reprinted Nieuwkoop: DeGraaf, 1964), pp. 621–45(numbers 40, 113, 135, 153, 157, 239, 269, 368).

육자라고 생각했을 것이다. 그에게 있어서 교육은 필연적으로 기독교적이어야 했고 기독교적 교육 철학은 인문학에 대한 마땅한 관심과 경건을 위한 실존적 임무를 포함해야 한다.

멜랑히톤은 14세인 1511년 학사학위를 받았다. 3년 뒤 그가 석사학위를 수여받을 때까지 그는 이미 어느 귀족의 두 아들의 가정교사로 있었는데 천부적인 교사라고 칭찬받았다. 19세가 되기까지 라틴어 극작가 테렌스(Terence)에 관해 강의했으며, 이 영민한 수사학 및 도덕 교사의 작품들을 편집 발간하였다.

기독교적 인문주의자

수사학은 튜빙겐에서의 그가 젊은 강사였을 때는 물론이고 비텐베르그(Wittenberg)에서 훌륭한 스승이 되었을 때도 멜랑히톤의 생각 속에 가장 중추적인 위치를 차지하였다.[3] 그의 초기 연설 가운데 하나로 1517년에 행한 "교양과목"(The Liberal Arts)에서, 멜랑히톤은 3학과 4학(3학은 문법, 논리, 수사학으로 구성되었다)이라는 전통적인 일곱 가지 교양과목을 좋게 평가하였다. 그러나 그는 자신의 사고 방식에서 "교양과목"을 수사학에 국한시켜 버릴 정도로 편협하지 않았다. 오히려 그는 교양과목을 늘려서 역사와 시를 포함시켰다.

그의 수사학에 관한 세 권의 책(Three Books on Rhetoric)이 1519년에 나왔는데, 그것은 그가 교회의 케리그마적 기

3) W. Maurer, *Der junge Melanchton Zwischen Humanismus und Reformation* (Göttingen: Vandenhoeck and Ruprecht, 1967), 1 : 111-16, 190-98.

능을 위한 예리한 도구로서 복음에 봉사하기 위한 수사학에 관한 일련의 교과서들 중 첫번째 것이었다. 그는 설교의 기술에 관해 수 편의 논문을 썼으며 수사학에 관한 그의 첫 번째 소책자엔 설교를 하도록 소명을 받은 이들에게 특별히 보내는 한 장이 있다. 웅변은 복음에 봉사함은 물론이고 굳건한 교리에도 기초가 된다. 그는 다음과 같이 썼다.

> 그리고 바울이 "하나님 말씀의 행상인"에 대하여 반대한 이래로, 성스러운 문자들을 취급함으로써 불경스러운 대중으로부터 이득을 보고 있는 그들보다도 더 뻔뻔스럽게 하나님의 말씀을 거래한 사람은 없다. 그들은 자신들의 죽음이나 박학다식함으로도 자신들의 착함을 증명할 수 없다. 어째서 그런가? 여러분은 그들이 우리가 쓴 저술들을 거부하는 것을 압니다. 그러나 그 저술들은 선하고 정직한 모든 것, 경건함, 공중도덕, 그리고 참으로 그리스도 그 분에 관하여 이야기하고 있습니다.[4)]

그는 자신을 성스러운 것들과 그리스도를 위한 후원자라고 하였다.

멜랑히톤에겐 복음의 주장과 동의어였던, 종교 개혁의 주장은 학문의 진흥을 요구했다. 그는 일곱 가지의 교양과목(특히 수사학), 역사, 시, 어학, 그리고 성서는 연구와 숙달을 필요로 한다고 느꼈다.

멜랑히톤을 기독교적 인문주의자로 보는 것은 바로 이런 학과 과정(program) 때문이다. 만일 멜랑히톤이 기독교적

---

4) *Melanchthon Werke in Auswahl,* ed. R. Stupperich (Gütersloh: Gerd Mohn, 1961), 3 : 58. 16-22 (이후로는 StA라고 인용함.) 속에 있는 "Encomion eloquentiae" (1523). 고후 2 : 17 을 참조한 것.

인문주의자로 진지하게 이해되지 않는다면, 그는 참으로 교육자로서 이해될 수가 없다. 그는 이러한 확신을 1518년 8월 29일 비텐베르그 대학교에서 한 취임연설에서 똑똑히 말하였다. 그 연설에서 그는 어학 연구의 필요성을 강조하였다.

> 그래서 신학이란 일부는 히브리어이고, 일부는 희랍어이기 때문에(실은 우리가 라틴어에서 이 두 흐름을 흡수하므로), 우리가 신학자들을 지도할 때는 그 외국어들을 가르칠 때 벙어리식으로 형식적인 것들만 가르치면 안 된다.[5]

어학공부와 긴밀히 연관된 것은 바로 성서연구이다. 희랍어 교수로 임명받아서, 그는 호머와 디도에게 보낸 바울 서신에 관한 강의로써 비텐베르그에서의 첫 발을 내딛었다.

다른 곳에서도 멜랑히톤은 어학의 연구에 대한 지대한 관심을 보였다. 요하넴 로이힐린 포렌셈 후기 라틴어 박사에게 여러 번 보내어진 어느 명석한 사람의 라틴어, 희랍어, 히브리어로 쓴 편지들(Clarorum virorum epistolae latinae graece et hebraicae variis temporibus missae ad Ioannem Reuchlin Phorensem LL. doctorem)을 소개하는 서신에서, 멜랑히톤은 그 편지들의 다국어적 성격을 높이 평가했다.[6] 루터의 시편 주석서의(1519) 서문에서, 그는 신학적 연구에 관해 논술하면서 언어들을 배울 필요성을 지적하였고, 에라스무스, 로이힐린, 그리고 그 외 다른 이들이 이 분야에서 기

---

5) *"De corrigendis adolescentiae studiis"* (1518), StA, 3 : 40. 11－14.

6) *Corpus Reformatorum : Philippi Melanthonis opera quae supersunt omnia,* ed. G. Bretschneider and H. E. Bindseil (Halle, 1834－1860), 1 : 4, 5, no. 1 (이후로는 CR이라고 인용함).

여한 바에 대해 그들에게 찬사를 보냈다. 그의 생각대로 하면, 복음교회, 그리고 그리스도론은 고대 언어들을 추적함으로써 얻게 된다. 한 학생을 자기 친구인 에겔바하(Egerbach)에게 추천하면서, "그는 자네와 더불어 희랍어로든 라틴어로든 철학을 연구할 수 있네"라고 멜랑히톤은 이야기했다. 요하킴 카메라리우스(Joachim Comerius)라는 친구를 위한 시에서는 그가 수사법, 희랍어, 그리고 히브리어를 자유로이 구사했음을 칭찬했다.[7] 인문주의에 몰두했던 학교인, 뉘른베르그의 라틴어학교의 개교 연설에서(1526), 그는 플로렌스인들이 "종교의 불멸의 기념비"인 희랍어의 교수들을 후원해 준 것을 찬양하였다. 그것은 독일 도시의 업적을 이탈리아에 있는 학문과 예술의 중심지와 결부시켰다는 점에서 굉장한 찬사였다. 멜랑히톤은 독일 청중에게 다음과 같이 상기시켰다.

> 만일 여러분이 학문을 보존치 않으면, 종교건 좋은 법이건 지속될 수 없어요. 또한 하나님께서 여러분이 덕성과 종교를 위해 자녀들을 교육시키게 해 주시기를 기원합니다.[8]

그러나 멜랑히톤이 희랍어 연구를 최고로 치하한 것은 바이터스 오르텔(Vitus Oertel)을 위해 마련된 연설에서였다. 1549년에만 해도, 희랍어에 관한 강조는 비교적 드물게 언급되었다. 희랍어 연구를 최소화한다는 것은, 멜랑히톤에겐 악마의 감언이설에 굴복한다는 것을 의미했으며, 이런 악마 같은 실책은 지옥의 가장 무서운 고통을 받을 만하다고 여겼다. 그는 희랍어를 언어 중에서 가장 달콤하고 가장 풍부

7) CR, 1 : 644, no, 262, 그는 까메라리우스를 뉘른베르그 고위성직자의회(council)에 천거하였다. CR, 1 : 713, no, 314.
8) StA, 3 : 68. 34-37.

한 것이어서 연구할 가치가 있다고 보았는데, 이는 그 언어로 “우리의 주님이시요 구세주이신 예수 그리스도의 아버지 되신 하나님께서 성스러운 교리라는 무진장의 보물을 〔나타내셨기〕 때문이다.” 그는 또한 다음과 같이 말하였다.

> 실은 무엇보다도 하나님께서 신약을 이 언어에 위탁하셨기 때문이며, 신약은 그 분의(His) 교리이며, 그 안에서 하나님은 우리에게 전달자요 교사가 되시는 영원한 성자를 우리에게 보내셨다.[9]

멜랑히톤이 희랍어를 연구하는 것에 대하여 다른 이유들도(예를 들면, 수학에 기여한 희랍어의 가치) 있지만, 그가 제일 강조하는 이유는 희랍어가 순수한 종교를 연구하기에 매우 유리하다는 점이었다. 그는 또한 루터가 히브리어 연구에 대해 좋게 이야기했던 것을 인용하였다. 그는 그 언어들이 영원하시며, 지극히 자비로우신 하나님께서 주신 하늘의 교리들의 광채를 위해 보존되어져야 한다고 주장했다. 멜랑히톤의 저술들에서 실례들을 허다하게 찾을 수 있지만, 그가 희랍어, 라틴어, 그리고 히브리어 등의 연구에 관해 무수히 쌓아 올린 찬사에 더 이상 첨가할 만한 찬사가 거의 없다.

고전주의자

고전 작가들에 관한 멜랑히톤의 평가 역시 그의 언어의 강조와 관련된 통찰을 우리에게 제공할 것이다. 그는 많은 희랍 작가들을 칭찬했으나, 그 중에서 호머(Homer)를 가장 찬양하였다.

---

9) Ibid., 3 : 139. 18-23.

> 일생을 통하여 그리고 모든 상황에 유익할, 보편적이고 대단히 유용한 도덕률과 도덕 규칙들을 통하여 그는 많은 교훈과 현명한 훈계를 준다. 지극히 섬세하게 그는 사려깊음, 겸양, 그리고 다른 미덕들에 대한 점잖고 건전한 지식을 넌지시 비춰 준다. 자애롭고 순화된 태도에 있어서 호머보다 나은 스승은 없다.[10]

멜랑히톤은 유리피데스(Euripides)의 비극 18편을 라틴어로 번역하였는데,

> 인생의 갖가지 모습에 대하여 우리를 훈계하고… 훌륭한 장식문장을 제공해 주는 극히 진지한 예와 화제들을

그 희곡들이 제시해 주기 때문에 멜랑히톤에게 그것들은 의미가 있다. 철학자들 중에서 그는 플라톤을 가장 뛰어난 웅변가로 그리고 아리스토텔레스를 가장 소신있는 도덕지도자로 언급하였다. 모든 역사를 통하여 그리고 성서(Sacred Writ)까지 포함한 온갖 형태의 문학에서 우화는 젊은이를 가르치기 위해 사용되어 왔었으므로, 이솝 우화는 특별한 가치가 있었다.[11]

멜랑히톤은 자신이 추천한 작가들에 관하여 그들이 학생들의 문학적 소양은 물론 도덕과 예절을 신장시킨다고 주장하였다. 이 두 가지 측면에서 플루타아크(Plutarch)는 자격을 구비하였디. 플루타아크에 대한 서문에서 그는 1516년 연설에서 발표하였던 그의 생각을 반복하였다.

> 고전적 걸작품들을 우리가 애호하도록 조언을 받고 있는 것

10) "*Praefatio in Homerum,*" CR, 11 : 403, no. 53.

11) CR, 7 : 561, no. 4689 속에 있는 이솝우화선집에 대한 그의 서문에서 인용.

갈습니다. 이들은 어학 훈련과 인생 철학의 형성과 관련이 있기 때문입니다.[12]

그러나 멜랑히톤의 평가에 의하면 라틴어 작가로는, 키케로(Cicero)가 능가할 수 없는 사람이다. "키케로가 문체에선 최고의 대가라는 것은 누구나 알고 있다."

윤리학에 관하여서는, 멜랑히톤은 고전적 작가들에게 실용주의적 접근을 피했다. 그의 교육경력을 통하여, 하나의 고전적 작품을 평가할 때 그는 그 작가의 윤리적 입장에 주목했다. 그의 생각 속엔 안다는 것(Euriditio)은 생활방식을 바로잡는 것(emmendatio vitae)과 결부되어 있었다. 이런 귀절들에 덧붙여, "도덕 철학의 입장을 취한 이들로서, 데모스데네스(Demosthenes)와 키케로의 영향을 입지 않았던 사람이 누군가?"라고 그는 말했다.

멜랑히톤으로서는 진리의 철학인 윤리학에 관해 이야기할 때는 아리스토텔레스가 걸출한 문필가였다. 그 스타기라인(the Stagirite, 아리스토텔레스의 출생지: 역주)에 관하여 반복해서 강의를 하고 나서, 그는 아리스토텔레스의 저술들에 관한 주석서를 한 권 썼다.

윤리학을 철학적으로 다루어 글을 쓴 최초의 개신교 신자라는 영예는 멜랑히톤에게 돌아가야 한다. 그러한 시도로 그는 아리스토텔레스의 「니코마코스 윤리학」(*Nicomachean Ethics*)을 모델로 사용했다. 1538년 그의 윤리학 개요가 나왔고, 1540년, 1546년 수정판이 나오고, 1550년 제 3판이 뒤따랐다. 거기서 그는 도덕 철학을, "외적인 행위에 훈계를 주는 신의 율법의 일부분"이라고 정의하였다.

철학과 신학을 신중히 구분한 것이 멜랑히톤의 사고의 특색

---

12) CR, 1 : 74, no. 37. 그리고 Feldkirck에게 보낸 것으로, CR, 1 : 79, 80, no. 41에 실려 있는 그의 편지도 참조.

이다. 복음, 하나님의 율법, 그리고 철학은 서로 혼동되어선 안 된다.

> 도덕 철학이 복음은 아니지만, 신의 율법과 하나님의 지혜의 일부분이기 때문에, 그에 비례하는 격찬을 도덕 철학이 받아야 한다.[13]

라고 그는 이야기했다. 도덕 철학은 자연법칙을 전개한 것이다. 규율과 교육을 결합하는 것은 행정관료들이 정치적 문제들을 다스리는 것이나 법률의 해석에 도움이 된다.

> 전술한 것처럼 도덕 철학은 하나님의 율법의 일부이기 때문에, 엄밀히 말해서 인간의 목적도 신의 율법과 참된 철학에 의거해서 볼 때는 마찬가지이다. 다시 말해서 하나님을 알고 그 분께 순종하고, 그 분의 영광을 드러내고 찬미하며, 하나님 앞에서 인간사회를 보천해 가는 것이 인간의 목적이다. 인간은 하나님의 형상대로 지음받았기 때문에, 그 형상 안에서 하나님은 분명히 나타나시고 또 인지되시기 때문이다.[14]

도덕 철학의 장점, 단점을 간파한 후에 멜랑히톤은, 에피큐로스학파와 스토아 철학자들의 가르침을 면밀히 고찰하였다. "덕"(***virtus***)의 개념이 여기서 그에겐 가장 중요했다. 그는 덕을 "의지로 하여금 올바른 이성에 복종하도록 하는 조건"이라고 정의했다. 그러나 복음과 성령은 그 문제에 다른 접근을 제시하며 자유 의지의 문제를 제기한다. 그 문제에 대한 광범위한 탐구는, 멜랑히톤으로 하여금 스토아 학파적 입장을 거부하게 하였다. 인간의 정서에 관한 고찰을 통하여 그는 다음과 같은 결론에 도달하였다. 인간은 "경외심이나 신앙이 없

---

13) StA, 3 : 158. 30-32.
14) Ibid., 163. 35-164. 6 .

이는 하나님을 기쁘시게 하지 못한다."[15] 오직 그리스도의 가르침만이 사랑의 원인을 적절히 설명할 수 있고, 철학으로는 할 수 없다.

경외와 믿음에 관해 이야기할 때, 멜랑히톤의 술어에 따르면 법률과 복음은 구별되어야 한다. 그렇게 하는 것은 정의(iustitia)라는, 철학과 신학에서 각기 다르게 사용하는 단순하지 않은 용어에 대한 정의가 필요하다. 윤리학에 관한 토론에 있어서 그의 논술의 전체를 통해 멜랑히톤이 기독교적인 시각을 견지하고 있음은 주목할 만한 일이다. 예를 들면 아래와 같이 적고 있다.

> 하나님의 아들 주 예수 그리스도시여, 당신께 기도드립니다. 당신이 우리를 위해 십자가에 달려 죽으시고 다시 살아나심은 우리를 가르치시고 영존하신 아버지께 우리를 위해 중보기도를 해 주시며, 우리를 당신의 성령으로 지배하시고 당신을 위해 우리 중에서 교회를 세우시고, 우리의 상처들을 고쳐 주시며, 당신이 인성을 입으심으로써 인간을 지극히 사랑하신다는 것을 증거하셨던 때의 무한한 선하심으로 〔우리의〕 형벌을 감해 주시기 위함이니이다.[16]

이 보기는 멜랑히톤이 희랍의 도덕 철학을 중요하게 보면서도, 인문주의적 개념들과 고전적인 명료한 표현들을 어떻게 복음과 기독교 교육에 이용할 수 있는가를 보여 준다.

역 사 가

멜랑히톤에게는 역사는 도덕 철학과 대단히 유사하다. 1517년에 그가 시와 역사를 그 당시 학교들의 일곱 가지 교양학과

15) Ibid., 191. 17.

16) Ibid., 355. 21－26.

에 첨가시킨 것을 우리는 이미 언급하였다. 역사란 그에게 있어서 고대의 희랍과 라틴 역사가들을 아는 것을 의미하였다. 일년이 못되어 그는, "역사는 하나님의 진노와 은총, 율법과 복음의 예증들이다"[17] 라고 썼다.

역사연구는 신학연구에 필수적이라고 그는 생각했다. 역사를 모르고서는, 인류는 영원한 어린이, 즉 영속적인 맹목(blindness)에 빠지게 된다. 그는 역사를 웅변술의 작업(opera eloquentiae), 즉 교육학적 업무를 구성하는 가장 중요한 부분에 속한 것으로 보았다. 그래서 그에 의하면 역사의 유용성은 도덕적이고 신학적이며 실제적인 것이다.

"역사는 〔고전의 연구〕가 지극히 필요하다…"[18] 왜냐하면 역사는 예증(examples)에 의하여 훈계되며, 많은 예증들은 고전작가들의 저술에서 인용될 수 있기 때문이다. 카리온(Carion)이 쓴 연대기의 개정판 서문에서, 역사가 행위의 모범들을 제공한다는 점에서 역사가 유용함을 그는 지적했다.

요셉 부겐하겐(Joseph Bugenhagen)의 생애에 관한 연설에서, 멜랑히톤은 비텐베르그 교회의 작고한 목사를 젊은이가 교리와 삶에 대하여 배울 수 있는 모범 인물로 인용하였다. 그는 부겐하겐을, 변화를 받아들일 수 있고 변화에 참여한 인간의 모범으로 보았다.

> 이러한 변화가 어떤 종류의 것들이며 과거의 교훈들이 어떻게 변질되고 뭉크러뜨려져 버렸고, 어떤 군주와 정부들이 이것

---

17) E. Bizer, *Texte aus der Anfangszeit Melanchthons* (Neukirchen-Vluyn: Neukirchenor, 1966), p. 20 속에 있는 "*Artifitium epistolae Pauli ad Romanos a Philippo Melanchthone*". 그는 "역사들이란 율법과 복음에 관련된 하나님의 역사하심의 예증들이다"라고 다시 (1521) 썼다. Ibid., p. 46.

18) StA, 3 : 39. 13.

들을 연구하여 도움을 입었는가에 관하여 아는 것은 후대인 들에게 대단히 중요하기 때문이다.[19]

우리는 멜랑히톤이 음악교육도 강조했음을 유의해야 할 것이다. 매일 노래를 가르치기 위해 1528년에 순회기사(Visitation Articles)가 마련되었고, 그는 음악이 하나님의 선물이기 때문에 하나님의 찬미와 영광을 위해 음악을 사용해야 한다고 변론하였다.

자연과 역사의 연구는 멜랑히톤의 사유체계에서 긴밀히 연관되어 있었는데, 너무 밀접해서 빌헤름 마우러(Wilhelm Maurer)는 멜랑히톤이 그들을 동일시했다고 주장할 정도였다. 수학과 물리학은 그리스도인을 교육하는 데에 그로서는 중요했으며, 자연과학을 일반학교들이나 대학교들의 교육 과정 속에 도입한 첫번째 공로는 바로 멜랑히톤에게 돌아가야 한다. 그가 점성술의 신빙성을 교수하고, **별들이 인간들을 지배한다고**(astra regunt homines) 믿었던 것은 사실이나, 「영혼에 관하여」(*De anima*)라는 그의 주석서는 진정한 물리학과 심리학에 대한 그의 관심에서 나온 소책자이다. 빌헤름 딜타이(Wilhelm Dilthey)는 그 점을 "신학적 관점으로부터 아리스토텔레스적 관점에로의 변모"라고 불렀다. 멜랑히톤의 그의 용어 정의에 있어서 신학적 술어들을 사용하여, 심리학을 교회의 시녀로 변화시켰다. 그의 토론에서는 지성보다는 자유의지가 우위를 차지하게 된다.

멜랑히톤을 교육자로서 이해하려면, 자유의지에 관한 그의 개념을 이해해야 된다. 「영혼에 관하여」 (1553)는 그의 원숙하고 독자적인 자유의지(de libero arbitrio) 개념을 포함하고 있다. 그는, 인간은 죄와 죽음을 해결할 수 없기 때문에, 스

---

19) CR, 12:296.

토아학파가 가르침들을 거부했다.

> 인간의 의지는, 복음의 빛과 성령에 의해 거듭나지 않고서는, 하나님에 대한 진정한 경외, 하나님을 확고하게 긍정하며 신뢰하며 사랑하는 것, 큰 환난 중에서의 진정한 인내와 지조, 그리고 이와 비슷한 영적작용들을 해낼 수 없을 뿐만 아니라, 하나님의 율법의 완전한 순종은 더더욱 스스로 감당할 수 없다.[20]

그래서 그는 하나님의 아들이 자신의 교회를 모으고 자기 백성의 마음과 의지를 깨우쳐 주시기를 간구하였다.

멜랑히톤은 교육적 과업이라면 주님의 훈계들을 포함하고 또 그것들에 의하여 지배되어야 한다고 생각하였다. 그는 피코 델라 미란돌라(Pico della Mirandola)가 지혜란 단순히 가르쳐지는 것이 아니라 전달되어야 한다고 주장하면서 철학이 수사학보다 우위라고 한 주장을 논박하였다. 지혜는 하나님의 말씀, 즉 성육신 사건과 성서 안에 나타난 하나님의 계시이다.

> 사실 지혜란 창조에서 계시된 하나님의 말씀일 뿐만 아니라, 율법과 복음 안에서도 계시되는 하나님 말씀이다.

육적인 지혜(Sapientia carnalis)와 이성적인 지혜(Sapientia rationis)가 인간의 행복을 보장하기엔 충분치 못하다. 자필로 쓴 어떤 성서(1542)의 제명에서 멜랑히톤은 다음과 같이 강조하였다.

> 선지자들과 사도들의 입을 통해 계시된 하나님 말씀을 전심으로 배우고 읽고 묵상하라는 이 명령을 우리가 소홀히 여겨서

20) StA, 3 : 353. 31－352. 2.

는 안 된다. 왜냐하면 이 말씀이 없으면, 인간의 마음은 무지로 가득차고, 비참하게 악마의 올가미와 실수와 죄에 빠지게 되기 때문이다.[21]

기독교 교육자

1528년의 「순회기사」(*Visitation Articles*)를 보면 멜랑히톤은 교구의 개선에 관심이 있었는데 종교교육을 모든 교육의 핵심에 두었다.[22] 그가 제안한 학교운영계획은 학생들을 세 집단 혹은 세반으로 나눌 것을 연구하였다. 첫번째 분반의 아동들은 입문편, 주기도문, 사도신경, 그리고 다른 기도문들을 담고 있는 아동용 소책자를 사용하게 되어 있었다.[23] 그러나 그는 자신의 교육적 방향에 균형을 제시하였다. 다시 말하면 종교교육

21) O. Walz. "*Epistolae Reformatorum* I," *Zeitschrift für Kirchengeschichte* 1 (1877) : 148, no. 26. C. S. Meyer, "Melanchthon as Educator and Humanist," *Concordia Theological Monthly* 31(1960) : 536, 537을 참조.

22) CR. 26 : 3－27, 41－96 ; H. Lietzmann, *Kleine Texte für Vorlesugen und Ubungen*(Bonn : Marcus and Weber, 1912), no. 87 ; "Instructions for the Visitors of Parish Pastors," trans. C. M. Jacobs in *Luther's Works* (Philadelphia : Fortress, 1958), 40 : 263－320 ; "Book of Visitation School Plan," trans. H. Barnard, in F. Eby, ed., *Early Protestant Educators.* pp. 180－87 ; StA, 1 : 215－71. StA만은 더 이상의 참조 및 인용이 가능할 것임.

23) 멜랑히톤이 쓴 *Enchiridion elementorum Puerilium* (Wittenberg, 1524)를 참조한 것으로, CR, 20 : 391－424 및 Hartfelder, *Philipp Melanchthon,* p. 584, no. 84에 실려 있음. CR, 23 : 107ff 속에 있는, 멜랑히톤이 쓴 *Handbuchlein, wie man die kinder zu der geschrift und lere halten sol* 및, CR, 23 : 103－93과 Hartfelder, *Philipp Melanchthon,* p. 620, no. 703에 있는 *Catechises puerilis*를 또한 참조할 것.

이 가정과 교회에서 함께 분담되어야 한다는 것을 그는 알고 있었다. 일 주일 동안의 교회 예배에 정기적으로 출석하는 사람들이 있었으므로 그는 한 주에 하루를(그 때 상황에선 그가 분명히 충분하다고 생각했다) 성서에 근거한 기독교 교육을 어린이들에게 베풀도록 조처했다.

> 그런데 어떤 사람들은 성경을 전혀 가르치지 않고, 또 어떤 사람들은 성경만 가르치는데, 두 경우 다 그대로 보아 넘길 수 없다.[24]

인문주의자인 멜랑히톤은 종교가 가르치는 것의 전체를 차지하는 교육보다, 가르치는 것의 통합적 중추가 되는 교육을 더 바랐다.

1528년에 그가 설립한 **삼학** 학교들(trivia schools)을 위한 두 번째 학교 운영계획에서, 그는 십계명, 사도신경 그리고 주기도문을 복습하도록 하였다. 그는 그 학생들이 쉬운 시편들을 몇 가지(112, 34, 128, 125, 127, 133) 배우기를 원하였다. 마태복음, 디모데 전후서, 요한 일서, 솔로몬의 잠언이 학생들이 성숙함에 따라 그 과정에 첨가되도록 하였다. 이 과정을 마치면 학생들 중 일부는 세 번째 분반에 들어갈 수 있는 수준에 도달하게 될 것이다. 그러나 여기서 제시된 것 이상으로 교사가 성서의 다른 부분을 가르치려 해서는 안 된다고 보았다.

> 왜냐하면 이 어린이들에게 어렵고 심원한 책들을 가지고 부담을 주는 것은 쓸데없는 것이다. 어떤 분들 〔선생들〕은 이사야, 로마서, 요한복음, 그리고 그런 종류의 딴 책들을 읽히는데, 그것은 다 자신들의 평판을 높이려는 것이다.[25]

---

24) StA, 1 : 269. 29－31.

25) Ibid., 270. 37－271. 3. 그리고 269. 36－271. 3의 문맥을 참조.

멜랑히톤은 "아동들이 기독교적이고 신을 공경하는 생활의 바탕들을 배우는" 것이 꼭 필요하다고 보았다. 믿음, 하나님에 대한 경외, 그리고 선한 일에 힘쓰는 것은 교사가 학생들에게 단단히 가르쳐야 한다. 하급학교에 다니는 학생들의 종교교육을 위한 그의 구상은 명료한 목표와 목적들이 있었다. 즉 그것은 생활중심이고 학생중심으로 신앙교육을 하는 것이었다. 성서에 기초한 교육의 내용은 종교 개혁의 원칙인 오직 성서(sola Scriptura)만과 인문주의의 원칙인 **근원을 향하여**(ad fontes)에 일치하였다.

삼학학교들의 바탕이 된 동일한 원칙들이 그가 설립한 라틴어 학교들의 기초가 되었다. 그는 뉘른베르그(Nürnberg)에 있는 인문주의 학교에 대하여서는 그의 원칙들이 훨씬 더 관대하여졌지만 하나님의 의지가 마찬가지로 이 학교의 지도이념이 되기를 원하였다. 그는 기회있을 때마다 그런 학교들을 지지하는 글을 썼고,[26] "바른 태도와 행실을 가르치는 좋은 학교를 세우는 것은 천박한 일이 아니다"고 뉘른베르그 공의회에 이야기했다.

대학교들과 단과대학들의 교육 과정을 조직할 때도 멜랑히톤은 이 원칙들을 포기하지 않았다. 비텐베르그 대학교를 재조직하는 데 있어서 그의 역할은 과소 평가될 수 없다. 그의 첫번째 관심은 대학교에서 수행되는 연구들이 "하나님이 그의 영원한 교회를 부르시고 모으시는 수단인" 교리에 순응하는 것이었다. 교칙은 라틴어, 문법, 논리, 수사학, 철학, 산수, 물리학, 그리고 아리스토텔레스의 윤리학을 필수로 규정하였

---

26) 예를 들면, Hartfelder, *Philipp Melanchthon*, p. 597, no. 348에 있는 *Ein Nutzbarliche Schone Ermanung* (1540)을 참조. 이 소책자는 Soest시에 (the city of Soest) 부친 것이었다. 또 Hartfelder, *Philipp Melanchthon*, p. 591, no. 218에 실려 있는, 1533년에 발간된 소논문과 비교.

다. 뿐만 아니라, 교회에서 가르치는 일에 종사하려는 사람은 희랍어와 히브리어를 배울 것을 요구했는데, 이는 교회의 교리의 근원(*fontes*)이 희랍어와 히브리어에 있기 때문이다.[27]

멜랑히톤이 교회를 대단히 강조했다는 점은 저자에게는 주목할 만한 일이다! 이 점은 "하나님은 늘 교회를 모으시며 멸망할 학식이나 박학다식은 원치 않으신다"라는 말에 나타나 있다. 이 말은 분명히 멜랑히톤의 표현이며 교회론적 강조 역시 그가 한 말이다. 그의 접근 방식은, 인문주의적 추구에 고도의 경의를 표하지만 결국 이들이 교회를 섬기고, 이들이 교회를 위하여 하나님에 의하여 유지되어야지 그 역이 될 수 없는 성직자의 방식이었다. 신학교수들은 세 가지 보편적 신조들(사도신경, 니케아 신조, 아타나시우스 신조)과 아우구스부르그 신앙고백(Ausburg Confession, 1530)에 따라 가르치고, 그것들을 방어하기로 서약하였다.

(20세기 용어를 쓴다면) 문리과 대학은 10명의 교수직을 허용했다. 한 명이 조교 또는 교사 이외에 라틴어, 수학, 논리 그리고 수사학에는 각각 10명의 교수직이 있었고, 물리학, 히브리어, 희랍어, 그리고 윤리학엔 각각 한 명의 교수직이 있었다.[28] "종교학 교수"가 없는 것은 문리과 교육 과정에서 종교가 무시되었음을 의미하지 않는다. 왜냐하면 그 대학교의 총장, 즉 다름아닌 멜랑히톤 그 자신이 빈번한 연설과 담

27) *Ein Nutzbarliche Schone Ermanung,* sig. A iii^{r}; D ii^{v}도 참조. *Leges Academiae Witebergensis* (Wittenberg, 1562), sig. A 4^{r-v}도 참조할 것. 후자는 세인트 루이스에 있는 Library of the Foundation for Reformation Research에 소형필름으로 소장되어 있다.

28) *Ein Nutzbarliche Schone Ermanung,* sig. iii^{2}-E i^{r}. *Leges*도 열 개의 교수직을 제공해 주었다. Sig. E iii^{r-v}. Hartfelder는 *Philipp Melanchthon,* pp. 436－49에서 대학교의 구조를 논의하였다.

화를 통해 학생들에게 복음의 대의를 설명해 주었기 때문이다.

대학교에서 젊은이를 훈련하는 데에 있어 멜랑히톤이 철학에 역점을 둔 것과 이성이 그의 교육 철학 속에서 한 역할을 자세히 제시하기란 불가능하다. 그러나 그가 이성은 신학적인 표현과 강화에 필수적이라고 생각했다는 것은 언급해야 한다. 그는 카메라리우스에게 써보내기를, 신학자들은 논리학을 반드시 연구해야 하는데, 그 까닭은 논리학이 멍텅구리가 되고 싶지 않은 사람에겐 누구에게나 꼭 필요하기 때문이라고 했다. 논리와 질서는 정확한 교리 교육을 위해서 필요하다. 적절한 교육적 배경이 없이 신학을 올바로 다루려고 하는 것은 깃털없이 날아보려는 것과 같다. 철학 연구는 자료들을 인용해서 그것들을 기독교 신학 속에 통합하는 올바른 방법들을 배우는 데에 필요하다고 그는 주장했다.[29] 그의 견해로는, 신학은 철학을 확장시키며, 철학은 신학의 내용을 완성시킨다. 자신이 복음을 믿는 신앙에 도달하지 못했더라면, 철학을 이용하는 방법을 몰랐었을 것이라고 멜랑히톤은 말했다. 그리고 복음의 이러한 은덕을 거절하는 것은 배은망덕이 될 것이라고 그는 주장하였다. 그는 또한 철학을 매우 실용적인 학문으로 보았다. 그는 기독교의 고등교육에 있어서 일반적으로 철학, 이성, 그리고 학습의 역할을 부인하는 사람들이 있다는 것을 분명히 염두에 두고서, 적절히 철학적으로 설명하는 것에 관하여 상론하였다.

멜랑히톤이 생각했던 대로, 논리와 철학의 관계와 역할은 후술할 위치(loci, "topics") 방법에서 구체적으로 활용되었다. 그는 위치(locus)를 이렇게 규정했다.

---

29) Manschreck, "Reason and Conversation in the Thought of Melanchthon," in ***Reformation Studies,*** ed. F.H. Littell(Richmond : knox, 1962), p.169.

> 변증법적 위치란 담론의 영역(sedes argumenti), 혹은 오히려, 문제되는 한 명제가 확증을 얻을 수 있는 자료가 도출될 수 있는 자료 출처를 가리켜 주는 지표를 의미한다.[30]

멜랑히톤이 위치(locus)의 개념에 있어서 아리스토텔레스나 키케로를 따랐는지 또는, 이 개념을 위해 아그리콜라(Agricola)와 에라스무스로부터 인용해 왔는지는 여기서 탐구할 수가 없다. 그의 말엽에, ***Loci praecipui theologici***라는 그의 저서의 1559년판 서문에 멜랑히톤은 위치 방법에 대한 이론적 근거를 정립하였다.

> 하나님께서 인간들을 숫자와 배열로 생각하도록 지으셨으므로, 잡다한 것들을 배움에 있어서 인간들은 숫자들과 정연한 나열에 의해 종종 도움을 받는다. 그러므로 학과를 전수할 때는 여러 학과들을 구분하는 순서에 특별한 배려가 주어지며, 원칙, 그 학과의 진로, 연구의 한도 등이 지시된다. 철학에서는 이렇게 사물을 명백히 하는 것은 방법이라고 부른다. 그런데 학과들이 논증을 위해 채용하는 방법은 교회가 가르치는 데 사용하는 방법과는 다르다. 논증적인 방법은 원칙들이라고 하는 원개념과 감각에 종속된 것들로부터 나온다. 교회의 가르침에서는, 논증의 방법이 아닌 나열의 올바른 순서만이 요청된다. 왜냐하면 교회의 교리는 논증으로 터득되는 것이 아니라, 하나님께서 확실하고 분명한 증거들을 통해 우리 인류에게 맡긴 말씀, 즉 그 분이 자신의 무한한 선하심으로 자신과 자기의 뜻을 나타내 주시는 말씀으로부터 터득되기 때문이다.[31]

---

30) CR, 13 : 659. *loci* 및 *loci communes*이라는 용어를 멜랑히톤이 사용한 것에 관한 논의는 Q. Breen, ***Christianity and Humanism***(Grand Rapids : Eerdmans, 1968), p. 102를 참조.

31) Trans. R. Preus, ***Bulletin of the Library***(of the Foundation for Retormation Research) I (1966) : 13.

교회 안에 있는 확신은 하나님의 계시 속에서 발견되지 인간의 판단 속에서 발견되지는 않는다.

> 우리는, 하나님이 확실하고 분명한 증거들을 통하여 확립하시는 신적 계시에 의한 신앙의 조항을 확신하게 된다.……

철학적인 의심들이 신앙문제를 다루어서는 안 되며, 따라서 교회의 교사들은 신방문제를 하나님께로부터 주신 것으로 제시해야 한다.

> 단순한 사람들은 어디서나 신학적 담화의 성격을 이해하지 않으며, 이야기 자료들의 나열을 직접 이해하지 못하므로, 해설자의 목소리가 그 어법의 성격과 거론 중인 사물들의 배열에 관하여 그들을 가르쳐야 한다.[32]

멜랑히톤 자신이 자기의 방법을 요약했다.

> 그들 〔교사들〕이 복음의 가르침을 오염시키지 않는 방식으로 그들이 철학을 가르치게 하라.

모든 교육은 교회의 순수한 가르침과 조화를 이루어야 한다. 예화를 통하여 1539년 멜랑히톤이 이 원칙을 실제 적용한 것을 살필 수 있을 것이다. 그가 헨리공작을 만나러 삭소니, 공작령을 방문할 때 바이센세헤(Weissensehe)에 사는 한 성직자를 만났는데, 멜랑히톤은 그가 학식없고 경솔하며 욕되게 살아가기 때문에 면직되어야 한다고 건의했었다.

---

32) Ibid.

요리문답의 저자

비록 그것들이 1529년에 나온 루터의「소요리문답」(Small Catechism)과「대요리문답」(Large Catechism)의 그늘에 가려 있지만, 멜랑히톤의 요리문답들에 관해 더 언급할 필요가 있다. 1529년 이전까지 멜랑히톤은 7권의 요리문답집을 출판하였다.[33] 이 요리문답에서 그는 주로 십계명, 주기도문, 사도신경을 다루었다. 처음 두 가지를 제외하고는 전부가 농민반란에 강한 영향을 받았다. 복음을 무식하고 제멋대로 날뛰는 민중에게 전달해 주려는 그의 시도가 다소 위축된 것 같다. 그는 법률을 다룰 때는 준엄하고 도덕적이나, 복음을 다룰 때는 지성주의로 흐르는 경향이 있다. 그럼에도 불구하고, 그의 다양한 제시를 통하여 볼 때, 법률과 복음의 수여자로서 하나님의 앞서 가시며 총괄하시는 활동에 관하여 이해하고 있다.

멜랑히톤의 가장 방대한 요리문답집은 1543년에 (아마 1540년 쯤인 듯) 라틴어로 출판되었고, 같은 해에 독일어 번역판이 나왔다. 「순수요리문답」(Catechesis Puerilis)이라 불리우는 그 작품은 위치방법(loci Method)에 준하여 구성되었다. 취급된 주요 토픽은 법률, 복음, 칭의, 선한 일, 믿음의 보존, (일반적인) 성례전, 세례, 신앙고백, 성찬 등이다. 지면의 78퍼

33) *Supplementa Melanchthoniana* (Leipzig : Haupt, 1915), 5 : i. 그 일곱 가지와 그것들이 이책에서 나타나는 곳은 다음과 같다 : *In caput Exodi XX Scholia,* pp. 3 – 19 ; *Enchiridion elementorum puerilium,* pp. 20 – 56 ; *Paraphrasis Domincae orationis,* pp. 57 – 60 ; *Etliche Spruche darin das ganze Chrisliche Leben gefasst ist,* pp. 61 – 73 ; *Kurze Auslegung der gehn Gebote,* pp. 74, 75 ; *Kurze Auslegung des Vaterunsers,* pp. 76, 77; *Eine kurze Auslegung der kehn Gebote des Vaterunsers und Glauben,* pp. 78 – 88.

센트 가량이 법률의 설명에 할애되었다. 그것은 멜랑히톤이 사회경제적, 정치적, 그리고 교회적 환경에 대한 기독교인의 자세라고 생각한 것을 분명하게 요약한 것이다. 기독교적 입장의 효용성은 복음에 달려 있다고 그는 주장하였다. 십계명을 장황하게 설명해 놓고, 멜랑히톤은 율법은 오로지 그리스도를 따르는 자만이 지킬 수 있다는 원칙을 강조했다.

그의 다른 요리문답집 가운데 「라틴어와 독일어의 요리문답집」(Catechism Lateinisch und Deutsch)이 "인간성의 주요한 능력에 관한" 서술을 하여 주목된다. 여기서 그는 자연법, 감각, 정서, 그리고 자유의지를 논하였다. 마지막 화제는 중생과 관련하여 거론된 것이 아니라, 외면적인 행위에 관련하여 논의되었다.

멜랑히톤의 요리문답집들은 모두가 초보적 수준까지 교육수준을 내리지 못하였다. 그러나 루터의 「소요리문답」의 기본적 개요를 따른, 그의 마지막 요리문답집은 이 목표에 가장 가까이 접근했다. 거기서 그는 위치(loci)식 연구보다는 단순한 지식적인 질문들을 하는 접근 방식을 택했다. 비록 그가 늘 성서 중심주의였지만, 그의 인용과 참조문들을 보면 인문주의자임이 분명하다. 그는 모든 학식이 교회를 섬기도록 되어야 한다고 느꼈지만, 국가가 교회의 제반 사무를 지시하는데 주요한 역할을 하는 사회 안에 사는 아동들의 교육서를 자신이 쓰고 있다는 사실을 그는 두드러지게 알고 있었다. 그리하여 정부에 복종하는 것은 하나님께 복종하는 것을 의미하였다.

시민적 실용주의자

루터와 마찬가지로 멜랑히톤은 교육에 있어서 정부의 역할을 알고 있었다. R. 프리이만 버츠(R. Freeman Butts)는 루터, 부겐하겐, 멜랑히톤과 같은 사람들의 자극이 종교 개혁시대에 시당국자로 하여금 교육 개혁을 주장하게 하였다. "종교개혁의 가장 광범위하고 극히 중요한 결과들 중에 하나는 사적이고 종교적인 통제와는 대립된 교육의 시민적 통제의 성장이었다"라고 버츠는 주장했다.[34]

루터처럼 멜랑히톤도 시당국에게 학교를 설립하고, 유지하도록 권장하였다. 국립학교의 근대적 체계의 어버이는 바로 멜랑히톤이다. 그는 아이슬레벤(Eisleben, 1525), 뉘른베르그(Nürnberg, 1526), 삭소니(Saxony, 1528), 헬쩨베르그(Herzeberg, 1538), 콜로뉴(Cologne, 1543), 비텐베르그(Wittenberg, 1545), 메클렌베르그(Mecklenberg, 1552), 그리고 팔라티나테(Palatinate, 1556)를 위해 학교운영 계획을 마련했다. 아이슬레벤과 뉘른베르그를 위한 계획은 다른 것들과 동일했다. 뉘른베르그 학교는 멜랑히톤이 기틀이 잡히도록 도와준 가장 유명한 것들 중에 하나였다. 그 도시에서는 예롬 바움가르트너(Jerome Baumgartner)와 라자루스 쉬펭글러(Lazarus Spengler)가 시의회에서 유력한 의원들이었는데, 멜랑히톤이 조언을 해 준 것은 바로 그 시의회에서였다.

대학교들 역시 시당국에 의해 규제되었다. 비텐베르그 대학교의 경우에 권한은 삭소니 선거 후, 즉 1502년 그 대학교를 설립했던 현자 프레드릭(Frederick)에게 있었다. 이 선거 후의 지혜와 능력은 멜랑히톤의 제안에 따라 희랍어 교수로 로이힐린을 초빙했다는 사실에서 나타난다. 라이프찌히 논쟁 후

---

34) *A Cultural History of Western Education*(New York : McGraw-Hill, 1955), p. 207. 루터와 멜랑히톤의 교육적 활동에 관한 훌륭한 요약으로는 L. C. Green, "The Reformation and Education in the Sixteenth Century," *Bulletin of Appalachian State University: Faculty Publications, 1969—70* 67(1970) : 34-49이 있다.

존 엑크(John Eck)는 선거 후 프레드릭에게 다음과 같은 편지를 썼다.

> 제가 비텐베르그로부터 온 각하의 교수들과 감히 논쟁을 하게 된 것을 각하께서 나쁘게 혹은 기분 좋지 않게 생각지 마시기를 삼가 기원합니다. 실은 제가 각하의 대학교를 손상시키려고 그렇게 한 것은 아닙니다. 반대로, **학문과 학자들을** 애호하셔서 제국의 어느 군주보다도 유명하신 분이신 각하를 섬기고 싶었읍니다.[35]

칼스탄트(Carlstadt)와 루터가 "각하의 교수들"이었고, 비텐베르그 대학교는 "각하의 대학교"였다. 이것을 멜랑히톤은 잘 알고 있었고, 그 선거 후의 고문관들은 정보와 조언을 그에게 부탁할 수 있었다. 그 대학교를 위해 공표된 법령은 선거 후의 이름으로 공표되었으며, 비텐베르그가 그에게 의존했다는 것은 다 아는 사실이므로 더 이상 거론할 필요는 없는 것이다. 멜랑히톤이 마르부르그 대학교(Marburg, 1527)를 설립할 때 필립 헤세(Philipp of Hesse)의 고문으로 봉사했다는 것과, 호엔졸레른(Margrave Albert von Hohenzollern)에 의해 설립된 쾨니스베르그대학교(Königsberg, 1542)가 멜랑히톤의 후원 아래 세워졌다는 것은 잘 알려져 있지 않은 사실이다. 예나(Jena) 대학교가 존 프레드릭 삭소니에 의해 1548년 설립되었는데 그것도 처음에는 멜랑히톤과 관계있는 지도자들의 지도 아래에서였다. 뷔르템베르그(Ulrich von Württemberg)는 튜빙겐(Tübingen) 대학교를 재조직할 때 멜랑히톤의 도움을

35) P. Smith and C. M. Jacobs, eds., *Luther's Correspondence* (Philadephia : Lutheran Publication Society, 1918), 1 : 202, 203. 이탤릭체는 편집자들이 표기한 것임. 이 편지는 1519년 7월 22일로 날짜가 적혀 있음.

얻었고, 브란덴부르그(Joachim Ivon Brandenburg)는 오데르(Oder) 강 안의 프랑크푸르트(Frankfort) 대학교를 재조직하면서 그러했다. 특히 중등 및 고등 수준의 교육의 발전에 있어서 멜랑히톤이 행정당국과 협력한 것을 보여 주는 충분한 사례들이 인용되었다.

영향력 있는 교육자

멜랑히톤이 직접 영향을 끼친 북 유럽의 모든 교육자를 열거하려 하는 것은 무익한 일일 것이다. 그러한 목록은 약 1525년부터 1575년까지의 뛰어난 독일의 모든 교육자가 거의 다 망라하게 될 것이다. 마찬가지로, 다른 개신교 국가들, 특히 스칸디나비아와 발트해 부근의 나라들과 영국에 끼친 그의 영향에 관해서도 말할 필요가 없을 것이다. 루터파 교회의 교육에 끼친 그의 영향은 광범위했다.

아마 교육자로서의 멜랑히톤에 관한 그 어느 요약보다 뒤지지 않는 훌륭한 요약을 그의 자신의 표현 속에서 발견할 수 있을 것이다.

> 나는 오직 한 가지, 학문의 옹호에만 전념한다. 우리 자신이 모범을 보여서 젊은이가 학문을 찬양하게 북돋아주며, 젊은이가 학문에서 얻을 수 있는 이득 때문이 아니라 학문 그 자체를 위해 아끼도록 이끌어야 한다. 학문의 파멸은 학문과 함께 선한 모든 것, 즉 종교, 도덕, 그리고 인간적이고 신적인 모든 것들의 파멸을 초래한다. 사람이 훌륭해질수록 학문을 보존하려는 그의 열정은 더 커지며, 그는 모든 전염병 가운데 무지가 가장 유해한 것임을 안다… 우리 학교들이 젊은이를 무시하는 것은 일년 중 봄을 없애버리는 것과 꼭 같다. 학교를 쇠퇴하게 하는 자들은 참으로 일년 중의 봄을 없애는 것이다. 왜냐하면 학교가 없이는 종교는 지속될 수 없기 때문이다. 만일

학문의 연구가 소홀히 된다면, 끔찍한 암흑이 사회를 덮을 것 이다.[36]

Selected Bibliogrphy

Eby, F., ed. *Early Protestant Educators.* New York: McGraw-Hill, 1931.

Green, L. C. "Melanchthon." *The Encyclopedia of the Lutheran Church,* vol. 2, Minneapolis: Augsburg, 1965.

Loffler, K. "Melanchthon." *The Catholic Encyclopedia,* vol. 10. New York: Encyclopedia, 1913.

Manschreck, C. L. *Melanchthon, the Quiet Reformer.* Nashville: Abingdon, 1958.

Melanchthon, P. *Selected Writings.* Translated by C. L. Hill and edited by E. E. Flack and L. J. Satre. Minneapolis: Augsburg, 1962.

Tillman, W. G. *The World and Men Around Martin Luther.* Minneapolis: Augsburg, 1959.

Vajta, V., ed. *Luther and Melanchthon.* Philadelphia: Muhlenberg, 1961.

---

36) F.V.N. Painter, *A History of Education* (New York : Appleton, 1896), p. 150에서 인용.

12. 존 낙스

John Knox / 1505 – 1572

마샬 콜먼 덴디(Marshall Coleman Dendy)

존 녹스는 폭풍노도시기의 격렬한 종교 개혁자였다. 16세기 초까지만해도 많은 "종교 개혁의 계명성들"이 종종 화형을 당하였다. 녹스는 그가 아끼고 숭앙했던 사람들, 즉 그들의 신념이나 가르침들이 교회나 국가에게 용납되지 않았던 사람들의 죽음을 증거하였고, 그 자신도 여러 번 위험을 당하였다. 스코틀란드에는 교회와 사회가 거의 절망적으로 부패하여 있었고 개혁이 절실했었다. 귀족들과 성직자들, 특히 후자는 국가의 재산의 절반을 점유하고 있었는데, 방탕한 생활과 가난한 자들을 몰인정하게 억압하는 데 서로를 능가하려고 경쟁하였다. 무지와 미신이 팽배하였다. 극소수의 예외를 제외하고는 승려들과 사제들은 문맹이었다. 그들이 조금이라도 가르친 것이 있다면, 지루하게 되풀이함으로써 자신들에게 주입되었던 것을 가르쳤다. 사람들이 붐비는 중심지에도 책이 드물었다. "스코틀란드에선 당시 유럽의 다른 지역들이나 영국제도에서보다도 더 암울한 상황이었다. 변화가 성취되려면, 용감한 사람이 필요했다. 그 시대는 한 사람의 용감한 정신(heart)과 용감한 팔을 요구했다."[1]

생 애

녹스는 아마도 1505년 스코틀란드 서남쪽 하딩턴(Haddington)이라는 작은 읍 가까이서 태어났다. 그가 묘사한 대로 이 농부의 아들은 하딩턴 학교에서 라틴어 문법을 배웠다. 17세 가량 되었을 때 그는 존 메이어즈(John Majors) 아래서 공부하려고 글래스고우(Glasgow)로 갔는데, 메이어즈는 "그 당시 스코틀란드에선 가장 유명한 스승"이었고 매우 진보적인 사상가였다. 메이어즈는 당시 교회에서 가르쳐지고 실행되던 교리들 가운데 유감스러운 오류들 몇 가지를 자기 학생들에게 지적해 주면서 그러한 교리들과 실제 사례들을 비판적으로 정밀하게 보라고 권장했다. 대학교육을 받은 후 녹스는 하딩턴에서 약 20년 간 교편을 잡았으며 거기서 "1543년까지 그는 일개 성직자로 알려졌고" "작위를 얻지 못한 성직자를 보통 지칭하는 'Sir John Knox'"로 불리워졌다.[2] 깊이있는 학자는 아니었으나 그는 지식에 대한 진정한 열정을 가졌으며 책을 많이 읽었었다.

그의 목회경력은 공식적으로는 성 앤드류스(St. Andrews)성에서 설교를 하도록 청빙받았을 때부터 시작되었는데, 첫째는 비이톤(Beaton) 추기경의 죄악들에 관하여, 다음은 비이톤을 살해한 종교 개혁지지자들에 관하여 녹스가 용감하게 탄핵함으로써 재촉되었었다. 그러나 프랑스는 비이톤의 시해에 격노하여 성 앤드류스성의 주민들을 잡아다가 갤리

1) R. C. Reed, *John Knox: His Field and Work,* p. 3.
2) M. Dendy, *Changing Patterns in Christian Education,* p. 38.

(galley) 선을 젓는 노예들로 만들어 버렸다. 그러나 수 개월이 지난 후 녹스는 스코틀란드에 되돌아와 다시 대담하게 설교하였다. 영국의 에드워드 6세의 초청으로 녹스는 남쪽으로 가서 케스윅(Keswick), 베릭-온-더-트위트(Berwick-on-the-Tweed), 뉴캐슬(Newcastle)에서 설교했고 1552년 왕의 왕실목사가 되었다. 메리 튜더(Bloody Mary)가 에드워드 6세를 계승하자 녹스는 대륙으로 도망했다. 4년 동안을 제네바에서 보냈는데, 칼빈의 후견 아래 녹스는 종교개혁의 원리들을 잘 터득했다. 녹스는 개인적 경건만으로는 충분하지 않다는 것을 뼈저리게 느꼈고, 교회와 국가의 개혁을 가져 오는 공민적 정의감도 있어야 한다는 것을 확신했다.

여전히 대륙에 머물렀으나, 녹스는 스코틀란드 종교 개혁의 기초를 놓았다. 서신들을 통해, 스코틀란드 섭정 여왕과 접촉하여 백성들이 모국어로 성경을 읽도록 그녀가 승락하기를 갈구함은 물론 고국에 있는 지도자들과도 부단한 접촉을 하였다. 그의 편지들은 기독교 교육에 관한 그의 견해들을 많이 보여 주었다: 부모들은 자기 자녀들이 교회에 출석하는 것에 유의함은 물론 집에서도 그들을 가르쳐야 하며, 어른들은 집단을 이루어 성경을 읽고 그 의미를 토론하면서 타인들과 자신의 생각을 나누어 보아야 한다.

1559년 녹스는 마침내 스코틀란드에 돌아왔다. 스코틀란드 사람들의 여왕이라고 하는 메리 스튜어트(Mary Stuart)가 1560년 여왕이 되어 스코틀란드에 가톨릭 신앙을 회복시키려고 하였다. 한편으로는 보쓰웰(Bothwell) 백작과 여왕의 환영받지 못한 혼인 때문에 또 한편으로는 녹스의 대담하고 굴하지 않는 지도력 때문에, 녹스는 장로교회를 세우는 데 성공했다.

교육적 견해들

녹스에 의하면 모든 교육은 근본적으로 종교교육인데, 그의 교육철학의 주도적 원리들은 그의 종교적 신앙으로부터 성장했다. 그의 견해에 관한 풍성한 출처는 다른 다섯 명과 함께 그가 저술한 것으로 국교회가 채택한 「훈육서」(*Book of Discipline*)이다.

녹스는 하나님께서 성서 속에서 그리고 성서를 통하여 말씀하신다는 것과, 성경은 신앙과 교회생활에 관계된 모든 것에 권위가 있다는 것을 믿었다. 성서의 권위에 대한 이 새로운 견해와 이것이 민중의 생활에 끼친 영향은 기독교 교육상 중요하였다. 모든 진리가, 자신의 말씀을 통하여 자신을 계시하시는 하나님으로부터 나오기 때문에, 진정한 기독교 교육은 전통을 통해서가 아니라 말씀에 돌아감으로써만 가능해진다.

녹스가 보는 바 교육의 목적들은 민중으로 하여금 하나님의 말씀을 읽고 그래서 스스로 하나님의 말씀을 발견하게 하며, 젊은이들이 덕을 쌓고 하나님을 경외하도록 훈련시켜서 교회와 국가에 유익한 매일매일의 소명(직업)에 대처하게 하는 것으로, 전반적으로는 그리스도를 영화롭게 하는 것이었다.

젊은이들의 교육은 먼저 부모들의 책임이다.

> 어떤 아버지도… 자기 자녀들을 자신의 환상대로 이용해서는 안 되며, 모두가 학식과 덕성으로 자기 자녀를 양육해야 한다. 부유하고 세력있는 사람들이 자기 자녀들이 헛된 나태 속에서 그들의 청춘을 낭비하도록 버려두게 하여서는 안 된다… 부모들은 훈계를 받아야 하며, 교회가 그들을 책망해서 그들의 아들들을 훈련을 잘 시켜 교회의 유익을 위하여 헌신

> 시키도록 강권해야 한다.… 가난한 자들의 자녀들은… 만일 그들이 문학과 학문에 재능이 있다는 것이 드러나면, 그들이 학문을 그만두게 하여선 안 되며 자신들의 연구를 지속하도록 고무되어야 한다.…[3]

> 모든 가장에게 자기 자녀들, 하인들, 그리고 가족에게 기독교의 원리들을 가르치거나 아니면 가르침 받게 하도록 명령해야 한다. 그러한 것을 모르고서는 아무도 주 예수의 만찬에 참석시킬 수가 없다. 왜냐하면 그런 사람들은 너무 어리석고 무식하여 노력도 하려고 하지 않고 성찬식의 행위의 고귀함과 신비함을 알지 못하므로 그 귀한 만찬을 먹고 마실 수 없기 때문이다.[4]

자녀교육에 대한 부모들의 책임(commitment)은 그들이 자녀를 세례에 참석시킬 때 시작되며 부모들은 규칙적으로 자신들의 책임을 새롭게 되새겨야 한다. 가족은 매일 함께 성경을 읽어야 하며 부분적으로 암송해야 한다. 아침저녁으로 공동기도를 드려야 한다. 어린이들은 교회의 교리, 십계명, 그리고 시편을 배워야 한다. 만일 혹시라도 부모들이

> 자기 자녀와 가족과 하인들을 제멋대로 무지하게 내버려둔다면, 교회는 그들을 징계하되 파문까지라도 불사해야 한다.…[5]

이런 가정교육의 성과는 해마다 측정되었는데, 그 때엔 모든 가족이 각각 자신의 신앙을 다시 고백하고 종교상 주요한 요점들을 암송하였다.

---

3) F. Eby, ed., *Early Protestant Educators* (New York : McGraw-Hill, 1931), p. 279에서 인용.

4) Ibid., p. 294.

5) Ibid.

그러나 교육은 가정에만 국한되지 않았고, 녹스가 교육에 기여한 것 중 가장 중요한 것은 그가 스코틀란드에 설립한 국가적 교육의 구상이었다. 그것은 초등학교, 중등학교 (단과대학), 그리고 종합대학교로 되어 있었다.[6] 초등학교는 교회에서 설립하고 운영했으며 교장을 임명하여 그에게 봉급을 지급했다. 남녀빈부를 막론하고 4년 동안 출석이 의무적이었다. 사람들이 일주일에 한 번 밖에 만나지 못하는 곳에서는 목사나 낭독자가 (예배에서 성서나 기도서를 낭독했음) 담당하며 젊은이들에게 초보적인 것들과 요리문답을 가르쳤다. 초등학교과정을 마치고 최종시험에 합격한 이들은 각 유명 도시에 설립된 단과대학에 들어가도록 의무화되어 있었다. 대학을 이수하고 최종시험에 통과하여 훌륭한 인품을 가졌다고 추천장을 받은 사람들은 성 앤드류스, 글래스고우, 그리고 애버딘 (Aberdeen)에 위치한 6개 종합대학교 중 하나에 입학할 수 있었다.

이 모든 세 단계 학교에서 성서가 가장 주요한 과목이었다. 초등학교에 첨가된 과목들은 문법, 라틴어, 그리고 영어로 된 요리문답이었고, 단과대학에서는 라틴어, 희랍어, 논리학, 수사학, 그리고 교양학과였다. 각 종합대학교는 세 단과대학으로 나뉘었다. 각 학생은 모두 제 일 단과대학에서 시작하여 변증법, 수학, 그리고 물리학을 3년 간 배웠다. 그리고 나서 그 대학에서 2년 간 더 수학하여 의학전공 학위를 받거나 또는 제 이 단과대학으로 가서 2년 만에 도덕철학전공 학위를 받을 수 있었다. 그리고 나서 거기서 4년을 더 머물면 법학박사 학위를 받거나, 그러지 않고 제 삼 대학에 들어가 희랍어, 히브리어, 신학을 5년 간 연구한 후 신학전공 학위를 받을 수 있었다. 그래서 24세면

6) Ibid., pp. 277, 278, 281.

성직에 나아갈 수 있었다.

「훈육서」는 각급 학교들의 조직을 규정하였다. 각급학교는 각각 교장 1명, 교감 1명, 교장이 뽑은 고문들, 경리, 교수들, 조수들, 그리고 대학원생들이 있었다. 여기서 집사, 요리사, 짐꾼, 그리고 정원사가 첨가되었는데, 이들 모두는 교장이나 다른 직원들에게 종속되어 있었다. 간부들의 자질이 크게 강조되었는데 특히 종교적이고 도덕적인 인품을 강조하였다. 그들은 교장과 하나님께 충성하고 복종해야 했다. 그들은 사람들이 선택하였고 대단한 존경을 받았으며 자신들의 직업에 긍지를 느끼게끔 하였다. 학교는 교회에서 지원하고 종합대학교들도 일반 기부금과 수업료의 지원을 받았다. 재정적 보조는 이를 필요로 하는 학생들로서 받을 만한 이들에게 베풀어졌다.[7]

영 향

존 녹스는 "16세기에 교육의 토대들을 고쳐 놓은 데에 조력한 일군의 뛰어난 종교개혁자들" 가운데 한 사람이었다. 그의 영향은 물론 스코틀란드에서 가장 컸지만, 스코틀란드 장로교를 통하여 "그의 영향은 영국에도 미쳤고 미국에서는 지금까지 더욱 깊이 남아 있다. …"[8]

녹스가 「훈육서」에서 제안한 국가 교육체제는 재정적인 문제로 충분히 실현될 수 없었으나 "스코틀란드 교회의 교육진흥기록은 필적될 수 없으며 스코틀란드 농민들로 하여금 세상에서 가장 교육을 잘 받은 사람들이 되게 하였다." 이것은 A.M. 렌윅(A.M. Renwick)이 평가한 것으로, 1800년

7) Ibid., pp. 279, 287-89.

8) Ibid., p. 233.

에 영국에 옥스포드와 케임브리지 대학교만 있었는데 합쳐서 천 명의 학생이 등록했으나, 스코틀란드에 있던 4개 대학교 중 하나인 에딘버러에는 993명이 등록했었다고 했다.[9)]

그는 성서의 권위와 이를 모국어로 공부하는 것을 강조하였고, 행실이 교회의 신조와 훈육에 일치되어야 할 것을 강조하였으며, 부모들이 자녀교육의 책임을 지도록 하였고, 국민학교에 대한 계획(가난한 자들에게 교육을 베풀고 재능있는 이들을 발굴했던)을 제안하였기 때문에, 녹스를 당대의 중요한 교육자로 생각해야 한다.

Selected Bibliography

Brown, P. H. *John Knox*. 2 vols. London: Black, 1895.

Crofton, W. "The Influence of John Knox on Formal Education in Scotland." Thesis, University of South Carolina. 1921.

Dendy, M. *Changing Patterns in Christian Education*. Richmond: Knox, 1964.

Fleming, D. H. *The Reformation in Scotland: Causes, Characteristics, Consequences*. London: Hodder and Stoughton, 1910.

Knox, J. *The History of the Reformation of Religion Within the Realm of Scotland*. Edited by W. C. Dickinson. 2 vols. London: Nelson, 1949.

______. *Works*. Edited by D. Laird. 6 vols. Edinburgh: Woodrow Society, 1846-1864.

McEwan, J. *The Faith of John Knox*. Richmond: Knox, 1961.

Melrose, A. *John Knox: A Bibliography*. London: Macmillan, 1905.

---

9) *The story of the Scottish Reformation* (Grand Rapids : Eerdmans, 1960), p. 118.

Mitchell, A. *The Scottish Reformation.* Edinburgh: Blackwood, 1900.

Reed, R. C. *John Knox: His Field and Work.* Richmond: Presbyterian Committee, 1905.

13. 존 칼빈

John Calvin / 1509 - 1564

엘머 L. 타운즈 (Elmer L. Towns)

원래의 이름이 장 쇼벵 (Jean Chauvin) 인 이 프랑스 개신교 신학자 종교 개혁자는 피카르디 (Picardy) 지방의 느와용 (Noyon) 에서 태어나서 파리에 있는 꼴레쥬 드 라 마르쉬 (Collége de la Marche), 꼴레쥬 드 몽따그 (Collêge de Montaigu) 에서 교육을 받았다. 18세 때 그는 쎙마르뗑 드 마르트비유 (St. Martin de Martheville) 의 부목사로 임명되었고 후에는 뽕레베고 (Pont l'Évêque) 의 부목사로 임명되었다. 그의 능란한 토론기술 때문에 부친은 그를 1528년 오를레앙 (Orléans) 대학교에서 법학공부를 하도록 보냈는데, 부친이 사망하자 (1531) 칼빈은 고전들과 히브리어를 공부하려고 파리로 되돌아 갔다. 종교 개혁의 원리들에 대한 그의 관심과 1533년 그의 갑작스런 개종은 파리에서 그가 종교 개혁론을 설교하는 데까지 이르게 하였다. 박해를 피하여 칼빈은 이 도시 저 도시로 여행했다. 1536년 그는 「기독교강요」(*Institutes of the Christian Religion*)를 완성했는데, 이 책은 종교 개혁의 진로에 지대한 영향을 주었다. 같은 해에 그는 제네바에 도착했고, 거기 행정장관들에 의해 제네바의 전도자로 선출되었다. 그 당시 그는 제네바 시민들이 맹세 하에 고백하도록 되었던 개신교 신앙고백을 체계적으로 집대성했으며, 최초의 제네바 요리문답을 저술하여 1536년 프랑스어로 발간되고 2년 후에 라틴어로 출판되었다.[1]

초창기의 교육적 노력

칼빈이 제네바에서 선교사업을 시작할 때, 그는 성직자층의 조력자들의 부재와, 대체적으로 교육의 초보적인 것들은 물론 기독교 사상도 모르는 일반대중에 직면하게 되었다. 칼빈은 기독교 교리를 아는 것이 효과적인 신앙과 생활의 기초가 된다고 여겼고, 그런 지식을 나누어 주는 데는 교육받은 성직자의 역할이 결정적임을 깨달았다. 1536년 5월 21일, 제네바 시민에게 칼빈은, 가난한 이들은 수업료를 내지 않고 모든 어린이가 다녀야 할 학교에 대한 계획이 포함된 헌법을 제안했다. 그 결과 꼴레쥬 드 라 리브(Collége de la Rive)가 설립되었다. 읽기, 쓰기, 산수, 문법, 그리고 종교를 가르치는 것에 덧붙여, 그 학교교장인 기욤 파렐(Guillaume Farel), 그리고 칼빈은 각각 구약과 신약에 관하여 날마다 강의해야 했다.[2]

---

1) C. Bourgeaud, *Hestoire de l'Universite de Geneve,* 1 : 25. 칼빈의 생애에 관해서는 "Dedicatory Epistle," ***Commentary on I Thessalonians,*** trans. J. Pringle(Grand Rapids : Eerdmans, 1949), p. 234 ; T. Beza, *The life of John Calvin,* trans. F. Francis (Philadelphia : Gibson, 1836) ; 그리고 E. P. Cubberley, *A Brief History of Education* (Boston : Houghton-Mifflin, 1922), p. 143. 칼빈의 친구이자 동료였던 Beza가 쓴 전기는 아마도 이 개혁가의 생애에 관한 으뜸가는 가장 좋은 자료일 것이다.

2) Bourgeaud, *Histoire be l'Universite de Geneve,* pp. 16ff. ; Cubberley, *History of Education,* p. 175 ; 그리고 J. T. McNeill, ***The History and Character of Calvinism*** (New York : Oxford University, 1954), p. 135.

그러나 칼빈의 개혁은 그의 많은 친구들마저 떨어지게 하였고, 1538년 칼빈과 파렐은 제네바로부터 쫓겨나고 말았다. 그들은 스트라스부르그(Strasbourg)로 갔는데, 거기서 칼빈은 교구목사와 신학교수가 되었다. 제네바에서 한 동안의 무질서가 지나간 후에 도시의 원로들이 칼빈을 설득시켜 1541년 돌아오게 하였다. 그는 종교생활은 물론이요 사회생활도 통제하는 독재정부를 세우도록 그 도시의 법률들을 개정했다.

그는 또한 자신이 썼던 제네바 요리문답도 근본적으로 수정하였다. 1542년에 출판된, 약 58페이지 가량인 그 개정판은 믿음, 십계명, 기도, 하나님의 말씀, 그리고 성례전들을 다루고 있다.[3] 칼빈의 "헌신(Dedication)"은 "세상은 극도의 야만성의 위협을 받고"있으며 교회는 "가공할 파멸"의 위협을 받고 있다고 경고했다. 적어도 교육은 그 해결책의 일부였다.

끝으로, 칼빈은 알맞은 건물의 설립과 적합한 교사들의 임명을 초등교육과 고등교육에 걸쳐 요구했다. 모든 강사는 교회 성직자들에 의해 선출되고 감독되어야 하며, 그 외에 다른 사람들은 그 도시에서 가르치는 것이 금지되었다. 그리하여 꼴레쥬 드 라 리브는 다시 살아났고 그 뒤 18년 동안 그 대학 나름의 계획대로 나아갔다.

아동교육은 일요일에 두 차례, 수요일에 한 차례 있는 교회의 예배들에 의해 보충되었다. 어린이들은 주일날에는 "설교를 듣고, 묵상하고, 설교를 기록하면서" 보내고, 수요일에는 설교를 경청한 후 한 시간 동안 시편을 노래하게 되어 있었다.

이 무렵 제네바는 정치적인 동요가 잦아서 칼빈은 자신의 교육계획들을 향상시킬 수가 없었다. "1541년부터 1556년까지, 자유사상가들, 가톨릭교도들, 그리고 정치가들의 공격으로부

3) Calvin, *Tracts and Treatises on the Doctrine and Worship of the Church*, p. 35.

터 개혁교회를 지키기 위한 계속적인 투쟁이 있었다. 그래서 학교들을 향상시키는 데에 거의 시간을 낼 수 없었다"[4]라고 W. 스탠포드 라이드(W. Stanford Reid)는 썼다.

제네바 학원

1557년, 그 당시 루터교회의 지배 하에 있는 스트라스부르그를 칼빈이 방문했다. 그는 정부 차원의 환영을 받지는 못했지만, 대학교에서 열어 준 환영식에서 과거의 동료들과 교육 문제들을 토의하였다. 제네바에 돌아 오자마자 그는 대학교의 설립을 강청하였다. 그는 제네바 호수가 내려다 보이는, 성 밖에 위치한 한 부지를 얻어냈으며, 시 당국에 재정보조를 해 줄 것을 탄원하였다. 당국의 재정빈곤으로, 칼빈은 개인적인 자선사업에 호소하였다.[5]

칼빈의 다음 문제는 교직원들이었다. 베른(Bern)에 있는 쯔빙글리의 권위자들이 로잔느(Lausanne)에 있던 학원 교수진을 보내 주었다. 저명한 테오도루스 베자(Theodorus Beza)와 그의 동료들 대부분이 사표를 내고 제네바로 옮겨와서 제네바 학원의 간부들로 임명받았다. 베자는 총장, 안트완 쉐발리어(Chevalier)는 히브리어 교수, 프랑소와 베로(Francois Beraud)는 희랍어 교수, 그리고 장 타강(Jean Tagant)은 교양과목 교수였다.[6] 성베드로 교회에서 1559년 6월 5일 열린 헌당식에서 베자는, 학원에 근무하는 것은 "단지 가르치는 것만을 위해서라거나, 더우기 옛 희랍인들이 자기들의 김나지움에서 그랬었듯이 덧없는 이득을 보기 위한 것이

4) "Calvin and the Founding of the Academy at Geneva," p. 8.

5) Bourgeaud, *Histoire de l'Universite de Geneve,* pp. 38, 47.

6) P.F.Geisendorf, *Theodore de Beza* (Geneva : Labor and Fides, 1949), pp. 105ff.

아니고, …하나님의 영광을 위해 일하며 자신의 본분을 위해 자신의 사명에 합당한 병정들이 되는 것입니다"[7]라고 청중에게 이야기했다. 순서 중에 칼빈은 그가 작성한 학원에 관한 법령과 교칙을 낭독하였다.[8]

그 아카데미는 교회의 통제를 받았다. 각 교사는 엄격한 교회규율의 규제를 받았으며 각자 성직자들에 의해 임명되었다. 교사들은 신앙고백에 서명해야 했고 그들은 자기 학생들의 신앙과 생활을 면밀히 감독했다.

아카데미는 아동으로부터 16세까지를 위한 ***Schola privata***와 대학교인 ***Schola publica***로 나뉘어졌다. 후자는 처음엔 교양과목과 신학만을 강의했으나 칼빈은 법학과 의학을 첨가하고자 했다.[9] 학원 전체는 총장에 의해 운영되었는데, 그 임기는 2년이었고 학생들의 입학과 학위수여의 책임을 맡았다. 그는 개인적으로 ***Schola publica***를 감독했으며 그의 조수가 ***Schola privata***의 교장이었다. 총장 휘하엔 히브리어, 희랍어, 교양과목, 그리고 신학의 교수들이 있었고, 교장 휘하엔 이사 혹은 교사들이 있었다.

이 아카데미는 오늘날 유럽의 학교들과는 매우 대조적이다. 이에 관해서 샤를르 부르고오(Charles Bourgeaud)는 다음과 같이 썼다. "학생들은 대체로 어떤 규제도 받지 않고 자신들 특유의 취향대로 강의에 출석하였으며, 여러 달 혹은 여러 해가 지난 후 '논문'을 제출하여 모든 참석자 앞에서 공개적으로 방어하였다. 만일 방어에 성공하면 적절한 학위를 받는 것이 승인되었다. 시험이나 진급의 제도는 없

7) Geisendorf, ***Theodore de Beza,*** p. 107에서 인용.

8) 이 법령들의 명백한 번역은, Reid, "The Founding of the Academy," pp. 22, 23에 있다. 제네바대학의 규약에 관한 더 이상의 참조는 이 자료로부터 가능할 것이다.

9) Bourgeaud, ***Histoire de l'Universite de Geneve,*** p. 30.

었으며 연구지침도 없었다. 모든 것이 되는 대로였고 유기적 연결이 없었다. 최소한 현대적인 안목으로 보아그렇다."[10]

The Schola privata: 이 학교의 학생들은 여러 반으로 나뉘어졌는데, 제 7반에서 시작하여 제 1반에서 끝났다. 분반은 명확했고 진급은 계획적으로 이루어졌다. 학생들은 처음엔 알파벳을 익혔고, 그 다음엔 라틴어－프랑스어 알파벳을 가지고 음절들을 만들고, 그리고는 프랑스어를 유창하게 읽고, 마지막으로 라틴어－프랑스어 요리문답으로 라틴어를 읽는 것을 배웠다. 2년 이내에 학생들은 버어질 (Vergil)의 부코릭스(Bucolics)와, 애네이드(Aeneid), 키케로의 서한집(Epistles), 오비드(Ovid)의 슬픔(De Tristibus)과 선(De Bonte), 씨저의 비평(Commentaries), 그리고 이소크라테스(Isocrates)의 연설들을 공부했다. 역사는 라틴어로 배웠고, 키케로의 연설들은 변증법의 교재가 되었다. 학생들은 2년 내에 희랍어를 배우도록 되어 있었고, 그 뒤 세네카(Seneca) 크세노폰(Xenophon), 폴리비우스(Polybius), 헤로디안(Herodian), 데모스테네스 (Demosthenes), 그리고 호머(Homer)의 글, 그리고 누가복음과 사도들의 서신 몇 편을 배우도록 되어 있었다. 그 학생들은 비록 수학적인 혹은 과학적인 훈련을 받진 않았지만, 읽고 생각하고 자기를 표현하는 법을 참으로 배웠다.

학사력은 5월 1일에 시작, 12개월 동안 지속되었고, 포도수확기엔 3주간의 휴가를 허용했다. 수업은 여름엔 오전 6시, 겨울엔 오전 7시에 시작하여, 오후 4시에 끝났다. 아침식사시간이 30분, 점심시간이 90분이었다. 그 학교는 학생들이 기도문들과 십계명을 외우고 훈계를 경청하는 것으로 하

10) Ibid., p. 25.

루를 종결했다. 학년의 끝무렵엔 학생들은 동일한 주제를 놓고 불어로 수필을 쓰고 다시 그것을 라틴어로 번역했다. 원죄를 강력히 믿고 있었기 때문에, 칼빈은 학생들이 작문할 때는 교사들이 교실에 머물러 있으라고 했다. 총장이 그 수필들을 정정해 주었고 그것들을 진급의 기초자료로 삼았다. 각 반의 우수한 수필 두 편은 상을 받았다.

The Schola publica: 이 학교의 교과 과정은 조직된 것이 아니었다. 누구든지 청강하고 싶은 사람에겐 1시간 짜리 27강좌가 매주 베풀어졌다.[11] 토요일 오후마다 신학과 학생들은 1시간 동안 성직자들의 감독 아래 성경귀절을 해설했다. 매월 학생들은 처음엔 신학교수에게 제출되는 논문에서, 다음은 공개석상에서 구두로 하나의 신학적 명제를 논술해야 했다.[12]

교양과목의 교수는 자연과학과 수학을 매주 세 시간씩 가르쳤다. 칼빈은 자연을 하나님의 옷으로 믿었기 때문에, 또 본래 하나님께선 모든 사람에게 모든 곳에서 부단히 자신을 계시하시기 때문에, 이 과목들은 꼭 필요하다고 보았다. 교수는 아리스토텔레스(Aristotle)를 교재로 하고 키케로를 예증으로 삼아서 고등 수사학을 가르쳤다.[13] 희랍어 교수는 아리스토텔레스, 플라톤, 플루타아크, 기독교 철학자들, 그리고 희랍 시인들, 연설가들과 역사가들을 강의하였고, 신약은 신학교수에게 넘겨 주었다. 칼빈과 베자는 격주로 교체하면서 월, 화, 수요일에 강의했다.[14] 그들은 성서해설

---

11. Ibid., pp. 24-26.
12) Reid, "The Founding of the Academy," pp. 32, 33.
13) L. Nixon, ***John Calvin's Teaching on Hummn Reason,*** trans. J. Allen (New York : Exposition, 1963), p. 131.

에 치중했고, 칼빈의 주석서가 나온 것은 일차적으로 이 강좌들로부터였다.

교육 철학

그 아카데미에서 베풀어진 교육은 여러 면에서 인문주의적이었다. 즉, 성서와 신학을 첨가하며, 수사학, 고전의 언어들, 학예, 그리고 우아한 표현법 등을 강조했던 것이다. 칼빈은 성서를 하나님의 권위있는 계시로 생각하면서도, 언어와 표현에 관해서는 권위자인 이교도 작가들을 끊임없이 언급했다. 그러나 그는 교양과목은 "하나님의 선물이고…… 인간들이 중요한 목적들을 성취하는 데 보조해 주는 도구들이다"라고 하였다.[15] 다른 곳에서도 그는 비슷하게 말했다.

> ……미신의 기미라곤 없는, 반면에 견고한 학식을 담고 있으며 정당한 원리들 위에 세워지는……교양과목들은……의심할 여지없이……성령으로부터 나온 것이다. 그들로부터 얻어지고 경험되는 유익함은 전적으로 하나님 덕택이다.[16]

지식과 학식은 칼빈에 따르면, 자신의 지적 호기심을 만족시키기 위한 혹은 자신의 쾌락을 위한 것 뿐인 것은 아니다. 다른 사람들을 가르치기 위해 배워야 한다. 그러나 가르치기 위해서는 스스로의 생각이 명확하고 똑바르고, 기교

---

14) Ibid. 신학강좌가 셋, 히브리어 및 구약 강좌가 여덟, 윤리학 강좌가 셋, 희랍의 웅변가들 및 시인들에 관한 강좌가 다섯, 물리학 및 수학 강좌가 셋, 변증법 및 수사학에 관한 강좌가 다섯이 있었다.

15) 고린도 전서 주석(*Commmntany on I Corinthians*), p. 73.

16) Ibid.

나 틀에 박힌 표현형식에 구애되지 않아야 한다. 칼빈 자신의 설교나 저술은 평범하고 직접적이며 오해의 소지가 없었다. "모든 16세기 저술가들 가운데, 칼빈이 아마도 오늘날 읽기가 가장 쉽다"라고 라이드는 썼다.

칼빈은 하나님에 관한 참 지식은 자연, 교양학문, 또는 과학에서는 발견될 수 없고 오직 성서 안에서만 가능하다고 믿었다.

> 성서를 이해하는 것은 인간의 궁극적인 목적이다. 철학, 과학, 그리고 웅변 등과 같은 것들은 성서를 통하여 하나님이 말씀하신 것을 인간이 가장 깊이 터득하는 것이 그것들의 궁극적인 목적이다.[17]

누가 보거나, 칼빈의 교육 철학에 근본적인 것은 인간성에 관한 그의 견해이다. 인간성이란 철저히 타락하여 어떤 선행이나 선한 생각도 할 수 없다고 그는 보았다. 인간의 육체, 관능적 욕구, 애정, 의지, 그리고 지능 등 인간의 모든 요소들이 사악하고 타락했다고 그는 생각했다.

> 그러므로 원죄는 우리의 본성을 유전적으로 타락시키고 부패시키며 그 영혼의 전체에 걸쳐 확산되는 것 같다.
>
> …어린애들은 자신들이 받은 저주를 자신과 함께 세상 속으로 가지고 들어 오기 때문에, 타인의 죄에 의해서가 아니라 자신들의 죄에 의해 형벌을 당하게 되어 있다.
>
> 인간 속의 모든 것, 즉 이해하는 것이나 의지, 영혼과 육신이 각각 오염되어 있다.

17) *Institutes of the Christian Religion,* 1 : 401.

…왜냐하면 인간은 저열한 욕망에 의해 올가미에 걸려 있을 뿐만 아니라, 협오스러운 불경건이 그의 마음의 본거지 바로 그것을 사로잡아 버렸기 때문이다.

칼빈은 인간을 속죄받아야 할 영혼으로 보았다. 내면으로부터 나타내보일 만한 선함이나 인간다움은 없기 때문에 학생은 자신의 본성 속의 죄의 파멸로부터 피하기 위해 주로 면밀히 훈육을 받아야 한다.

죄가 많기 때문에 인간은 어떤 인간적인 수단으로도 하나님의 참된 지식에 도달할 수 없다. 칼빈은 주장하기를, 인간의 유일한 소망은 "거듭나는 것인데, 이것에 의해서 성서 속의 하나님의 계시의 의미를 파악할 수 있을 것이다"[18] 라고 했다. 하나님이 인간의 마음을 만져주실 때까진, "최고의" 지식도 필요없다. 그러나 하나님이 역사하실 때, 인간은 영원히 보이지 않던(sub specie aeternitatis) 모든 것을 믿음으로 볼 수 있다. 이렇기 때문에 칼빈은 대학교의 모든 학생들이 신앙고백에 서명하도록 주장했다. 결코 참된 지식을 가질 수 없는 불신앙자들을 왜 가르친단 말인가? 참된 지식은 궁극적으로 하나님의 선물이다.[19]

신구약 성서는 그 학원의 왕관이자 법령이었다. 희랍이나 로마의 작가들은 하나님의 은총으로 이 세상에 관해 많이 터득했었지만, 그러한 것이 성서 속에서 계시되는 하나님의 참된 구원의 지식을 대신하지 못한다고 칼빈은 주장했다. 성서가 없이는 아무도 영생을 얻을 수 없다. 칼빈은 이렇게

18) 칼빈은 고전 2：9 이하를 인용하였다. 고린도 전서 주석 p. 106을 참조. *Institues,* 1：85－92도 참조.

19) 이것은 R. S. Wallace, *Calvin's Doctrine of Word and Sacrament* (Edinburgh：Oliver and Boyd, 1953), pp. 66ff에서 충분히 논의되어 있다.

말했다.

> 성서의 제자가 되지 않고는 어떤 사람도 진리와 건전한 교리에 관한 최소한의 지식도 가질 수 없다.

성서를 해석하는 데 있어서 인간의 이성의 역할에 관하여 이렇게 말했다.

> …성령의 증거는 모든 이성보다 뛰어나다. 왜냐하면, 하나님만이 자신의 말씀 속에서 자신에 관한 충분한 증거가 되시듯이, 마찬가지로 그 말씀도 그것이 성령의 영원하신 증거에 의해 확증될 때야 비로소 인간들의 가슴에 신뢰를 주게 될 것이기 때문이다.[20]

프레데릭 에비(Frederick Eby)에 따르면, 칼빈이 생각하던 제네바는 "복종, 감독, 지도, 그리고 교육으로 잘 구비된 체제를 가지고 있고," 학교들은 그것의 "대행기관들 가운데 하나일 뿐"이었다고 한다.[21] 다른 대행기관은 가정, 교회, 국가였다. 제네바는 신정정치의 나라였고, 하나의 유기적 조직 속의 교회와 국가 기관들은 창조주 하나님이라는 동일한 근원에서 유래했고 그로부터 자기들의 권위를 끌어내었다. 정부의 기능은 부분적인 것이었다.

> 하나님께 대한 외면적인 예배를 소중히 보살피고 지원하면, 종교의 순수한 교리를 보존하며, 교회의 조직을 지키기 위한…[22]

20) Ibid., p. 79.

21) F. Eby, ed., *Early Protestant Educators,* p. 242.

22) *Institutes,* 2 : 634.

따라서 교육은 교회와 국가 모두에 의해 강화되었다. 칼빈은 장로들에게 이렇게 권고하였다.

> …교회의 계율들을 신자가 양심적으로 따르고 있는지, 단지 주일에 뿐만 아니라 자주 그가 설교를 듣는지, 그가 정기적으로 경건히 영성체를 받는지, 그가 자기 자녀들을 부단히 가르치기를 기독교인의 의무로서 해내며 자녀들을 학교에 보내고 있는지를 실험적으로 탐색해 보라고[23]

게다가,

> …모든 시민의 가정은, 극히 하찮은 가정이건 유명한 저명인사의 가정이건, 장로법원의 구성원들에게 개방되어야 한다. 적어도 일년에 한 번은…그 도시의 모든 주민을 심방해야 하는데, 질문과 검사와 관찰들을 통해서 종교적 훈련에 관한 정보를 얻어내기 위해서다.[24]

사회, 인간의 본성, 그리고 성서에 관한 칼빈의 견해는 그의 교육 철학의 근본이었으며, 제네바에서의 그의 교육적 노력의 기틀을 이루었다.

---

23) Ibid., 2:635.
24) Ibid., 2:634.

Selected Bibliography

Beza, T. *The Life of John Calvin.* Translated by F. Francis. Philadelphia: Gibson, 1836.

Bourgeaud, C. *Histoire de l'Universite de Geneve.* 4 vols. Geneva: George and Cie, 1900-1934.

Calvin, J. *Commentary on I Corinthians.* Translated by J. Pringle. 2 vols. Grand Rapids: Eerdmans, 1949.

______. *Institutes of the Christian Religion.* Translated by J. Allen. 2 vols. Grand Rapids: Eerdmans, 1949.

______. *Tracts and Treatises on the Doctrine and Worship of the Church.* Translated by H. Beveridge. *Tracts and Treatises,* vol. 2. Grand Rapids: Eerdmans, 1958.

Coetzee, J. *Calvin and the School.* Grand Rapids: Baker, 1959.

Eby, F., ed. *Early Protestant Educators.* New York: McGraw-Hill, 1931.

Niesel, W. *Calvin-Bibliographie 1901-1959.* Munich: Kaiser, 1961.

Nixon, L. *John Calvin's Teaching on Human Reason.* Translated by J. Allen. New York: Exposition, 1963.

Reid, W. S. "Calvin and the Founding of the Academy at Geneva." *The Westminster Journal of Theology* 18:1-33.

14. 존 아모스 코메니우스

John Amos Comenius / 1592 – 1670

윌리암 와렌 필킨 2 세
(William Warren Filkin, Jr.)

코메니우스는 그의 생애에서 영광을 받기도 하고 경멸을 당하기도 하였으나 그가 죽은 후 거의 200년 동안이나 잊혀진 존재였다. 그는 진정한 의미에서 현대교육의 이론과 실제에서 선구자이었다. 그는 모라비아파의 감독으로서 "최초의 근대 교육자"이며 "17세기 교육자들 가운데 가장 포괄적이고 체계적인 사람"으로 알려져 있다. 그는 자기 시대보다 앞을 내다보는 사람이었다.[1] 코메니우스는 적어도 교육학(pedagogy)을 하나의 과학(science)으로 취급하는 최초의 사람 가운데 하나이며, 좀더 나이가 들어서 그 과학의 기초를 남겨 놓았기 때문에 "라이프찌히에 있는 대 교육학 도서관을 그에게 영광돌리기 위하여 '코메니우스 재단'(Comenius Stiftung)이라고 이름을 붙였다."[2] 코메니우스의 사상이 20

1) J. S. Brubacher, *A History of the Problems of Education,* p. 202; R. Ulich, *History of Educational Thought* (New York: American, 1945), p. 168.

2) R. H. Quick, *Essays on Educational Reformers* (New York: Appleton, 1901), p. 119.

세기의 교육철학자들의 사상을 완전히 필적하지는 못하지만 위대한 교육학자들 가운데 아무도 17세기의 교육적 빈약성과 경직성의 배경에 대해 코메니우스가 반대했던 것처럼 하면서, "전멸된 국민 가운데서 난 이처럼 박식하고 현명하며 사랑이 넘치는 감독으로서 오늘날 당연히 존경을 받는 사람도 없고 또 평가도 거의 받지 않는다. 우리는 코메니우스의 노작을 대하면서 한 예언자가 말하고 있는 것을 느낀다. 그는 참으로 거창한 인물이다. 그러나 그는 최근에 들어서야 그의 사상이 존경을 받고 공적을 인정받는다."[3] 이렇게 존경을 받는 것이 그렇게 지연된 것은 몇 가지 이유가 있다. 그 이유 가운데 하나는 코메니우스가 그의 모든 통찰력과 지혜를 가지고 무책임하고 제멋대로 놀아나는 예언자들에 의하여 속아넘어가게 한 것이다. 코메니우스는 그들의 예언을 하나님께서 계시하신 것으로 받아들였고 동료 모라비아교도들에게 같은 것을 하도록 유도하기까지 하였다. 또 다른 이유는 그가 보편적 교육을 믿고 있었던 것과 그의 종파가 인기가 없었던 것이다.

생 애

코멘스키(Jan Amos Komensky)는 서부 모라비아에 있는 한 마을인 니브니쯔(Nivnitz)에서 출생하였다. 당시 유행한 대로 그는 후에 그의 이름을 라틴풍을 따라 코메니우스라고 지었다. 그의 조상들은 후스(John Hus)의 추종자들이었다. 그리고 후스는 교육에 지대한 관심을 가졌다. 후스의 추종자들은 프라그에 대학을 세웠는데, 그것은 북부 유럽에서 가장 일찌기 세워졌고 가장 공격적인 학교였다. 그들은 국민

---

3) F. Eby, *The Development of Modern Education,* p. 178.

학교와 중고등학교를 세웠고, 루터보다 훨씬 먼저 가정에서 교리문답을 가르쳤다. 양친은 그가 아주 어렸을 때 돌아가셨다. 코메니우스는 그의 후견인의 부주의 때문에 그의 어린 시절에 교육을 잘받지 못했다. 그는 16세가 되어서야 비로소 라틴어를 배우기 시작했고, 당시 교육 모형으로 보아 늦은 것으로 생각되었다. 코메니우스는 모라비아 목회를 위하여 준비하는 일환으로 라틴어를 공부하고 있는 동안, 대부분의 그의 동기생들은 적어도 그보다 열살이나 아래였고 빈약한 학교교육 방법으로 교육을 받는 동기생들에게 불행한 영향을 미치고 있는 것을 보았다.

코메니우스는 계속해서 독일에서 공부하였다. 그는 거기서 교육 개혁에 관심을 갖고 있던 칼빈주의 신학자 알스테드(John Henry Alsted)의 영향을 받았다. 그는 또 거기서 랏케(Wolfgang Ratke)가 주창하였던 교육 원칙과 화란 공화국에 속한 이웃 지역에서 교육의 고급 체계에 소개를 받았다. 그래서 그는 계속해서 암스텔담에서 공부하였다. 그 당시 암스텔담은 유럽에서 가장 계몽되고 진보된 문화의 중심이었다. 결국 코메니우스는 모라비아에 돌아왔다. 그는 거기서 책을 썼고 학교에서 가르쳤으며, 공식적으로 **형제회**(Unitas fratrum)로 알려지고 후스(John Hus)의 교리적 후예라고주장하는 집단인 모라비아 형제들(Moravian Brethren)의 감독으로 봉직하였다. 그는 가공할 핍박을 받고 고통을 당하던 사람들을 도와 줄 길을 찾았다.

그는 부잣집 젊은 여자와 결혼하여 북부 모라비아에 있는 풀넥(Fulnek)에 정착하였다. 로마 천주교회와 프로테스탄트 사이의 긴장이 해소된 것처럼 보였으나 1618년에 30년 전쟁이 시작되었다. 비 로마 천주교 목사들은 투옥되었고 살해되었으며, 소위 "이교" 서적들은 불태워버렸다. 그리고 로마 천주교를 전 국민이 신봉하도록 강요하였다. 코메니우스는 목회적 신분 때문에 살려면 도망을 할 수 밖에 없어서 임신한 아내와 어린 아들을 두고 떠나야만 했다. 아내와 아들과 새로난 애는 군인들이 옮겨 온 흑사병 때문에 죽었다. 코메니우스는 그의 도서와 대부분의 원고를 포함해서 그의 모든 소유를 잃어버렸다.

1628년, 그는 모든 프로테스탄트 목사들과 함께 고향 땅에서 추방당했다. 그는 폴란드로 피신하여 몇 년 동안 레스나(Leszna)에 있는 모라비아 김나지움에서 교장으로 봉직했다. 독일식으로 발음하면 그곳은 리사(Lissa)이다. 코메니우스는 거기서 교육의 이론과 실제에 가장 중요한 공헌을 하였고 교육 방법에 관한 가치있는 책들을 썼다.

코메니우스는 1641년에 실력있는(pansophic) 대학을 시작하려는 희망을 안고 영국에 갔다. 그가 희망한 대학은 보편적 지식이 전해져야 하는 중심이었다. 의회가 그 프로젝트의 경제적 도움을 주리라고 믿었던 희망은 구체화되지 못하였고 또 아일랜드 사람들의 폭동으로 영국에 오래 있지 않았다. 그러나 그의 런던 방문은 상당한 가치를 갖는 실천적 결과가 없지 않았다고 스핑카(Matthew Spinka)는 술회하였다.[4] 코메니우스는 영국 학계에 널리 알려지게 되었다. 그 학자들로 말미암아 그의 명성은 뉴잉글랜드에 있는 지역에까지 알려지게 되었다. 코메니우스가 런던에 있는 동안 하바드대학의 학장이 되어 달라는 분명한 초청을 받았다. "윈드롭(John Winthrop, Jr.)이 유럽으로 여행하면서 하바드 대학의 학장이 될 뛰어난 교육자요, 신학자를 청빙하기 위하여 찾고 있을 때 코메니우스를 방문하고 그 자리에 오도록 강청하였다(1642). 뉴잉글랜드 목사들은 교회 훈련과 미국 인디안들을 교육하고 회개시키는 것에 관한 코메니우스의 견해에 큰

4) *John Amos Comenius, That Interpretation Moravian*, p. 84.

관심을 갖고 있었다."[5)]

스웨덴 정부는 1642년에 스웨덴학교를 개혁하고 교육의 국립 체계를 촉진시키기 위하여 코메니우스를 초청하였다. 그는 스웨덴에서 라틴어 교과서, 문법, 사전을 쓰면서 6년 간 남아 있었다. 이것은 그가 싫어하는 일이었다. 그러나 이 책들은 전 유럽에서 갈채를 받았다. 그 가운데 하나는 「언어학습의 최근 방법」(Latest Method in Languages)이었다.

1650년에 코메니우스는 항가리 사로스 파탁(Saros Patak)에 오기 위하여 트란실바니아의 황제로부터 온 초청을 수락하였다. 그곳이 추방당한 형제회의 근거지가 되었다. 그는 거기서 학교를 지도하면서 박식하고 실력있는 학교와 개혁된 교육 모델을 삼으려고 하였다. 그러나 퍼스낼리티의 갈등과 논쟁 때문에 그는 에너지를 낭비하였고 더 이상 그의 사상을 폭넓게 적용할 수 없었다. 그는 거기서 세상에 가장 알려지게 한 저 유명한 책 「그림 안에 있는 세계」(World in pictures, Orbis sensualium pictus)를 출판하였다. 그 책은 지금까지 출판된 책 가운데서 그림이 있는 최초의 교과서 중 하나였다.

그는 바로 항가리에서 드라빅(Drabik)의 영향을 받았다. 드라빅은 하나님에게서 예언을 받았다고 주장하였다. 그는 코메니우스를 설득하여 항가리의 백작에게 합스부르그 왕가와 교황을 타도하는 신명을 받았다고 말하게 하였다. 이 가운데 어떤 것도 코메니우스나 백작에게 도움을 주지 못하였다. 거의 모든 모라비아교회가 많은 다른 프로테스탄트 교도들과 함께 드라빅의 예언을 수용하는 데 있어서 코메니우스의 입장을 따랐다. "코메니우스가 죽은지 8개월 후에 그

5) J.C. Osgood, "Comenius, Johann Amos", in *Encyclopaedia Britannica*(Chicago:Encyclopaedia Britannica, 1963), 6 : 131.

가 따랐던 예언자 드라빅이 공식적으로 모든 예언을 철회하고 로마 천주교회의 신앙으로 넘어갔을 때 빚어진 결과를 상상해 보라. 그 반응은 대단히 나빴다."[6)]

코메니우스는 다시 한 번 더 리사에 돌아왔으나 결국 폴란드 사람들에 의하여 추방되었다. 그것은 분명히 그가 공적으로 스웨덴 왕인 구스타부스(Charles Gustavus)를 그 나라로 영접하였기 때문이었다. 구스타부스가 1657년에 떠났을 때에 폴란드 사람들은 그 도시를 유린하였다. 그들은 코메니우스의 집을 특별한 폭력 대상으로 선정하였고 아무 것도 보존되지 않았다. 그의 실력있고 박식한 학교체계에 관한 가치있는 작품을 포함해서 그의 모든 책과 원고를 불태워버렸다. 코메니우스는 그의 여생을 암스텔담에서 지나면서 글을 쓰고 모라비안 사람들을 도왔다.

교육 철학

로리(S. S.Laurie)는 코메니우스가 저술한 교육에 관한 책 42권의 일람표를 작성하였다. 그는 모두 약 200권의 책을 저술하였다. 그 가운데 일부는 영어로 번역이 되어 있다.

코메니우스는 리사에 있는 동안 중단하지 않고 계속해서 그의 종합적 논문 「위대한 교수법」(*The Great Didactic*)을 저술하였다. 코메니우스는 체코말로 저술하여 아마 1632년에 그것을 완성하였을 것이다. 그러나 그 책은 라틴어 번역이 암스텔담에서 나타났던 1657년에야 비로소 출판되었다. 본래의 원고가 리사에서 다시 발견된 후에 그 책은 1848년에 프라그에서 출판되었다. 1896년에야 비로소 그 책은 "옥스포드 대학교의 교육학 강사였던 키딩(M. W. Keatinge, M

6) M.W. Keatinge, in *The Great Didactic*, part I, pp. 98, 99.

A)이 영어로 번역하고 전기적이고 역사적이며 비판적인 서문을 덧붙여 편집한 후 출판하였다.” 본 저서는 코메니우스의 교육 철학에 대한 단 하나의 가장 효과있는 자료이다.

모든 연령층에서 가르치고 배우기 위한 그의 모형은 모든 사람에게 모든 것을 가르치기 위한 그의 거대한 방안과 관련시켜서, 즉 그가 박학다식하고 실력있다고 부르는(***pansophia***), 즉 “보편적 지혜”라고 부르는 계획과 관련시켜 보아야만 한다. 그는 모든 유럽 과학자들이 기고하는 보편적 지식의 백과사전을 출판하기를 희망하였다. 그는 또 박학다식하고 실력있는(***pansophic***) 대학을 세우기를 희망하였다. 거기서 실험실들은 과학적 연구를 촉진시켰다. 그리고 그는 모든 사람으로 하여금 자기의 능력을 다하여 모든 종류의 지식의 유익을 이용할 수 있게 하는 교육 방법을 추구하였다. 이 모든 사상은 인류를 구원하기 위한 교육의 능력을 믿는 확신으로부터 성장하였다.

그는 지식을 모든 인간의 질병을 고칠 수 있는 만병통치약으로 보기 때문에 다른 사람들과 하나님에 대한 자연과 인간 자신과 인간의 관계의 지식이 불가피하게 도덕성과 경건으로 통하게 된다고 믿었다. 지식, 덕, 경건은 교육의 목적이다. 이 세 가지 가운데 가장 기본적인 것은 지식(knowledge)이다. 그는 보편적 지혜(pansophia)를 믿는 확신에 따라 모든 지식을 완전히 재조직하게 되었고 그 지식을 학교를 통하여 유포하게 되었다.

코메니우스는 모든 지식이 통일된다면 모든 사람에게 접근할 수 있을 것이라고 믿었다. 그는 또 대중에 대한 그와 같은 접근성은 인간 행복에 방해가 되는 모든 경제적, 정치적, 사회적 문제를 해결해 줄 것이라고 믿었다.

코메니우스는 베이콘의 귀납적 방법에 크게 영향을 받았다. 그러나 코메니우스는 그 방법이 “노력을 하게 하고 그 밖에 그것이 자연 현상만을 다루어야 하지만 보편적 지혜가 전체 우주를 다루기 때문에 보편적 지혜를 건설하기에는 무용하다"고 믿었다.

키딩(Keatinge)에 따르면 코메니우스는 그의 보편적 지혜의 철학적 기초를 구성하는 18가지 경귀를 제시하였다.

1. 보편적 지식은 인간이 그것을 획득할 수 있는 한 그 대상으로서 하나님과 자연과 예술을 갖는다.

2. 이 세 가지의 완전한 지식은 추구하여야 한다.

3. 사물에 관한 지식은 그것이 충만하고 참되며 질서가 있을 때 완전하다.

4. 지식은 사물이 실제로 실존하는 것으로 이해될 때 참되다.

5. 사물은 실재하는 방법이 이해될 때 그것의 본질적 특성으로 이해된다.

6. 모든 대상은 그것의 "관념"(idea)에 일치하여, 즉 그것이 현재 있는 그대로 될 수 있는 어떤 합리적 개념과 관계하여 실재한다.

7. 그러므로 실재하는 모든 것은 그것이 하나님의 사역이든 자연의 사역이든 인간의 사역이든 그것의 "관념"(ideas)에 따라 그처럼 실재한다.

8. 예술은 자연으로부터 생산된 것의 "관념"을 빌려온다. 그리고 자연은 하나님으로부터 생산된 것의 "관념"을, 하나님은 하나님 자신으로부터 생산된 것의 "관념"을 빌려온다.

9. 그러므로 하나님은 세상을 형성하는 데 있어서 모든 피조물이 그의 창조주와 확실한 관계를 갖게 하기 위하여 자신의 형상을 산출하셨다.

10. 모든 것이 하나님의 정신의 "관념"에 참여하면서 동시에 그들 상호 간에 관계를 가지며, 서로서로에 대하여 결정적인 관계를 갖는다.

11. 그래서 결과적으로 사물의 합리적인 개념은 동일하지

만 원형(原型)으로서의 하나님 안에서, 모형으로서의 자연 안에서, 대형(対型)으로서의 예술 안에서 실재하면서 그 개념들이 현시하는 형태만이 다르다.

12. 그러므로 모든 것을 생산하는 기초는 이해하는 기초와 같이 조화를 이룬다.

13. 조화의 일차적 요구는 부조화된 것이 조금이라도 있어서는 안 된다.

14. 이차적 요구는 조화되지 않은 것이 있어서는 안 된다.

15. 삼차적 요구는 무한히 다양한 소리와 일치가 몇 개의 기본적 소리와 일치에서 솟아나야 하며 변이의 확실하고 규칙적인 과정에 의하여 실재해야 한다는 것이다.

16. 그러므로 우리는 사물들이 가지는 변이의 근본적 개념과 양태를 안다면 모든 것을 알게 될 것이다.

17. 그와 같은 합리적인 개념은 어떤 귀납법으로 말미암아 현상에서 추출될 수 있으며 현상적 실재의 규범으로서의 위치에 있어야 한다.

18. 진리의 이러한 규범들은 그 대상들의 본성이 다르게는 있을 수 없으며 실험을 하되 자연현상에서 실험을 하기 위하여 모든 사람 마음대로 하는 대상에서 추출되어야만 한다.[7]

코메니우스의 보편적 지혜(pansophia)에 관한 저술은 다른 백과사전에서 개선되었지만 그 정도는 리사가 포위되어 불탔을 때 그의 원고가 파괴되었기 때문에 알 길이 없을 것이다. 코메니우스는 이렇게 소리쳤다. "만일 하나님께서 나에게 「보편적 지혜의 성장」(*Sylva Pansophiae*)이라는 책만을 구해주셨더라면 그 밖에 모든 것은 더 쉽게 참을 수 있었을 것이다. 그러나 이것까지라도 파괴되었다."[8]

7) Ibid. pp. 33, 34.
8) Ibid. p. 87.

코메니우스가 지식을 축적하고 조직하고 통일시킨 것은 자기 자신을 위한 것이 아니고 인간의 복지와 보편적 평화를 증진시키기 위한 것이었다. 이러한 의미에서 코메니우스는 교육에 있어서 재건주의자의 목적과 짐을 진 것이다. 그는 이렇게 술회하였다.

> 금세기의 많은 사람을 사로잡아서 미칠듯이 서로 파괴하는 대로 치닫게 하는 광분에 대한 직접적인 대책이 필요하다. 왜냐하면 우리는 모든 사람들이 자신들과 우주를 파괴하는 것만으로 끝나고 말 상호파괴를 모사하는 것처럼 보이는 고집을 하고 있는 왕국과 백성들을 파괴하는 불일치와 전쟁의 재난과 파괴적 불꽃을 전 세계를 통하여 증거하고 있기 때문이다. 그러므로 세계가 완전히 멸망하지 않고 보편적 평화와 조화로 말미암아 보편적으로 정신을 다시 드려야 한다면 세계의 안정을 위하여 더 이상 아무 것도 필요하지 않다. 그러나 나는 통치자들과 백성들 사이에서 외적 평화를 의미하지 않고 관념과 느낌의 체계로 영감을 받은 정신의 내적 평화를 의미한다. 인류는 이것을 획득할 수 있다면 위대한 약속을 소유한 것이다.[9]

브루베이쳐(John S. Brubacher)의 평에 의하면 코메니우스가 교육을 통하여 세계의 안정을 튼튼하게 하려는 이상은 그 당시의 상상을 훨씬 넘어갔다. 더우기 그는 「위대한 교수법」(*The Great Didactic*)의 6장에서 사회를 변형시키기 위하여 교육의 능력을 크게 확신한 것을 강조하였다. 예를 들면 :

> 지식과 덕과 경건의 씨가 우리가 본대로 자연히 우리 속에 심어졌다. 그러나 실제적인 지식과 덕과 경건은 그렇게 주어지지 않았다. 실제적인 지식과 덕과 경건은 기도와 교육과 행

9) I.L. Kandel, "John Amos Comenius, Citizen of the World", *School and Society* 55(1942) : 404에서 인용.

위로 획득해야만 한다. 그는 사람이 "가르칠 수 있는 동물"이었다고 말하는 나쁜 정의를 주지 않았다. 참으로 그가 인간이 될 수 있는 것은 적합한 교육으로만 가능하다.

그러므로 어떤 사람이 사람과 같이 행위하도록 배우지 않았다면, 즉 사람을 구성하는 요소로 훈련을 받지 않았다면 참으로 사람이 될 수 있다고 아무도 믿지 못하게 하라. 이것은 사람을 위하여 있지만 그의 손으로 모든 피조물에게 적합하게 만들 때에야 비로소 그가 사용하기에 적합하게 되는 것들을 보기로 든다면 분명해진다. 예를 들면 우리는 돌들을 자료로 받았다. 우리는 그것들을 가지고 집이나 탑이나 벽이나 기둥 같은 것들을 만든다. 그러나 돌들은 우리가 그것들의 자리에 맞게 끊고 배치하지 않는다면 아무 쓸모가 없다. 사람을 장식하기 위하여 주어진 진주나 보석은 끊고 갈고 광을 내야만 한다. 일상생활에서 생생하게 사용하는 식사는 파내야 하고 녹여야 되고 여러 가지로 만들어져야 하고 두드려 만들어야 한다. 이렇게 될 때까지는 그 음식이 땅보다 우리에게 덜 쓸모가 있다…

참으로 교육은 모든 사람에게 필요하다. 만일 우리가 여러 가지로 다른 정도의 능력을 생각한다면 그 사실은 분명해진다… 지혜없는 부자는 왕겨로 가득찬 돼지가 아니고 무엇이겠는가? 사태를 이해하지 못한 가난한 사람은 짐을 무겁게 진 당나귀가 아니고 무엇이겠는가? ……

권위의 자리에 있는 사람, 즉 왕이나 왕자나 장관들이나 교회 목사들이나 의사들은 안내자가 눈을 가지고, 해석자가 말을 가지고, 트럼펫이 소리로 채워지고, 칼이 끝을 가지는 것처럼 지혜로 채워질 필요가 있다. 이와 같이 종속적 위치에 있는 사람들은 그들의 상사들에게 지혜롭고 신중하게, 강제로 복종하는 당나귀의 복종이 아니고 자유 의지에 따라 질서를 사랑하는 마음으로 복종함으로써 복종하는 방법을 알기 위하여 교육을 받아야 한다… 그 결과 한 사람은 받은 교육에 따라 정확한 비율로 다른 사람의 우위를 차지하게 된다.[10]

코메니우스의 교육관은 어린이들이 인간으로 출생한 것이 아니고 인간이 될 수 있다는 견해, 즉 적합한 사회적 훈련을 받을 수 있다는 견해에 근거를 두었다. 그는 「위대한 교수법」 6장에서 들짐승에게 붙잡혀 자란 어린 아이들의 보기를 인용하였다. 그들은 인간들과 같이 친구로 하여 문화화될 때 비로소 인간과 같이 행동하였다

코메니우스가 보편적이고(남자와 여자, 부자와 가난한 자) 자유로운 교육을 주장한 것은 "인간이 자연적으로 지식을 갈망하는 것"을 만족시켜야 하며, 인간이 교육을 받지 않고 인간이 될 수 없다는 신념에 기초한 것으로서 역사적인 것이었다. 아들러(Mortimer J. Adler)와 메이어(Milton Mayer)에 의하면 "세계사에서 한 위대한 정치가가 그것을 제안하기 전까지는 전혀 없었던 일이다."

교육 방법론

코메니우스가 볼 때 그가 살기 전까지의 모든 학교는 실패하였다. 그러나 그는 "학교가 개선될 수 있다"고 확신하였다. 그는 「위대한 교수법」 제 12장에서 이렇게 저술하였다.

나는 다음과 같은 종류의 학교를 약속한다:

1. 모든 청년들은 교육을 받고 있다(하나님이 이성을 거부한 사람들을 제외하고).

---

10) Part 2, pp. 55－56

2. 사람들을 지혜롭고 정직하고 경건하게 만들 수 있는 모든 사람들은 가르침을 받아야 한다.

3. 삶을 위한 준비인 교육은 성인이 되기 전에 완성되어야 한다.

4. 교육은 때리고 엄격하고 강제력과 같은 것으로 이행되어서는 안 되며 쉽고 즐겁고, 말하자면 자신의 계기로 말미암아 이행되어야 한다.

5. 교육은 외관으로만 마련되어서는 안 된다. 순전한 교육은 겉치레가 아니고 철저한 교육이다. 이것은 이성적인 동물이란 생소한 이성에 의해서가 아니라 자신의 이성으로 인도함을 받아야 된다는 것을 의미한다. 합리적인 동물은 사물의 뿌리에 깊이 침투하는 데 익숙해야 하고 동시에 다른 사람들의 의견을 읽고 지각하고 기억하고 전달하는 것보다 오히려 사물들의 참된 의미와 사용법을 자기 것으로 받아들이는 데 익숙해야 한다. 도덕성과 경건에 관하여서도 같은 경우가 되어야 한다.

6. 교육은 고통스러워서는 안 되며 가능한 한 쉽게 되어야 한다. 공중교육을 위해서는 매일 4시간만 보내야 한다. 이것은 한 교사가 백 명의 학생을 동시에 교육하기 위하여 만족하게 함으로써 이루어져야 한다. 그리고 교사는 한 학생을 대하는 것보다 열 배나 더 쉽게 대하여야 한다.[11)]

근대 교육자들은 이것을 동의하는 경우가 많겠지만 예를 들면, 한 교사가 백 명의 학생을 가르칠 수 있다는 데 대해서는 동의하지 않을 것이다. 그들은 또 코메니우스가 교육의 기초는(예를 들면 "읽기, 쓰기, 산수") 성인이 되기 전에 정복되어야 한다고만 말하고 있지만 코메니우스의 세 번째 점은 동의하지 않을 것이다. 이것이 그가 의미하는 것이라

11) Ulich, *Three Thousand Years of Educational Wisdom*, p. 346에서 인용, *The Great Didactic*, chap. 17, p. 127과 비교하라.

면 아마도 모든 사람이 동의할 것이다. 교육이 때리고 엄격하고 어떤 종류의 강제로 이행되어서는 안 되고 쉽게, 즐겁게, 말하자면 자신의 계기로 말미암아 이행되어야 한다는 코메니우스의 일반적 원리는 놀라우리 만큼 근대적이다. 교육이 싫증을 느끼던 때에 배우는 것이 즐거워야 한다는 생각은 혁명적이며 교육이 "자신의 계기로 말미암아" 이행되어야 한다는 생각은 학생이 자신 속에서 자신의 욕망과 의지로 일하고 배워야 한다는 생각과 가깝다. 코메니우스는 「그림 속의 세계」(*World in Pictures*)의 서문에서 이렇게 말하였다.

> 어린이들은 더욱 기뻐한 대로 그림을 봄으로써 즐거워하고 가능한 한 친숙해지며 학교에 다니기 전 집에서라도 친숙해지도록 그림이 손에 입수되어야 한다.[12)]

이것은 300년 전에 저술된 내용이다!

교사 : 코메니우스는 교사에게 어떤 원칙을 세웠다. 교육은 "자연의 단계"로서 따라야 한다.

1. 교육은 정신이 부패되기 전에 일찌기 시작하여야 한다.
2. 정신은 교육을 위하여 준비되어야 한다.
3. 교육은 일반적인 것으로부터 특수한 것으로 진행하여야 한다.
4. 교육은 더 쉬운 것에서부터 더 어려운 것에로 진행되어야 한다.
5. 발전은 서둘러서는 안 된다.
6. 정신은 어떤 것을 강제로 해서는 안 되고 나이와 동기

12) *Orbis Pictus*, p. xviii.

부여에 따라 열망하는 것을 하게 해야 한다.

7. 모든 것은 가능하다면 감각적 인상을 통하여 전달되어야 한다.

8. 모든 것은 직접 응용되어야 한다.

9. 모든 것은 하나이면서 같은 방법에 따라 시종일관 가르쳐져야 한다.[13)]

5번은 적합한 동기부여의 중요성을 강조하는 것으로 나타나고 8번은 코메니우스가 지적한 것을 따르면 교육이 "삶을 위한 준비"라는 것을 의미할 수 있다.

교사의 과업은「위대한 교수법」에서 설명되었다.

학생의 과업은 선생이 어떤 것을 학생에게 가르치면서 동시에 일상생활에 실제적으로 응용하는 것을 보인다면 더 쉽게 될 것이다. 이러한 규칙은 언어와 변증법과 산수와 기하와 물리 등을 가르치는 가운데 조심스럽게 관찰되어야만 한다. 이것이 등한시되면, 당신이 설명하고 있는 것들은 새로운 세계에서부터 보면 괴물처럼 보일 것이다. 그리고 사물이 실재하든 안 하든 무관심하는 학생의 태도는 지식의 태도라기보다는 오히려 신념의 태도일 것이다. 사물들에 대하여 학생이 알게 되고 그것들을 사용하는 방법이 설명될 때에 그것들은 학생이 자기 지식을 확신할 수 있고 그것을 응용하는데서 즐거움을 이끌어낼 수 있기 위하여 손 안에 붙들어야만 한다. 그러므로 그것들은 그 응용을 쉽게 보여 줄 수 있도록 가르침을 받아야만 한다.[14)]

조직과 커리큐럼 : 코메니우스가 계단적 교육을 강조한 것은 잘 알려진 사실이다. 그는 학교를 다섯 단계로 나누었다.

---

13) Ulich, *Educational Wisdom*, p. 346에서 인용, *The Great Didactic*, chap. 17, p. 127과 비교하라.

14) p. 140.

첫째는, "어머니 학교" 또는 "어머니 무릎의 학교" 이었다. 이것은 6세 미만의 어린이들을 위한 학교였다. 코메니우스의 「유아 학교」(*School of Infancy*)는 "어머니 학교"를 서술한 것인데 그것은 현재의 유치원을 선취(先取) 한 것이라고 생각할 수 있다. "초기 어린이 시절의 교육적 의의는 최초로 코메니우스가 주의를 환기시켰다"라고 마이어(Adolph E. Meyer)가 술회하였다.[15]

둘째는, 6세부터 12세까지의 어린이에 해당한 것으로서 자국어 학교(vernacular school)이었다. 이것은 6개의 반으로 나누어져야 하고 소녀들과 소년들을 가리지 않고 모두에게 그들이 삶을 준비할 수 있는 기본적인 것들을 주어야만 한다. 그 이름이 제안하는 것처럼 교육은 모국어로 이행되어야 한다.

세째는, 12세에서 18세에 해당하는 청소년들을 위한 라틴어 학교(Latin school)이었다. 그것은 교회나 국가에서 봉사하게 하기 위하여 또는 대학 과정에서 연구하게 하기 위하여 준비하는 학교이었다. 이 학교에서 모국어, 라틴어, 헬라어, 히브리어는 6개의 반으로 나누어져야 한다. 즉 그것들은 문법, 물리학, 산수, 윤리, 변증법, 수사학 등이었다.

네째는, 18세에서 20세에 해당하는 것으로서 청년을 위한 대학이었다. 라틴어 학교에서 가르치던 모든 과목을 좀더 수준 높게 가르쳐야만 했다.

다섯째는, 베이콘의 솔로몬의 집에 상응하는 빛의 대학(College of Light)이었다. 이 학교는

새롭고 유용한 발명으로 말미암아 지금까지 획득되고, 인간

15) ***The Development of Education in the Twentieth Century***, 2nd ed. (New York: Prentice-Hall, 1949), p.384.

성에 유익을 주었던 것보다 더 크게 성공함으로써 전 인류를 통하여 지혜의 빛을 전파해야만 했다.[16]

코메니우스가 말하는 커리큐럼의 개념은 그의 철학 사상과 연장되어야만 한다. 그는 알려진 모든 것을 모든 사람에게 가르쳐지기를 원하였다. 키딩(Keatinge)은 이 점에 대하여 너그럽지 못하였다. "키딩은 코메니우스의 선배나 동시대 사람들에 대하여 반대했던 것처럼 코메니우스에 대하여 반대하면서 학교 커리큐럼의 폭을 넓힐 의욕과 과거의 좀더 얽매이는 전통을 흔들어버릴 욕망이 있었음에도 불구하고 그는 아직도 라틴어를 그의 체계의 집약점으로 보유하였고 라틴어가 다같이 공정하게 주의해야 하는 것 이상으로 침해하도록 허용하였다는 비난을 할 수 있을 것이다." 그러나 키딩은 이것을 더 추가하였다. "환경에 대하여 간단히 생각하는 것은 라틴어가 예의있는 학습이나 과학적 추구를 할 수 있게 하는 모든 길을 막을 수 있게 하고, 전통으로 말미암아 산출된 힘보다 코메니우스에게 덜 비난하는 것을 보이는 것으로 만족할 것이다."[17]

교수 방법과 교과서 : 코메니우스는 루소와 함께 단순히 말하는 학습보다 오히려 직접적으로 관찰하는 것을 주장하였다. 그는 창조적인 일에 대하여 강조하기를 기대하였다. 그는 교육적 경험을 위하여 가족적 삶이 의의가 있다는 것을 보았다. 그는 어린이가 자신의 본성을 자유롭게 표현할 권리가 있다고 주장하였다. 그는 실로 "교수 과정을 체계화하기 위한… 최초의 르네상스 교육자들 가운데 하나이었다."[18]

---

17) *The Great Didactic*, part 1, p. 103에서

18) T. Brameld, *Patterns of Educational Philosophy: A Democratic Interpretation*(Yonkers-on-Hudson, N. Y:World, 1950), p. 242.

코메니우스의 방법론은 대체로 전 유럽에서 사용되었던 교과서를 통하여 그가 살던 때에 가장 큰 영향을 미쳤다. 그가 라틴어 교수법을 단순화시키려고 최초로 시도한 것은 그의 「문법책」(*Grammaticae facilioris praecepta*) 이었다. 몇 년 후에 이것은 더 잘 알려진 「언어연구」(*Janua linguarum reserata*) 이었다. 코메니우스는 이것을 라틴어 어휘의 서론으로 의도하였다. 그러나 코메니우스는 이것이 교과서로서 너무 어렵다고 판명되자 「입문서」(***Vestibulum***)를 준비하였다. 그 책은 「언어연구」에 있는 낱말 가운데 작은 부분만을 포함시켰고 그 책의 서론의 역할을 하게 하였다. 코메니우스는 또 「언어연구」와 「입문서」에 동반시킬 문법, 사전, 논문 등을 저술하였다.

코메니우스는 몇 년 후에 좀더 고급 독본을 출판하였는데 그것은 때때로 「지혜의 궁전」(***sapientiae palatium***) 이라고 불리우기도 하는 「응접실」(***artrium***)이라는 책이었다. 이 책은 「언어연구」와 같은 수준에 있었다. 그것 역시 삶의 "실제적" 인 것들을 다루었다. 후에 코메니우스는 네 번째 책, '보고'(寶庫, Thesaurus)를 쓰기 시작했다. 이 책은 라틴어 작가들의 작품에서 발췌한 것들을 싣고 있었으나 결코 완성하지 못했다.

그 시리즈에서 가장 인기있던 작품은 「그림 속의 세계」(*World in Pictures*) 이었다. 그 책은 교과서에 그림으로 예증을 만들므로써 논리적 결론에 대하여 감각적 호소를 하는 코메니우스의 원리를 싣고 있었다. 이 책은 1657년에 출판되었는데 「언어연구」를 간단하게 만든 판이었다. 매장 머리에 오히려 복잡한 그림으로 그려져 있었다. 거기에는 교과서에 상응하는 선에 맞추어 언급되는 숫자들이 있었다. 거기에는 "이발하기", "빵만들기", "게걸스럽게 먹는 새들", "술만들기", "절제", "인간성" 등과 같은 용어들이 있었다.[19)]

---

19) E. Dale, ***Audio-Visual Methods in Teaching***, pp. 59, 60.

의 의

하나는 코메니우스의 가장 큰 약점이란 그가 정신적 생활에 대하여 얕고 부정확한 지식을 가지고 있었다고 말하는 에비(Frederick Eby)의 평가에 동의하는 데 기울여지고 있다는 점이다. 그는 오늘날 "기능심리학"(faculty psychology)이라고 부르는 것을 주장하였다. 그는「위대한 교수법」 7장에서 이렇게 썼다.

> 그리고 어떤 사람이 지혜를 증진시키려고 한다면 그의 열성이 아직도 타고 있고 그의 전성(展性)이 있으며 그의 기억력이 아직 강할 생의 초기에 그 지혜를 향하여 열어 놓아야 한다.

코메니우스는 그의 시대를 반영하면서 상상력을 믿었고 기억력의 훈련과 다른 공식적 훈련을 믿었다. 그러나 그는 또 그의 시대를 앞서 있었다. 그는 교육적 과정에서 어린이들이 갖고 있는 정서의 중요성을 크게 생각하였다. 그는 개인의 차이도 인정하였고 그것에 대하여 학교의 구조에서 그리고 교수 방법에서 준비하였다. 그리고 그는 "행함으로써 학습하는 것"(learning by doing)을 강조하였다.

> "행동해야 할 것은 실천함으로 배워야 한다. 예술가들은 이론과 함께 견습생활을 억류하지 않고 초기 단계에서 실천하게 된다. 이렇게 해서 그들은 주조함으로써 주조하는 것을 배우고, 조각함으로써 조각하는 것을 배우고, 그림을 그림으로써 그림그리는 것을 배우고, 춤추므로써 춤추는 것을 배운다. 그러므로 학교에서 학생들로 하여금 글을 쓰므로써 글쓰는 것을 배우고, 말함으로써 말하는 것을 배우고, 노래함으로써 노래하는 것을 배우고, 추론함으로써 추론하는 것을 배우게 하라."[20]

20) *The Great Didactic,* part 2, pp. 194, 195.

코메니우스는 자기 시대의 교육을 일반적으로 통찰한 것에 비추어 연장하여 생각해야 한다. 그는 이렇게 비추어 보면서 "학생들이 좀더 효과있게 배우기 위하여 교사가 바른 기회를 포착해야 한다고 제안하는 것은 손다이크(E. L. Thorndike)의 익숙한 "준비의 법칙"과 오늘의 "가르칠 수 있는 순간"과 매우 흡사하게 들린다.

그는 의미없는 말과 생각에 반대하는 혁명적 생각을 가진 사람으로서 실천적이었고 현실적이었다. 그는 일차적 경험을 주장하는 가운데 학생들에게 그들의 가정에서 쉽게 접할 수 없는 경험을 마련해 주어야 한다고 조심스럽게 말하였다.

경멸을 받고 추방을 당하였고 박해를 받았던 "필적할 수 없었던 그 모라비아 사람"은 대단히 현대적 교육 이론과 실천의 실제적인 선구자이었다. 예를 들면 그의 학습은 형식적 학교보다 오래 전에 시작해야만 했다. 학습은 어린이가 성장하는 가운데 "자연적 순서"를 따라야만 했다. 학습은 즐거워야만 했다. 학습은 학생들이 그들의 삶과 생업에 응용할 수 있게 함으로써 의미를 제시해야만 한다. 학생은 가르침을 받는 것에 대해 배울 "준비"를 해야만 한다. 학생은 내부에서부터 관심을 가져야만 하고 동기를 부여받아야만 한다. 학생은 학습 과정에 관여해야 하며 특히 일차적 감각 경험을 통하여서 해야 한다. 선생은 두려움과 물리적 강제력과 체벌을 사용하지 않아야 한다. 교육은 소년들이나 소녀들이나 막론하고 배울 수 있는 모든 사람을 위하여 있다.

물론 이것은 코메니우스의 책에서 강조한 것들과 현대교육 이론과 실천에서 탁월한 것들 사이에 어떤 역사적인 연결점이 있다는 것을 제안하는 것이 아니다. 코메니우스가 좀더 인기있었던 종파에 속했거나 드라빅(Drabik)과 다른 "예언자들"에게 속아넘어가지 않았더라면 그의 자신의 때에 더 큰 공헌을 했었을 것이다. 그의 교수—학습의 철학이 건전한 한 그는 인정받아야 하고 연구되어야 하고 기억되어야 한다.

Selected Bibliography

Brubacher, J. S. *A History of the Problems of Education.* New York: McGraw-Hill, 1947.

Comenius, J. A. *The Great Didactic.* Translated and edited by M. W. Keatinge. New York: Russell, 1967.

__________. *Orbis pictus.* Translated and edited by C. W. Bardeen. Syracuse, N.Y.: Bardeen, 1887.

Dale, E.. *Audio-Visual Methods in Teaching.* Rev. ed. New York: Dryden, 1954.

Eby, F. *The Development of Modern Education.* 2nd ed. New York: Prentice-Hall, 1955.

Keatinge, M. W. *Comenius.* New York: McGraw-Hill, 1931.

Laurie, S S. *John Amos Comenius, Bishop of the Moravians: His Life and Educational Works.* Syracuse, N.Y.: Bardeen, 1892.

Spinka, M. *John Amos Comenius, That Incomparable Moravian.* Chicago: University of Chicago, 1943.

Ulich, R. *Three Thousand Years of Educational Wisdom.* Cambridge: Harvard University, 1948.

15.

어거스트 헤르만 프랑케

August Hermann Francke / 1663 - 1727

케네스 O. 갠젤 (Kenneth O. Gangel)

30년 전쟁으로 인하여 독일 국민은 탈진상태에 있었다. 이것은 유럽의 굵직한 종교분쟁들 가운데 최후의 것이었는데, 그것이 1648년 웨스트팔리아 평화조약(the Peace of Westphalia)으로 종식될 무렵엔, 그것을 점화시켰던 중대한 논점들을 주동자들은 대체로 잊어버리고 있었다. 그 전쟁 동안 "무법의 군대들이 북 유럽을 약탈하고 유린했으며, 독일의 천 육백만 국민 중 천만 명이 살해되었다. 전 도시들이 다 파괴되었고 피해를 입지 않은 도시가 거의 없었다. 그래서 고아가 된 아이들이 들짐승들의 떼거리처럼 숲을 방황했다."[1] 개신교 교회지도자들 간에 토론이 비등했으며 많은 성직자들이 세속적인 행정당국의 지배를 받고 있었다. 종교교육은 개인적인 순결과 거룩한 생활보다는 지적 발전과 정통교리에 중심을 두었다. 성직자들 자신들이 성서적 삶에 관한 모범들이 되기엔 빈약했다. 교회예배들은 신약의 역동적인 활력을 거부하

1) C. Manschreck, *A History of Christianity,* vol. 2 (Englewood Cliffs, N. J. : Prentice-Hall, 1964), p. 264.

는 형식적인 완고함을 지향하고 있었다.

이 불모의 배경 속에 제네바 대학교 신학과의 젊은 졸업생인 필립 스페너(Philip Spener)가 나타났다. 1663년 그는 스트라스부르그 대학교의 신학교수가 되었고, 3년 뒤엔 프랑크푸르트에 있는 루터교회 교구목사를 맡도록 부름받았다. 목사 재임기간 중 스페너는 경건주의라고 알려지게 된 것을 발전시켰다. 자신의 교구와 넓게는 시 전체의 도덕적, 종교적인 상태를 개선하는 데에 깊은 관심을 갖고서, 그는 헌신적인 삶, 인격적인 기독교, 그리고 본격적이고 실용적인 성서연구로 돌아갈 것을 강조했다. 스페너가 스트라부르그 대학교 교수가 되던 해에, 오거스트 헬만 프랑케가 루벡(Lubeck)에서 태어났다.

생 애

프랑케에게 최초로 영향을 준 것은 경건주의적 신앙이었다. 그의 양친은 일찍부터 그에게 헌신적 그리스도인의 삶의 중요성을 인상깊이 심어 주었고, 아직 소년이었을 때에 그는 복음전도에 헌신하기로 결심하였다. "학생으로서 그의 생활은 모범적이었으나, 아마 건강한 편이었다기보다는 금욕적이었을 것이다"라고 앨버트 헨리 뉴먼(Albert Henry Newman)은 시사했다.[2] 몇 년 간의 개인교수를 받은 후 프랑케는 고타(Gotha)에 있는 김나지움에 입학했고, 거기서 코메니우스의 철학의 영향을 받았다. 그의 남다른 지적 능력은 그로 하여금 14세에 에르푸르트(Erfurt) 대학교에 들어갈 수 있게 했다. 거기서 그는 스페너에게 배운 여러 명의 학생들을 만났고 성서연구반에 참석했다. 에르푸르트에서 프랑케는 키엘(Kiel)로,

---

2) *A Manual of Church History*, vol. 2 (Chicago: The American Baptist Publication Society, 1902), p. 528.

또 거기서 라이프찌히(Leipzig)로 갔는데 여기서 1685년 그는 학위를 받았다. 젊은 프랑케는 철학, 신학, 역사, 교회사, 수사학, 그리고 다른 과목들을 연구했지만 그의 주된 관심은 급기야 성서언어학으로 변하였다. 라이프찌히에서 학업을 마친 후 프랑케는 2년 동안(1685-1687) 그 대학교의 교수진에 있었다. 거기서 그는 스페너와 직접 접촉했고, 프랑케는 경건주의로의 "개종자"가 되었다. 그동안에 프랑케는 ***Collegium philobiblicum***이라는 한 클럽의 창설을 도와 주었는데, 이 클럽은 성서를 해석적으로 또 헌신적으로 연구하는 데에 전적으로 힘썼고 그 대학교 뿐만 아니라 독일의 그 지방 전체에 걸쳐 강력한 영향을 끼쳤다.

그리고 나서 프랑케는 2년 동안 학원생활을 떠나, 은둔하여 연구하고 인생과 교육에 관한 개인적인 철학을 명확히 수립하였다. 그가 1689년 라이프찌히 교수진으로 되돌아 왔을 때, 그는 경건주의의 명확한 대변인이 되었다. 그러나 반대가 많았다. 꼭 일년 뒤 그는 에르푸르트에서 수석목사로 와 달라는 부름을 받아 들였다. 그러나 그를 따라서 라이프찌히로부터 온 학생들이 에르푸르트대학교에서 반대를 선동하였다. 압력에 의해서 그는 1691년 9월에 그의 교구를 떠났다. 스페너의 도움으로 프랑케는 글라우샤(Glaucha)에 있는 한 교구의 목사로 또 새로 생긴 할레 대학교(the University of Halle)의 무보수 교사(처음엔 동방 언어들의, 나중엔 신학의 교사)로 초빙되었다. 거기서 그는 1727년에 죽기까지 봉사했다.

할레에서, 프랑케가 교육적으로 성직을 수행한 규모는 거의 믿을 수 없을 정도이며, 프레데릭 에비로 하여금 "독일의 실제적 교육자의 가장 고상한 모범"이라고 그를 묘사하도록 하였다.[3] 프랑케의 특기할 만한 업적들 가운데, 1692년 자선

3) *The Development of Modern Education* (Englewood Cliffs, N. J.: Prentice-Hall, 1952), p. 247.

금으로 유지되는 가난한 사람들을 위한 초등학교를, 1695년 자선금으로 유지되는 고아학교를, 1705년 교사들을 위한 학교(*Seminarium praeceptorium*)를, 대학준비를 하는 학생들을 위한 사립기숙학교를, 그리고 학생들을 위한 무료 기숙학교를 설립한 것들이 포함된다. 뉴먼(Newman)은 이런 기관들을 계산해 보았다. "그의〔프랑케의〕 사망 당시, 2,200명의 아동들이 이 기관에서 훈련을 받고 있었는데, 〔고아가〕 134명, 지도교사들이 남녀 모두 167명이었으며, 거기서 대학교 학생들 250명이 저녁식사를 공급받았다. 교육적 작업은 8명의 장학사들의 지도로 조직되었으며, 이 어린이들 학교는 크리스천적 세상을 위한 귀중한 실물교육이었다."[4] 라르스 칼벤(Lars Qualben)은 할레 대학교가 프랑케의 지도 아래 "교사들, 교구목사들, 외국선교사들, 그리고 영향력있는 평신도들을 유럽에 공급한 위대한 경건파의 중심지"가 되었다고 언급했다.[5]

신 학

프랑케는 「기독교 교육에 관한 간결한 논문」(*Brief and Simple Treatise on Christian Education*)에서 교육의 목적은 하나님을 영화롭게 하는 것이라 했다. 선한 교육은 신앙심과 지혜를 겸비해야 하며, 경건, 기도, 성서공부, 그리고 전도를 통해서 그리스도에 관한 지식을 전달해 주어야 한다. 모든 좋은 학생들은 그들의 부와 신분에 상관없이 이러한 지식과 수련을 습득할 수 있다.

---

4) *A Manual of Church History,* 2:529.

5) *A History of the Christian Church*(New York: Nelson, 1942), p. 365.

모든 학문과 지식이 하나님과 인간에 대한 진실하고 순수한 사랑이 그 기초가 아니라면 그들은 모두 어리석은 것이다.

경건주의는 갑자기 땅 속에서 솟아난 것은 아니다. 그것은 루터주의(Lutheranism)의 딱딱한 형식, 즉 윌리스턴 워커(Williston Walker)가 "외면적이고 독단적"이라고 묘사한 것에 대한 반동이었다. 한편, 경건주의란 "그리스도인의 체험에 있어서 감정의 우선을 주장하고, 그리스도인의 생활을 쌓아 올리는 평신도들의 능동적인 역할을 옹호하며, 세상에 대해서는 엄격한 금욕적 태도를 주장하는 것"이다.[6] 학문적인 루터주의가 정통성과 조직신학을 강조하는 것에 대하여 경건주의는 너무 지나치게 반응하였으나, 성서에 대한 높은 관점 및 성서연구에 관한 경건주의의 개입은 이 운동이 주요하게 기여한 것 가운데 하나였다. 할레의 경건주의자들은 그들이 "엄격한 학문의 영역에서 비생산적이라 하여 비난을 받았다. 왜냐하면 회심에 관한 신학의 새로운 기초와 성서의 교육적인 연구는 정통신학과 조화될 필요가 없다는 것, 또는 조직신학 전체가 재구성되어야 한다는 것…"을 파악하지 못했기 때문이다.[7] 그러나 로버트 울리히(Robert Ulich)는 "단순한 박식함이나 명상 이상인 신학은 인간들을 다만 가르치기만 하는 것이 아니라 그들을 향상시키려는 목적을 가지고서 의지의 훈련과 애정에 목적을 두어야 한다"고 하면서, 경건주의자들이 진정한 신학은 소홀히 하지 않았다고 주장하였다.[8]

---

6) *A History of the Christian Church* (New York : Scribner, 1918), p. 146.

7) C. Mirbt, "Pietism," in *The New Schaff-Herzog Encyclopedia of Religious Knowledge,* ed. S. M. Jackson vol. 9 (New York: Funk and Wagnalls, 1911), p. 58.

8) *A History of Religious Education* (New York : New York University, 1968), p. 138.

프랑케와 경건주의자들은 루터교회에 속해 있으면서, 교회만의 교회(ecclesiolae in ecclesia)를 이루었다. 그들은 극적인 회심을 강조했는데, 세례보다는 그 때에 중생이 일어난다고 주장했다. 그리고 그들은 국립교육기관들로부터는 물론이요 "춤, 카드놀이, 극장"과 같은 세속적인 활동들로부터 자신들을 분리시켰다. 교회와 국가에 관한 논쟁점들은 "경건주의자들에겐 비위에 거슬리거나 빗나간 것이 될 수 있었다"고 마틴 마르티(Martin Marty)는 말하였다.

교육 철학 및 방법론

신학과 교육 철학 사이의 관계는 프랑케에겐 대단히 명백했기 때문에 그는 형식적인 관계를 묘사하는 데에 거의 시간을 들이지 않고, 오히려 진술되었거나 혹은 진술되지 않은 신학적 전제들 위에 자신의 교육적 체계를 구축하는 데에 착수하였다.

프랑케는 하나님의 진리에 관한 지식이 학생들을 중생에 이르게 하며 신앙을 확립시킨다라는 개념을 기초로 하여 자신의 교육 계획들을 전개시켰다. 「Pietas hallensis」에서 그는 이렇게 썼다.

> 우리가 겨냥한 **목적(End)** 및 거기 도달하려고 우리가 사용하는 수단들이 다같이 시종일관한다. 하나님의 말씀이 아동들에게 어려서부터 주입된다. 우리 **주 예수 그리스도** 안에 있는 거짓없는 **믿음(Faith)**이 기초로 놓여지면, 가장 중요한 점들은 양심적인 행동이 동반되는 진정한 **경외감(Godliness)**인데, 이것의 획득을 향하여 우리의 진실한 노력들이 부단히 겨누어진다.[9]

9) *Abstract of the Marvelous Footsteps of Divine Providence* (London : J. Downing, 1707), pp. 35, 36.

프랑케의 계획들은 많은 독일 국민들을 포함했으나, 그의 특별한 관심은 가난한 이들이었던 것 같다. 그는 하나님을 경외하는 나라의 표징은 그 나라의 사회신분 속에서 도움을 필요로 하는 사람들을 돌보는 것이라고 주장하면서, 농민 자녀들의 교육적인 필요성은 물론, 그들의 물질적인 필요성도 충족시켜 주기 위해 그가 할 수 있는 모든 것을 하기로 맹세했다.

> 가난하고 아버지없는 아이들의 기도와 의료시혜를 받는 모든 사람들의 기도는 모든 역경이 엄습해와도 도시와 땅을 방어하는 가장 강한 벽이요 요새이다. 그러나 그 반대로, 가난하고 실의에 빠진 사람들의 눈물이나 한숨은, 그들이 극도의 궁핍 속에 무시되어 있을 때 보통 그런 식으로 그들의 슬픔을 표현하는데, 그러한 잔인성이 자행되는 불행한 나라에는 전능하신 하나님의 무서운 진노가 내리게 된다.[10]

머리, 가슴, 손은 프랑케의 교육 계획에서 분리시킬 수 없다. 아동들은 그리스도가 명한 대로 살고 하나님을 공경하도록 모범적인 예를 들어 배운다. 이렇게 가정과 학교에서 부자이건 가난하건 모든 사람에게 가르쳐야 한다. 기독교 교육에 대한 프랑케의 방식은 바로 가정 중심적(home-centered)인 것이었다. 그가 자기 주위에서 본 타락과 불행을 종종 가정에서 기독교 교육을 소홀히 한 때문으로 보았다.

교사 : 교사는 프랑케의 교육 체계의 핵심부였으며, 교사의 가장 중요한 역할은 그가 학생들에게 모범이 되는 것이다.

> 특별히 교사는 자기 학생들이 그에게서 사악한 것을 찾아내지 않도록 주의해야 한다. 왜냐하면 아이들은 선한 것이든 악

---

10) Ibid., p. 40.

> 한 것이든 다 알아차리기 때문이다… 자기 선생들이나 아버지가 술취하고, 화내고, 혹은 단정치 못함을 보며, 그들이 욕하고 헐뜯고 세상의 허영과 육신의 쾌락과 사치스러운 생활을 하는 것을 어른들의 본을 통해서 주시한 어린이들은 그 후로는 이러한 악덕들에 대한 근본적인 증오를 쉽사리 가질 수 없게 될 것이기 때문이다.[11]

교사가 사랑을 나타낸다는 것은 극히 중요하다. 훈련은 중요하지만 교육 과정이 격하거나 성난 감정의 폭발에 의하여 방해되어서는 안 된다.

> 속된 말들이나 조롱은 어린이들에게 절대 사용되어선 안 된다. 왜냐하면 그들이 그것 때문에 도움을 받기보다는 상처를 받기 때문이다. 교사가 참지 못해서 그들을 소, 당나귀, 돼지, 개, 짐승, 바보, 악당, 돼지치는 사람 등등이라고 불러선 안 되며 악마의 자식들이라고 해선 더욱 안 된다.

체벌은 이따금 필요할지 모르나, 그것은 항상 아동 개인에게 적합해야 되며 극히 조심스럽고 신중하게 가해져야 한다. "왜냐하면 더 많은 어린이들이 매질보다는 말로써 돌아오기 때문이다." 프랑케는 ***in loco parentis***라는 주장을 옹호했는데, 이것은 오늘날에도 고등교육에서 일반적으로 거부된다.

비록 프랑케가 전통적인 강의 방식을 유지했지만, 그는 각 아동이 스스로 관찰하고 집중하고 추리하며 생각하도록 훈련받을 필요가 있다고 믿었다.

무수한 가르침에 대한 프랑케의 관심은 세상에 영향을 주었던 그의 교사 양성소에서 명백히 나타났다. 이 기관은 대학교 식당의 특별한 식탁에서 시작되었는데, 2년 간의 연구와 3년

11) K.B.Cully, ed., *Basic Writings in Christian Education* (Philadelphia : Westminster, 1960), p.225에서 인용.

동안 실제 가르치는 것이 졸업을 위한 필수요건에 포함되도록 성장했다. 그 학교의 졸업생들은 독일의 어느 누구보다도 가장 잘 자격을 갖추었다고 보통 생각되었다. ***Seminarium praeceptorum***은 초등학교 교사들을, ***Seminarium inselectum***은 중등학교 교사들을 훈련시켰다. 알맞은 옷, 술과 담배의 절제있는 사용, 진지한 가르침, 그리고 아동들에 대한 애정과 인내 등 기준들이 엄격했다. 경건주의자들의 규약이 "바리새주의와 이웃하고 있고" "음울하고, 모질며, 율법주의적"인 기독교였다고 칼벤(Qualben)은 불평했다. 이게 사실이든 아니든, 프랑케가 훈련된 교사들에게 관심을 둔 것은 적극적인 혁신이었다. 폴 벡(Paul Beck)은, 프랑케가 "그러한 교사들을 임명하는 것은 〔학생들에게〕 거룩한 모범을 설정해 주는 것처럼" 관심을 가졌다고 언급했다.[12] 자기 교사들에게 한 연설에서 프랑케는 다음과 같이 말했다.

> 친애하는 어린이 여러분! 내 말을 들으세요. 하나님께로부터 여러분에게 이야기되는 말씀을 들으세요! 자, 여러분이 인생의 아침나절에 있을 때 여러분의 가슴이 세상에 의해 유혹되기 전에 하나님께 여러분 속에 그 분의 사랑을 심어 주시고, 여러분을 소박하고 순종하며 거룩하게 해달라고 기도하세요. 그 분께 여러분의 마음에 그 분을 두려워하는 마음을 인쳐 주시도록 간구하여서, 여러분의 일평생 그 분의 계명들을 지킬 수 있도록 하세요. 젊은 시절에 하나님을 잊어버리고, 육신의 정욕들을 추구하며, 세상의 쾌락에 자신을 맡겨버리는 것은 사람들에게 두려운 저주를 초래한다는 것을 기억하세요. 아마 여러분은 지금 여러분이 바라는 모든 것에 푹 빠져서 사는 것이 행복, 그 자체일거라고 생각할지도 모르지만, 전혀 다르게 생각하게 될 때가 올 것이며, 또 여러분이 하나님을 순종하지

12) ***Memoirs of Augustus Hermann Francke*** (Philadephia : American Sunday School·Union, 1831), p. 149.

않는 사람은 어떤 불행을 겪게 되는지를 알게 될 때가 올 것 입니다. 그러므로 친애하는 어린이 여러분, 마음으로부터 회개하고 예수 그리스도를 믿는 것에 유념하세요. 그리하면 여러분의 행복은 틀림이 없을거여요.[13]

교육 과정 : 성서는 모든 측면에서 프랑케의 교육 과정의 핵심이었다. 프랑케는 "성서를 어떠한 형태로든지 대부분의 그의 강의들의 과목으로 삼았는데, 성서의 진리들을 냉정하고 딱딱하게 설명할 뿐만 아니라 그것들을 학생들의 양심과 가슴에 적용하여 줌으로써, 그들이 동일한 진리들을 어떻게 남에게 적용해야 할 것인가를 가르쳤다"고 벡(Beck)은 지적했다. 초등학교 수준에서 성서의 지배적 위치는 프랑케의 조언한 일과표에 명백하다(표 1 참조).[14]

〈표 1〉

시 간	주 간(Weekdays)	일 요 일
7－8	찬송, 기도, 성경읽기, 요리문답	교회예배
8－9	성경읽기 30분, 나이가 든 아동들에게 요리 문답 30분	
9－10	나이 어린 아동들에게 인용문 및 잠언풀이 30분; 나이든 아동들의 시편 및 신약 공부 30분	
10－11	글짓기	
2－3	기도 및 성경읽기, 독서, 음악, 그리고 각기 다른 날에 어린 아동들을 위한 낭독	교회예배
3－4	어린 아동들의 독서 30분; 나이 든 아동들의 인용문 및 격언	

	연구 30분;어린 아동들을 위한 나이든 아동들의 인용문 및 격언 암송 30분
4–5	요리문답
5–6	교회에서 저녁기도

종교교육 부문을 제외하고 그는 학교를 엄격히 감독했는데, "이것〔종교교육〕은 그가 관심을 쏟는 큰 목표였으며, 학생들의 도덕심을 길러 주는 것은 가장 중요하게 여겨졌다." 이 목적을 위해서 학생들에게 요리문답을 하고, 어떤 고정된 계획에 얽매이지 않고 여러 주제에 관하여 강의하였다. 그의 모든 강의들은 "유난히 실용적이었다. 그는 아버지가 자식에게 하듯이 어린 청중들에게 연설을 하였고, 습관, 공부, 담화하는 것, 기도… 에 대하여 지도하였다."[15]

교육에는 책이 중요하다는 것을 프랑케는 알고 있었지만, 그는 그의 학교(paedagogium)에 식물원, 박물학 진열장, 화학 및 해부 연구를 위한 실험실, 그리고 유리절단, 동판화제작, 목각 등을 하기 위한 작업소를 갖추기도 했다.

아동들의 학교 및 교사 대학에서 교육 과정을 발전시킴과 동시에, 프랑케는 할레 대학교의 신학 교과 과정을 또한 개선하고 있었다. 거기서 그는 성경에 쓰인 언어들의 연구와, 설교에 그 연구를 적용하는 것과, 목회신학의 기법을 강조했다. 학생들은 무료로 기숙하였고 4년 내지 6년까지 머물면서, "기본적인 언어들(Grund sprachen)로 신구약을 읽고, 성경의 모든 책들에 관하여 주석서를 쓰고, 성경을 보다 철저히 이해하

13) *Memoirs,* pp. 149, 150에서 인용.

14) Cully, *Basic Writings in Christian Education,* p. 228.

15) Beck, *Memoirs,* p. 84.

기 위해 동방의 보조언어들(die orientalishen Hilfssprachen)을 이용하기를 배우는 것이 필수적이었다."

중 요 성

이비(C. B. Eavey)는 프랑케에 관하여 다음과 같이 기술하였다. 프랑케는 "편협하고 비실용적인 교육을 옹호한 것이 아니라, 기독교의 원리들을 기초로 하여 실행되는 확장되고 계몽된 교육을 주창하였다. 신체적, 지적, 영적 발달이 모두 필요하다고 여겼으며 공부하는 과정에 있어서 영적, 실용적, 현실적인 공부를 대강 제시하면서 강조했다. 모든 것은 하나님의 영광과 이웃의 유익을 위해 바쳐야 한다. 지성과 이성에 대단한 주의와 관심을 두었는데, 그 목적은 학생이 그의 남은 여생에 종사하게 될 직업을 예상하고 지성과 이성을 훈련시킨다는 것이었다. 영적인 공부가 모든 공부과목 중 중추적이었고, 세속적인 과목들은 이차적이었고, 영적 생활에 기여할 수 있을 때만 가치가 있다고 여겨졌다. 아동들이 나쁜 습성을 만들지 못하게 하고 좋은 습성들을 길러 주는 데에 온갖 수단들이 동원되었다."[16]

그리스도인의 개인적 삶에 대한 프랑케의 강력한 강조로 인하여, 그가 사회를 변화시키는 교육의 힘에 관하여 너무 이상적이었다고 아니할 수 없다. ***Pietas hallensis***에서 그는 교육을 통하여, 이렇게 생각했다.

> 거지들, 도둑들, 살인강도들, 말을 탄 강도들, 노상강도들, 그리고 매인 데 없이 떠돌아 다니는 패거리가 점점 이 나라에서 없어질 것이다. 왜냐하면 그 사람들은(그같이 죄악이 관영하는 것에 대한 참된 이유들을 조사한다면 우리가 찾아낼지도 모

---

16) *History of Christian Education*(Chicago : Moody, 1964), p. 183.

르나) 좋은 교육을 조금이라도 흡수해 본 적이 없기 때문에 한결같이 무질서와 불경건에 매어 놓은 고삐를 풀어 버리기 때문이다.[17]

교실에서 배운 것을 실제로 적용하기를 프랑케가 강조한 덕분에, 이 장에서는 다 기술할 수 없을 정도로 폭넓은 성과인, 덴마아크－할레(Danish－Halle) 선교 계획이 탄생했다. 프랑케의 영향과 지원이 아니었더라면, 인도에서의 선교 노력은 생기자 마자 좌절되었을 것이라고 말해 두는 것으로 충분하다. 그러한 노력이 시작되자, 프랑케는 선교사들을 선발하기 시작했고 그의 임종 전에 10명을 임명했는데, 모두가 그의 학생들이었거나 할레에서의 동료들이었다.

프랑케의 영향을 받은 유명한 사람들 중에는, 요한 웨슬레(John Wesley)와 초창기 감리교도들, 니콜라우스 진젠도르프(Nikolaus Zinzendorf)와 모라비아교도들, 그리고 미국 루터교회 지도자들인 뮐렌베르그(H. M. Mühlenberg)와 쿤체(J. C. Kunze)가 있었다. 참으로, 기독교 교육에 대한 프랑케의 영향은 현재까지 사실상 측량할 수 없을 정도이다.

17) *Abstract of the Marvelous Footsteps*, p. 38.

Selected Bibliography

Beyreuther, E. *August Hermann Francke.* Marburg: Francke, 1956.

Brown. D. W. "The Problem of subjectivism in Pietism: A Redefinition by Special Reference to the Theology of Philipp Jakob Spener and August Hermann Francke." Ph. D. dissertation, Northwestern University, 1962.

Guerlike, H. E. F. *The Life of August Hermann Francke.* Translated by S. Jackson. London: Seeley and Burnside, 1837.

Kramer, D. G. *August Hermann Francke: Ein Lebensbild.* Halle: Waisenhaus, 1880-1882.

__________. *August Hermann Francke's Padagogische Schriften.* Langenslaza: Beyer, 1885.

Otto, A. *August Hermann Francke* 2 vols. Halle: Waisenhause, 1902-1904.

Pinson, K. S. *Pietism as a Factor in the Rise of German Nationalism.* New York: Columbia University, 1934.

Ritschl, A. *Geschichte des Pietism.* Bonn: Marcus, 1880.

Schroeder, P. J. "August Hermann Francke, 1663-1963." *Concordia Theological Monthly* 34:664-68.

16.
니콜라우스 루드비히 진젠도르프

Nikolaus Ludwig Zinzendorf / 1700 – 1760

T. F. 킨로흐 (T. F. Kinloch)

1930년대까지 진젠도르프는 종교교육 개혁자로서의 정당한 관심을 받지 못했다. 여기는 두 가지 이유가 있다. 첫째, 그의 생애에 그의 많은 괴벽들로 인해 사람들은 그가 말하고 행하는 것엔 무엇에나 편견을 갖게 되었다. 특히 그의 2000 곡의 찬송 가운데 몇 개는 누구나 유감으로 생각하며 아무도 옳다고 주장할 수 없는 표현들을 담고 있다. 둘째, 어떤 학자가 모라비아교의 기록문서들을 샅샅이 뒤지기까지, 진젠도르프의 교육관은 알려지지 않았었고 접근할 수 없었다.

색슨 왕실의 조정에서 저명한 지위를 가졌던 어느 귀족의 아들인 진젠도르프는 거의 젖먹이일 때 부친을 여의고 경건주의적 귀족의 고상한 표본인 외할머니의 강력한 종교적 영향 아래서 양육되었다. 열 살 때 그는 할레로 보내졌고 6년 동안 프랑케의 ***Paedagogium***에 머물러 있었다. 그는 모든 어린이는 행복하도록 태어났고 교육에선 놀이가 공부만큼 필수적이라는 것을(후에 이것의 확고한 신념이 되었다) 이미 본능적으로 느끼고 있었다. 할레에서 그는 하루 11시간(5시에서 12시, 2시에서 6시까지)을 공부해야 했는데 거기엔 놀이라고는 없었다. 후에 그는 이것을 "노예상태" 라고 묘사했다. 자유의 열렬한 신봉자인 그는, 어린이들이 자기들의 머리를 그들의 남은 여생에서 대부분이 소용되지 않는 지식으로 채워넣도록 강요받는 것보다는, 조금 적게 배우면서 자유를 누리는 게 낫다고 생각하였다. 그의 가족은 그가 아버지의 뒤를 따라서 국가에 봉사하기를 원했다. 이렇게 할 목적으로 그는 법학을 공부하고, 여행하고, 조정에 임명되었으나, 그의 마음은 법률에 있지 않았다. 가능한 시기가 되자 지체없이 그는 드레스덴 근처에 저택을 사서 정착하고는, 다른 세 친구와 함께 "사형제 연합" (Union of Four Brethren)을 이루어 프랑케를 모방하기로 작정하였다 (즉, 고아원을 세우고, 경건한 문헌들을 저술하고 발간하며, 외국선교를 위해 일할 것을 작정했다). 그러나 그의 진로를 온통 뒤바꿔버린 어떤 일이 일어났다.

루터가 개혁작업을 시작했을 때 "보헤미아 형제단" (Bohemian Brethren)은 2십만을 헤아렸다. 그러나 반종교개혁(Counter-Reformation) 때문에, 그 형제단은 보헤미아와 모라비아에 눈에 보이는 교회를 형성했기 때문에, 거의 완전히 파괴당했다. 그러나, 여러 해 동안 그들은 항가리와 폴란드에서 계속 생존하였다. 모라비아에서도 "숨은 씨앗" 이 조상들의 신앙과 생활의 일부를 보존하고 있었다. 이 "숨은 씨앗" 가운데 두 세대가 1722년 모라비아를 도망쳐 나와, 진젠도르프의 초청으로 그의 저택에 정착했다. 계속해서 7년동안 약 300명의 보헤미아와 모라비아로부터 베르텔스도르프 (Berthelsdorf)로 피신하였고 헤른허트 (Herrnhut) 라고 하는 마을을 거기에 세웠다. 이주민들의 숫자는 여러 지역으로부터 오는 다른 피신자들의 출현에 의해 (그들 중 몇몇은 이상한 신앙들을 가졌다) 증가되었다. 이렇게 잡다한 요소들로부터 형제들의 합일(*Unitas fratrum*)이—실은 이것이 모라비아 교회를 더 정확히 부르는 것이지만— 형성되었다. 아니 차라리 재형성되었다고 해야겠다. 단번에 진젠도르프는 그의 피신자들이 다루기 힘든 집단임을 알았다. 그는 다소 기인다운 데가 있는 귀족이었고, 피신자들의 대부분은 괴짜인 예능인들이었다. 진젠도르프는 그들에 관하여 거의 알지 못했고, 그들은 그에 관하여 거의 알지 못했다. 때때로 그의 허물없는 친절에도 불구하고, 그 피신자들 중 몇몇은 그를 "죄인"이라고 묘사했다. 그러나 어느 날 저녁에 공동예배에서 기적과 같은 일이 일어났다고 한다. 한 변화가 그 다루기 힘든 피신자들에게 덮쳐 왔는데, 후에 그들은 이 사실을 "우리는 사랑하기를 배웠다"(We learn to love) 라고 말함으로써 설명할 수 밖에 없었다. 이후로 그 공동체(Gemeine)는 —이 말은 사실 그들이 자신들을 그렇게 부른 것(회중, 형제관계)이다— 행복한 그리스도인들의 집단을 이루었다. 수 년 뒤 한 방문객은 그것을 지상의 낙원이라고 묘사했다. 진젠도르프는 마침내 그 집단의 헌신적인 지도자가 되었다.

교재들

요리문답 : 22세 때 진젠도르프는 스스로 「순 우유」(*Pure Milk*)라고 부른 요리문답집을 간행했다. 그것은 78개의 문답으로 되어 있으며, 어머니들이 어린이들을 교육하는 것을 돕고자 한 것이었다.

이 요리문답을 읽는 사람은 누구든지 그것의 혁신적인 성격을 그냥 알게 될 것이다. 어린이들이 교리의 개요와 내용을 쉽사리 암기할 수 있게끔 어떻게 그것이 제시되어야 할

까라고 질문을 제기하는 대신에, 진젠도르프는 스스로에게, "하나님께서 그리스도 안에서 소개되신 것처럼, 어떻게 하면 내가 어린이로 하여금 하나님을 사랑하고 섬기도록 가장 잘 인도할 수 있을까?"라고 자문하였다. 그는 어린이의 신체에서부터 시작하여 그것은 영혼의 거처이며, 연약하며 죽을 운명이라는 것을 보여 주었다. 죽을 운명으로 태어난 신체에 대하여, 영혼은 천국, 즉 하나님의 집이 되기 위해 지어졌다. "성경" 난에서는, 하나님께서 우리에게 지상에서 살아가는 방법을 알려 주는 책을 주셨다고 했다. 타락은 극히 판에 박힌 대로 다루어졌는데, 그건 에덴이 진젠도르프에겐 실제하는 장소였기 때문이다. 거기에서 인간은 금지된 실과를 먹었고, 질병과 곤고함이 세상 속에 들어 왔다. 그러나 예수님은 병자들을 고치려고 의사로서 오셨고 그 분은 지금도 그렇게 하시는데, 왜냐하면 그 분은 죽지 않기 때문이다. 우리는 우리가 그 분을 사랑하므로 그 분의 계명들에 복종한다. 행복은 예수님과의 사귐에, 하늘나라의 아버지를 사랑하는 데에, 그리고 그 분의 뜻을 행하려고 애씀으로써 우리의 사랑을 보여 드리는 데에 있다.

처음부터 진젠도르프는 그가 평생 고수했던 몇 가지 견해들을 여기서 보여 주었다. 그는 어린이에게 어른들이 앉아 있는 강단 위로 올라오라고 하지 않았으며, 어른들이 하듯이 말하는 것을 배우라고 하지 않았다. 그는 강단에서 내려와서 어린이 곁에 섰다. 그는 세상을 어린이의 눈으로 보았다. 시종일관 그에겐 어린이처럼 천진난만함은 신성한 것이었다. 진젠도르프는 어린이들에게 어른들처럼 말하고, 생각하고, 느끼라고 요구하진 않았다. 전도자가 말했듯이(전 3:1) 만사에는 일정한 때가 있다. 하나님은 어린이들이 어린이들이기를 바랬지, 소형 어른들이기를 바라지 않으셨다. 어린이들은 행복하도록 태어났으며, 그들이 어린이들인 동안은 행복하지 않을 수 없다고 진젠도르프는 확신했다. 그들에게 그들의 생득권(birthright)을 앞질러 가라고 요구하는 것, 즉 어떤 이들이 이따금 하듯이, 그들이 서둘러서 어린 시절을 통과해 나가도록 하려고 애쓰는 것은 전부 잘못된 것이다.

조금 후에 진젠도르프는 성인들을 위한 요리문답을 발간했다. 그것은 교리적인 소책자가 아니었다. 대단히 길었으나 그것은 대단히 간결했다. 게다가 대부분의 대답들은 짧은 성경귀절들로 구성되어 있었다.

나이가 들수록, 진젠도르프는 낡은 형식의 딱딱한 요리문답식으로 가르치는 데엔 더 이상 신경을 쓰지 않았다. "그것을 통해서 어린이는 자신이 믿지도 이해하지도 못하는 수천 가지 것에 관하여 재잘거리는 것을 배운다"고 그는 말했다. 어린이가 요리문답을 배우게 시키는(make) 것, 즉 그가 그것을 배우지 못하거나 그것을 서투르게 배우면 그를 처벌하는 것은, 그 당시엔 풍습이었지만 진젠도르프에겐 파렴치한 행위와 별차이 없었다. "한 번에 또 일시에 어린이에게 예수님이 겪은 몽둥이, 회초리, 그리고 상처들을 경험시킨다는 것, 즉 그들이 십자가 위의 수난사를 자세히 모른다고 처벌하는 것은 모두 잘못된 것이다"라고 그는 언젠가 말했다.

그래서 다음이 진젠도르프의 종교교육 이론의 주요한 두가지 큰 특징들인데, 이성(head)이 가슴(heart)을 앞지르게 해서는 안 된다는 것과 외부로부터의 강제는 결코(never) 종교가 생기게 할 수 없다는 것이다.

찬송가집：그가 죽기 전 해에 진젠도르프는, "우리가 부르는 찬송가들이 종교적 진리들을 깨우치고 그것들을 가슴 속에 보존시키는 데엔 가장 훌륭한 방편이 된다고 하는 것

은 확실하며 잘 알려진 사실이다"라고 말했다. 어느 모라비아 작가는, "우리가 노래를 부름에 따라 교육의 내용들이 노래를 통하여 나타나고 복습되어진다. 이러한 연유로 우리는 10줄 내지 20줄의 시행으로 된 찬송가들을 전부 끝까지 부르진 않고, 그것보다는 주제에 관한 일련의 생각이 요구하는 많은 찬송가들로부터 분리된 절(stanzas) 또는 절의 절반을 부른다"라고 이야기했다.

이 젊은 모라비아교도는 교과서 두 권을 갖고 있었다. 성경과 자신의 찬송가집이었다. 그의 종교적인 가르침은 대개는 성경의 어떤 부분을 단순히 해설하는 것으로 이루어졌으며, 찬송가들로부터 인용한 윤창(antiphons)과 답창(responses)이 드문드문 섞어졌다. 이것은, 진젠도르프의 애용하는 귀절을 빌리면, "예배의 방식"으로 종교교육을 하는 것이다. 헤른허트에서 불리워진 성가들은 거의 전적으로 그리스도 중심적이거나, 그리스도의 사랑이 가슴 속에 불러 일으키는 감정의 표현들이었다. 대단히 많은 축제예배들이 있었으며(진젠도르프는 단조로움이 어른에겐 나쁘고 어린이에겐 치명적이라고 믿었다), 윤창 종류의 찬송가를 부르기만 하는 예배들이 많았다. 모라비아교도들은 찬송가를 교육수단으로서 다른 어느 그리스도인 집단보다도 더 많이 이용하였으며 이 점은 전적으로 진젠도르프에게 기인한다.

성경 : 두 가지 점은 더 언급해 둘 가치가 있다. 성경의 많은 귀절들이 거의 전적으로 유태인들을 언급하고 있어서 기독교 아동들에겐 거의 흥미가 없거나 관계가 없다고 진젠도르프는 믿었다. 이런 생각에서 그는 성경을 축소하였다. 더 놀라운 것은, 모팥스가(the Moffatts)와 바이책커스가(the Weizsäckers)에서 성경을 "현대언어"로 바꾸려고 착수하기 백여년 전에 진젠도르프는 동일한 일을 해낸 것이다. 그

가 자신의 작업을 다 마치지 못한 것은 사실이지만, 그럼에도 그는 축소된 성경, 즉 당시 언어의 관용구로 번역된 성경이 종교교육에 필요하다는 것을 똑똑히 알고 있었다.

매년 진젠도르프는 성경에서 365절을 주의깊게 발췌했다(이것들은 때로는 소책자로 인쇄되었다). 매일 이 귀절들 가운데 하나가 제비로 뽑혔다. 이 한 귀절은 그 특정한 하루의 독서, 담화, 그리고 노래하는 것이 그것을 중심으로 맴돌게 되는 하루의 지침이요 주제요 중심이었다.

교육 철학

우리는 이제 진젠도르프의 가르침에 있어서 단번에 보아 가장 특징적이며 동시에 설명하기 어려운 것에 주의를 기울여야 한다.

그가 고아원을 열었을 때, 그는 처음에 할레에서의 방식을 따라서 자기 기숙사에 있던 어린이들을 세 반—죽은 자(the dead), 각성자(the awakened), 회심자(the converted)—으로 나누고는, 어린이들이 "회심하는" 것을 보려고 그의 전력을 다했다. 그는 그들에게 설교했고, 그들과 함께 기도했고, 그들의 영혼의 구원에 관하여 그들과 한 사람씩 이야기했다. 그러나 시간이 흐름에 따라, 그는 이렇게 매우 어릴 때의 "회심"이 영구적인 기치가 있다고는 빋지 않게 되었다. 그는 그들에게 소망을 두기를 그만두고, 완전히 다른 관점에 기초한 전혀 다른 방식을 채택했다. 진젠도르프는 기독교 가정에서 태어난 어린이들은 "먼 나라"(far country)[1]로 방황할 필요가 없으며, 또는 프랑케와 다른 경건주의자들이 죽음에서 생명으로 옮기운 모든 사람들에게 요구하였던 처

1) 진젠도르프는 고린도 전서 7:14를 대단히 강조하였다.

절함과 통회의 감정을 경험할 필요도 없다고 믿게 되었다. 미지의 하나님에 관해서 우리는 아무 것도 알 수 없다고 진젠도르프는 말했다. 그 분에 관해 우리가 알 수 있는 모든 것은 하나님—사람이신 예수 그리스도 안에 계시된 것 뿐이다. 그래서 진젠도르프의 가르침의 전체적인 목적은 어린이가 그리스도를 "그가 집 구석구석을 알 듯이 또렷하게" 알도록 하며, 그 분의 현존하심 속에 부단히 거하며, 자신의 생활의 모든 각각의 순간에서 그 분과 함께 그리고 그 분을 위하여 살게 하는 것이다. "그리스도와 더불어 동행하는 것" 이것이 종교교육의 심장이며 혼 바로 그것이다. 그것은 순전히 "저 세상에 있는" 어떤 것이 아니라, 그것은 극히 구체적이고 가능한 형태로 살아지게 되는 생활방식이다. 그것은 상상가능한 모든 활동을 포괄하며 온통 기쁨으로 충만하다.

그래서 진젠도르프는 자유의 투사가 되었고, 종교교육계에서는 최초의 위대한 자유의 투사가 되었다. 나이든 사람들은 자신들의 개별적인 견해를 나이 어린 사람들에게 강요할 권리가 없음을, 즉 부모들은 자기들의 특유한 종교적 체험형태가 자기 자식들 속에서 꼭 같은 형태로 반복되야 한다고 주장할 권리가 없다는 것을 그는 주장했다(이 점이 그가 프랑케와 갈라서는 곳이다). 어린이가 "그리스도와 더불어 동행하는" 한 그를 안심하고 전적으로 혼자 놓아두어야 한다. 왜냐하면 그는 생활의 순간순간마다 모든 교사 중 가장 선한 교사이신, 그리스도의 성령에 의하여 가르침을 받고 있기 때문이다.

그러므로 교사의 기능은 순전히 교리적으로 지식을 전하는 것이라기보다는 암시해 주는 것인데, 그건 가르침의 중점이 교리가 아니라 바로 어린이 자신이기 때문이다. 우리는 어린이들처럼 되도록 기도해야 하며, 그들이 우리처럼 되어선 안 된다. 그들은 "기름부음 받은 제후들"로서 세례식의 성수통으로부터 솟아 나오며, 또한 바로 그렇게 대접받아야 한다. 순 세속적인 교육의 문제들에 있어서는 어린이는 최고의 자유가 주어져야 한다. 교수 요목(syllabus)과 시간표가 그를 위해 짜여져야지, 그가 그것들 속에 짜 맞춰져선 안 된다.

이리하여, 진젠도르프는 교육의 제반문제에 있어서 자유의 사도이며, 개인주의에 확신을 둔 신앙가였다. 종교적인 환경 속에서 성령의 인도를 받는, 자활(self-activity)은 종교교육의 최고의 형태이다. 어린이에게 내재하면서, 그리스도의 도움으로 어린이한테서 나타나는 것 그것은 모든 진정한 종교교육의 기반이지만, 나이든 사람들에 의해 독단적인 형태로 어린이에게 부여되는 것들은 그렇지 못하다.

이렇게 개인적인 발달을 강조하는 것은 독단에 그칠 위험이 있다. 그러나 진젠도르프는 자신이 이것을 극복했다고 느꼈다. 지극히 당연한 결과로서 그는 주장하기를, 그리스도와의 사귐은 이웃에게의 봉사를 포함한다고 했다. 그리스도인이면서 동시에 자기중심주의자일 수는 없다. 그리스도를 사랑하는 자들은 자기들이 자신들의 것이 아님을 알고 있으며, 그들은 성부의 뜻(Father's will)을 행하기 위해 존재한다.

폭넓은 공동체 교육

우리는 이제 진젠도르프가 자신의 종교교육 체계 속에서 가장 특징적이며 중요한 요소라고 생각했던 것을 고찰해 보아야겠다. 그는 전체 공동체를 연령, 성, 그리고 "상태"(배우자의 유무)에 따라 집단들로 나누었다. 공동체 전체적으로 볼 때, 교육은 결코 중단되지 않는 한 과정이었다. 이런 방법에 의해서 그는 각 개인에게 개인의 연령과 환경의 다양한 필요를 충족시키기 위해 요구되는 특별한 종류의 교육을 부여하고자 하였다. "합창단" 각각이 나름대로의 이상, 나름대로의 정기집회, 나름대로의 연도들(litanies), 그리고 나름대로의 특별 축제들, 즉 모두 모이는 날들 등등을 갖고 있었다. 예를 들면, 부모들은 한 집단으로(*Ehe-Chor*) 조직되었으며, 자신들과 관계된 문제들을 교육받았다. 그들은 그리스도인의 이상적인 결혼생활, 부모들의 의무와 특권, 그리스도인의 가정을 이끌어 나갈 적절한 방법, 그리고 자녀들을 교육하는 데의 올바른 방법에 관한 강연들을 들었다. 지극히 자유롭게 해줘야 한다고 믿으면서도 털끝 만큼도 나약한 방종을 허용하지 않았던 한 여인에게 양육받았다는 점에서 진젠도르프 자신이 유난히 행운아였다. "자기 자녀들의 변덕에 노예가 된 부모들은 자녀들을 작은 악마들로 만든다"라고 그는 말했다. 그는 그 자신이 대단히 행복한 결혼을 하였고, 영국식 아버지보다 100년 전에 로마식 태도(*patriapotestas*: 엄부)를 버렸으며, 스스로 자기 자녀들의 친구가 되어 주었고 그들과 막역한 사이였으며, 최대한의 자유를 그들에게 허용하였다.

결혼생활의 애정에 대하여 공연히 의심하면서 성적 매력을 도덕적인 악이라고 보는 경향이 있던 나이가 지긋한 부류의 모라비아인에게, 진젠도르프는 "어린이들은 주님의 현존하심 속에서 태어났기 때문에, 주님께로부터 태어났다"라고 분명히 가르쳐 주었다. 사람들은 결혼생활과 가정의 신성함에 관하여 진젠도르프보다 더 고상한 생각을 거의 갖지 못했다.

열 개의 다른 합창단들이 있었다. 요람 속의 아기들을 위한 것(진젠도르프는 아기들을 능숙하게 잘 다루었다), 작은 어린애들을 위한 것, 소년들을 위한 것, 소녀들을 위한 것, 나이든 소년들을 위한 것, 나이든 소녀들을 위한 것, 젊은 남자들을 위한 것, 젊은 여인들을 위한 것, 홀아비들을 위한 것과, 과부들을 위한 것이었다. 이들 합창단들을 상세히 다루기란 불가능하다. 그러나 두 가지 중요한 사실에 관심을 돌릴 만하다.

진젠도르프는 소년 예수를 어린이에게 그의 이상(idea)으로서 제시해 주었다. 연소한 합창단원에게 베풀어지는 모든 가르침이 이 점에 중점을 두었다. 예수님은 한 때 소년이었고, 모든 어린이들의 행복(그들은 행복하도록 태어났다)은 예수님과 친교를 나누면서 만일에 예수님이 갈릴리가 아니라 헤른허트(Herrnhut)에 사는 한 소년이었다면 어떠했을까 하고 스스로 자문하는 데에 있었다. 그는 예절바르게 행동했을거야. 이것을 모든 가르침, 모든 연도(litanies), 모든 찬송가들의 기초로 하였다. 어린이는 자라나면서 자기와 동년배인 그리스도를, 예를 들면, 목공소에서 일하는 소년으로 그 분을 생각하게 될 것이다. 어린이들은 자신들의 어린 시절을 통하여 계속 소년 예수의 세속적인 생활에 모든 관심을 쏟도록 훈련을 받았다. 그들은 그 분을 자신들의 이상임과 동시에 자신들의 보이지 않는 친구이자 동료로 생각하도록 가르침 받았다. 율법주의 냄새가 나는 것은 모두 엄격히 배제되었다. 각 어린이를 모든 방식의 악의 접근으로부터 보존하는 데에 지극한 배려가 기울여졌다. 한편, 거의 완전한 자유가 주어진 가운데 그들의 인품이 예수님에 대한 줄기찬 생각을 통해서, 자신들의 사랑스런 친구되시는 분과 부단한 친교를 통해서 계발되도록 되어 있었다. 진젠도르프가 어린이들을 바라볼 때 그를 기쁘게 하고 그에게 감명을 준 네 가지는 어린이들의 자연스러운 행복감, 그들의 순진함, 그들이 근심으로부터 자유로운 것, 그리고는 마땅한 말이 없으나 우리가 붙임성이라고 부를 수 있는 것 등이다. 그러나 누구보다도 그가 이 지상 낙원이 영원히 계속될 수 없다는 것을 잘 알았다. 어린이는 어른이 되어야 했던 것이다.

현대적인 심리학이 나오기 전에는, 아무도 진젠도르프보다 더 사춘기 문제에 관심을 기울이진 않았다고 해도 좋을 것이다. 그는 그 천진난만함, 즉 어린 시절의 순진함이 자의식과 부끄러워하는 감정에 자리를 비켜 주는 것을 보았다. 그는 우울, 혼자 있고 싶어 하는 것, 줄곧 변하는 기분상태를 예의 주시했다. 그는 어린이다운 자연스런 행복감이 젊은이로서는 전혀 설명할 수 없는 신비스러운 동경에게 밀려난다는 것을 알았다. 이것은 인간의 평생에 가장 위험한 시기라고 진젠도르프는 이야기했다. 그것은 젊은이가 인생의 바른 진로 혹은 잘못된 진로를 결정적으로 선택하는 시기요, 위기의 시기이다.

그는 어떻게 이 문제를 다루었을까? 무엇보다도 우선, 그런 상황이 조만간에 발생할 것임에 틀림없다고 재치있게 암시해 줌으로써 그 결과 젊은이가 전혀 부지 중에 부딪치지 않도록 했다. 둘째로는, 어린이가 곤란하거나 낙심되는 모든 경우에는 어린이들의 아버지(Kinder-Vater)에게 상의하도록 격려함으로써 그 문제를 다루었다. 합창단 각각의 지도층에는 어린이 개개인의 사랑과 신뢰를 받는 것이 임무인 신중히 선출된 지도자가 한 명씩 있었다. 이상적인 지도자(Kinder-Vater)를 물색하는 일은 대단히 어려워서 진젠도르프가 이상적인 감독을 얻는 것이 훨씬 쉽겠다고 느낄 정도였다. 끝으로, 그리스도는 한 때 사춘기였으며 동일한 염려, 동일한 불행을 겪었음을 어린이에게 상기시켰다. 그 분도 똑같은 유혹들에 부딪쳤으며 그 분은 그것들을 극복했다. 그리스도는 자신의 개인적인 체험으로부터 고난이 무엇인지 알고 있었다—그 분은 십자가 위에서 돌아가시지 않았는가?

그 분을 신뢰하는 사람들은 자기들의 신실한 친구가 자기들을 떠나지 않을거라는 것을 알게 되었으리라. 이러한 시기에 사춘기 청소년들에게 제시된 이상은 두려움 없고 흠없는(sans peur et sans reproche) 기독교적 기사(christian knight)였다.

루터의 성격상의 모순들은 그의 마음이 두 시대가 서로 싸우는 전투장이었다는 사실 때문이라고 한다. 진젠도르프에게도 그게 사실이라고들 한다. 해묵은 "권위주의적인 교수법"과 루소와 연결된 〔진젠도르프가 죽은지 일 년 뒤에 「에밀」(*Emile*)이 나왔다〕 "자연주의"의 사이, 즉 두 시대 사이에 그는 위치하였었다. 그의 임종 직전에 그는 헤른허트에서 시행된 종교교육이 다른 어떤 것보다도 뛰어나다고 하는 확신을 표명했는데, "대약진"이 이루어졌으며 150년 동안 통용하게 될 방식들이 뒤에 남겨졌다. 이론적인 사변을 통해서가 아니라 어린이들과 어울렸던 개인적 체험을 통해서 그는 보다 나은 방식을 발견하였다.

진젠도르프의 방식이 다른 사람의 손에 들어가면—토마스 아놀드(Thomas Arnold)에게도 적용된다.—동일하게 만족스러운 결과를 가져오지 않을 수도 있으며, 조그맣고 유달리 경건한 공동체의 요구에 잘 들어 맞았던 교육 형태일지라도 복합적인 사회 속의 다양한 학교들에게는 적용할 수 없을 수도 있다. 진젠도르프의 이론과 방식은 마찬가지로 결함이 있을 수 있으나, 많은 결점에도 불구하고 가르쳐 줄 것을 많이 갖고 있는 사람과 접촉함으로써 유익함을 얻지 못한 종교교사는 없다. 그는 어린이들을 극히 존중하였고 거의 아무도 그렇게 하지 못할 정도로 그들을 사랑하였다. 그는 어린이들 중의 한 어린이였다. 그들은 이 점을 알고 있었고 그들은 그를 사랑했다. 어린이들에게 이야기하는 법이라든가, 성경이 어린이들에게 생생하게 느껴지게 하는 것이라든가, 어린이들의 마음을 감동시키는 데에 있어서 이제껏 거의 아무도－필자가 알기로는 전혀 아무도－그를 따라 가지 못했다. 더우기 휠씬 더 어려운 일인, 사춘기 젊은이들을 다루는 데 있어서 아무도 이제껏 그를 필적하지 못하였다.

Selected Bibliography

Greenfield, J. *When the Spirit Came.* Minneapolis: Bethany, 1967.

Langton, E. *History of the Moravian Church.* London: Allen and Unwin, 1956.

Lewis, A. *Zinzendorf the Ecumenical Pioneer.* Philadelphia: Westminster, 1962.

Meyer, H. *Child Nature and Nurture According to Nicolaus Ludwig von Zinzendorf.* Chicago: Abingdon, 1928.

Weinlick, J. *Count Zinzendorf.* Nashville: Abingdon, 1956.

제 4 부

A.D. 1750-1900

17. 존 웨슬레
18. 로버트 레익스
19. 요한 H. 페스탈로찌
20. 요한 프리드리히 헤르바르트
21. 토마스 아놀드
22. 존 헨리 뉴먼
23. 호레스 부쉬넬
24. 아브라함 퀴퍼
25. 윌리엄 제임스
26. 존 듀이

중요한 종교교육자들이 대영제국, 대륙, 그리고 미합중국에서 이 책이 다루는 최종적인 150년 동안에 나타났다. 이 시기에는 이신론(Deism)과 낭만주의가 풍미했는데, 이 두 가지는 다 18세기 하반기에 역사상 기독교의 정통적인 것과 불편한 관계에 있었다. 19세기 유럽은 기독교가 부흥했고, 다양한 선교회들에 의해 모든 대륙으로 복음이 확산되었으며, 1800년대 말엽에는 독일의 합리주의 철학에 그 뿌리를 둔 신학적 자유주의가 번성했다.

18세기 말엽의 영국은 감리교에 의한 신앙부흥과 주일학교(Sunday-school) 운동 발생의 무대가 되었고, 19세기 초반에는 공립학교(Public schools) 개혁 및 옥스포드 운동주의자들(Tractarians)의 활동의 무대가 되었다. 이상의 네 세력의 대표자들이 기독교 교육의 발달에 중대한 역할을 하였다.

존 웨슬레는(John Wesley, 1703－1791) 감리교 신앙부흥의 주창자이자 보통교육의 기수였다. 그는 설교하면서 많은 책을 썼을 뿐 아니라 공립학교를 비판하고 스스로 사립학교를 시작하였다. 그는 자존심 뿐만 아니라 지적이며 도덕적인 수양을 권장하였다. 그는 특별히 더욱 가난한 계층들 속에 지식과 문화를 확산시키려고 애썼는데, 특권과 신조의 장벽들을 허물어 버렸고 누구나 배울 수 있도록 했다.

웨슬레는 또한 주일학교를 발전시킬 것을 권장했는데, 어떤 이들은 최초의 주일학교는 그가 초기에 조직한 학교들 중 하나였다고 주장하지만, 1780년 글로체스터(Gloucester)에서 로버트 레잌스(Robert Raikes, 1735-1811)가 시작했던 학교가 최초의 것일 가능성이 더 많다. 레잌스는 주일이면 언제나 길거리에 나온 어린이들을 데려다가 그들에게 전통적인 과목들은 물론 종교도 가르쳤다. 그는 요리문답을 암기하는 것보다는 성경을 직접 연구하는 것을 강조하였는데, 그가 열었던 학교들은 각자의 학생들의 도덕관념에 지대한 영향을 주었다.

영국의 공립학교들을 무법과 도덕적 이완과 학문의 소홀이라는 위치에서 원리원칙과 학문에 능한 사람들을 배출시키는 위치로 변화시킨 공적은 토마스 아놀드(Thomas Arnold, 1795-1842)에게 돌아가야 한다. 이 럭비(Rugby) 학교의 교장은 복음의 윤리로 공공생활을 지배하게 하는 교육을 옹호했다. 그 결과 교육받은 사람이란 항상 기독교적 신사를 의미하며, 종종 공무원을 가리킨다.

옥스포드 운동주의자(Tractarian)인 존 헨리 뉴먼(John Henry Newman, 1801-1890)은 대학교 수준의 교육에만 관여하였다. 그는 대학교 교육과 기독교 신앙을 조화시켜 놓은 교육기관을 이상으로 삼았다. 종교는 보편적인 체험의 일부이기 때문에, 그리고 대학교는 학생들에게 그들의 직업 뿐만이 아니라 인생 전반에 걸쳐서 준비시켜야 하기 때문에, 대학교 교육은 종교를 포함해야 한다.

종교교육에 영향이 지대했던 대륙의 교육자들은 스위스의 요한 H. 페스탈로찌(Johann H. Pestalozzi, 1747-1827), 독일의 요한 프리드리히 헤르바르트(Johann Friedrich Herbart, 1776-1841), 그리고 네델란드의 보다 복음주의적인 아브라함 퀴퍼(Abraham kuyper, 1837-1920)가 있다.

페스탈로찌의 가장 중요한 공헌은 교육에 관한 그의 사회학적인 탐구와 불우한 어린이들의 교육에 대한 그의 관심이었다. 그의 자연적 교육론은 하나님께서 학생에게 주신 능력이 자연스럽게 발현되도록 도와 주는 한 방법이었다.

철학자와 교육자의 재능을 훌륭하게 결합시킨 헤르바르트는 교육의 근본목표가 도덕적인 인간이라고 생각했다. 이 목표에 도달하기 위해서는 모든 분야의 지식이 하나의 체계 속으로 통합되어지고, 종교는 따로 가르쳐지는 것이 아니라 다른 분야들로부터 이끌어내어야 한다.

퀴퍼는 기독교 목사였지 교육자는 아니었다. 그러나 그는 교육에 대단한 관심을 쏟은 한 정치적 정당의 지도자가 되었고, 암스테르담 자유대학(Free University of Amsterdam)을 설립했다. 모든 학문은 기독교 교육의 맥락 속에 존재해야 하며, 어떤 분야도 기독교와 동떨어져서는 분명하게 이해될 수 없다고 퀴퍼는 주장했다.

현대 종교교육에 가장 핵심이 된 사상들을 가진 미국의 교육자들은 호레스 부쉬넬(Horace Bushnell, 1802–1876), 윌리엄 제임스(William James, 1842–1910), 그리고 존 듀이(John Dewey, 1859–1952)이다.

교회에서 어린이들을 가르치는 데에 있어서 부흥회식 방식을 취하는 것을 비판한 부쉬넬은 그대신 어린이들의 자연스러운 기독교적 성장은 사랑이라는 환경 속에서 이루어짐을 강조했다. 그는 교육의 힘이 사회를 개혁시킨다는 점에 대해서는 낙관적이었다.

그 당시 미국의 제일가는 심리학자–철학자였던 제임스는 개인의 삶을 제대로 체계화하는 데엔 종교와 철학이 유용하다는 것을 알았다. 교육은 어느 개인이 자신과 우주의 궁극적인 것들과의 관계를 정하도록 할 필요가 있다고 그는 주장했다. 그는 한 개인이 의미있는 종교를 발견해 가면서 체험하는 위기를 지적했다.

비록 듀이는 종교교육자는 아니었지만, (세속교육은 물론) 종교교육에 끼친 그의 영향은 아마 그 어느 누구의 것보다도 더 지대했다. 실용주의적 교육의 개념들, 교육에서의 실험적 사고방식, 활동 중심의 교육(행하면서 배움), 그리고 생활화된 종교(life－oriented religion) 등이 그에게 연관된 것들이다. 그에겐 성서적 지식을 포함하여, 지식보다는 체험이 더 중요했다. 그는 학교를 어린이들이 인생준비를 하는 곳에서 어린이들이 생활하는 곳으로 바꾸었다. 학교는 보다 넓은 사회에서의 직업들을 반영하는 것들로 북적거리고, 예술, 역사, 그리고 과학의 정신으로 스며있는 미분화된 공동체(embryonic community)이어야 한다.

17.
존 웨슬레

John Wesley / 1703 - 1791

엘머 L. 타운즈(Elmer L. Towns)

존 웨슬레는 보통교육(popular education)의 선구자였다. 그는 50년 이상이나 끊임없이 모험적인 교육 계획을 실천했다. 어떤 전문가들은 그가 모든 계층의 어린이들을 교육시키는데 18세기의 영국에서 현실적이며 실제적인 관심을 가졌던 유일하고 귀중한 지도자였다고 주장한다. 웨슬레가 그 시작을 도운 보통교육 운동은 매우 급속도로 성장하여 19세기 중엽까지는 문맹의 수치로 여겨지게 되었다.[1]

웨슬레시대의 학교들은 상류층의 자제들만 받아들였으며 이들 기관들은 웨슬레의 기준들보다는 훨씬 아래로 떨어져 있었다. 그 시대의 교육체제에 대한 웨슬레의 고발은 다섯가지 차원으로 되어 있다.

첫째, 대부분의 학교들이 영국의 대도시에 위치해 있어서 또래 아이들이 공부하기에 부적당하다.

둘째, 그 학교들은 모든 종류의 아동들을 무분별하게 받

1) J. O. Gross, *John Wesley : Christian Educator,* p. 14.

아들여 나쁜 아이들이 좋은 아이들을 타락시키는 경향이 있었다. (웨슬레는 그의 학교들에서 퇴학을 실시했는데, 그의 「Jo-urnal」 속에 "소년들 중에 하나가 나머지 애들을 망치려고 열심으로 애쓸" 때, 웨슬레는 "그 애가 그 지붕 아래 더 이상 머무는 것을 골치썩히며 견디고 있진 않았으며 바로 그 시간으로 그를 집에 보내버렸다"라고 보고했다.)

세째, 종교를 가르치는 것은 극도로 결점투성이어서, 웨슬레로 하여금 종교의 초보적인 것들도 모르는 학교선생들이 어린 아동들의 신앙을 망쳐버렸다고 비난하지 않을 수 없게 했다.

네째, 종교에 대하여 파괴적인 고전작품들을 포함하여 고전들과 고전적 언어들이 우선적이어서 쓰기와 셈하기는 소홀히 되었다.

그리고 다섯째, 그 고전들은 그 주제나 문장의 어려움에 따라서 등급이 매겨지지 않은 채 순서도 없이 되는 대로 가르쳤다.

웨슬레의 고발의 근본 정신은 종교와 교육이 서로 손잡고 나아가야 한다는 것이었다. 의로운 자들은 푸른 월계수처럼 정신적으로 번성하는 반면에 불의한 자들은 불경건이라는 바람을 씨뿌리고 영원한 무지라는 회오리바람을 거두어들인다.

그 기숙학교들을 웨슬레는 "온갖 형태의 사악함의 온상"이라고 불렀다.[2)]

> 소년들을 학교에 보내서는 안 된다. 소녀들도 〔역시〕 안 된다. … 왜냐하면 거기서 그녀들이 다른 소녀들에게 〔기독교인 여성이 배워선 안 될 모든 것을〕 배우게 될 것이기 때문이며

---

2) *Works*, 3:34.

> 그녀들이 하나님을 공경하기를 계속하고 자신들의 영혼들을 구하게 될 수 없을 것이기 때문이다.

후에 웨슬레는 감리교도인 부모들에게 경고하기를, 만일 그들이 "자기 딸들을 곧장 지옥에 보내려 한다면, 그들을 유행하는 기숙학교(boarding school)로 보내라!"고 하였다.

초창기 감리교 신자들은 초창기의 순회설교자들을 포함하여, 교육의 기회를 박탈당한 소외된 계층에서 많이 나왔다. 이들을 돕는 것은 이들을 교육시키는 것과 관계된다고 웨슬레는 알고 있었다. 웨슬레는 자기 설교자들이 폭넓고 일반적인 지식을 소유하기를 바라면서 그들이 하루 5시간을 열심히 공부하는 데에 쓰도록 주장했다. 1745년 그는 그 설교자들이 스스로를 교육시키는 것을 돕기 위해 실천적이고 교리적인 신학, 철학, 천문학, 시, 역사 등을 포함한 서적들의 목록을 발행했다. 그들이 설교에서 호소하는 것에 비례한다고 그는 말할 정도였다. "고등교육의 진로를 제공해 준 공로는 웨슬레에게 돌아가야 한다. 그는 당시에 굵직한 지방대학교들을 지원하고, 지식과 문화를 그 땅에 확산시키고, 특권과 이념의 장벽을 허물어버리며, 모든 사람이 교육을 받을 수 있게 한 점에서 웨슬레는 에라스무스의 진정한 계승자라고 생각될 수 있다"라고 알프레드 H. 바디(Alfred H. Body)는 평가했다.[3]

웨슬레가 받은 영향들

그의 막대한 교육적 공헌들을 생각하면서, 웨슬레의 교육철학의 형성에 영향을 준 다음 인물들을 자세히 살펴보자.

---

3) *John Wesley and Education,* p. 142.

수산나 웨슬레(Susanna Wesley) : 아동교육에 관한 웨슬레의 상세한 계획의 주요한 근원 가운데 하나는 그의 어머니였다. 엡워쓰(Epworth) 교장부인인 그녀에게 태어난 19명의 아이들 중 10명이 죽지 않고 살아 남자 수산나 웨슬레는 그들의 교육을 거의 전적으로 자기가 담당하였다. 그녀는 그들을 그 지역 학교선생인 존 홀란(John Hollan)에게 보내기를 거절했는데, 그 사람이 무능하고 음흉하기로 소문난 것을 그녀가 알고 있었기 때문이었다. 그 여자는 자기의 자녀들 모두를 하나님께서 자기에게 맡겨주신 달란트들이라고 생각하고는, 그들에게 유용한 지식과 그들의 영혼들을 구원하는 데에 아주 기본적인 지식을 전해 주기를 열망했다.

일주일에 하루 저녁씩 각 아이와 따로 이야기하는 것을 그녀는 자신의 습관으로 만들었다. 목요일 저녁은 존에게 배당되었는데, 이 소년이 하도 깊이 이해하자 그가 8세 때에 그의 아버지는 그가 영성체(Holy Communion)를 받을 만하다고 판단했었다.

수산나는 자신의 엄격한 요구들을 충족시킬 만한 교과서들이 없음을 알고, 그녀 스스로 자기 아이들의 필요에 맞게 교과서들을 준비하였다. 「사도신경 해설」(*An Exposition of the Apostles' Creed*), 「십계명 해설」(*An Exposition of the Ten Commandments*), 그리고 「우리 아이들이 사용하도록 쓴 종교적 의논」(*Religious Conference Written for the Use of My Children*) 등은 그 교과서들 중의 세 권이다.

훗날에 수산나는 자기 아들 존에게 이렇게 써 보냈다. "나는 아이들의 고집을 늦지 않아서 꺾으라고 주장한다. 왜냐하면 이렇게 하는 것이 종교교육의 강력하고 합리적인 유일한 기초이며, 그렇게 하지 않고는 교훈이나 모범이나 다 효과가 없게 될 것이기 때문이다."[4] 그러나 그녀는 심한 벌을 줌으로써만이 그들의 고집을 꺾을 수 있다고 믿지는 않았다. 다른 편지에서 수산나는 존에게 자신의 어린이 양육원칙들을 분명한 어조로 말했는데 그 요점들을 요약하면 다음과 같다. (1) 처벌에 관한 겁이나 두려움은 종종 어린이로 하여금 거짓말을 하게 하므로, 잘못을 추궁받는 어떤 어린이도 만일 그가 그것을 고백하면서 고치기로 약속하면 매를 절대 맞지 않았다. (2) 거짓말하거나, 훔치거나, 교회에서 놀거나, 주일에 놀거나, 불순종하거나, 싸우는 것과 같은 죄스런 행위는 늘 처벌받았다. (3) 동일한 잘못을 가지고 두 번 맞은 어린이는 없었다. (4) 순종의 기미가 있는 모든 행위는 칭찬받고 보상을 받았다. (5) 순종하려 했거나 기쁘게 해 줄 의도로 한 것이었으나 잘 되지 못했을 때는 친절하게 어떻게 하면 더 잘할 수 있는지 인내롭게 보여 주었다. (6) 사유재산은 침범할 수 없으며 극히 조금이라도 남의 것을 뺏는 것은 허용되지 않았다. (7) 약속들은 엄격히 지켜졌다. 일단 하나의 선물이 주어지면 선물을 한 사람은 그 선물에 대해 모든 권리를 양도했다. (8) 여자 아이에게는 그녀가 글을 잘 읽을 수 있을 때까지는 일하는 것을 가르치지 않았다. 그런 후에 그녀가 글을 읽는 데 들였던 것과 같은 노력과 시간을 들여 일하는 것을 가르쳤다.[5]

존 아모스 코메니우스(John Amos Comenius) : 예나(Jena)와 헤른허트(Herrnhut)를 방문하고 웨슬레는 모라비아교단의 학교들이 활발히 움직이는 것을 보았다. 헤른허트에서 그가 존 아모스 코메니우스의 원칙들이 실제 적용되는 것을 발견할 수 있었을 것이다. 그런데 코메니우스에게는 교육이란 자연적인 죄를 뿌리뽑는 수단이었을 뿐 아니라 도

4) J. Wesley, *Journal*, 3: 34에서 인용.
5) Ibid., 3: 34-39.

덕적인 통제를 확립해 주는 한 방법이었다. 코메니우스의 원칙들 중에 하나는 어떤 과목도 학생들이 그것을 완전히 이해하기 전에는 중단되어선 안 된다는 것이었는데,[6] 웨슬레는 이것을 다시 이렇게 표현했다.

> 무엇보다도, 그들이 말하는 것을 자신들이 이해하지 못하면 한 줄도 읽거나 말하게 하지 말라. 그들을 거듭하여 시키되, 그들이 읽거나 말하는 거의 모든 문장을 짧게 끊어서 그들이 그 말로 무얼 의미하는지 묻고 나서, 다시 그것을 읽혀라, 가능하면, 그들에게 그것이 파악될 때까지 아무 것도 넘어가서는 안 되도록 해야 한다.[7]

코메니우스의 원칙들 중 또 하나는 아동의 의지는 교사의 뜻에 완전히 복종해야 한다는 것이었는데, 웨슬레는 이 점에 완전히 동의했다.

> 현명한 부모라면… 〔자기 아이의〕 고집이 처음으로 나타나는 순간 그것을 깨뜨리기 시작하여야 한다. 전반적인 기독교 교육의 행위를 통해서 …이것보다 중요한 것은 없다.… 어린 아이에 대해서 부모의 뜻은 하나님의 뜻을 대신한 것이다. 그러나 이 점을 실천하기 위해서는 굉장한 확고함과 결단이 필요하다. 일단 시작한 후엔 결코 포기해서는 안 되니까.[8]

코메니우스의 원칙들이 웨슬레에게 준 영향들은, 그것들 중 많은 것이 수산나 웨슬레의 독자적인 철학의 일부와 동일하기 때문에 헤아리기에 곤란하다. 그러나 코메니우스의 원칙들이 웨슬레가 자기 어머니로부터 배웠던 것을 강화시켜주

---

6) Body, *John Wesley and Education,* pp. 49－51.
7) Body, *John Wesley and Education,* pp. 49－50에서 인용.
8) Ibid.

었다는 것은 확실하다.

존 로크(John Locke) : 그리고 나서 웨슬레는 충분한 종교적 훈련을 아동들의 완벽한 통제와 결합시켰다. 후자에 관하여 그는 존 로크의 저술들 속에서 동의할 만한 많은 것을 발견했으며 그는 주저하지 않고 그것을 채용했다. 웨슬레의 저술들의 많은 귀절들이 로크의 **교육에 관한 몇 가지 생각**(Some Thoughts Concerning Education)과 사상에 있어서는 물론 표현에 있어서도 뚜렷한 유사성을 보여 주고 있다(표 1 참조). 예를 들면, 로크는 대부분의 아이들은 "자신들의 타고난 기질에 있어서 어떤 비뚤어진 경향"을 갖고 태어나는데, "그것을 제거하거나 균형을 잡아 주는 것이 교육의 임무이다"라고 하였다. 웨슬레는 "본성의 비뚤어진 경향은 잘못 놓여진 것이므로, 교육은 그것을 바르게 놓도록 고안된 것이다"라고 하였다. 이 문맥 속에서 그가 **비뚤어진 경향**(bias)이라는 말을 사용하고 있는 것은 거의 자연스럽지 못하며 바디(Body)의 말에 따르면 이 문장 전체가 전형적으로 웨슬레다운 축약이라고 한다. 바디는 결론짓기를 "각자가 제안한 교육 설계들 간의 명백한 차이들에도 불구하고," 위와 같은 유사한 문장으로부터 "웨슬레가 자신의 교육 이론의 상당한 부분을 로크에게서 실제적으로 빌려 왔음을 강하게 느끼게 된다"고 하였다.[9]

---

9) Ibid., p. 59.

〈표 1〉

로 크	웨슬레
혹시 어떤 사람이 그들이 〔즉, 어린이들〕 울고 조를 때 그에 대한 보상을 줌으로써 그들이 인내심없고 다루기 힘들게 되도록 가르치려고 마음먹었다면 몰라도, 일단 그들에게 거절된 것은 무엇이든지 그들이 울고 조른다고 갖게 되어서는 분명히 안 된다는 이것이 하나의 범할 수 없는 지침으로 지켜져야 한다.	그가 울며 떼쓰며는 아무 것도 그에게 주지 말라. 크던 작던 절대 아무 것도. 그렇지 않으면 네가 네 자신의 일을 파멸시킨다.
대부분의 아이들의 성격들은 응석을 받아주고 상냥하게만 다루면 못쓰게 되거나 적어도 해를 입는다… 그의 침대는 깃털보다는 딱딱한 요를 깔아라. 딱딱한 데서 지내면 신체의 각 부분들이 강해지지만, 매일 밤 깃털 속에 묻혀 있는 것은 그 몸을 융해시키고 점점 약해지게 한다.	아이들의 침대는 깃털이 아니라 요를 깔아야 한다. 왜냐하면 그들은 대부분 건강하며, 최대한 그들을 연약함과 나약함으로부터 멀리 하려 하기 때문이다.

교육 철학

웨슬레의 교육 철학과 그의 신학과의 관계를 밝히려면 먼저 "세례에 관한 논문"(A Treatise on Baptism), "아동교육에 관하여"(On the Educatiom of children), "가정종교에 관하여"

(On Family Religion), "부모님께 순종함에 대하여" (On obedience to Parents) 등을 참작해야 한다. 또 도움이 될 만한 것들은 다음과 같은 기사들 또는 소책자들이다. 즉, "아동 교육방식에 관한 고찰" (A Thought on the Manner of Educating children ; 원래 1783년 「The American Magazine」에 게재), "브리스톨 근처 학교에 관한 짤막한 해설" (A Shtort Account of the School Near Bristol), "킹스우드학교에 관한 숨김없는 해설" (A Plain Account of the Kingswood School), 그리고 "대부와 대모에 관한 진지한 고찰" (Serious Thoughts Concerning Godfathers Godmothers) 등이다.

온 인류는 그 가장 어린 사람까지 포함해서 타락했다. 즉 어린이건 늙은이건 다 태어나면서부터 하나님의 자연스럽고 도덕적인 형상이 완전히 결여되어 있어서 하나님으로부터 전적으로 소외되어 있다고 웨슬레는 믿었다. 죄로부터의 구원은 인생의 가장 중요한 목적이며 회심은 회개에서 시작되는데, 회개란 인간의 비열한 상태를 알고 그 죄를 깨닫는 것이다. 회심을 한 후에는 인간은 다시 태어난 것이며 거듭난 것이고, 의롭다 여김을 받으며, 하나님께 대한 인간의 관계가 바꾸어진다. 개인에게 있어서 밖으로 나타나는 결과는 거룩함 혹은 경건인데, 그것은 하나님과 교통함이며 은총의 수단들을 사용할수록 더욱 증가된다.

웨슬레에 의하면, 어린애를 구원하는 첫 단계는 세례이다. 어른들은 우선 회개하고, 세례 전에 복음을 믿어야 하나, 애들은 이 조건에 따를 필요가 없다. 왜냐하면 그들은 회개를 할 수 없기 때문이다. 유아들은 원죄 상태에 있으며, 그들이 구원될 수 있도록 보통은 세례로 씻김받아야 한다. 그들은 하나님과의 언약에 참여하며 그 분께 엄숙히 바쳐질 수 있다. 그들은 그리스도께 나아올 권리, 그 분께 접붙여질 권리가 있다. 세례는 아기를 거듭나게 하고, 의롭다 여김받게 하고, 기독교의 모든 특권을 부여해 준다. 유아세례는 타당할 뿐 아니라 성스러운 의무이다.

웨슬레는 세례를 통해 "은총의 원리가 〔아이들에게〕 스며들게 된다"고 생각했다.

> 이렇게 이루어진 일은 효력이 있어서 만일 그들이 실제적인 죄를 범하기 전에 죽는다면, 그들은 영원히 안전할 것이다.[10]

어린애의 순수함을 보존하는 유일한 길은 그가 무력할 동안에 죄의 오염으로부터 그를 온전히 지켜 주고, 그의 성격을 형성시켜 주는 것이다. 그 결과로 그는 나이가 들면서 자신의 힘으로 악을 저항하게 될 것이다. 이런 보호 및 성격형성은 교육이 하는 일이다.[11]

> 교육의 웅대한 목표는 인간의 본성이 가진 질병들을 치료하는 것이다.[12]

> 본성의 비뚤어진 경향은 잘못된 것이며, 교육은 그것을 바르게 놓도록 고안된 것이다. 이것은 하나님의 은총에 의하여 고집, 자만, 분노, 복수, 그리고 세상에 대한 사랑으로부터 단념, 겸손, 온유, 그리고 하나님을 사랑하는 쪽으로 그 비뚤어진 경향을 돌려 놓는 것이다.

부모들이 시작한 이 일은 교사들에 의하여 학교에서 계속되어져야 한다. 이 점이 웨슬레가 부모들의 학교선택이 중대하다고 느낀 이유이다.

---

10) *Works*, 6 : 14.
11) J.W. Prince, *Wesley on Religious Education*, p.95.
12) *Works*, 2 : 310.

어린애의 구원에 관한 웨슬레의 견해가 그렇다고 본다면, 왜 그는 어린애들에게 신앙부흥적인 방법을 썼을까? 이미 언급된 대로, 그는 주장하기를, 만일 한 아기가 실제로 죄를 범하기 전에 죽어버린다면 그는 영원히 무사하다고 했다. 그러나 웨슬레는 또 주장하기를, 살아 있는 아이가 죄를 범하는 것은 자연스러운 것인데 그 까닭은 그의 내부에서 본성의 원리가 여전히 작용하고 있기 때문이라고 했다. 그리고 자신이 세례받은 뒤 죄를 지은 사람은 누구나 그 의식(rite)을 부인한 것이므로 자신이 구원받게 되려면 다시 태어나야 한다.

> …거짓말이나, 주일을 혹은 주의 이름을 욕되게 하는 것과 같은 고의적인 죄는 죄많은 애착만큼이나 세례를 부인하는 것이며 중생을 필요로 한다.

그래서 우리는 웨슬레가 어른에게는 물론 아이들에게도 회심이 보편적으로 필요하다고 생각했다고 결론지을 수 있다. 프린스(J. W. Prince)의 말을 빌리면 "웨슬레는 종교교육으로 인해 회심(conversion)이 쓸모없게 되버리는 것이 아니라 종교교육과 회심은 서로 상보적이라고 주장했다"고 한다. 사실 "아동교육에 관하여"라는 글 속에서 웨슬레의 입장은 종교교육이 본성 속의 질병들은 고침과 동시에 아동들에게 종교를 훈련시켜야 한다는 것이었다. 프린스는 또한 "가정에서, 학교에서, 감리교 사회에서의 어린이에 관한 모든 노력의 목표는 그들을 경건하게 해 주고, 그들을 인격적인 종교에로 인도하며, 그들에게 구원을 보증해 주는 것이다. 그것은 그들이 해를 끼치지 않고 외적인 죄를 삼가도록 그들을 단순히 양육하는 것이 아니며, 스스로 기도를 드리고, 책을 읽는 등등으로써 은총을 사용하는 데 익숙해지게 하는 것도 아니며, 올바른 견해로 그들을 훈육하는 것도 아니다. 종교교육의 목적은 참 종교, 거룩함, 그리고 하나님과 인류에 대한 사랑을 아동에게 주입시키는 것이며 하나님의 형상대로 그들을 훈련하는 것이다"라고 적었다.[13)]

웨슬레의 교육 철학은 몇 가지 원칙들로 요약될 수 있다.

어린이도 구원받아야 할 한 사람이다. 그로쓰(John O. Gross)에 의하면 웨슬레는 "어린이를 절대로 어린이로 여기지 아니하고, 속에서 양육되고, 악에 물들기 쉬운 전적으로 '위험에서 구출되어야 할' 구원을 받아야 할 한 사람으로 보인다."[14)]

어린이도 진정한 종교생활을 할 수 있다. 거룩함이 어린이들에게서 뚜렷이 드러나는 걸 볼 수 있는 나이를 웨슬레는 몇 살로 기대했는지 말하기 곤란하다. 그는 그가 자신의 「*Journal*」에서 종교적 체험을 한 것으로 이야기한 어린이들의 나이를 종종 기록하지 못했지만, 예외가 약간 있다.

1755년 4월 8일자 저널에 웨슬레는 생후 2년 반 만에 사망한 한 여자 아이를 다음과 같이 묘사하였다.

> 그런 아이…에 관해서 듣기란 백년이 걸려도 힘들다… 만약 오빠와 언니가 서로 화가 나서 지껄이거나, 경박하게 굴거나 하면, 이 아이는 날카로운 소리로 질책하거나 그들이 그만두도록 부드럽게 간청하였다. 만일 그녀가 아무에게라도 너무 날카롭게 말했다면 그녀는 상대방에게 사과하였고 상대방이 용서하여 줄 때까지 안정하지 못했다. 그녀의 건강이 나빠진 후 그녀는 "아바 아버지"라는 찬송가가 불려지면 특히 기뻐했고, "아바 아버지, 내 흐느낌을 들으소서" (Abba Father, hear my cry)라는 가사를 그녀 자신이 종종 부르곤 하였

13) *Wesley on Religious Education*, p.96.
14) *John Wesley: Christian Educator*, p. 9 .

다![15]

1746년 6월 28일자로는 자기가 하나님을 가슴아프게 해 드렸다고 생각하고는 위로받기를 거절한 세 살박이 여자 아이에 관하여 적었다. 이 아이는 매일 기도를 드렸고 기독교의 초보적인 것들을 다른 애들에게 가르치고 있었다.

그리고 1744년 9월 16일자에 웨슬레는 "믿음의 온전한 확신 속에 하나님께로" 간 네 살짜리의 임종 직전의 회심을 기록하였다.

그의 「*Journal*」에서 발췌된 이상의 것들에서 웨슬레는 "매우 나이가 어린 아이들이라 하여도 종교적일 수가 있었으며, 그〔웨슬레〕가 그렇게 나이어린 아이들에게 있어서 종교성이란 흔히 있는 일이 아니라고 생각하면서도 그로서는 가급적이면 일찍 계발해 주려 했던 그것〔종교성〕에 관해서도 그들은 또한 알려주는 바가 있다고 믿었다는" 것을 보여 준다.[16] 그렇게 나이가 어린 아이들이 성숙한 종교의식을 가질 수 있다고 웨슬레가 본 것은 은총에 관한 그의 주장에 근거하고 있다. 성령께서 교사이시니 배우는 것을 일각이라도 지체해서는 안 된다.

> 당신이, 글쎄, 그들은 대단히 어려서 당신 말을 이해할 수 없을 거라고 말한다면, 나는 아니오라고 대답합니다. 왜냐하면 하나님께서 그들의 이해를 열어주시지 않으면 그들이 50살이 되었을 때도 당신의 말을 이해할 수 없을 것이기 때문입니다. 그런데, 〔그들의〕 나이가 몇 살이든 그 분께서 그렇게 하실 수 없단 말입니까?

---

15) 4 : 110, 111.

16) Prince, *Wesley on Religious Education*, p. 85.

반복되는 신앙부흥집회들이 웨슬레의 킹스우드(kingswood)학교를 휩쓸고 지나갔으며 대부분의 구원받은 학생들은 6세 내지 14세의 어린이들이었다. 웨슬레는 자신이 약 10세 쯤에 영적 변화에 대하여 성숙해 있었다고 믿었는데, 왜냐하면 이 시기는 자신이 세례식에서 받은 "성령의 씻음"을 죄로 인하여 잃어버렸다고 그가 생각했던 나이였기 때문이었다.

어린이는 이성적인 사고를 할 수 있게 되자마자 종교교육을 받아야 한다. 이성적인 사고가 열리기 시작함과 동시에 의도적인 종교교육이 시작되어야 한다.

> 본성의 타락이 우리의 교육이 실시될 수 있는 것보다도 더 먼저 존재하기 때문에, 우리가 가급적이면 빨리 이 타락에 저항하는 데에 모든 수고와 관심을 기울여야 된다고 성서에서, 이성이, 그리고 체험도 한결같이 증거하고 있다.[17]

어린이는 교육을 통하여 죄의 질병으로부터 고침받아야 한다: 종교적 가치가 아닌 것으로 어린이들을 칭찬하는 것은 그들로 하여금 무가치한 것에 가치를 느끼도록 가르치는 것이다.

> 어린이들이 칭찬을 좋아하도록 가르치는 사람들은 그들이 악마에게로 나아가도록 길들이고 있는 것이다.

> 어린이들을 칭찬하는 데는 극도로 인색해야 되는데 그렇게 함으로써 그들이 하나님만이 찬양받으실 만하며, 하나님만이 하나님의 자녀들이 받게끔 소유하는 모든 것의 근원이 되신다는 점을 〔배우게〕 될 때만 칭찬해야 한다.

---

17) *Works*, 7 : 459.

> 여러분의 어린이들이 자존심의 뿌리를 뽑기 위해서는, 그들이 타락한 영들이라는 점, 그들이 맨 처음 그 본을 따라 창조된 하나님의 영광스런 형상에 미치지 못하게 되었다는 점, 한때는 그들이 영광의 하나님의 순수한 형상들이었으나 지금은 그렇지 못하다는 점, …거룩한 아버지의 영을 꼭 닮은 자취를 지니고 있으면서도 그들이 생각할 수 있는 것보다도 더 무지하고 어리석고, 사악하다는 점 등을 가능한 한 빨리 그들에게 가르치라. 자긍, 정욕, 복수심의 상태에서는 그들이 곧 악마와 흡사하다는 것을 그들에게 가르치라. 그리고 어리석은 욕심과 천박한 환락 속에서는 그들이 들짐승과 다를 바 없음을 가르치라.[18]

원죄에 관한 웨슬레의 주장의 실제적인 적용은 가혹한 듯하나 그것은 그의 기독교 교육의 근본적 개념이었다.

어린이의 의지는 깨어져야 한다. 훈련에 관한 웨슬레의 생각은 모질지만, 어린이의 뜻을 깨뜨려야 한다는 것에 대한 그의 이유는 어린이의 영혼을 구원하기 위한 것이다. 어린이가 말을 할 수 있기 전일지라도, 그 부모들은,

> 그에게 회초리를 열 번 때려서라도 시킨 대로 그가 하도록 만들어야 한다. 이런 것이 잔인한 짓이라고 하는 그 누구의 말도 믿지 말라. 오히려 그렇게 하지 않는 것이 잔인하다. 지금 그의 뜻을 깨버리면 그의 영혼은 살아나게 되고 그는 영원 무궁토록 당신들〔부모들〕을 기리게 될 것이다.[19]

그런데 웨슬레는 이와 같은 훈계들을 "온화함, 부드러움, 그리고 너그러움… 충고, 설득, 그리고 책망"에 의한 훈육을 촉구하는 훈계들과 균형을 이루게 하였다. 그는 만일 교사들이

---

18) Ibid.

19) Body, ***John Wesley and Education,*** p. 49에서 인용.

불필요한 엄격함을 일삼는다면, "학생들에게는 종교가 지독한 악취를 풍긴다고 하여도 이상할 게 없을 것이다"라고 경고하기까지 하였다.[20]

교육 방법론

때때로 웨슬레는 자기의 추종자들에게 교사가 구사하여야 할 방법들과 훌륭한 교사의 품성에 관하여 가르쳤다.

그가 주창했던 교육학적 방법들은 몇 가지 원칙들로 요약될 수 있다.

가르치기 전에 학생들의 주의를 집중시켜라. 웨슬레는 "아동들에게 이야기할 때엔 그들을 주목시키는 것이 참 어려운 일들 가운데 하나였다"는 것을 깨달았다.

어린이들이 이해할 수 있는 말들, 즉 그들 자신들이 쓰는 말들을 사용하라. 어린이들이 이미 가지고 있는 생각들을 몇 가지 신중하게 관찰하고, 가르치고 있는 것을 그것들에게 접목하라.

> 하나님에 관해서 이야기하면서 회중의 요리문답 속에 있는 말들을 사용하여서, "인간의 가장 중요한 목적은 하나님을 영화롭게 하며 그 분을 영원토록 즐거워하는 것이다"라고 하는 것은 나이 어린 아이들의 어떤 능력도 미치지 못하는 용어들을 사용한 것이다.

일상생활의 예화들을 사용하라.

> 하나님에 관하여 말할 때, 먼저 태양에, 그 따뜻함에, 그리고 꽃이 피게 하고 풀이 자라게 하는 태양의 일에 관해 어린

20) *Works*, 2 : 303.

> 이들이 관심을 갖게 하라. 그리고 나서 하나님은 태양의 배후에서 그것이 빛나게 해 주고 그것에게 따뜻함을 주는 힘이라고 이야기하라. 그렇게 함으로써 어린이와 같이 조그마한 존재들에게까지도 그 분의 능력과 사랑에 관하여 쉽게 이야기해 줄 수 있다.

사랑의 관계를 이루라. 그리고 나서 교사는 학생에게 이렇게 말해 줄 수 있다.

> 하나님은 너를 사랑하신다. 그 분은 네게 선을 이루어 주는 것을 사랑하신다. 그 분은 너를 행복하게 해 주기를 사랑하신다. 그런데 넌 그 분을 사랑하지 않겠니? 내가 너를 사랑하고 네게 유익을 주니까 너는 나를 사랑한다. 그런데 나로 하여금 널 사랑할 수 있게 하신 분은 바로 하나님이시다. 그러므로 너는 그 분을 사랑해야 돼. 그 분께서 네가 그 분을 어떻게 사랑해야 하는지 가르쳐 주실거야.[21]

인내심을 갖고서 말을 여러 번 반복해 주어라. "…교육이 효과를 얻으려면" 반드시 "참을성있게 가르쳐야" 된다고 웨슬레는 말하였다.

> 당신은 그들에게 같은 것들을 열 번이 넘도록 이야기해 주어야 한다. 그렇지 않는다면 당신은 아무 일도 하지 않은 셈이다.[22]

> 어떤 어린이들은 믿을 수 없을 정도로 이해가 느리고, 다른 애들은 들뜨고 심술궂어서 만일 교사가 자신의 성질대로 한다면 그는 낙심해서 포기해버리고 말 것이다. 우리 아버지께서

21) Ibid., pp. 304, 305.

22) Ibid., 7 : 91.

> 어머니에게 이렇게 말씀하신 것이 기억난다. "당신은 저런 돌대가리에게 스무 번이 넘도록 같은 이야기를 되풀이해 줄 수 있는 인내를 어떻게 가질 수 있소?" 그녀는 대답했다. "내가 그 아이에게 단지 열 아홉 번만 이야기해 주었다면, 지금까지의 내 수고가 온통 수포로 돌아가기 때문이예요." 얼마나 인내로운가, 얼마나 깊은 사랑인가, 얼마나 분별있는 일인가.[23]

그래서 훌륭한 교사라면 인내심이 있어야 한다. 그는 또한 학생들을 휘어잡을 수 있어야 한다. "아동교육 방식에 관한 고찰"(A Thought on the Manner of Educating Children)이라는 1783년에 발간된 한 기사에서 웨슬레는 이렇게 썼다.

> 종교심이 있는 교사들마저 자제심이 없는 것 같고 훌륭한 몇몇 사람들까지도 이것에 대해선 문외한이다. 그들은 습관적으로 무기력이나 준엄함이라는 이쪽 아니면 저쪽의 극단으로 치우치게 되는 듯하다. 만일 그들이 너무 지나치게 자신들의 뜻을 어린이들에게 강요하거나, 쓸모없고 또 야비하게 어린이들을 쥐어짠다면, 즉, 그들이 벌을 전혀 사용하지 않거나 필요 이상으로 사용하여서 한 쪽 혹은 다른 쪽의 극단으로 치우친다면 그것으로 인해 자신들의 모든 수고를 좌절시키게 될 것이다.[24]

교사는 자신의 내부에 진정한 종교심을 또한 가져야 한다. 종교적인 교사들의 대열 속에서 스스로 종교적인 체하는 사람들에 대하여 웨슬레는 주장하기를 그들이 전혀 종교심이 없으면서도 자신들의 종교를 갖고 있다고 생각함으로써 자기들의 악덕에 자긍을 더하게 된다고 하였다.

---

23) Ibid., 1 : 68.

24) Ibid., 7 : 459.

웨슬레는 훌륭한 교사가 종교교육의 성공에 결정적이라고 생각하고 킹스우드학교에서 사정이 여의치 못하면 교사들을 망서리지 않고 갈아치웠다. 심프슨씨(Mr. Simpson)를 해고하고 그 사람 대신 토마스 맥기어리(Thomas McGeary)를 쓰기로 결정한 후, 웨슬레는 22세의 젊은이인 맥기어리에게 다음과 같이 적어 보냈다.

> 당신은 내가 원하는 사람인 것 같습니다. 봉급으로 말하면 연간 30파운드를 받게 될 것이며, 식사대금 등을 따지면 30파운드를 더 받는 셈일 것입니다. 그러나 돈을 보고 오시진 마십시오. (1) 순전히 기독교학교 하나를 키우겠다는 것이 아니면 아예 오지 마십시오. (2) 누구든 행실이 나쁘면 즉각 해고될 겁니다. (3) 나로선 하루 8시간을 당신이 학교 안에 머물러 계시기를 바랍니다. (4) 무엇보다도 나는 당신이 모든 일에 용의주도하시기를 바랍니다. 그런데 당신은 성문화된 교칙들을 참고해 보시면 더 잘 판단하실 수 있을 것입니다. 빨리 오실수록 좋습니다.[25]

12개월 뒤 그 학교는 하나님의 성령의 은혜로운 강림을 체험하였다. 1786년 웨슬레는 그 학교를 방문하고는 그것이 훌륭히 짜여진 것임을 발견했다.

> 그것은 이제 영국에서 쾌적한 장소 중에 하나이다. 규칙들이 잘 준수되고 어린이들의 전반적인 모든 행실은 그들이 이제 위로부터 내려오는 지혜로써 다루어지고 있음을 보여 주는 것으로 봐서, 나는 모든 것이 꼭 내가 바라던 대로 되어감을 발견했다.

25) *Methodist Magazine* (1876), p. 324.

1789년 9월 11일자에 그는 이렇게 썼다.

> 나는 킹스우드에 갔다. 얼마나 달콤한 휴식처인가! 모든 것이 내가 바라는 꼭 그대로 되어 있는 곳이다……나는 그 어린이들과 약간의 시간을 보냈는데, 모두가 거동이 훌륭했고, 얼마간은 상당히 깨어 있었고, 두 세명 가량은 하나님의 은혜 가운데에 기쁨에 넘쳐 있었다.[26]

그리하여 교사의 중요성에 대한 웨슬레의 신념은 확고해졌다

교육적인 업적

웨슬레의 교육 철학의 형성에 대한 영향들과 전자의 중요한 원칙들을 연구하였으므로, 그러한 원칙들의 실제적인 적용을 살펴보기로 하자.

킹스우드학교와 자선학교들: 웨슬레는 자기 시대의 학교들을 비난만 하고 있었던 것은 아니다. 그는 손수 자신의 학교를 세워 운영했다. 그는 감리교도들을 위한 바로 그런 종류의 학교에 평민 여교사들 여러 명을 승인하기도 했다. 감리교 청소년들의 고등교육을 위하여 웨슬레가 설립한 학교들은 종교교육의 우선권에 대한 그의 신념을 반영했다.

킹스우드학교는 웨슬레가 국내 또는 해외에서 보았던 다른 어느 학교보다도 여러 면에서 뛰어난 교육중심지였을 뿐 아니라 모범적인 기독교 기관이었음에 틀림없었다. 그는 교육 과정표를 대략 설정해 주었고, 영문법, 프랑스어, 희랍어, 그리고 히브리어 교본들을 준비해 주었다. 이 교본들은 모두 합쳐 1,729면의 인쇄면수인데, 탁월한 성적을 모색하는 웨슬

26) *Journal*, 8 : 10.

레의 지대한 노력을 가리킨다. 그가 킹스우드학생들에게 놀지 말도록 금지한 유명한 규칙은 웨슬레 이래로 항상 감리교 신자들을 떠나지 않았다.

> 학생은 세상이 놀이라고 부르는 건 어떤 것에든지 재미를 붙여선 안 된다. 이 규칙은 극히 엄밀하고 세심하게 준수되어야 한다. 왜냐하면, 어려서 논 사람들은 나이가 들어서도 놀 것이기 때문이다.

이런 금지조항은 웨슬레의 어린 시절의 추억에서 유래한 것인지도 모른다. 그 당시에 웨슬레는 체구가 작은 어린이로서 차아터하우스(Charterhouse)에서 자기 동료학생들의 장난으로 종종 들볶이고 두들겨 맞았었다. 그러나 그 규칙은 헤른허트의 모라비아교도들이 하던 것을 본떴을 가능성이 더 많다.

어린이 설교 및 찬송 : 웨슬레는 자주 어린이들에게 설교하였는데 예를 들면 1790년 6월 13일자 그의「*Journal*」에 쓰기를, 그가 "육칠백 명이 출석한 우리 주일학교 어린이들에게 설교"했었다고 하였다. 1790년에 그는「어린이 찬송가 44곡」(*Forty-Four Hymns for Children*)을 발행했는데, 그 중의 많은 찬송가들이 후에 그의 형제인 찰스(Charles)가 편집한「어린이 및 장년용 찬송가집」(*Hymns for children and others of Ripe Years*)에 포함되었다. 존은 자신의 「찬송가 44곡」의 서문에다 이렇게 썼다.

> 어린이들에게 글을 쓰거나 이야기를 하는 데엔 두 가지 방법이 있다. 하나는 우리 자신을 그들에게까지 끌어내리는 것이며, 다른 하나는 그들을 우리 수준에까지 끌어올리는 것이다. 왓츠(Watts) 박사는 전자와 같은 방식으로 글을 썼고, 어린

> 이들에게 이야기하며 그가 그들을 발견한 대로 그들을 남겨 두는 데에 감탄할 정도로 성공하였다. 다음의 찬송가들은 이것과는 다른 차원에서 쓰여졌다. 그것들은 씩씩하고 남성다운 느낌을 담고 있으나, 어린이가 이해할 수 있을 정도의 분명하고 쉬운 언어로 표현되어 있다. 그러나 만일 그들이 이해한다면, 그들은 나이와 체구를 제외하고는 더 이상 어린이라 할 수 없을 것이다.

이 찬송가집은 웨슬레의 마지막 간행물들 가운데 하나였는데, 그의 노년에 있어서조차 어린이에 대한 그의 관심이 줄어들지 않았음을 보여 준다.

감리교 "교우회": 웨슬레는 또한 감리교 장년 신자 교육에도 관심을 가지고 있었고, 그는 그것을 자신이 도와서 훈련시킨 설교자들에게만 전적으로 맡겨 두진 않았다. 옥스포드 시절에 웨슬레는 찰스 웨슬레 및 조오지 화이트필트(George Whitefield)와 더불어 Holy Club에 참여했는데, 그것은 연구, 기도, 자기 반성, 그리고 선행—즉, 죄수들이나 병자들을 심방하는 일들을 하기 위한 작은 모임이었다. 후에, 소집단들의 가치를 깨닫고 그는 감리교 신자들을 "교우회"로 나누었다.

> …기혼과 독신인 남성들을 함께, 그리고 기혼과 독신인 여성들을 함께 묶었다. 그 교우회(즉, 고대 영어가 의미하는 것처럼, 작은 무리들)의 주요한 규칙은 다음과 같다. 서로에게 우리가 자신들의 허물들을 고백하고, 우리가 고침받을 수 있도록 서로를 위해 기도하기 위하여 우리는 (1) 최소한 일주일에 한 번씩 만나며, (2) 지정된 시각에 시간을 어기지 않고 모이며, (3) 찬송이나 기도로 시작하며, (4) 순서에 따라서 스스럼없이 솔직하게, 우리의 지난 번 모임 이래로 우리가 생각이나 말이나 행위로 범한 잘못들 및 우리가 느낀 유혹들과 더

> 불어 우리의 영혼의 진정한 상태를 각자에게 이야기하며, (5) 우리 중에서 어떤 사람(그래서 지도자라고 일컬어지는)이 자기 자신의 상태를 먼저 이야기하고 나서 나머지 사람들에게 차례로 그들의 상태, 죄들, 그리고 유혹들에 관하여 말하고 가능한 한 많은 그리고 면밀한 질문들을 하도록 하라.[27]

그러나 일부 감리교 신자들은 교우회에 가담하기를 원치 않았으며, 자신의 목회가 끝나갈 무렵 웨슬레는 교우회에 대한 강조를 약화시키고 주일학교를 강조하기 시작하였다. 어떤 이는 후자가 전자를 대신했다고까지 추측할지도 모르나, 그것은 추측일 따름이다. 어쨌든, 그 교우회들은 실제 그러했듯이 상호간의 정직, 죄의 고백, 그리고 자활을 권장했던 점에서, 현대의 집단 활력운동(group-dynamics movement)에 의하여 추진되는 것과 비슷하다.

비록 웨슬레가 여론형성과 영국민의 지적 상황의 진보를 위해 대단히 노력했지만(광범위한 주제에 걸쳐 그는 371권의 책을 썼다), 그는 교육적 혁신가는 아니었다. 즉 그는 18세기의 산물이었으며, 아동기의 의미에 대한 그 시대의 무지를 그도 공유하고 있었다. 그럼에도 불구하고, 교육이 감리교 신앙부흥 운동 속에서 수행하는 중대한 역할을 그가 깨달았던 점과 그의 교육적인 업적들로 인하여 웨슬레는 18세기의 중요한 기독교 교육자가 되었다.

---

27) M. Piette, *John Wesley in the Evolution of Protestantism* (London : Sheed and Ward, 1936), p.457에서 인용.

Selected Bibliography

Body, A. H. *John Wesley and Education.* London: Epworth, 1936.

Gross, J. O. *John Weley: christian Educator.* Nashville: Methodist Board of Education, 1954.

Kelly, C. H. *Wesley: The Man, His Teaching and His Work.* London: Free Church College, 1891.

Prince, J. W. *Wesley on Religious Education.* New York: Methodist Book Concern, 1926.

Tyerman, L. *The Life and Times of the Rev. John Wesley, M. A.* New York: Harper, 1872.

Wesley, J. *Journal.* Edited by N. Curnock. 9 vols. London: Epworth, 1938.

________. *Works.* Edited by J. Emory. 7 vols. New York: Hunt and Eaton, 1831.

18. 로버트 레잌스

Robert Raikes / 1735 - 1811

엘머 L. 타운즈(Elmer L. Towns)

종교교육사에서는 일반적으로 근대 주일학교 운동의 시작을 영국 글로체스터(Gloucester)에서 로버트 레잌스가 학교를 열었던 1780년으로 잡고 있다. 그러나 레잌스의 학교가 최초의 주일학교라는 점에 대해서는 도전을 받고 있다.[1]

더 일찍 있었던 "주일학교들"

존 웨슬레가 조지아(Georgia)의 서배너(Savannah)에 있는 그리스도교회 교구에서 시무하는 동안 1737년에 시작했던 학교가 최초의 주일학교라고 하는 주장이 널리 퍼져 있다. 웨슬레는 그 학교의 "일반적인 방식"(general method)을 이렇게 기록하였다. "… 나와 함께 온 젊은 신사 한 분이 30 내지 40명의 어린이들에게 읽기, 쓰기, 셈하기를 가르친다.

1) C. Trumbull, *Yale Lecturer on the Sunday School: Its Origin, Mission, Method and Auxiliaries* (Philadelphia : Wattles, 1888), p. 112에 20개가 넘는 상반되는 주장이 실려 있다.

오전 수업과 오후 방과 후 그는 최하급생반에서 요리문답을 가르치며 배운 것을 이해시키고 또한 기억시키려 노력한다. 저녁에는 더 큰 아이들을 가르친다. 토요일 오후에는 모두에게 요리문답을 가르친다. 똑같은 일을 주일 저녁예배 전에 내가 하고 있다. 그리고 교회에서 이 두 번째 수업이 끝나는 즉시로 그들 가운데 선발된 인원이 요리문답을 반복하고 그 일부를 테스트한다. 나는 그 부분을 그들은 물론 회중들에게도 상세히 설명해 주고 강조하고자 노력한다."[2] 그러나 이 학교는 일요일에만 모인 것이 아니었으며 약 50년 뒤인 1783년에 웨슬레가 어느 주일학교를 보게 되었을 때 그는 기쁘고 놀랐었던 것 같다: "이 학교들 가운데 몇 개가 그리스도인들을 위한 요람이 될 수도 있다는 것을 누가 알겠는가?"[3]

주일학교의 기원을 다루는 책의 저자들이 간과해 왔던 다른 하나의 학교는 영국의 하이 와이콤(High Wycombe)에서 1769년 한나 벨(Hannah Bell)이 시작했던 학교이다. 1770년에 쓰여진 한 편지에서 그 여자는 웨슬레에게 적어 보내기를, "애들은 일요일과 월요일마다, 즉 일주일에 두 차례 모입니다. 그들은 난폭한 무리이지만 기꺼이 교육을 받으려고 하는 듯합니다. 나는 그들 가운데서 일하고 있고요, 특히 그리스도 교회의 관심을 촉구합니다"라고 하였다.[4]

역사가인 요엘 하우저(Joel Hauser)에 의하여 1740년에 주일학교를 시작하였다고 하는 공적이 코넥티컷(Connecticut)

---

2) *Works*, ed. J. Emory, vol. 7 (New York: Hunt and Eaton, 1831), p. 322.

3) L. Tyerman, *The Life and Times of the Rev. John Wesley, M. A.* (New York: Harper, 1872), p. 506에서 인용.

4) Wesley, *Journal*, ed. N. Curnock, vol. 5 (London: Epworth, 1938), p. 104에서 인용.

주의 베들레헴의 한 목사인 조셉 벨라미 박사(Dr. Joseph Bellamy)에게 돌려졌다. 벨라미는 "안식일에 자기 회중 가운데서 청소년들을 모이게 하는 데에 익숙해져 있었는데 그건 요리문답의 연습을 위해서 뿐만 아니라, 성경 암송을 위한 것이었고 젊은이들의 능력에 적합하고 친숙한 가르침들이 수반되었다."[5)]

1744년에 필라델피아의 제일 모라비아(First Moravian Church)의 기록에 의하면 제임스 그리밍 목사(Pastor James Greeming)의 부인이 "주일학교를 조직했는데 이들은 이웃에서 모아온 아이들로써 거리를 달려 다니지 못하게 하고 종교교육을 받도록 하기 위한 것이었다."[6)]

또 하나의 다른 학교가 펜실바니아의 에프라타(Ephrata)에서 1739년 독일 침례교도들(Dunkards)로부터 갈라져 나온 한 모임에 의하여 시작되었다. 역사가 웨드윈 라이스(Edwin Rice)가 인용한 그 모임의 기록들은 그 학교가 "생활고로 인하여 주간 동안 종사하지 않으면 안 되는 직업 때문에 정규학교를 다니지 못한 가난한 어린이들에게 종교교육을 시키는 것은 물론 일반교육을 베풀어 주기 위해" 조직되었다고 설명하고 있다.[7)]

그러나 이 다섯 학교들은 레잌스의 학교와는 달리 이 학교가 최초의 근대적 주일학교라고 주장할 만하게 해 주는 네 가지 특성을 결여하고 있다.

---

5) E. Rice, *The Sunday-School Movement and the American Sunday-School Union*, p. 426에서 인용.

6) J. T. Farris, *Old Churches and Meeting Houses In and Around Philadelphia* (Philadelphia : Lippincott, 1926), p. 115에서 인용.

7) Rice, *The Sunday-School Movement*, p. 427에서 인용. Rice는 "고대 기록들이 자유롭게 완전히 우리에게 보여 준다"고 썼다.

첫째, 그 이전의 학교들이 주로 종교적인 교리의 주입에 치중한 반면, 레잌스의 학교의 초석(cornerstone)은 일반적인 교육(general education)이었다. 주일학교가 발전되면서 일반적인 교육은 곧 저조해지고 기독교적 가르침이 우선 되었으나 여전히 주일학교는 학교교육을 거의 받지 못한 많은 서민들의 경험 영역을 넓혀 주는 데에 봉사하고 있다.

둘째, 레잌스의 주일학교는 대중적인 지지를 받고 계속 성장했으나, 그보다 먼저 있었던 학교들은 단지 한정된 지지만 얻었으며 마침내 존속하지 못했다.

세째, 레잌스의 학생들은 요리문답만 하지 않고 성경을 직접 연구했다.

네째, 레잌스의 학교는 복음주의적이었다. 그것은 현대의 "어린이 전도"(Child Evangelism)라는 부류들과 같은 식으로 복음주의적(evangelistic)인 것은 아니었으며 웨슬레나 화이트필드가 설교하던 예배에서 일어난 것과 같은 "결신"이나 "신앙고백"에 대한 기록은 없다. 그러나 레잌스의 학교는 그것이 학생들의 품행에 미친 영향, 그들의 생활상의 변화 때문에 알려졌으며, 이것은 그 학교가 복음주의적인 추세를 갖고 있었다는 증거이다.

레잌스가 세운 최초의 주일학교

레잌스는 1735년 인쇄업자이며, 왕당파 신문인 *The Gloucester Journal*의 개혁적인 편집자인 아버지에게서 태어났다. 로버트의 아버지는 의회의 의사 일정을 보고하는 최초의 사람이었는데 조오지 1세 시대에 상원의 법정에서 징계를 받았다. 자기 아버지를 계승하여 *Journal*의 발행인이 되려하였던 로버트는 가정에서 진보적인 교육을 받았다.

성인으로서 레잌스는 "훤하고 잘생긴 남자였고, 중간 키에 안락하게 살이 쪘고, 겉모양으로는 검푸른 상의에 하얀 환상적인 조끼, 은도금이 된 단추들, 무명으로 된 주름장식들과 빳빳하게 높이 세운 옷깃들, 중국 남경 무명으로 만든 짧은 바지, 목이 긴 흰 양말, 그리고 신에는 죔쇠를 착용하여 맵시를 내고 멋을 부린 사람"이었다. 그는 코담배갑을 갖고 다니지 않을 때면 손에 짧은 지팡이를 지니고 다녔으며 귀퉁이가 세 개인 모자를 갈색 가발 위에 쓰고 다녔다. 그의 "명랑하고 쾌활한 기질"은 그로 하여금 다정한 남편이자 아버지, 그리고 솔직하고 개방적인 인물로 만들었다. 그는 "꾸준하고 목적한 바에 대해서 차근차근 접근하면서 대단히 끈질기게 늘어붙었고 인정많고 후덕했으며, 종종 자수성가한 이들의 특징이 되는 허영의 흔적이라고는 없는, 훌륭한 사업가"였다.[8]

종교적으로 레익스는 "신비주의적 경향이 있음과 동시에 복음주의적"이었다고 조오지 L. 메릴(George L. Merrill)은 묘사했다.[9] 그리고 존 맥클린톡크(John McClintock)에 의하면 레익스는 "자신의 기독교 사상을 매일매일의 삶 속에 구현시킨" "진정으로 독실한 사람"이었고 "안식일에 교회 출석하는 것을 꼼꼼하게 지켰을 뿐 아니라 주간에는 글로체스터 대성당에서 새벽기도에 자주 참석하는 것을 규칙으로 삼고 있었다"고 한다.[10]

레익스는 그가 살던 당시의 비천하고 지위가 낮은 계층들에 대하여 오랜 관심을 갖고 있었으며, 감옥을 방문했고 무엇이 됐든 그가 할 수 있는 좋은 일을 찾으려고 거리를 돌

8) G. L. Merrill, *The Development of the Sunday School, 1780–1905*, p. 1.

9) Ibid.

10) *Cyclopaedia of Biblical, Theological, and Ecclesiastical Literature,* 8 : 883의 "Raikes, Robert".

아 다니기도 하였다. 그는 고통받는 하류 계층들을 위하여 여론을 조성하려고 자기의 신문을 이용하였으며 18세기 말엽에 영국에서 감옥 형편이 개선되게 하는 데에 상당한 역할을 하였다. ***Gentleman's Magazine***에 실린 랑카스터의 타운리 각하(Colonel Townley of Lancaster)에게 보낸 유명한 편지에서 레익스는 그가 주일학교를 시작한 것과 깊은 관계가 있는 한 사건을 묘사하였다.

그런 구상을 하기 시작한 것은 전혀 우발적인 일 때문이었읍니다. 어떤 일로 하루 아침은 내가 교회로 나갔는데 거기에는 주로 최하류 서민들(그들은 핀공장에 주로 고용되어 있읍니다)이 거주하였으며 비참하게 누더기가 된 옷들을 걸친 한 때의 어린이들이 길 거리에서 놀고 있는 것을 보았을 때 나는 근심에 사로잡히게 되었읍니다. 나는 한 주민에게 그 어린이들이 그 지역에 사는지를 물었고 그들의 비참함과 게으름을 알게 되었읍니다. 내가 이야기를 나누고 있던 여인은 이렇게 말했읍니다. "아! 선생님, 당신이 일요일에 도시의 이 구석을 보셨다니 참으로 충격을 받으셨을 거예요. 실은 그 날에 직장에서 해방된 저 수 많은 놈들이 '포치기판'에서 노름하면서 정신이 제대로 박힌 사람이 보면 다름 아닌 지옥이라고 생각할 정도로 끔찍하게 악담과 욕을 퍼부으며 소란과 법석 가운데서 시간을 보내느라고 거리를 꽉 메운답니다."[11]

The Gloucester Journal에서 레익스는 도회지와 촌락들을 에워싸고 있는 이와 비슷한 환경들을 기사로 냈었다.

농부들과 도회지나 촌락들의 다른 주민들은 주간 동안보다도 안식일(Sabbath)이 되면 자기들의 소유물에 더 많은 피해를

11) 303(1784).

> 본다고 불평하였다. 그런데 이것은 거의 대개가 모든 굴레에서 풀린 채 그 날을 난폭하게 휩쓸고 다니게 되는 젊은층의 무법 상태 때문에 받는 피해였다.[12]

주일학교의 실제적인 조직은 글로체스터의 성 세례 요한(St. John the Baptist) 학교의 교장인 토마스 스토크(Thomas Stork)에 의해 자신의 신문에 기록되었다. 그의 보고에 따르면, 그와 레잌스는 어느날 "인류의 하류 계층들의 애처러운 상태", 특히 "가난한 어린이들의" 통탄할 만한 상태에 관하여 이야기를 나누었다고 한다. 그들은 그것에 대하여 무언가를 하기로 작정했으며, "당장 그 일에 착수했다." 그들은 "약 90명의 어린이들의 이름들을 〔손에 넣었고〕 그들은 일요일에 정해진 시간 동안 네 사람의 보호 아래 두었다. 그 교구의 목사로서 나는 〔스토크〕 그 학교들의 감독 및 재정의 삼분의 일을 떠맡았다." 스토크는 그 학교들의 발전이 "레잌스씨가 자기 신문인 ***The Gloucester Journal*** 에다가 자신이 그 학교의 발전에서 생기게 되리라고 깨달은 유익한 점들은 부단히 게재했기" 때문이라고 하였다.[13] 라이스(Rice)에 따르면 레잌스는 국가의 개혁을 내다보고 있었으며 그가 부모들에게 호소하는 것도 소용없다고 생각되자 "무지가 바로 게으름과 악덕의 제 일차적인 원인이라고 믿고 직접 어린이들과 더불어 시작하였다"고 하였다.[14]

---

12) Rice, ***The Sunday-School Movement***, p. 421에서 인용.
13) W. R. Stephens, ***A History of the English Church***, 7 : 300, 301에서 인용.
14) ***The Sunday-School Movement***, p. 14.

레익스의 방법론

학생들과 훈육 : 레익스의 주일학교 학생들은 메릴의 주장대로 소년만이 아니라 남녀를 다 포함하고 있었다. 레익스가 1787년의 한 편지에서 "남녀를 나누어 두는 것"이 자신의 관례였다고 썼기 때문이다.[15] 레익스 자신은 학생들의 행복에 개인적으로 관심이 있었는데, 그들은 그는 "사악한 기미가 있는 부랑아들"(evil-smelling outcasts)이라고 묘사했다.

> 나는 나의 관심의 자그마한 표시로 그들이 맨발이면 신 한 켤레를, 헐벗은 몇 명에게는 옷을 입혀 주었다.[16]

레익스에 관하여 널리 알려진 일반적인 연구서들에 따르면, "그 당시 도시의 공유지들에서 풀을 뜯으면서 소떼가 절뚝거리며 몰려 가듯이, 발과 다리에 나무 조각과 통나무를 묶은 채" 마지못해 하는 어린이들을 그가 학교로 몰고 갔다고 한다.[17] 그러나 이것은 증명할 수가 없다. 레익스의 최초의 주일학교의 출신인 윌리엄 브릭크(William Brick)는 레익스의 장례식에서 증언을 하면서 레익스가 아니라 부모들이 어린이들을 "소 몰듯이 몰고 왔다"고 하였다. "내가 처음으로 갔을 때 몇 명의 끔찍하게 나쁜 놈들이 학교에 왔다. 그들은 항상 좋게 들어 오는 법이 없었다. 그들 중에 한 두 명의 부모들은 그들의 다리에 14파운드 무게를 붙들어 매서 학교로 그들을 데리고 왔고…… 마치 그들이 야생 수당나귀－나는 그

15) Rice, ***The Sunday－School Movement***, p.438에서 인용.
16) Ibid.
17) Ibid., pp.14, 15.

들이 그렇다고 생각한다 — 인 것처럼 그들의 발목에 나무때기들을 대서 몇몇 소년들이 학교에 보내지곤 했던 것을 나는 알고 있다."[18] 그 어린이들이 어떻게 학교에 보내어졌건 그들이 일단 거기에 온 이상 레익스는 훈육의 효과를 믿고 있었다. 브릭크는 그것을 이렇게 이야기했다. "어느 소년이 매우 행실이 나쁘면, 그는〔레익스는〕 그를 학교에서 데리고 나가서 집으로 가게 하여 그 부모들이 그 아이를 '늘씬하게 두들겨 패도록' 하곤 하였다. 그는 멈춰서서 그것을 보고 있다가 끝나면 그 개구장이를 다시 데리고 오면서 그의 두 눈과 다른 곳들을 닦아 주곤 했다. 레익스씨는 행실이 나쁜 사람들에게겐 공포의 대상이었고, 행실이 좋은 이들에겐 찬사의 대상이었다. 그 도시에 사는 모든 이들이 그를 아끼고 두려워 하였다."[19]

교과 과정과 교과서들 : 주일학교는 교육과정 속에 읽기 및 쓰기가 있었고, 가장 주된 교본은 성경이었다. 그 학교의 목적은 "주간 동안의 생업에는 지장이 없는 범위에서 그 교구의 가난한 어린이들에게 교육의 기회를 제공하려는 것"이라고 레익스는 썼다. W.H. 그로우저(W.H. Groser)는 주일학교의 목적이 "어린이들 및 다른 사람에게 읽는 것을 가르치고 그들에게 합리적이고 책임있는 존재들로서 자신들의 의무를 알 수 있도록 가르치는 것"이라고 레익스가 이야기했다고 하였다.[20]

18) J.H. Harris, *Robert Raikes : The Man and His Work*, pp. 37, 38에서 인용.

19) Ibid.

20) *An Humble Attempt To Make the Path of the Sunday School Teacher Straight and Plain* (Philadelphia : Amenican Sunday School Union, 1861), p.24.

레잌스가 성경을 일차적인 교본으로서 사용했다는 점에서 그의 주일학교는 요리문답, 신조들, 그리고 신앙고백들을 일차적인 것으로 사용하던 그 당시 교구학교들과 구별된다. 그러나 레잌스는 보조적인 교재들도 사용하였다. 어린이용 독해입문서인 ***Redinmadesy*** (“reading made easy”)라는 제목의 책이 있었다고 메릴은 언급하였다. 라이스는 레잌스에 의해서 쓰여진 전혀 다른 종류의 교본들을 열거했다. 비록 지금 남아 있는 유일한 판본은 1794년 것이지만, ***Sunday School Scholars***는 1783년에 사용되고 있었다. 그 책은 여러 판을 거듭했는데 최종판은 1824년에 나왔다. 라이스에 의하면 ***A Copious School Book and a Comprehensive Sentimental Book***은 “알파벳, 철자법, 도덕적 종교적 교훈, 그리고 어린이들의 성장하는 능력에 적합하게 만든 이야기들이나 기도문들”을 담고 있었다.[21] ***Scholars Companion***의 1794년 판은 120면으로 구성되어 있고 4부로 나뉘어졌다. 제 1부는 알파벳과 25가지 단문들로 된 교훈들(“하나님은 한 분이시다”, “하나님은 사랑이시다”, “주님은 누구에게나 선하시다”, 그리고 “만군의 주가 그의 이름이시다”와 같은 단문으로 된 성경귀절들)이 있었다.[22] 그 책의 나머지 부분은 하나님과 이웃에 대한 인간의 의무를 이야기해 주는 신구약 성경귀절들과 인간의 구속사에 할애되었다.

주일학교는 오전 10시에 시작되었다. 정오에는 해산되었다가 오후 1시에 다른 수업이 다시 시작되었다. 그리고 나서 학생들은 예배에 참석하고 그 후엔 요리문답을 받았다. 5시에 그들은 집에 보내졌고 거리에서는 놀지 말라고 훈계를 받았다.

---

21) *The Sunday-School Movement*.

22) Ibid., p. 19.

일꾼들과 조직 : 레잌스의 학교는 처음엔 메리디쓰 부인댁(Mrs. Meredith)의 부엌에서 모였는데 그 애들이 메리디쓰 부인을 절망상태로 몰아 넣어 버린 후로는 브랜던 부인댁(Mrs. Brandon)의 부엌에서 모였다. 두 부인들이 모두 감독 및 부엌사용의 댓가를 지불받았다. 레잌스는 다음과 같이 썼다.

> 〔그 학교의〕 교사 또는 여교사는 그 학교가 열리는 그 부엌을 빌려 준 사람 뿐이었고 그 사람은 한편으로는 수고의 댓가로, 또 다른 한편으로는 집을 빌려준 댓가로 노임을 지불받았다.……[23]

"그 학교가 커져서 보조자들이 필요했었고 그들도 역시 노임을 받았으며 이것이 원칙이었다"고 레잌스는 덧붙였다.[24] 그러나 시초부터 몇몇 사람들은 노임을 받지 않았으며 봉급을 받던 교사들은 4년이 못되어 현장에서 사라지기 시작했다. 라이스가 설명한 대로 "감독자들, 방문객들, 그리고 그 외의 사람들이 자신들의 시간을 바치는 것을 볼 수 있다면 감독의 자격있는 사람들이 그래서 안 될게 무엇이며 따라서 모든 교육이 무보수로 이루어져도 좋지 않은가?[25] 교사들에게만 지불하는 것으로도 그 학교들의 경비가 많이 소요되었고 그 학생들의 유익성이 제한되는 경향이 있었다. 레잌스 자신이 유급 종사자들로부터 자원자들에게로 옮겨가는 과정을 이렇게 묘사했다.

> 유급교사가 처음에는 훌륭한 거동, 청결함 및 어린이들이 자

---

23) Rice, *The Sunday-School Movement*, p. 422.

24) Ibid.

> 기들의 학과를 읽고 반복할 수 있게 하는 점에 대하여 책임을 졌지만, 종교적인 기관으로서 주일학교의 일은 순전히 자발적인 봉사자들의 손에 넘어 갔다.[26]

레잌스는 유급봉사자들로부터 자원봉사자들에게로 옮겨간 것은 그 학교가 세속적인 기관에서 종교적인 것에로 전이된 것과 시기가 일치한다고 지적했다.

주일학교 운동이 무르익어감에 따라 레잌스는 주일학교 "위원회"를 창설했는데 그것은 그 학교를 감독하고 레잌스가 마련한 규칙들에 따라서 학교를 운영했다.

> 교사, 여교사, 그리고 보조자들의 배후에는 후원자 또는 위원회가 있어서 교사나 여교사에게 지시를 내리며 어린이들에게 베풀어지는 종교교육을 개인적으로 감독하였다.[27]

모든 수업이 다 어른들에 의하여 이루어지진 않았다. 대개 5명으로 제한된 남자 아이의 반들에서는 상급반 학생들이 보다 어린 학생들을 "감독하였다." 레잌스는 이 사실을 한 편지 속에 적어 놓았다.

> 성취도가 뛰어난 어린이들은 여러 학급의 지도자들로 발탁되며, 다른 어린이들에게 읽기, 쓰기, 초보를 가르치고 그들이 소곤거리는 소리로 나직히 글을 읽는 것을 들려 주도록 채용되는데, 이런 것들은 교사의 업무에 지장이 없는 범위 안에서 이루어져야 좋을 것이다.[28]

---

25) Ibid., p.17.
26) Ibid., p.422.
27) Ibid.
28) Ibid.

교수법으로 말하자면, 레잌스는 예증들을 사용하기를 좋아했는데 그는 그것들을 가르침에 사용하는 것을 자신이 창안했다고 믿었다.

> 얼마 전에 나는 내 학생들에게 우리는 그것들이 다른 물체들에게 어떻게 작용하는지 모르지만, 다른 물체들에게 작용하게 되는 물체들 속에 하나의 불가시적인 힘이 어떻게 존재할 수 있는가를 보여 주고 있었다. 이것을 나는 자석의 힘을 가지고 증명해 주었다. 그들은 자석이 바늘을 접촉하지 않은 채 끌어 당기는 것을 보았다. 그래서 나는 그들에게 말하기를 그들을 의무의 길로 끌어들여서 천국의 상태와 행복에 이르도록 인도해 주고 싶다고 하였다. 그들이 본 대로 한 바늘이 자석을 접촉했을 때 또 다른 바늘을 끌어당길 수 있는 힘이 생기듯이 그들이 착해지면 그들은 하나님의 손길 안에서 정녕 다른 소년들을 착하게 만드는 도구들이 될 것이다.[29]

레잌스의 방법론은 몇 가지 철학적 원칙론 위에 근거했는데 그것들은 많은 근거 자료들을 접했던 라이스가 요약했다. 첫째, "어린이들 속에 있는 악덕은 익숙한 광경이나 소리들의 모방(imitation)이고" 둘째, "어린이들의 삶 속에는 그가 순수해지고 그의 능력이 활발히 활동하고 잘 받아들이는 순간이 있고", "좋은 씨앗들은 아무리 빨리 심어도 지나치지 않으며", "선한 것이 매력적이면 어린이는 선한 것에서 즐거움을 느낀다."[30]

---

29) Rice, ***The Sunday-School Movement***에서 인용했으나 증명되지는 않음(undocumented).

30) Ibid., p. 16.

주일학교의 확산

레익스는 주일학교가 "어린이들의 영적 생활을 일깨워 주는 하나님의 도구"가 되며 "국민교육의 기반을 형성하기를" 바랬다.[31] 우리에겐 너무 간단하게 표현된 것 같은 이 계획은 1780년에 이르러서야 결실을 보게 되었는데 필시 영국국교회로부터 나온 비국교도들이 1779년까지도 "권위부여조례" (Enabling Act)에 의하여 공사립학교들을 운영하거나 개인교수를 받을 수 있도록까지 허용받지를 못했었기 때문일 것이다. 그런데 이 조례가 통과되기 전에는 감리교도들이나 침례교도들이나 그리고 다른 비국교도들은 주일학교를 종교교육의 수단으로 이용할 수 없었다. 주일학교를 시작한지 3년이 못되어 레익스는 그것을 널리 공포했는데 처음엔 자기 신문의 한 기사(1773년 11월 3일)에서, 다음엔 ***Gentleman's Magazine***에 실린 한 편지(11월－25일) 속에서였다. 메릴이 인용한 것에 따르면 레익스는 오랫동안 이것, 즉 "이 타락한 어린이들도 훈육을 받고 교육을 받으면 보다 좋은 환경에 있는 아이들과 동일한 인간적인 정서와 본능의 증거를 보여줄 수 있는지를 알게 되는 것"을 기다렸었다.[32]

웨슬레는 레익스의 해설을 읽었고, 주일학교의 가능성에 대단한 감명을 받았다. 1774년 7월 18일 빙글리 교회(Bingley Church)에서 설교하기 전에, 웨슬레는 "그 주일학교에 발을 들여 놓았는데, 그 학교는 아동수가 240명이고, 교사 약간명에 의해 일요일마다 가르쳐졌으며, 부목사에 의해 감독을 받고 있었다. 한 교구 안에 사는 대단히 많은 어린이들이 공공연한 죄악들로부터 차단된 채 성경을 읽는 것은 물

---

31) Ibid.

32) ***The Development of the Sunday School.***

론 적어도 어느 정도의 훌륭한 예법을 배우고 있다. 나는 내가 가는 곳마다 우후죽순처럼 솟아나는 이런 학교들을 발견한다"고 하였다.[33] 웨슬레는 자신이 편집하던 ***The Arminian Magazine***에다 자기가 쓴 "최근 영국 도처에서 시작된 기독교 자선학교들의 해설"이라는 기사를 실었다. 그해 말에 웨슬레는 설교차 리이드즈(Leeds)에 도착했는데, 2,000명의 학생들과 45명의 교사들을 가진 26개 주일학교를 발견하게 되었다.[34]

레잌스에 따르면, 4년이라는 시간이 지나자 주일학교 운동은 "매우 신속히 〔확산되어서〕 이젠 25만 명의 아동들이 다니고 있는데, 그것은 더욱 더 커지고 있는 중이다"라고 하였다.[35] 1785년 9월 7일 "영국 각 지방의 주일학교들의 지원 및 격려를 위한 협회"가 설립되었다. "주일학교협회" (The Sunday-School Society)로 보다 잘 알려진 그것은 주일학교 운동의 급속한 성장의 주된 요인 가운데 하나였다. 그 방식은 "가난한 사람들이 교육을 필요로 하는 지역에서 방을 빌리고, 교사들을 불러 오며, 그 협회에서 채택된 규율하에서 학교들을 유지해 나가고, 성경과 성약집들(testaments)과 다른 필요한 책들을 학생들에게 무료로 제공하며, 각 학교가 유능한 심방자들에 의하여 점검을 받도록 하는 것이었다. 그리고 모든 절차는 24명으로 구성된 사무위원회의 승인을 받게 하였는데, 이 위원회의 절반은 영국국교회로부터 나왔고 절반은 비국교도 종파들로부터 나왔다"고 라이스는

33) Journal, 8 : 552, 553.

34) 1883년까지 Leeds의 주일학교 등록학생은 이천 명에 달했다. J. Stoughton, ***History of Religion in England***(London : Hodder and Stoughton, 1881), p. 433.

35) Rice, ***The Sunday-School Movement***, p. 422에서 인용.

적었다.[36]

주일학교 운동은 매우 급속하게 퍼져나갔기 때문에, 1831년에 샤프츠베리경(Lord Shaftsbury)이 레잌스의 동상을 제막할 즈음엔, 대영제국의 주일학교들은 대략 125만 명의 등록된 아동들이 있었다고 공표되었다.

Selected Bibliography

Harris, J. H. *Robert Raikes: The Man and His Work.* Bristol: Arrowsmith, 1899.

Merrill, G. L. *The Development of the Sunday School, 1780-1905,* International Sunday-School Convention, 1905.

"Raikes, Robert." *Cyolopaedia of Biblical, Theological, and Ecclesiastical Literature,* 8:883, 884. Edited by J. McClintock and J. Strong. New York: Harper, 1891.

Rice, E. *The Sunday-School Movement (1780-1917) and the American Sunday-School Union (1817-1917).* Philadelphia: American Sunday-School Union, 1917.

Stephens, W. R. *A History of the English Church.* vol. 7. New York: Macmillan, 1906.

36) Ibid., p.22.

19.
요한 H. 페스탈로찌

John H. Pestalozzi / 1747 – 1827

제랄드 리 구택(Gerald Lee Gutek)

교육사가들은 보통 스위스의 유명한 교육자 하인리히 페스탈로찌를 가리켜서 교육 개혁자, 감각 실재론자(a sense realist), 자연주의자, 실물학습의 창시자, 그리고 루소의 문하생이라고 해왔다.[1] 이 모든 묘사들이 정확하긴 하지만, 페스탈로찌의 사상에 관한 현재의 관심의 소생은 그의 교육 철학, 교육에 대한 그의 선구자적인 사회학적 탐구, 그리고 형편이 나쁜 어린이들에의 교육에 일찌기 관심을 둔 점에서 유래한다.

---

1) 교육개혁자와 루소의 제자로서의 페스탈로찌를 다룬 책은 E. E. Bayles and B. L. Hood, *Growth of American Educational Thought and Practice*(New York : Harper, 1966), pp. 97 – 113 ; H. G. Good and J. D. Teller, *A History of Western Education* (Toronto ; Macmillan, 1960), pp. 240 – 67 ; and P. Monroe, *A Brief Course in the History of Education*(New York : Macmillan, 1934), pp. 303 – 19 참조. K. Silber는 *Pestalozzi: The Man and His Work*에서 페스탈로찌의 철학적, 사회적 측면을 철저히 조사하였고 H. S. Black은 "Education of the Disadvantaged"에서 불우한 어린이의 교육에 대한 페스탈로찌의 사상을 다루었다.

어떤 사람들은 페스탈로찌가 루소의 제자이기 때문에 결코 종교적인 교육자가 아니며, 비종교적인 자연주의자이거나, 이신론자(Deist)였다고 주장할지도 모른다. 그러나 비록 루소의 영향을 받기는 했다 하여도, 페스탈로찌의 종교는 인간들의 형제됨(brotherhood of men)과 하나님의 아버지되심(fatherhood of God)을 강조한 기독교적 경건주의의 형태를 지녔었다. 페스탈로찌가 종교적 교육자로선 알려지지 않았지만, 그의 저술들은 종교적 가치들과 종교적인 교육에 대한 언급들을 담고 있다. 교리의 기계적인 암기와 어린이의 종교적 성장에 있어서의 종파주의에 대한 페스탈로찌의 비난은 그를 대단히 근대적인 종교교육의 선구자로 만들었으며, 신학적인 미묘한 의미차이(nuances)보다는 인간의 정서 및 사랑할 수 있는 능력을 그가 강조한 것도 그를 근대 종교교육의 선구자로 만들었다. 그의 "가슴의 종교"(religion of the heart)는 사랑과 관심이라는 폭넓은 주제와 더불어, 인간 교육에 종교적 가치들을 포함시키는 데에 관심이 있는 사람들 중에 수용적인 독자를 얻게 될 것이다.

교육 경력

페스탈로찌는 이탈리아계 개신교도를 부모로 하여 쮸리히에서 태어났다. 그의 부모는 내과와 외과 의사인 요한 밥티스트 페스탈로찌(Johann Baptiste Pestalozzi)와 수산나 호츠(Susanna Hotz)였다. 1751년 아버지의 죽음으로, 페스탈로찌의 가족은 가난한 생활을 영위해야만 했다. 어린 요한 하인리히는 여자들 〔그의 어머니와 신실한 하녀인 바바라 슈미트(Barbara Schmid)〕이 다스리는 가정에서 성장했기 때문에 "거칠고 소란한" 소년 시절과는 동떨어진 감수성이 예민한 아이가 되었다. 나중에 그는 불평하기를, 그의 어린 시절 때문에 그가 부끄럼을 잘 타고 사교적으로는 바보같고 비실제적인 몽상가가 되었다고 하였다. 그것은 또한 그를 극히 내성적이게 만들었다. 그러나 페스탈로찌는 그의 어린 시절이 그에게 인정많은 태도를 길러 주어서 그가 억압받고 빈궁한 사람들에게 연민을 느낄 수 있게 해 주었다고 하였다.

그는 특별한 경우의 짧은 방학을 자기 할아버지 안드레이 페스탈로찌(Andreas Pestalozzi)와 보냈는데, 그는 홍(Hongg)이라는 촌락의 목사였으며 또한 작은 학교를 하나 맡고 있었다. 어린 하인리히는 농가들을 심방하는 할아버지를 따라 갔고, 부재 지주들과 도회지의 관료주의자들에게 착취당하던 가난한 농부들을 동정하게 되었다.

페스탈로찌는 스위스의 중류 어린이가 받는 보통 정도의 교육을 받았다. 그는 모국어를 가르치는 초등학교에서 읽기, 쓰기, 산수, 그리고 요리문답을 배웠고, 중등학교에서는 라틴어와 고전들을 공부했다. 취업 직전의 2년제 과정인 ***Collegium humanitatis***에서 라틴어, 희랍어, 히브리어, 수사학, 논리학, 그리고 요리문답들을 배우기를 마친 후,[2] ***Collegium carolinum***에서 문헌학과 철학을 연구하였다. 대학시절 동안에 그는 Helvetian Society에 가입했는데 그것은 스위스인의 생활 방식을 개혁하려고 노력하던 활발한 교수 및 학생 단체였다.

그가 교육을 마칠 무렵에, 페스탈로찌의 진로는 여전히 불확정적이었다. 처음에는, 목회직을 준비했었다. 그는 거기서 법학으로 바꾸었으나, Helvetian Society와 관계하면서 법학 쪽의 진로도 그만두게 되었다. 낙심한 채, 그는 더 이상 공부하는 것을 포기했다.

페스탈로찌는 자신이 받은 학교교육을 사회적인 문제나 실

---

2) M. R. Walch, *Pestalozzi and the Pestalozzian Theory of Education: A Critical Study*, pp. 3-7.

제 삶에 부적합한 것이라고 비판했다. 비록 자기 동포들을 돕고 싶어했지만, 그는 어떻게 해야 되는지를 몰랐다.

> 우리의 유일한 바램이란 자유와 자선과 희생과 애국을 위하여 사는 것입니다. 그러나 이러한 것들에 도달할 수 있는 실제적인 힘을 발전시킬 도리가 없읍니다. 우리는 부라든가 명예라든가 존경 등과 같은 모든 외면적인 겉치레들을 경멸합니다. 검약한 생활을 하고 우리가 필요로 하는 것들을 줄임으로써 국민생활의 모든 편익들(advantages) 없이도 지낼 수 있다고 믿는 것을 우리는 배웠읍니다.[3]

자연으로 돌아가라는 루소의 호소에 영향을 받아서, 페스탈로찌는 스위스 농민의 상태가 농업과 수공업 생산과 교육을 결합시킴으로써 개선될 수 있다고 하는 것을 이론적으로 설명하였다. 농업에 관해서는 전혀 몰랐지만, 페스탈로찌는 1769년 베른(Berne)주에 60에이커의 땅을 구입했다. 같은 해에 그는 안나 슐체스(Anna Schulthess)와 혼인하였고, 둘은 그 농장에다 거주를 정했다. 그 이듬해에 그들의 외아들 장 자크(루소의 이름을 따서 지은)가 태어났다.

1774년, 페스탈로찌는 자기 농장에다 가난한 어린이들을 위한 학교를 하나 세웠다. 그 당시의 그의 교육적 이론은 상당히 원시적이었지만, 그는 어린이의 천부적인 자발성을 실제 일과 결합시켜 보려고 노력했다. 그는 자신의 학교가 하나의 가정과 같아서, 거기에서 학생들은 한 가족처럼 함께 살고, 일하고, 배우기를 바랬다. 어린이들은 농사일과 수공업일을 하였고 산수, 종교, 그리고 도덕을 배웠다. 그 학교로 인해 페스탈로찌의 한정된 재산은 동이 나고 1779년 그는 문을 닫지 않을 수 없었다.

---

3) R. de Guimps, ***Pestalozzi: His Aim and Work,*** pp. 6, 7에서 인용.

1780년에서 1797년까지는 글을 써서, 즉 자신의 교육적인 생각, 특히 그의 "교육에 관한 자연철학"(natural philosophy of education)을 다듬고 분명히 해 가고, 널리 공표함으로써 자기 가족을 부양하였다. 그가 쓴「어떻게 아버지 페스탈로찌는 자신의 3년 6개월 된 아들을 가르쳤는가」(*How Father Pestalozzi Instructed His Three and a Half Year Old Son*, 1774)는 루소적인 원칙에 따라서 장 자크를 교육한 것을 설명하였다. 그는 또한「가난한 자들의 자녀들의 교육에 관한 논문」(*Essays on the Education of the Children of the Poor*)과「은자의 황혼」(*The Evening Hours of a Hermit*)을 썼다. 그의 가장 성공적인 저작인 *Leonard and Gertrude* (1781)는 교육을 통한 개인적 사회적 갱생의 가능성을 보여 주려고 쓰여진 소설이었다. *Christopher and Elizabeth* (1782)는 일련의 교육적 대화였다.「법률제정과 유아살해에 관하여」(*On Legislation and Infanticide*, 1783)는 교육, 전통, 도덕 사이의 관계를 살핀 교육사회학 분야의 초기 저작이었다. *Illustrations for My ABC Book* (1787)은 예증들을 곁들인 교육과 도덕에 관한 짤막한 맺음말들로 구성되어 있었다.「인류 발달에 있어서 자연의 순리에 관한 연구」(*Researches into the Course of Nature in the Development of the Human Race*, 1797)에서는 교육이 자연적 발달양식에 근거해야 한다고 주장했다.

그가 활발한 교육사업에 복귀한 후로도, 페스탈로찌는 여러 권의 책들을 더 써 냈다. *How Gertrude Teaches Her Children* (1801)은 인간의 도덕적, 지적, 육체적인 힘을 철학적으로 밝힌 것이었다.「새시대」(*Epochs*, 1803)에서는 교육에 의한 인간의 갱생을 요청했다.「백조의 노래」(*Swansong*, 1826)는 페스탈로찌의 최후 저작인데 자신의 교육 이론을 옹호한 것이었다.

1797년 페스탈로찌는 스탄스(Stans)라는 전쟁 피해마을의 고아원장으로 임명됐다. 거기서의 체험을 이렇게 그는 썼다.

> 혼자, 교육수단이라고는 전혀 없이, 그리고…도움도 없이, 나는 감독, 교사, 집사, 그리고 때로는 하녀의 일까지 한 채 반쯤 파괴되어버린 집안에서 해 나갔다. 나는 무지와 질병과 온갖 종류의 기이한 것들로 에워싸여 있었다. 아이들의 숫자는 불어나서…80명이 되었고 모두 제각기 다른 나이들이었다…[4]

그러나 이것은 그가 자신의 자연교육(natural education)에 관한 이론을 적용하고 점검할 수 있는 기회가 되었다. 그 아이들을 돌보는 아버지로서, 페스탈로찌는 정서적인 애정과 안정감의 분위기를 조성하려고 애썼다. 그리고 나서 그는 그 아이들에게 그리기, 쓰기, 체육 활동 등을 가르쳤다. 그 학교는 성공의 징조가 다소 있었지만, 인근에서 오스트리아군과 프랑스군이 서로 대치하면서 집결하고 있었기 때문에 1799년 6월 8일 문을 닫지 않을 수 없었다.

스위스 정부와 몇몇 친구들의 후원으로, 페스탈로찌는 부르그도르프(Burgdorf)에 한 학교를 세웠다. 그의 조수들 중 한 사람이 조셉 니이프(Joseph Neef)였는데, 그는 뒤에 미국에다 페스탈로찌의 방식을 도입하였다.[5] 1804년 페스탈로찌는 자기 학교를 이베르돈(Yverdon)으로 옮겼는데, 그것은 1825년까지 거기에 남아 있었다. 그의 학교들 가운데에 가장 성공적인 것으로서 이베르돈학교는 한결같이 방문객의 물결이 끊이지 않았는데, 그들 중에는 요한 피히테(Johann Fichte), 프리드리히 프뢰벨(Friedrich Froebel), 앤드류 벨(Andrew Bell), 요한 헤르바르트(Johann Herbart), 로버트 오우웬(Robert

4) "Pestalozzi's Account of His Own Educational Experience", in H. Barnard, ed., *Pestalozzi and Pestalozzianism,* p. 674.

5) 페스탈로찌와 니프의 윤리교육에 관한 견해는 G. L. Gutek, "An Examination of Joseph Neef's Theory of Ethical Education", *History of Education Quarterly 9* (1969): pp. 187－201에 비교되어 있다.

Owen), 그리고 윌리엄 매클루어(William Maclure)가 있었다.

교육 철학

페스탈로찌는 자신의 교육 철학을 형성하는 데 있어서 여러 군데에 의지했는데, 이 근원들이 종종 서로 모순되었기 때문에 그의 사상은 이따금 조리가 서지 않으며 자주 불투명하였다. 그는 루소의 「에밀」(*Emile*)에 있는 낭만적 자연주의에서 지대하게 영향을 받았으나, 그는 또한 계몽시대가 지나간 유럽의 지적 풍토에도 젖어 있어서, 자연을 우주적인 기계장치로 생각했으며 그 장치의 본질적인 양식(intrinsic patterns)이 겉에 나타나는 현상들과 인간의 본성을 지배한다고 생각했다. 인간의 본성은 자연의 전개양식들 가운데 어떤 것들을 따른다. 인간들은 식물이나 동물과 마찬가지로 자신들의 내재하는 구조적 설계에 따라서 성장한다. 코메니우스나 루소처럼 페스탈로찌는 이런 성장을 연속적이고 단계적인 과정이라고 생각하였다.

종교적으로, 그는 어느 특정한 종파의 교리나 의식에 순응하지 않았던, 박애주의적이고 기독교적인 경건주의자였다. 그의 생각으로는, 예배자는 우러나는 정서적 표현을 수단으로하여 자연을 통해서 하나님을 체험한다고 보았다. 인간은 하나님을 사랑할 수 있게 되기 전에, 자기 이웃을 사랑해야 한다. 사랑, 신뢰, 감사, 그리고 순종 등의 감정을 하나님께 적용될 수 있기 전에 먼저 다른 사람들과의 관계에서 계발되어야 한다. 어린이는 먼저 자기 가족을 사랑하기를 배우고, 다음은 친구들을, 그리고는 인간 가족의 모든 구성원들을, 그리고 마지막으로 가장 추상적인 존재이신 하나님을 사랑하기를 배워야 한다. 사랑이라는 내면적인 적용에 의하여 한 개인은 진정한 도덕적 종교적 가치들을 획득한다.

페스탈로찌는 원죄의 교리를 거절했다. 하나님이 선하시므로, 그 분의 손으로 창조된 작품-자연-도 역시 선해야 된다. 인간을 포함해서 모든 자연 현상들이 이 선함을 나누어 갖고 있다. 태어날 때에 어린애는 선천적으로 선하며 인정을 베풀려는 성질도 부여받았다. 도덕적 타락은 자연적인 환경 때문이 아니라 사회적인 환경 때문이다. 사랑과 관심의 환경 속에서는, 어린이의 인정스러운 경향이 양육되며, 무정하고 정서적으로 불안정한 환경에서는 사랑할 수 있는 어린이의 능력은 안으로 감추어지고, 그는 이기적이고 인격이 분렬된 무정한 어른이 될 것이다. 페스탈로찌가 "자연적인 교육"(natural education)이라고 부르던 것은 인간으로 하여금 타락한 사회적 영향들을 극복하고, 선을 행하는 능력을 신장하여 자기 자신과 사회를 소생시킬 수 있게 하려는 것이다.

사랑할 수 있는 인간의 도덕적 능력에 덧붙여서 인간은 생각할 수 있는 지적 능력과 행동할 수 있는 육체적 힘이 있다. 이들 세 가지 "가슴(heart), 머리(head), 그리고 손(hand)"이라는 본질적인 힘들은 인간이 "자활"(self-activity)을 영위할 수 있게 해 준다. 자연적인 교육은 자활과 협동하여 본질적인 힘을 발달시킨다.

인간의 성장, 그리고 마찬가지로 교육은 어린이와 어머니 사이의 정서적 관계에서 시작되는데, 어린애에 대한 어머니의 사랑은 어린이가 가진 자비스러운 성질을 자극해 준다. 어린이는 어머니를 사랑하고 복종하고 어머니에게 감사함으로써 자기 어머니의 사랑에 응답한다. 점차 어린이는 어머니에 대한 신뢰를 나머지 가족들에게로, 자기 이웃에게로, 그리고 끝내는 전 인류에게로 확대해 간다.

> 사랑(love), 신뢰(trust), 감사(gratitude)의 싹들은 이내 곧 자란다. 어린이는 엄마의 발소리를 알고 그녀가 비치기만 하면

미소짓는다. 그는 엄마가 좋아하는 사람들을 좋아하며, 그녀와 닮은 형상이면 그에겐 좋은 것이다. 그는 자기 엄마의 얼굴을 보고 미소짓고, 모든 인간의 얼굴을 보고 미소 지으며 …[6)]

인간의 도덕감정은 어린이와 어머니와의 관계의 발로이다. 그의 가치들은 일반화되고 추상화되기 이전의 직접적이고 구체적이며 특수한 상황에서 유래한다. 진정한 도덕성은 입으로만 떠드는 규범들보다는 실제 체험으로부터 나온다. 각 사람은 자기 형제들을 서로 완성시켜 주는 데서 자기 완성에 도달한다. 참으로 완전한 인간은 형제애를 실천하는 박애주의자(humanitarian)이다. 그래서 도덕적 가치들은 지적 가치들이나 육체적 가치들보다 먼저 나타나며, 생각과 행동 두 가지를 인도한다.

종교적 가치들의 성장은 도덕적 가치들의 발생과 긴밀히 연관되어 있다. 둘 다 서로 영향을 주며, 둘 다 개인이 가진 자비스러운 성질로부터 생긴다. 참으로, 어린이가 자기 어머니와의 사랑관계를 가족들과 사회에 대하여 다양하게 확대해 나가는 것은 종교적인 체험의 형태들이다. 어린이가 성숙해 가고 점점 독자적으로 행동할 수 있게 되면, 어머니는, 페스탈로찌가 *How Gertrude Teaches*에서 예시한 것처럼, 신중하게 도덕적 체험의 상황을 종교적 가치들을 포함하도록까지 넓혀 준다.

엄마 : 아가, 네가 필요로 하는 하나님이라는 분이 계시는데, 네가 나를 더 이상 필요로 하지 않을 때, 즉, 내가 너를 더 이상 보호해 줄 수 없을 때 그 분은 너를 자기 팔에 안아 주신단다. 내가 더 이상 네게 즐거움과 기쁨을 줄 수 없을 때… 너

6) *How Gertrude Teaches Her Children*, p. 183.

에게 그것들을 마련해 주시는 하나님이라는 분이 계시단다.

아기 : 나는 하나님의 아기에요. 나는 우리 엄마를 믿어요. 엄마의 가슴은 나에게 하나님을 보여 주었어요. 하나님은 내 엄마의, 내 가슴의, 그리고 엄마의 가슴의 하나님이에요. 나는 다른 하나님은 몰라요. 내 머리 속으로 생각한 하나님은 망상(Chimaera)이에요. 나는 내 가슴의 하나님 외엔 다른 신은 몰라요. 내 가슴의 하나님을 믿는 데서 나는 인간답게 느껴요. 내 머리 속의 신은 우상이에요. 그에게 예배하면 나는 스스로 파멸해요. 내 가슴의 하나님이 나의 하나님이에요. 나는 그 분의 사랑 속에서 내 자신을 완성시켜요.[7]

어린이는 자신의 환경 속에 존재하는 사물들 및 인간들과 상호작용을 함으로써 지적으로 발전하지, 추상적이고 극히 말 뿐인 사상들에게 접촉함으로써 되는 것이 아니다.

교육 방법론

교육적인 개혁자로서, 페스탈로찌는 전통적인 학교들이 형식적인 문구나 기계적인 암기나 체벌에 역점을 두었기 때문에, 어린이의 마음을 불구로 만들고 그의 자연적인 성장을 변형시켜버리는 인위적인 학습환경을 만들어냈다고 생각했다. 초급 수준의 학생들은 우선 교본들, 시편, 그리고 요리문답을 암기했다. 그들이 짜증내고 안달을 하면 대개는 소신이 없고 훈련도 받지 못한 교사가 체벌을 으례 가했다. 인도주의자인 페스탈로찌에게는, 이러한 교육적 전제주의와 야만주의는 어린이들을 난폭하게 만들고, 그들의 자연스러운 자발성(naturul spontaneity)과 자활성(self－activity)을 억

7) Ibid., pp. 185, 195.

압하는 것이었다. 그는 어린이들이 "재미없고 지루한 활자들"을 생각하도록 "지독한 냄새가 나는 교실에서 뒤죽박죽으로 몰아 넣어둔 양떼처럼" 우리 속에 갇혀 있다고 표현했다.[8] 전통적인 학교들은 지식을 따로따로 나눔으로써 그 통일성을 깨뜨려버렸고 연결되지 않은 단편적인 것들로 만들어버렸으며, 행위와 이론을 분리시켜버리고, 암기를 강조함으로써 어린이들의 창조적인 능력들을 질식시켰다고 페스탈로찌는 생각했다. 이런 학교들의 산물인 이른바 "지식층"이 부자연스러운 논리를 사용하고 있고, 실제적인 것들과 자연에 관해서는 무지하다고 그는 비판했다.

> 성경, 혹은 그들이 끊임없이 손에 넣어서 입으로 지껄여대는 신문들과 신·구 소책자들로부터 이야기들을 끄집어 내는 그런 자들 가운데 대부분은 단순한 게으름뱅이들에 지나지 않는다. 만일 누군가가 집안 일이나, 애들을 키우는 것이나, 이윤이나, 사업에 관하여 그들과 이야기하고 싶어하고, 그 때 그들이 이것 또는 저것을 어떻게 착수할 것인가 하는 실용적인 조언을 한 마디 해야 한다면, 그들은 돌대가리들(blockheads)처럼 거기에 서 있으며, 전혀 아무 것도 모르며, 그래서 아무 것도 말하지 못했다.[9]

자연적인 교육 (Natural education) : 전통적인 학교들 내부에는 그 결점들을 보충해 줄 수 있는 것들이 거의 없음을 발견하고서, 페스탈로찌는 일반적인 국면과 특수한 국면을 모두 포괄하는 "자연적인 교육 방법"을 발전시켰다.

일반적인 국면(general phase)이란 교사가 애정과 안정감이

---

8) Ibid., p. 23.

9) *Leonard and Gertrude,* in Barnard, ed., *Pestalozzi and Pestalozzianism,* pp. 592, 593.

있는 정서적 분위기를 조성하도록 하는 것이다. 어린이는 천성적으로 선하므로, 그의 충동들은 선하며 또 계발되어져야 한다. 페스탈로찌는 교실 안에서의 허용적 분위기를 장려했는데, 그것은 학생으로 하여금 자신의 자연적인 취향에 따라서 행동하도록 허용하는 것이다. 학교란 특별히 마련되어진 사랑의 환경이어야 한다. 페스탈로찌로서는 사랑이란 자아완성을 가능케 해 주는 인간의 본성 속에 있는 역동적인 힘이다. 사랑은 자연스럽게 발육된 인간 속에 있는 모든 힘들을 자극하고 조정한다. 학교란 사랑으로 맺어진 가족관계를 개인들과 사물들로 이루어진 보다 넓은 세계에까지 확장시키는 것이어야 한다.

특수한 국면(special phase)이란 가르치는 것으로 구성되는데, 그것은 읽기나 쓰기와 같은 전통적인 것들로써 시작되지 않았다. 페스탈로찌는, 초등교육은 재는 것(measuring, 어린이들에게 친숙한 사물들의 형태를 인식하는 것), 세는 것(counting, 사물들의 숫자를 매기는 것), 그리고 말하기(speaking, 사물들을 정의하는 것)에서 시작해야 된다고 주장하였다. 그의 교육 방식은 두 가지 근본적 원칙 위에 근거하고 있었다. 즉 감각인상은 모든 지식의 기초라는 것과, 모든 교육은 형태(form), 숫자(number), 그리고 언어(language)라는 세 요소로 적절히 간추려진다는 것이다. 오직 이런 기본요소들을 숙달시킨 후에라야 교사는 읽기, 쓰기, 산수, 지리, 음악, 그리기, 그리고 자연공부를 가르쳐야 한다.

감각실재론자였던 페스탈로찌는 감각적 체험이 실재를 깨닫고 그것과 관계하는 데 가장 확실한 수단이라고 생각하였다. 자연현상들은 인간에게 사물들의 어지러운 바다처럼 나타난다. 인간이 실재에 관하여 분명한 개념을 갖기 위해서는, 그가 가진 오감이 계발되어야 한다. 지적인 것을 강조하고 도덕적인 것과 육체적인 것을 무시하는 것보다는 인간의 세 가지 능력 모두를 동시에 그리고 조화있게 계발하는 데에 관심이 있었다. 그래서 그는 감각을 교육하고 세 가지 능력을 모두 발달시키기 위하여 일련의 단계적인 훈련들, 경험들, 그리고 자료들을 개발했다. 그는 가르치는 것을 다음과 같이 언급하였다.

> 〔그것은〕 대자연이 순리대로 전개되도록 도와 주는 기술이고, 이 기술은 어린이가 받아들인 인상들과 그의 능력들의 정확한 발달정도와의 관계 및 조화에 본질적으로 의존하고 있다… 가르침의 모든 내용에 있어서 이러한 구성 요소들 가운데 어떤 것이 어린이의 각 연령에 맞는가를 아주 정밀하게 결정해야 할 필요가 있는데, 그것은 어린이가 전혀 준비되어 있지 않은 것을 가지고서 그를 이끌어 가면서 그를 혼돈시키지 않도록…하기 위한 것이다.[10]

페스탈로찌는 단일하고 일원적인 과정이 모든 인간적 인식의 근원이라고 확신했다. 이러한 과정을 그는 **관조**(Anschauung)라고 불렀으며, 직관, 개념화, 감각, 관찰, 명상, 인식, 그리고 지각 등으로 그것을 다양하게 정의하였다.[11] 관조(Anschauung)를 통하여 마음은 사물들로부터 감각적 자료들을 받아들이고, 산만한 감각들 속에 내재하는 형태를 때로 뽑아내며, 정확한 개념들을 구성한다. 페스탈로찌의 교육 방식은 그래서 실물학습과 감각 과정을 통한 개념들의 도출을 강조했다. 어린이는 동일한 본질적인 특성들을 가지고서 사물들에게 노출되고, 그들의 형태를 알아보고, 그것들을 세며, 그것들을 명명하게 된다.

---

10) *How Gertrude Teaches Her Children*, p. 26.

11) S. J. Curtis and M. E. A. Boultwood, *A Short History of Educational Ideas* (London : University Tutorial, 1953), pp. 340, 341.

모든 가르침은 “가까운 것”에서 시작하여 “먼 것”에로 옮겨 가야 한다. 어린이의 직접적인 체험과 환경에서 시작함으로써, 어린이의 체험은 환경과 끊어지지 않는 일련의 상호작용이 될 것이다. 형식적인 어귀에 구애되고 문학에 치우친 전통적인 교육은 어린이의 체험의 전진적인 흐름을 방해한다. 실재에 관해 교과서에 묘사된 것들은 간접적이고 어린이의 체험에 기초하지 않았기 때문에 진정으로 이해되기보다는 그냥 암기되었다. 경험의 연속성은 어린이의 가정 환경으로부터 보다 넓은 세계로의 움직임이 대단히 단계적이고 점진적으로 이루어지는 것을 필요로 한다. 이러한 경험의 연속성을 “인간의 넓어져 가는 원들”이라고 페스탈로찌는 불렀다.

가르치는 것은 또한 “단순한 것”(Simple)에서 “복잡한 것”(Complex)으로, “특수한 것”(Particular)에서 “일반적인 것”(General)으로 옮겨가야 한다. 재는 것(Measuring), 세는 것(Counting), 그리고 말하기(Speaking)는 이것들을 기초로서 필요로 하는 기능들보다도 더 단순하며 더 특수하다. 예를 들면, 어린이는 단순한 소리들에서 시작하여, 단어들, 다음엔 귀절들, 그리고 마지막엔 보다 복잡한 문장들에까지 나아간다. 지리적인 관점에서는, 보다 먼 대양들이나 대륙들을 배우기 전에 어린이는 자기 집, 학교, 그리고 지역사회를 배운다.

교사는 페스탈로찌의 체계에서는 사랑을 베푸는 부모를 대신함으로 사랑을 주고 받을 수 있는 능력이 있어야 한다. 그런데 교사는 또한 자연적인 교육의 방식을 숙달해야 했는데, 그것은 교사의 짐을 가볍게 해 주고 학생을 보다 효율적으로 배우게 도와 주려고 고안된 것이었다. 페스탈로찌가 묘사한 훌륭한 교사는

> 어린이들에게 아버지처럼 될 수 있도록 최소한 솔직하고 명랑하며 다정하고 친절한 사람이어야 하며, 어린이들의 가슴과 그들의 입을 열게 하고 맨 뒷구석으로부터… 그들의 이해를 끌어낼 수 있는 사람이어야 한다.[12]

그는 이런 교사와 흔해빠진 학교선생과 대조했는데, 평범한 학교선생의 목적은,

> 어린이들의 입과 가슴들을 폐쇄해버리며 그들의 훌륭한 이해를 땅 속 깊이깊이 묻어버리는 데에 있는 것〔같다.〕그것이 바로 가슴에 기쁨과 즐거움이 충만하고 건강하며 명랑한 어린이들이 학교를 거의 좋아하지 않는 이유이다.[13]

모범적인 교사는, 페스탈로찌의 제안에 따르면 그리스도이시며, 그 분은 모범으로써 인간들에게 자연스럽고 조화를 이루며 사는 것을 가르치셨다. 그 분의 가르침은 자신의 제자들의 일상적인 삶에서 멀리 떨어진 것이 아니었고, 그 분의 단순한 비유들은 제자들에게 그들의 천부적인 능력들을 어떻게 계발할 것인가를 보여 주었다.

페스탈로찌의 학교들 속에서는 배움은 학생이 교사를 두려워하는 것에 의해서가 아니라 교사에 대한 사랑에 의해서 동기가 부여되도록 했으며, 학생은 자신에 대한 교사의 사랑에 의하여 그가 교사를 사랑하게 되는 동기를 부여받았다. 교사는 학생이 처벌과 학습을 연상하게 되어서 학습을 싫어하게 되지 않도록, 학습으로부터 처벌을 분리시켜야 되었다. 만일 어린이들이 산만하면, 페스탈로찌는 그들의 행실의 원인이 부적당한 가정교육이나 정서적으로 결핍

---

12) *Christopher and Elizabeth,* in Barnard, ed., *Pestalozzi and Pestalozzianism,* p. 667.

13) Ibid.

된 가정에 있다고 했다. 그는 심지어 많은 훈육상의 문제들의 원인이 어린이의 자연스러운 흥미와 능력들을 교사가 파악, 사용하지 못한 데에 있다고 하였다. 간혹 처벌이 요구되는 경우에는 조용히 그리고 어린이의 행복에 대하여 부모와 같은 관심을 가지고 처벌을 가해야 한다.

종교교육 : 페스탈로찌는 종교교육을 자연적인 교육에 포함시켰고, 따라서 그의 방식들은 요리문답, 신조들, 의식, 그리고 형식적인 종교기관들을 강조했던 전통적인 방식과는 전혀 달랐다.

이론적으로 보면 요리문답은 어린이가 암기하면 그가 내면화(internalization)시키게 된다는 종교적인 원리들 및 진리들을 담고 있다. 그러나 페스탈로찌는 어린이의 체험에 동떨어진 추상적이고 너무 일반화된 사상들을 사용하는 것을 신뢰하지 않았다. 어린이에게 요리문답을 한다는 것은 진정한 이해가 없는 앵무새같은 반복, 즉 내면화라곤 없이 이해한 척하는 것에 결국 이르게 된다. 페스탈로찌는 한 종파의 어린 구성원들이 그것의 특수한 교리(dogma)에만 전념하게 만드는 신앙방어심리(defense－of－the－faith mentality) 위에 요리문답들이 바탕을 두고 있기 때문에 요리문답들을 사용하는 것을 또한 반대하였다. 전통적인 종교교육은 그리스도적인 사랑과 박애주의를 길러내기보다는 다툼을 길러냈다. 인위적인 사회적 환경들이나 기관들은 인간의 자연적인 선함의 외적인 표현(externalization)을 방해한다고 하는 루소의 확신에 페스탈로찌는 공감하였고, 형식적인 종교기관들을 인위적인 것이라고 생각하였다. 그것들은 권력의 중심지가 되었고, 종교적 체험의 자연스러운 표현을 억압하여 규정된 의식들 속에 예속시켜버렸다. 신조들과 더불어서 이것들은 대개 신학적 논쟁들을 초래했고 그 결과로 그리스도인들의 분렬을 가져왔다.

페스탈로찌는 교회들이 인간의 인간화 (humanization)에 오히려 중점을 두기를 원했다. 그들은 모범으로서 그리스도의 인격에 되돌아가야 하는데, 그 분은 각 사람을 그 사람 자체를 위하여 사랑했으며 그리하여 모두에게서 사랑을 받았다. 교회의 순수한 기능이란 인간과 하나님을 함께 포함하는 상호적인 사랑관계의 관점에서 인간의 조건을 과감히 표현함으로써 지상에서 사는 인간들에게 보다 높고, 보다 고귀하고, 더욱 자연적인 삶을 촉진시켜 주는 것이다. 참으로 종교적인 교육이란 인간의 본래적인 도덕적, 지적, 그리고 육체적인 능력들을 완숙하게 해 주려고 애쓰는 것이다. 목사들은 어린이들을 자연적으로 교육한다는 점에서 교사와 협동해야 한다. 목사와 교사는 함께 어린이가 평화롭고 생산적으로 살며 이웃들에겐 선행을 베풀며 묵묵히 하나님을 경배하도록 어린이의 근면한 습관을 발전시켜 주어야 한다. 목사는 하나님과 영원에 관하여 어린이들과 이야기할 경우에 마치 그가 "아버지와 어머니, 집과 가정에 관하여 이야기하는 것처럼, 즉 이 세상과 밀접하게 연관된 것들에 관하여 이야기하는" 것처럼 보여지도록, "어린이들의 행실과 태만, 그들의 환경, 그리고 삶 속에서의 그들의 임무들에 바탕을 두고 자신의 종교교육을" 베풀어야 한다.[14)]

교육 목표

개인적인 차원에서 페스탈로찌는 인간적인 능력들이 모두 조화있게 계발된, 통합된 인격 (integrated personalities)을 가

14) *Leonard and Gertrude,* in Barnard, ed., *Pestalozzi and Pestalozzianism,* p. 660.

진 인간들을 길러내기를 바랬다. 페스탈로찌는 한쪽에만 치우친 전문가들을 피하는 반면, 감각과 사색과 행동을 신중하게 혼합하여 내적 통일성(inner unity)을 이루는 도덕적, 지적, 신체적 능력들의 통합적인 교향악을 이루기를 원했다. 타인들에 대한 사랑과 관심을 기울일 수 있는 능력을 계발함으로써, 인간은 자기 자신과 자신의 이웃들에 대한 도덕적인 책임들을 알게 된다.

페스탈로찌는 교육에 있어서 가정의 역할을 강조했지만, 산업주의가 가족구성원들을 가정으로부터 떼어 가서 그들을 가게나 공장에 처박아 둠으로써 가족구조를 약화시키고 있다는 것을 알고 있었다. 사회적 대행기관으로서, 학교가 많은 가정 속에 부재하는 사랑과 안정감을 제공해야 할 가중된 책임을 떠맡아야 된다고 그는 믿었다.

개개인의 적절한 교육을 통하여, 페스탈로찌는 사회를 모든 각 개인들의 자연권(natural rights)에 대한 박애주의적 존중을 터전으로 하여 세워진 사회로 개혁하기를 소망하였다. 그러므로 가난한 사람들이나 형편이 좋지 못한 사람들을 포함해서, 모든 사람들이 자연적인 교육을 받아서 자신들의 천부적인 능력들을 계발할 권리가 있다. 페스탈로찌는 주장하기를, 전통적인 교육이 불우한 어린이들에게 특히 해롭다고, 즉 문학서적들을 외는 것만으로는 조화있는 인격적 통합에 기여하지 못하며 직업 훈련을 무시함으로써 능숙한 일꾼들을 길러내지 않고 있다고 하였다. 사랑을 베푸는 가족과 교사들의 부족으로 이런 어린이들은 정서적으로 불안정하게 된다. 각 사람은 특정한 사회경제적 계층 속에 태어나며, 그 계층 속에 머물러 있을 가능성이 높기 때문에, 자신의 그 위치에 적합한 훈련을 받아야 한다고 페스탈로찌는 믿고 있었다. 이렇게 함으로써 빈곤을 줄이게 되고, 실업자들에게 일터를 회복시켜 줄 것이라고 그는 생각하였다. 그는 교육이 자연스럽지 못한 사회적 기반에서 비롯된 사회경제적 계급대립을 결국 소멸시켜 줄 것을 바랬다. 만일 사람들이 자신들의 공통적인 인간성과 상호간의 책임들에 관하여 알게 되면, 그들은 모든 계층들의 복지는 서로 상관되어 있음을 알게 될 것이다.

페스탈로찌는 자신의 전반적인 교육 철학체계 안에 종교적 가치들 및 종교적 체험들을 위한 여지를 남겨 둔 교육자였다. 그는 자기가 자연적인 교육에 적용했던 것과 꼭 같은 원칙들을 종교교육에도 적용하였다. 그에겐 자연과 인간은 다 선한 것이다. 빈곤, 불의, 그리고 부도덕의 근원은 이그러지고 부자연한 사회적 환경이다. 각 개인은 자연스러운 도덕적, 지적, 신체적 능력들을 소유하고 있으며, 자기 자신을 개선해 나갈 수 있는 능력이 있다. 자연적인 교육에 관한 페스탈로찌의 이론은 인간의 자연적이고 하나님이 주신 능력(God-given pocoers)들을 계발하는 것을 도와 주는 한 가지 방식이다. 자연, 인간, 그리고 하나님에 대한 페스탈로찌의 순진한 숭배는 복잡한 기술시대의 상처 속에 휩쓸린 20세기 교육자들이 고려할 만한 가치가 있다.

Selected Bibliography

Barnard, H., ed. *Pestalozzi and Pestalozzianism.* New York: Brownell, 1862.

Black, H. S. "*Education of the Disadvantaged.*" *Educational Forum* 33: 510-21.

De Giumps, R. *Pestalozzi: His Aim and Work.* Syracuse, N.Y.: Bardeen, 1889.

Gutek, G. L. *Pestalozzi and Education.* New York: Random, 1968.

Pestalozzi, J. H. *How Gertrude Teaches Her Children.* Translated by L. E. Holland and F. C. Turner. Syracuse, N. Y.: Bardeen, 1894.

Silber, K. *Pestalozzi: The Man and His Work.* London: Paul, 1960.

Walch, M. R. *Pestalozzi and the Pestalozzian Theory of Education: A Critical Study.* Washington, D.C.: Catholic University, 1952.

20.

요한 프리드리히 헤르바르트

Johann Friedrich Herbart / 1776 – 1841

아브라함 프리이센 (Abraham Friesen)

철학과 교육학의 관계는 필연적으로 긴밀한데, 이는 인식론 및 인간 본성에 관한 질문들이 양자에게 다 핵심적인 것들이기 때문이다. 그러나 위대한 철학자들은 거의가 뛰어난 교육자는 아니었고, 주목할 만한 교육자들의 극소수가 심원한 철학자들이었다. 이에 대한 이유는 철학자들이 추상적인 상태로 인간을 다루려고 하는 반면에 교사들은 구체적으로 인간을 대면해야 한다는 데에 있을 것이다. 그러나 요한 프리드리히 헤르바르트에게 있어서는 교육자와 철학자가 하나가 되었다. 여기에 그의 중요성의 근원이 있으며 그의 모호성의 원인이 있다. 그가 비록 다양한 측면을 가진 자기의 생각을 하나의 체계 속으로 통합했다고 하여도, 헤르바르트는 자기의 교육 이론에서 너무 많은 것을 추측에 맡기고 있어서 충분히 명료하지는 못했다. [1]

---

1) H. B. Dunkel, ***Herbart and Herbartianism : An Educational Ghost Story***도 참조. 나는 Dunkel로부터 많은 것을 인용하였다.

생 애

헤르바르트는 독일 올덴부르그(Oldenburg)에서 사법 및 행정 고문을 지내던 아버지와 그의 젊은 의지가 강한 아내 사이에서 태어난 외아들이었다. 그 결혼은 헤르바르트의 모친에게는 유난히도 불행한 것이었음이 드러났고 끝내는 이혼을 하고 말았다. 결혼의 실패로 실의에 빠졌었지만, 그녀는 과잉보호를 하게 될 정도로 자기 아들을 위해 혼신의 힘을 다했다. 그녀는 그 아이가 스파르타식 섭생을 따르게 하고, 11세가 되기까지 집에서 가르쳤다. 어머니는 헤르바르트의 교육을 매우 면밀히 감독하였다. 강의시간에도 참석하고 심지어는 희랍어도 함께 배웠다. 어머니의 과잉보호는 헤르바르트가 성인이 된 후에도 계속되었다. 헤르바르트가 예나대학 학생으로 있는 동안 거기서 함께 살 정도였다.

헤르바르트의 가정교사 헤르만 울젠(Hermann Uelzen)은 크리스찬 폰 볼프(Christian Von Wolff)에게서 철학과 개신교 신학을 배웠는데 헤르바르트가 윤리학, 심리학, 그리고 형이상학에 흥미를 일찌기 갖게 하는 데에 성공했다. 그와 동시에 헤르바르트는 바이올린, 첼로, 하아프, 그리고 피아노를 한꺼번에 배웠는데 음악에 대한 예리한 관심과 적성을 보여 주었다. 1788년 그는 올덴부르그 라틴어학교에 입학했는데 거기서 그는 칸트의 철학과 논리학, 특히 그의 「도덕 형이상학」(***Metaphysics of Morals***)에 의해 깊은 감명을 받았다.

헤르바르트의 부모는 그가 남부럽지 않는 생활을 보장받을 수 있도록 예나에서 법률학을 공부하기를 바랬지만, 그는 그 후 3년 간을 피히테 문하에서 지냈으며 그의 탁월한 제자가 되었다. 그러나 1796년에 이르렀을 때 헤르바르트는 이미 피히테의 가르침과 당시 유행하던 관념론(Idealism)과 결별하고 있었다. 그 해에 그는 다음과 같이 썼다.

> 자연권 및 도덕성에 관한 피히테의 연역법에 대하여 제 아무리 많은 사람들이 좋게 생각한다 하여도, 나는 근본적인 점들, 즉 합리적인 사고를 하는 존재를 자체로서만 인식한다고 하는 그의 이론과, 자유에 관한 그의 학설은 잘못되었다고 생각한다.

여기에 철학자와 교육자 사이의 분쟁이 발생하고 있는데, 헤르바르트는 무제한적 자유라는 철학적 개념과 교육자가 알고 있는 한계점을 절충해 보려고 했다.

> 인간의 자유에 관한 나의 주장은 온건하다. 그런 문제는 쉘링이나 피히테에게 맡겨 두고, 나는 인간을 그 이상 및 자연의 법칙에 따라서 규정하고, 인간으로 하여금 스스로 무엇인가 이룩할 수 있게 해 주는 것을 인간에게 주려고 노력한다.[2]

교육에 대한 헤르바르트의 관심이 관념론으로부터 그가 인간과 그 잠재력에 관한 보다 실제적인 평가라고 생각했던 것에로 그를 끌어가고 있었다.[3]

1797년 그는 스위스의 프리드리히 폰 쉬타이거(Friedrich von Steiger)의 집에 가정교사로 들어갔다. 여기서 그는 처

2) H. and E. Felkin, "Introduction", in J. F. Herbart, *The Science of Education,* p. 4에서 인용.

3) 헤르바르트가 교육에 경험이 있다는 것은 그가 프리드리히 폰 쉬타이거에게 최초로 쓴 편지를 보면 분명히 나타나는데, 그 속에서 그는 쓰기를, "*Schon ehemals nahm ich an dem Unterrichte einiger Kinder teil*"이라고 하였다. W. Asmus, *Johann Friedrich Herbart : Eine pädagogische Biographie,* p. 109에서 인용했음.

음으로 교육 이론들을 체계화하였는데, 그것들이 그의 잇따른 모든 교육적 활동을 형성하였다. 폰 쉬타이거에게 적용하면서, 헤르바르트는 제일 나이든 세 아들을 위한 교육 계획의 초안을 작성했었다. 두 달마다 헤르바르트는 그들의 아버지에게 방대한 진도보고서들을 보냈는데, 그것들 중 다섯 건만이 보존되어 있으며, 상세하진 않지만 훗날 헤르바르트의 교육 사상의 대부분이 아직 미분화 상태로 포함되어 있다.

스위스에서의 2년 동안에, 헤르바르트는 여러 번 부르그도르프(Burgdorf)에 있는 페스탈로찌의 학교를 방문했다. 페스탈로찌의 사상들이 헤르바르트에게 준 영향은 브레멘(Bremen)에 2년 간 머무르면서 헤르바르트가 쓴 수 편의 논문들 속에서 그 결실을 맺었다. 그는 특히 페스탈로찌가 자신의 교육을 어린이가 일찌기 경험했던 “초보적인 감각 인식들”에 근거하여 시도하였다는 데서 감동을 받았다. 자기 자신의 구상을 구현해 보려는 시도로서, 그는「감각 인식의 첫 걸음」(*A B C of sense Perception*)을 저술했다. 이 브레멘 체재기간 동안에「고급 학문을 위한 교육학적 교수 계획에 대한 일반적 고찰」(*General Thoughts for a Pedagogical Plan of Instruction for Highter studies*, 1801) 그리고「페스탈로찌의 최근 저서 “어떻게 게르트루드는 자기 자녀들을 가르치는가”에 관하여」(*On Pestalozzi's Latest Writiny: “How Gertrude Teaches Her Children”*, 1802)를 집필했다. 전자에서 헤르바르트는 장차 그의 근본적 지침이 될 생각을 천명했다. 즉, 희랍어를 가르치기 전에 라틴어를 가르치던 당시의 사례는 라틴어와 그 문학발달을 반영하지 못하기 때문에 잘못되었다고 하였다. 그는 덧붙이기를 모든 분야의 가르침은 그가 “사고의 영역”(Circle of thought) 이라고 칭한 것 속으로 통합되어야 한다고 했다.

1802년 5월에 헤르바르트는 괴팅겐(Göttingen)대학교에 들어갔다. 그는 철학박사 학위를 마치고 곧장 거기서 사강사(Privatdozent)로서 강의를 시작했다. 다른 철학 교수들과 충돌이 생기지 않도록, 헤르바르트는 처음엔 교육학을 강의했다. 그러나 다음 학기에는 윤리학을 강의했고 그 뒤엔 논리학과 형이상학을 강의하게 되었다. 이 시기에 그는 하나의 종합적인 체계를 쌓아 올리고 있었고 그 결과들을 책자로 발행하고 있었다. 「일반교육학」(*General Pedagogy*), 「형이상학요론」(*Chief Points of Metaphysics*), 그리고 「논리학요론」(*Chief Points of Logic*) 등은 모두 1806년에 나왔고, 「실용철학개론」(*General Practical Philosophy*)은 1807년에 나왔다. 심리학에 관한 그의 논저는 1816년이 되어서야 나왔고 「심리학교본」(*Textbook of Psychology*), 1824-25년엔 그 책이 보다 포괄적인 형태로 나왔다. 「과학으로서의 심리학」(*Psychology as a Science*).

1808년 헤르바르트는 쾨니흐스베르그(Königsberg)대학교의 그 유명한 철학 교수직을 응락했는데, 그건 바로 칸트가 한 때 봉직하고 있었던 자리였다. 거기에서는 헤르바르트의 문학적 다산성이 다소 허락했지만, 그는 몇 권의 책을 저술하고 발간했다. 「철학입문서」(*Textbook for the Introduction to Philosopy,* 1812), 「형이상학개론」(*General Metaphysics,* 1828-29), 「심리학의 교육적 적용에 관한 서신들」(*Letters on the Application of Psychology to Education,* 1831), 그리고 「철학백과사전」(*Encyclopaedia of Philosophy,* 1831) 등이 그것이다. 헤겔의 후임으로 베를린대학의 철학교수직에 임명받지 못하자, 헤르바르트는 1833년 괴팅겐으로 되돌아 왔다. 그의 「교육학 강좌개요」(*Outlines of Pedagogical Lectures*)는 1835년에 발간되었고, 「심리학적 연구들」(*Psychological Investigations*)은 1841년 8월 11일에 그가 임종하기 직전에 발간되었다.

교육 목표

도덕성 : "교육에 관한 유일하고도 전반적인 작업은 도덕성이라는 개념으로 요약되어질 수 있을 것이다."[4] 헤르바르트의 일차적인 교육 목표는 지식을 나누어 주거나 인간들을 향상시킴은 물론 그들을 "도덕적으로 선하게" 만드는 데 있었다. 그는 교육이 분명히 다른 목적들도 가지고 있음을 인정했지만, 만일 이 근본적인 목표를 교육이 성취하지 못하면, 다른 목표들에게도 심각한 손실이 있게 될 것이다. 이 목표를 성취하기 위해 헤르바르트는 과학적 원리를 위해 자신의 교육학의 토대를 굳히고자 하였다. 칸트가 논리학에 의지했던 것과 달리, 헤르바르트는 그 근거를 미학에 의지했다.

도덕적으로 선한 인간을 길러내기 위해서는, 교사가 학생들의 내부에 "선한 의지—인간이 자신을 우주적으로 지배력이 있는 법칙 아래 있는 한 개인이라고 생각하게 되는 확고한 결단—를 창조해 주어야 한다." 이 선한 의지는 인간의 의욕이 그의 미학적 판단과 조화를 이루며 적용할 때 나타나는데, 그것은 이러한 판단에 복종하는 그런 의지만이 선하기 때문이다. 이런 미학적 판단이 가급적 빠른 시기에 어린이의 내면에서 배양되어야 한다는 점은 헤르바르트에겐 대단히 중요했었다. 이 점을 헤르바르트는 "주요한 교육적 작업으로서 세계에 관한 미학적 계시에 관하여"(On the Aesthetic Revelation of the

4) 이것은 "교육의 주요한 작업으로서의 세상의 미학적 계시에 관하여"(On the Aesthetic Revelation of the World as the Chief Work of Education) 속에 있는 헤르바르트의 머리말이었다.

World as the Chief Work of Education)라는 글에서 논의하였다. 미학적인 감각에 대한 시범으로서 음악이 알맞으며, 이 미학적 감각은,

> 전혀 증거도 없이, 즉 한마디라도 그 주장들을 강화함이 없이, 순전히 절대적인 판단으로만 이야기한다. 경향들에 대해 찬성하지도 반대하지도 않음으로써, 경향성을 전혀 고려하지 않는다. 그것은 대상을 명백히 제시할 때 가능하다. 엄밀히 말해서 여러 대상들이 있는 만큼 많은 일차적 판단들이 존재한다. 그런데 그 일차적 판단들은 다른 하나로부터 논리적으로 연역할 수 있을 정도로 결코 상호연관되어 있지 않다.[5]

이러한 미학적 판단들은 무심결에 나오며, 마치 음악적 화성이 즐거움을 주고 불협화음이 불쾌감을 주는 것처럼 똑같은 식으로 감정을 유도한다. 의지의 어떠한 행위도 포함되지 않는다. 또한, 음악에서의 예처럼, 이러한 판단들은 개개의 단일한 요소들에 관련된 것이 아니라 그 요소들의 다양한 조합에 관련된다. 근본적인 미학적 관계들은 단순하며, 일정한 "예술적" 생산의 미학적 가치에 관해 상충되는 의견들이 있을 수 있는 것은 바로 미학적 관계들이 복잡해질 때 뿐이다.

어떤 사람이 그러한 내적 자유를 얻느냐 못얻느냐, 그리고 어느 정도 얻느냐 하는 것은,

> 그가 자기 본위주의의 타산 속에 먼저 탐닉해 있는가 아니면 그를 둘러 싼 세계에 관하여 미학적인 이해에 몰두해 있는가라는 심리적인 사건에 달려 있다. 이 사건은 하나일 수가 없다. 교사는 자신이, 만일 그가 옳게 시작한다면, 그런 이해를 세계에 관한 미학적인 계기를 통하여 대단히 쉽고 강력하게, 규정할 수 있다는 것과 마음의 자유로운 태도는, 세속적인 지혜

5) Ibid., p.64.

> 로부터가 아니라 순전히 실제적인 〔도덕적인〕 고려로부터 자신의 법칙을 부여받게 된다는 것은 가정할 수 있는 용기를 가져야 한다. 세상-알려진 세상 전체와 모든 알려진 시대-에 관한 그러한 계시는, 필요하다면 바람직하지 않은 환경의 나쁜 인상을 지워버리기 때문에-교육의 주된 작업이라고 떳떳이 일컬어질 수 있으며, 욕망을 일깨우거나 통제하는 훈련은 그러한 교육적 작업에 대한 필요한 준비사항에 지나지 않는다.[6]

세계에 관한 이러한 미학적 계시는 가정에서 시작된다. 그러므로 가정 환경이 올바른 최초의 판단들을 형성시켜 주는 데에 이바지해야 한다는 것은 무엇보다도 중요하다. 어린이는 "그가 보는 것이 그에게 가능한 유일한 사물이고 모방을 위한 양식이기 때문에, 자신이 관찰하는 것만을 판단한다." 만일 부모들이 이런 종류의 환경을 제공하지 못한다면, 훌륭한 교사라면 학생을 재빨리 이해하여 그 결손을 보충해 줄 수 있을 것이다. 어린이가 이러한 기초적인 판단들을 형성했으면, 교사는 그를 위로는 "초감각적 세계" 속으로 인도해 주며 동시에 아래로는 "현실 세계" 속으로 인도하는데, 실은 그 두 가지가 서로 균형을 이루고 있기 때문이다. 현실 속의 "심화되는 그림자들"은 초감각적 세계 속의 더욱 강력한 빛에 의하여 돋보여야 한다. 왜냐하면,

> 모든 실제적인 〔도덕적인〕 생각들과 그것들의 무한한 작용들의 진정한 중심이 되며, 인간들의 거룩한 아버지요, 세상의 주님이 되시는 하나님-그 분이 최초의 존재이자 가장 오래 존재한 이로서 기억의 배경을 채워주셔야만 한다. 그리고 인생의 얽키고 설킨 혼잡으로부터 돌아서려면, 마음의 모든 생각들이 항상 그 분께로 원상복귀해야 하며, 그렇게 함으로써 마음은

6) Ibid., pp.69, 70.

> 진정한 본질적인 상태로 신앙의 안식(rest) 속으로 쉴 수 있을 것이기 때문이다.[7]

헤르바르트는 도덕교육으로부터 많은 것을 기대했었으나, 이것조차도 그 한계가 있음을 그는 깨달았다.

> …소유, 의무, 그리고 미덕에 관한 모든 교훈은 다른 교훈으로써 보충될 필요가 있다. 그건 세상 속의 그 어떤 가르침도 내적인 고통, 허물들 그리고 내적인 오염으로부터 인간을 지켜주는 위치에 있지 않기 때문이다. 그러므로 종교의 필요성은 분명하다. 인간은 자신을 도울 수 없다. 그래서 인간은 위로부터 도움을 필요로 한다![8]

그러므로 종교는 교육, 특히 도덕교육을 보완해 주는데, 종교가 다른 어떤 것도 할 수 없는 수 많은 작용들을 해낸다는 점에서 그렇다. 첫째, 종교는 영원한 것을 일시적인 것과, 이상적이거나 온전한 것을 허무하고 오류에 빠지기 쉬운 것과, 완벽한 것을 불완전한 것과 대립시키고 있으며, 이러한 것은 유익한 일이다. 만일 완벽한 것이 인간의 불완전한 점들을 보충시켜 주려고 존재하지 않는다면, 인간은 자신이 무엇인가를 성취하였다고 상상하는 것도 지당한 일이다. 영원한 것과 이상적인 것은 인간의 행위를 균형잡히게 해 주며 오류에 빠진 인간에게 부단히 완전을 향한 방향을 지시한다. 둘째, 종교는 인간의 결점에도 불구하고 목적한 바를 이루시고 섭리하시는 하나님께로 인간이 지향하게 함으로써 위안을 준다. 그것은 고통받는 인간을 위안하며, 일상적인 근심으로부터 인간의 관심을 전환시키며, 사랑의 화신이신 흔들리지 않는 하나님 안

7) Ibid., p. 72.

8) *Sämtliche Werke,* 2 : 57. 이 글의 번역은 내가 하였음.

에 있는 피난처를 인간에게 제공한다. 그러나 종교는 인간에게 이것보다 훨씬 그 이상의 것을 제공해야 한다.

> 새로운 세계가 그에게 열려져야 한다. 그의 세계는 파괴되었기 때문이다. 그에 대한 고소장들은 없어져야 한다. 그는 자신이 초래한 빚을 갚을 수 없기 때문이다. 그는 옛날의 상태를 계속할 수 없기 때문에 새로이 시작해야만 한다.[9]

따라서 종교는 기준을 또한 설정해야 하고, 오류를 바로 잡으며, 그에게 다시 시작할 수 있는 힘을 주어야 한다.

도덕성은 종교의 요점은 아니다. 이 둘은 서로 상보적이어야 한다.

> 그렇다면, 매일의 삶 속에서의 자기 결정을 바로 잡도록 부단히 재촉하는 도덕적 문화는 종교적 문화와 반드시 연합해야 한다는 것은 필수적이며, 그 결과로 도덕적 문화는 무엇인가 성취되었다고 하는 환상적인 신념을 부끄럽게 만들 것이다. 역으로 도덕성은 종교적 문화에 필요한 것이다. 왜냐하면, 거짓 경건의 위험이 임박했으며, 동시에 도덕성은 자기 비난에 의한 자기 개선을 목적으로 하여 이루어지는 자기 관찰 속에다 이미 확고한 기반을 가지고 있지 않기 때문이다.[10]

여러 가지 면에서 종교는 도덕을 지지하지만, 종교는 그 이상을 한다. 즉, 그것은 인간을 자기의 짐에서 해방시키며, 성경의 "복음"(good news)을 통하여 인간을 격려해 준다. 최종적인 분석에 의하면, 종교는 인간에게 선한 일이나 도덕성을 요구하는 것이 아니라 인간에게 무조건적인 은총을 제공한다.

헤르바르트가 도덕성이 교육의 일차적인 목표이며 종교는

---

9) Ibid.

10) *Letters and Lectures on Education*, p. 108.

그것에 대한 필수적인 보충물이라고 믿었음에도 불구하고 그는 본질적으로 선한 인간이라거나, 본질적으로 사악한 인간이라고 하는 것을 가정하지 않았다.[11] 그는 또한 그 주원리가 숙명론이거나 초월적인 자유인 철학들을 배격했다. 인간론에 있어서 헤르바르트는 교육자의 실제적인 생각들에 의하여 보다 큰 영향을 받았다. 그래서 "교육의 근본적인 개념은 교화에 대한 학생의 수용능력", 즉 결코 무한한 것만은 아닌 수용능력이다.

지식과 공감 : 도덕성이라는 교육 목표에 덧붙여서, 헤르바르트는 지식의 획득과 같은 보다 직접적인 목표들을 제기했는데, 이것들을 통해 보다 높은 목표가 성취된다. 그는 "당초부터 학생의 다방면의 관심이 계발되어야 한다"고 주장했다.

> 모든 사람은 모든 활동들에 대해 애착을 갖고 있음이 틀림없으며, 개개인은 한 가지 것에 정통한 사람임에 틀림없다. 그러나 특수한 것에 정통하는 것은 선택의 문제이지만, 반대로 자신이 개인적으로 노력하여 다양하게 시작하는 데서만이 나올 수 있는 다양한 수용성은 교육상의 문제이다. 그래서 우리는 교육적 목표의 첫번째 부분을 **관심의 다양성**이라고 부르며, 이것은 이것의 과장 —즉 여러 가지 것을 취미삼아 해보는 것과는 구별되어야 한다.[12]

이러한 관심의 다양성은 균형을 이루어야 한다. 그러니까, 관심의 대상 각각이 학생의 더욱 넓은 사고의 영역 속으로 통합되어야 한다. 또한 교육은 학생의 총체적인 잠재력을 "조화있게 계발"하는 데에까지 이르러야 한다. 그러므로 교사의 목

---

11) *The Science of Education,* pp. 135, 136.
12) Ibid., pp. 110, 111.

적은 보편주의적인 교육일지라도, 그는 사실상 교화에 대한 학생의 수용능력(capacity), 즉 개별적인 것이어서 결코 간섭받아서는 안 되는 수용능력에 의하여 제한받는다.

헤르바르트는 이러한 관심의 다양성에 대해 두 가지 측면을 강조했다. 지식(knowledge)과 공감(sympathy)이다. 지식은 대상의 이해와, 그것들의 상호 의존성 및 그것들의 미학적 관계들에 관한 이해로부터 생긴다. 지식이 객체에 대한 관심에서 나오는 데 반하여, 공감은 주관성에의 관심이다. 후자[공감]는 한편으로는 인간적 존재들로서의 인간들에게, 한편으로는 사회에, 그리고 한편으로는 이 둘과 지고자와의 관계에 전적으로 작용한다. 관념적으로는, 두 가지가 다 동시에 발전되어야 하지만, 공감은 첫번째 것에 대한 사색과 취미로부터 발생하기 때문에 분명히 첫번째 것은두 번째 것에 대한 필요조건이 된다. 지식은 그 자체가 하나의 목표가 될 수 있기 때문에 손쉬운 데가 있으나 공감은 일깨우기가 더욱 어렵다.

각각의 연구 과정의 내용은 일정한 순서로 제시되어야 한다. 최초의 단계는 서술적인 단계이며, 분명히 교육기관의 초반에 한정된다. 여기의 교육 목표는 감각을 매우 강하게 자극해서 그 결과로 정신적 표상들(presentations)이 지속되고 이내 곧 회상되도록 하는 것이다. 둘째 단계는 분석적인 단계이다. 교사는 복합적인 것을 깨뜨려 구성요소들로 나누며 학생들이 교실 안과 밖에서 수집한 개념들 및 경험들을 분석한다. 다양한 요소와 경험 간의 관계를 강조하는 것이 중요하다. 세 번째인 최종 단계는 종합적인 단계이다. 단순한 요소부터 시작하여 교사는 학생들에게 이것들을 어떻게 더 커다란 전체가 되도록 조직하는가를 보여 주어야 한다.

공감은 대체로 역사 및 종교의 연구로부터 얻어질 수 있으나, 이 두 분야는 이것들을 오용하지 않도록 지극히 신중하게 다루어져야 한다.[13] 역사교육의 첫 단계—사실의 줄거리만을 생생히 제시하는 것—를 자아에 관한 분석 및 이해와 결합시킴으로써, 학생은 역사상의 사건들에 접하게 되고 역사적인 인물들에게 공감하게 된다. 연구할 첫번째의 역사적 인물들은 다소간 이상화되어야 하며 가능하다면 모범적이어야 한다. 그래서 헤르바르트는 학생들이 역사공부를 「오딧세이」(*Odyssey*)부터 시작하라고 제안하였다. 역사를 하나의 진화과정으로 보고, 인간을 진화되어가는 존재로 보았기 때문에, 헤르바르트는 연대기적인 순서, 즉 학생의 성장을 반영하는 순서를 따라 역사가 연구되어야 한다고 덧붙여 제안했다.

자신에 관한 지식과 역사적 인물들에 대한 공감은 사회에 대한 자신의 더욱 폭넓은 관계, 즉 사회의 구성원들의 상호관계 및 상호 의존에 관한 분석도 할 수 있게 된다. 학생으로 하여금 자신의 행동은 물론 역사적 인물들의 행동까지 판단할 수 있도록 해 주는 윤리적 개념들이 계발된다. 이러한 도덕적 감각을 계발하는 것은 시간이 걸리기 때문에, 역사연구는 도덕성이 의심스러운 인물들이나 사건들에 처음부터 길게 꾸물거리고 있어서는 안 된다. 만약에 그런 일이 있다면, 그래서 학생이 자신의 판단에 있어서 착오를 일으킨다면, 교사는 그를 바로 잡아 주어야 한다.

일단 학생이 인간의 의존성과 한계성에 관하여 어느 정도 이해한다면, 그는 종교교육을 받을 준비가 되어 있다. 종교적 관심은 학생이 어렸을 때 계발되어야 하며, 그에게 깊이,

13) 예를 들자면, 다음의 의견과 비교해 볼 것: "종교에 근접해 있는 모든 것은 대단한 분별을 요구한다"(*The Science of Education,* p. 161). "나는 당신에게 〔칼 쉬타이거〕 내가 역사를 어떤 의미로는 위험한 공부라고 생각한다고 종종 이야기했어요"(*Letters and Lectures on Education,* p. 101).

즉 그가 종교의 기본적인 가정들을 결코 의심치 않을 정도로, 그리고 그가 성숙했을 때 매일매일의 역경에서도 종교속에서 안식처를 찾을 수 있을 만큼 깊이 심어져야 한다.

> 교육은 종교를 객관적인 것으로 보아서는 안 되며 주관적인 것으로 보아야 한다. 종교는 친구가 되어 주고 보호해 주지만, 그럼에도 불구하고 그것은 어린이에게 너무 자세하게 전달되어서는 안 된다. 종교적인 작업은 가르치는 것이라기보다는 지시하는 것이어야 한다. 그것은 감수성을 결코 고갈시켜선 안 되며, 따라서 무엇보다도 너무 일찍 종교교육을 해서는 안 된다. 종교교육이 의심을 야기시킬 만큼 독단적으로 제시되어서는 안 되고 자연에 관한 지식이 이기주의의 억압과 결합한 상태에서 제시되어야 한다. 종교교육은 늘 초월적인 것을 지향해야 하지만, 절대로 지식의 한계를 넘어서 가르쳐서는 안 된다. 왜냐하면 그렇게 될 때, 교육은 알지 못하는 것을 안다라는 역설이 따르게 될 것이기 때문이다. 그러나, 성서의 도움으로 종교교육은 역사적으로 가르치게 되고 어린이에게 교회생활을 예비해 주게 된다.[14)]

헤르바르트는 교사의 의무가 독단적인 종교적 내용을 가르치는 것이 아니라 종교적인 의식(consciousness), 즉 어떠한 공식적인 교육도 받기 전에 가정에서 일깨워진 의식을 양육시키는 것이라고 믿었다는 점이 강조되어야 한다. 헤르바르트는 어린이들의 영혼이라 하여도 "미지의 힘에 대한 예감을 갖고 있다"고 주장했다.

부모들이나 후견인들에게 철저히 의존하고 있는 자신을 발견

14) "*Aphorismen zur Pädagogik*", in *Johann Friedrich padagogische Schriften,* ed., F. Bartholomai (Langensalza : Beyer, 1906), p. 420.

> 한 〔그런 어린이에겐〕, 이런 가시적인 인물들이 확실히 보이지 않는 힘에 대한 의존 감정이 차지해야 할 위치를 차지하고 있다. 그런 까닭에, 아주 어렸을 때 종교교육을 시키는 것은 어린애들과 부모들의 관계를 극히 단순하게 확대시키는 것으로, 최초의 사회적 개념들이 가족으로부터 얻어지는 것과 마찬가지이다.[15]

이러한 주관적인 접근은 학생이 십대(teens)일 때 잘 받아들여질 수 있다. 모든 독단적인 지루한 설교는 주관적인 확신이 확고할 때까지 필요하다면 어린이를 교회 밖에 두어서라도 어린이가 듣지 않게 해야 한다. 학생이 자기가 배운 여러 가지를 곰곰히 생각하기 시작할 때 자연히 교실에서는 종교적인 질문들이 생기게 되나, 교사는 항상 "형이하학(physics)으로부터 자신의 형이상학(metaphysics)을 추출"해 내야 한다. 그러나 그가 이 형이하학적 범위를 능가할 수 없다고 해도, 그는 여전히 그 범위 너머를 지시해 주어야 한다.

종교교육의 두 가지 측면이 특별히 교사의 책임이다. 바로 분석적인 것과 종합적인 것이다. 분석적인 측면은 인간의 보편적인 의존성에 의하여 학생의 내면에 야기된 공감에서 비롯된다. 학생들은 역사상 여러 시대에 걸친 인간의 한계성에 관한 표현에 주의를 기울인다. 오만과 자긍은 비난을 받고, 예배가 겸손의 순수한 고백으로서 소개된다. 현재의 삶에 관한 명상은 인생의 덧없음, 쾌락의 일시성, 그리고 일시적인 부귀의 가치에 대한 의심에 이르게 한다. 동시에 검약, 자족, 그리고 자연에 관한 명상 등이 강조된다. 자연에 관한 명상이 학생들로 하여금 "대자연의 영역 안에 있는

15) *The Science of Education,* p. 144.

보편적인 신학적 탐구"에 이르게 한다. 학생은 안식일을 지키도록 권장받는데, 그것은 그의 마음을 종교적 위안으로 향하게 하기 위한 것이다. 일단 학생이 "신비주의의 허식과 환상적이고 신비적인 속임수가 종교의 존엄성에 도저히 못 미치는 것들임으로 경멸해야 한다는 것을 배우게 되면, 그가 교회예배에 출석하도록 격려되어야 한다.

분석적인 종교교육(Analytic religious instrution)은 학생으로 하여금 자신과 자기 이웃의 종교의 필요성을 분석하도록 하며, 종합적인 종교교육(synthetic religious instruction)은 학생의 마음 속에 하나님에 관한 개념을 창조하고 형성해 준다. 이런 것은 하나님에 관한 개념이 학생의 가슴 속 깊은 곳에 자리잡아서 그가 부딪치는 모든 것들과 한 데 어우러지도록 그가 아주 어렸을 적부터 행하여져야 한다. 하나님에 관한 이러한 개념은,

> 언젠가는 일정한 목적에 이르게 될 모든 기제들의 궁극적 전제(*ultimate presupposition of every mechanism*)로서, 대자연의 목적에 항상 새롭게 제시되어야 한다.[16)]

교육 심리학

헤르바르트는 교육학을 두 개의 주춧돌 위에 세웠는데, 이들은 목표(도덕성)를 제공해 주는 실천적인 철학과 장애물을 지적해 주며 목표를 성취케 하는 수단을 결정해 주는 심리학이다. 그러므로 심리학은 헤르바르트에게 교사가 도덕적으로 선한 인간을 양성하는 데에 도움을 주는 과학적인 인간관을 제공해 주었다. 그는 자신의 인간관이 뚜렷하게 종교

---

16) Ibid., p. 181.

적 또는 철학적인 함축을 조금이라도 포함하지 않게 하려고 했지만, 그가 인간의 정신(mind)을 영혼(soul)의 일부라고 생각함으로써 형이상학적 가정들(metaphysical assumptions)을 확실히 인정하였읍니다.[17]

헤르바르트는 영혼을 "여러 가지 능력들의 집합체"로 여기지 않고, "그 질(quality)에 있어서 부분도 없을 뿐만 아니라 다양성도 없는, 단순한 존재〔Wesen〕"라고 생각했다. 해롤드 B. 덩켈(Harold B. Dunkel)은 영혼에 관한 헤르바르트의 견해를 이렇게 요약했다. "하나의 실재(real being)로서 그것은 시간이나 공간에 구애받지 않는다. 그것은 그것이 존재한다고 하는 유일하고 단순한 자질을 빼놓고는, 자연으로부터 부여받은 자질이나 능력도, 어떤 형태도, 어떤 범주도 갖고 있지 않다."[18] 영혼의 이런 단순한 무엇(what)은 영원히 미지의 상태로 남아 있을 것임에 틀림없다. 그러나 그것은 감정과 욕망을 가지고 있기 때문에, 영혼은 성향(disposition)이다. 그러므로 정신은—이 점은 헤르바르트의 심리학에 중요하다—개인의 경험 위에 수립된다.

> 특히 그의 사회적 경험으로부터 형성된다. 그리고 그 구조는 특정한 시간과 장소에서 일정한 정신(given mind)의 단일한 요소들의 상호관계로부터 발생하는 구체적인 조직이다.

그래서 교육자 및 심리학자의 진정한 문제는 정신이 어떻게 형성되어지는가를 풀이하는 것이다.

정신이 그 부분이 되는 영혼은 오직 한 가지 타고 난 성

17) Dunkel, *Herbart and Herbartianism*, pp. 101−21. 여기서 이러한 형이상학 가정들(assumptions)을 설명하면 상당한 혼동에 빠지게 될 것이다.

18) Ibid., p. 123.

질—자기 보존의 성질—만을 갖고 있기 때문에, 어린이의 마음(mind)은 어린이의 경험들을 흡수하고 소화시키는 백지(tabula rasa)라고 대체로 말할 수 있다. 각각의 체험은 정신적 표상, 즉 무의지적인 주목의 가장 단순한 귀착으로 귀결된다. 이런 무의지적인 주목을 헤르바르트는 원초적인 것(primitive)과 지각적인(apperceptive) 것으로 나누었다. 처음 것은 반사적 주목(reflex attention)이라고도 불리워지는데, 감각적 자극들의 힘, 유일성, 그리고 돌발성 등에 따라 좌우된다. 원초적 주목(primitive attention)은 어린애에게 생긴 최초의 것이 되며, 지각적 주목(apperceptive attention)이 이내 곧 덧붙여진다. 이것은 곧바로 첨가된다. 이것은 순전히 감각적인 표상이 이전의 유사한 체험들을 어린이의 의식 속에 환기시키며 어린이 속에 기대감을 야기시킬 때 발생한다. 반복된 표상들은 마음 속에다 연관된 표상들을 야기시키기 때문에 기억이 중요하게 된다. 어린이의 환경을 통제함으로써, 어린이 최초의 정신적 표상들을 상당히 결정할 수 있다.

이러한 최초의 표상들이 교육의 토대를 형성한다. 교사는 지극히 단순한 사물들을 제시하면서 교육을 시작해야 하며, 그것들이 마음 속에 확고하게 고착될 때까지 반복해야 한다. 그리고 나서 그는 일치점들은 물론 대조점이 나타날 만큼 충분히 그 대상들을 다양하게 해야 한다. 이전에 지나간 것과 새로운 모든 자료들을 연관시킴으로써, 교사는 점차 "사고의 영역"을 구축해 주는데, 이것을 통해서, 이미 학습된 것과 지금 배우고 있는 것이 연관지어지고 통합되어진다.

그런데 무의지적인 주목(involuntary attention)이 항상 충분하지 않을 수도 있다. 그것이 충분치 않을 때, 학생은 자신의 의지에 의한 노력으로써 그것을 보완해야 한다.

가르치는 것만이 교사 활동의 전부라고 할 수 없고 도덕적 인격의 창조가 있어야 한다. 여기서 의지(will)가 중대한 역할을 한다. 미학적인 판단과 조화를 이루면서 함께 작용하는 선한 의지를 형성하는 일은 하나의 복합적인 과정이다. 어린이는 원죄로부터 자유로운 상태로 세상에 들어왔을 뿐 아니라 전혀 아무런 의지도 없이(without any will) 세상에 들어왔으므로 "어떠한 도덕적 관계에 대한 능력도 없다."

> …단지 어린이를 이리저리로 몰아대는 난폭한 충동, 즉 어른들의 계획들을 교란시키고 어린이 자신의 장래의 인격을 여러 가지 위험들 속에 집어 넣는, 무질서의 원리만이 있을 뿐이다.[19]

이런 충동적인 힘을 꺾어 버리는 것이 때때로 필요하다. 그러나 이것은 장기적인 해결책이 아니다. 왜냐하면 "이 맹목적인 충동의 싹들"이 어린이의 내부에 남아 있어서 시간이 흐름에 따라 더욱 강하게 자라나기도 하기 때문이다. 장기적인 해결책이란 "내적인 자유로움"을 가지고 결단들을 내리게 될 수 있을 정도까지 의지 및 미학적 판단력을 정립해 주는 것이다. 이것은 의지에 영향을 주는 표상들을 신중하게 통제함으로써 성취되어지며, 일단 그렇게 되면, 청소년에게 가해졌던 억제들은 제거되어도 좋다. 만약에 의지가 이런 통제된 표상들에 의하여 형성되지 못하거나, 그 표상들이 통제되지 않는다면, 그 개인은 헤르바르트가 "세상적인 지혜"라고 부르는 것, 즉 자아(ego)의 이기적인 욕망들을 따름으로써 생기는 것에 희생될 수도 있다.

교육 방법

헤르바르트는 모든 교수계획이 교사 및 학생의 개인적인

19) *The Science of Education,* p. 95.

능력들을 고려해야 하며, 이것들을 최대한으로 이용해야 한다고 주장하였다. 교사는 자기 자신의 교수 방식, 즉 모든 형식적인 것은 물론 어떤 눈속임도 전혀 없는 교수 방식을 개발해야 한다. 그는 유연성이 있어야 한다. 그래서 모든 순간순간들을 가장 잘 활용해야 하며, 주제가 어떻게 제시되어야 하는가가 그 주제로부터 확연히 드러나도록 맡기고 기다릴 수 있어야 한다.

교사는 몇 가지를 명심해야 한다. 교육의 첫 단계에서는, 학생에게 제시되어지는 것이 가능한 한 생생하게 제시되어야 한다. 헤르바르트에 따르면, "이러한 종류의 교육은 오로지 한 가지 법칙이 있다. 즉 **설명되고 있는 것을 학생들이 스스로 보고 있다고 느끼도록 설명하라.**" 시기가 무르익으면, 즉 학생이 충분한 지식을 축적하면, 그는 그것을 묵상하고 분석할 수 있는 여유를 부여받는다. 그러므로 표상들을 제시하는 것은 분석적인 묵상의 시기에 의하여 이내 곧 중단된다. 이러한 기간들의 시기를 맞추는 것은 교사의 직감에 맡겨진다. 묵상은 교사에 의하여 인도되어지며, 학생의 미학적 감각이나 미학적 취향이 양육되는 때는 정확히 말해서 바로 그런 시기이다. 학생의 내면에서 공감의 심리가 계발될 비슷한 묵상기간들이 종합적인 교육을 위해서도 필요하다. 그러므로 가르치는 것은 연속적일 수 없다. 학생이 학구적인 추구로부터 완전히 눈을 떼고 기분을 푸는 신체적 활동기간을 허용해야 한다.

헤르바르트는 어학, 수학, 역사, 자연과학, 지리, 그리고 작문 등 6개 과목을 특별히 강조했다. 그는 경험적 지식으로 주로 인도하는 것들(수학 및 자연과학들)과, 인간과 사회에 대한 공감을 불러 일으키는 것들(주로 역사)과, 도덕적 판단력을 형성시켜 주는 것들로 구분했다. 역사공부는 청소년에게 호소력이 있는 「오딧세이」(***Odyssey***)부터 시작해야 한다. 그리고 나서 헤로도투스의「역사」(***Histories***), 그리고는 플라톤의「크리톤」(***Crito***), 「변명」(***Apology***) 과「국가론」(***Republic***) 의 일부를 공부해야 한다.

학생은 최소한의 어학적 기능을 갖고서「오딧세이」를 읽기 시작할 수 있다. 작문과 마찬가지로 어학들은 언제나 문학과 관련하여 학습되어야 좋다고 헤르바르트는 권장하였다. 문법적인 규칙적용은 학생이 호머와 헤로도투스를 읽을 때까지 힘들이지 않고 연기될 수 있다. 왜냐하면 어학적인 기능들은 본질적으로 목적이 아니며, 과거의 문화적 보고에 접근할 수 있게 해 주는 수단이기 때문이다. 학생은 인간성이 이상적으로 표현되어 있는 시에서부터 공부를 시작하여, 인간의 위대함은 물론 그의 약점까지 생생히 보여 주는 사실적인 희랍 및 라틴 역사를 배운 다음에, 마지막으로 연대기적 순서로 역사상의 여러 가지 획기적인 시대들을 계속 공부해 나가야 한다.

학생의 내면에 공감을 야기시켜주는 과목들의 머릿돌이 되는 종교는 역사와는 달리, 따로 가르쳐져선 안 된다. 왜냐하면 종교교육의 분석적인 측면과 종합적인 측면이 모두 다른 과목들로부터 추출되어야 하기 때문이다. 즉 헤르바르트가 형이상학은 형이하학으로 부터 끌어내져야 한다고 말한 것과 마찬가지다. 그러므로 기본적인 종교적 원리들이 형성되어지는 때는 바로 분석적이고 종합적인 묵상을 하는 기간들 동안이다.

교육의 또 다른 주류로 인도해가야 하는 수학은, 도덕적 판단력과 공감을 형성해 주는 데엔 분명히 덜 중요하지만, 그것은 헤르바르트에 의하면 교육을 잘 받은 사람의 표시인 관심의 다양성을 계발하는 데에 꼭 필요하다. 수학교육은 어렸을 때 시작되어야 하며, 특히 역학과 천문학에 대한 수학의 유용성 혹은 적용성이 강조되어야 한다. 그래서 비록 나중에 대학교에서의 전공 과정에서는 그렇게 해야 될지 모르지만, 수학을 가르칠 때 적어도 처음 단계에서만은 고립적으로 가르쳐져선 안 된다.

수학교육의 절차는 자연과학들의 절차와 유사하다. 처음에는 일련의 비슷한 사물들을 제시하는 것인데, 학생이 그것들의 변별적인 특성들을 충분히 깨달을 때까지 반복적으로 제시되어야 한다. 그리고 나서 변화가 가해진다. 예를 들어보자. 교사는 삼각형의 일반적인 개념을 제시한다. 일단 학생이 이 개념을 마음 속에 확실하게 간직하면, 교사는 여러 종류의 삼각형들을 소개해 준다. 그 여러 종류의 삼각형들을 분석함과 더불어, 교사는 또한 이 지식을 보다 폭넓은 맥락 속으로 통합시키려고 시도하게 된다. 이렇게 해서 지식은 지식에게 보태어지고, 분석되고, 그리고 나서 학생의 줄곧 성장하고 있는 사고의 영역 속으로 통합되어진다.

이런 사고의 영역을 형성하며 그것에다가 교육적으로 공통점이 없는(disparate) 요소들을 통합시키는 데에 극히 중요한 것으로 지리공부가 있는데, 그것은 일정한 문화의 모든 국면들을 포괄해야 하며 적어도 모든 것을 함께 묶어 보려고 시도해야 한다.

비록 헤르바르트가 중요한 대학교 철학교수직을 맡았고 또 방대한 저술을 남겼지만, 그는 당시의 방대한 철학계에 깊은 감명을 주지는 못했다. 이것은 정녕 그가 관념론적 시대에 현실주의자로 살았기 때문일 것이다. 그러나 그의 교육이론들은 운명이 약간 달랐다. 이들은 비교적 알려지지 않았으나 1864년 갑자기 널리 알려지게 되고 “헤르바르트 사상 운동”(Herbartianism)이 국제적인 교육 운동이 되었다. 대체로 이 부흥은 헤르바르트의 사상을 수정하고 대중화시킨, 트위스콘 질러(Tuiskon Zeller)의 「교육적 교수이론의 기초」

(*Foundation of the Doctrine of Educative Instruction*) 때문이었다. 그러나 헤르바르트의 심리학적 견해는 구식이 되고 1905년에 이르러서 헤르바르트 사상운동은 빛을 잃기 시작하여 그 창안자의 교육 이론들은 다시 세상에서 잊혀져 갔다.[20]

Selected Bibliography

Asmus, W. *Johann Friedrich Herbart: Eine Pädagogische Biographie.* vol. 1. Heidelberg: Quelle and Meyer, 1968.

Dunkel, H. B. *Herbart and Education.* New York: Random, 1969.

__________. *Herbart and Herbartianism: An Educational Ghost Story.* Chicago: University of Chicago, 1970.

Herbart, J. F. *Letters and Lectures on Education.* Translated and edited by H. and E. Felkin. London: Sonnenchein, 1898.

_______. *Sämtliche Werke.* Edited by G. Hartenstein. 12 vols. Leipzig: Voss, 1850.

_______. *The Science of Education.* Translated by H. and E. Felkin. Boston: Heath, 1896.

Schwenk, G. *Das Herbart Verständnis der Herbartianer.* Weinheim: Beltz, 1963.

Seidenfaden, F. *Die Pädagogik des jungen Herbart.* Weinheim: Beltz, 1967.

20) Dunkel, *Herbart and Herbartianism,* pp. 3－17.

Selected Bibliography

[illegible]

21.
토마스 아놀드

Thomas Arnold / 1795 – 1842

윌리암 R. 페이어함
(William R. Feyerharm)

어떤 책도 토마스 휴즈(Thomas Hughes)의 「톰 브라운의 학창시절」(Tom Brown's Schooldays) 만큼, 19세기 럭비학교(Rugby School)의 훌륭한 교장이었던 토마스 아놀드를 기리고 널리 알리진 못했다. 그 책에는 기독교 신사의 의무에 관하여 톰에게 보내는 아놀드의 마지막 논평이 빅토리아조 중엽의 영국 공립학교의 목표들을 잘 요약하고 있다.

> 자네는 "자네의 생계를 유지하기 위해 일하는 것"과 세상에서 어떤 참으로 좋은 일을 하는 것을 동시에 이야기하네. 자, 그런데 자네는 어떤 직업으로 생계를 훌륭히 꾸려나가면서 세상에 대해서는 선을 전혀 행하지 않을 수도 있겠지만, 실은 정반대일세. 이 후자를 자네의 목표로서 자네 앞에 두게 되면 자네는 생계를 유지하든 못하든 간에 정당하겠지만, 만일 자네가 다른 반대편에서 꾸물거리고 있다면, 자네는 단지 돈벌레로 전락해 버릴 것이 명약관화하며 세상이야 선이든 악이든 될대로 되라고 내버려 두게 될 것이네.[1]

1) (London : Dent 1949), p. 326.

럭비학교의 교육은 아동을 고전, 역사, 그리고 성경과 접하게 만들어서, 학자이자 도의적인 사람을 길러내고자 하였다. 그것은 19세기 초반 대부분의 학교들의 교육 이념보다도 훨씬 더 고상한 이념이었다. 개선되지 않은 학교들은 학문적인 권태와 사회적인 혼란을 야기하고 있었다. 많은 양심적인 부모들은 자기 자녀들을 공립학교의 그런 야만적인 생태와 도덕적인 해이에 노출시키기보다는 차라리 가정교사들을 고용했다. 그러나 반세기 만에 교육풍토는 뒤바뀌었고 학교들은 신뢰를 받게 되었다. 토마스 아놀드가 이러한 개혁의 중요한 요인이 되었다.

생 애

아놀드는 1795년 와이트 섬(Isle of Wight)의 세관원 겸 우체국장의 아들로 태어났다. 그는 워민스터(Warminster)에 있던 학교에 입학하였으며 12세 때는 유명한 윈체스터학교(Winchester School)에 보내졌다. 4년 뒤 그는 옥스포드에 있는 Corpus Christi College에 들어갔고, 거기에 3년 간 고전들을 배운 후 ***literae humaniores*** 부문에서 일등상을 탔다. 그 다음 해에 그는 Oriel College의 특별연구원으로 선발되었으며, 학구적인 풍토 및 옥스포드의 영특한 지성들—옥스포드운동(Tractarian movement)의 초기 지지자들 중 몇 사람을 포함한—과의 토론에 젖어 들게 되었다.

4년 동안의 공부와 개인지도교수(tutor)를 마치고, 런던의 정북쪽의 테임즈강변에 있는 작은 고을 레일햄(Laleham)의 학교 교사로 임명받았고 그는 그것을 수락했다. 약 10년 동안 아놀드는 작은 학교에서 가르치는 한가함과 고대사를 연구하는 일을 만끽했는데, 이 연구는 로마사에 관한 여러 권의 책과 투키디데스(Thucydides)의 번역에서 그 절정에 달했다. 1828년 럭비학교의 교장으로 그는 임명되었으며, 1842년 임종할 때까지 거기 있었다. 14년이라는 세월이 흐르면서 그는 영국에서 제일가는 교장으로 변모했으며, 기독교 교육과 고전적 교육을 결합시키는 것에 대한 선구적인 대변인이 되었다. 어떤 점에서 그는 고전에 관한 새로운 관심과 기독교 사상의 윤리적 교훈들에 관한 강조를 결합시켰던, 성 바울 학교의 16세기 초 개혁자였던 존 콜렛(John Colet)과 같았다.[2]

신 학

아놀드의 기독교 사상과 그의 럭비학교에서의 개혁의 정열을 충분히 이해하려면 19세기 초엽에 있었던 개혁세력들을 이해해야 한다. 영국 국교회의 웨슬레적인 저교회(law-church) 파인, 복음주의 운동은 영국의 부(wealth)를 영국에 대한 소명의 구현이라고 정당화하려는 경향은 있었지만 영국의 초기 산업사회의 극단적인 점들에는 대항하였다. 번영은 근면의 산물이라고 복음주의자들은 믿었다. 그들은 산업혁명에 있어서 영국의 역할을 그들이 인정했다는 것보다도, 노예무역, 미성년자 노동, 그리고 런던의 빈민가들을 그들이 배격했다는 점에서 더욱 주목된다. 그들은 "습관과 무관심, 악덕과 야만성"과 싸우던 행동규약을 설정하는 것을 도왔다. 그 당시 가장 능란한 수필가이자 역사가였던 영(G.M. Young)은 1830년 경에 이르러 복음주의자들의 작업이 성취되었다고 논평했다. "그들은 잔인, 사치, 그리고 방탕이라는 엄청난 것들을 땅 속에 몰아 넣어버렸다. 그들은 자기 동료

2) 아놀드에 관한 가장 훌륭한 전기 두 가지는 A.P. Stanley, *The Life and Correspondence of Thomas Arnold*; 그리고 A. Whitridge, *Dr. Arnold of Rugby*이다.

들과 사이가 좋기를 바라는 모든 이들을 위하여 일정한 행동기준을 설정했다. 사회를 도덕으로 교화하면서 그들은 사회적인 불찬성을 가장 대담한 죄인들로 두려워할 세력으로 만들었다."[3]

사방을 둘러싼 이런 복음주의적 원리들과 점차 인기를 더하나 과격한 공리주의적 원리들의 세력권 안에서, 아놀드는 자신의 철학적 방향을 계획했다. 그의 사상은 독특했고 분파적인 사상과는 달랐지만, 기독교 윤리에 관한 일반론은 충분히 받아들였다. 그것은 고독한 길이었다. 20세기 전기 작가인 (biography) 아놀드 휘트리지 (Arnold Whitridge) 는 이렇게 소감을 말했다. "그에게 대단히 가슴아픈 일이었으나,아놀드는 자신이 과격한 혹은 복음주의적인 원리들에게 조금도 접근하지 않은 채 전통적인 옥스포드적 관점〔영국 국교회의 사도적 계열〕으로부터 떠나 유리하고 있다는 것을 깨달았다."[4] 그는 사제제도(sacerdotalism)에 관한 옥스포드운동주의자의 주장에 반발했으며, 성경의 문자적 해석에 관한 복음주의자들의 주장과 칼빈주의적 율법주의에서 따온 바 구원에 대한 부단한 테스트에 관한 복음주의자들의 주장도 받아들일 수 없었다.[5]

아놀드의 종교적인 확신들은 그를 공리주의자들의 대열에서 제외시켰지만, 성경이 역사적인, 그리고 과학적인 면에서 결함들을 갖고 있다는 점에서는 그들과 동의했다. "성경의 올바른 해석과 이해"라는 글에서 아놀드는 성경은 만일 영감을 받지 않았다고 하여도 계시에 관한 진짜 기록이라고 주장하였다. 그는 만일 모든 성경이 전부 영감을 받았거나 완

3) *Portrait of an age*(London : Oxford University, 1964), p.4.
4) *Dr. Arnold of Rugby,* p.157.
5) Stanly, *Life and Correspondence,* p.73.

벽한 것이 아니라면 기독교 사상은 "참"일 수 없다는 주장을 거절했다. 그러므로 복음의 근본적 진리는 성경이 일관성이 없다는 것과 모순되지 않는다.[6] 성경은 도덕적 진리의 보고이며 복음의 그 윤리적 의미를 일상생활과 연관시키는 것이 그 훌륭한 교장의 열망이었다.

교리나 신학적 설명의 문제들로 아놀드는 흥분하지 않았다. 그는 모든 종파들을 포괄하는 하나의 교회를 기대했다. 만일 고위 성직자들과 비국교도들을 함께 포함하는 한 기관이 있었다면 그는 위안을 느꼈을 것이다. 그러나 그는 공리주의자들의 종교적 회의주의를 대항할 수는 없었다. 이런 이유로 해서 그는, 세속적인 학문들로부터 종교적인 학문을 분리시키기 위해 세워진 런던의 University College에 임명받은 것을 거절했다. 그의 생각으로는 종교는 교육의 핵심 바로 그것이었다. 1828년 초반에 그는 한 친구에게 럭비학교에서 그가 목적하는 바는 "가능하다면, 기독교적 인간들을 형성하는 것"일 거라고 써보냈다. 그래서 그는 단순히 문명인으로 교화하는 것 뿐만이 아니라 학자를 그리스도인으로 만드는 데에 뜻을 두고 럭비에서 그 작업을 시작했으며, 공립학교들의 진로를 새롭게 설정해 주었다.

럭비학교의 개혁

아놀드가 럭비학교를 개혁하려고 하였지만 그것은 교육 과정을 통한 것은 아니었다. 문예부흥기의 고전적인 교육은 그 본질적인 면에 있어서 고스란히 남아 있었다. 6학년 혹은 상급생이 졸업할 무렵에는 버어질, 키케로, 소포클레스, 그리

6) E. L. Williamson, *The Liberalism of Thomas Aronold,* pp. 79, 80.

고 이스킬루스(Aeschylus)를 끝마쳤다. 아놀드가 아니었더라면, 그리고 고전적 소양이 풍부한 교사들이 많이 있지 않았더라면, 고전적인 교육 과정에 대한 "근대적인 대안"(alternative)이 영국에서, 특히 점점 성장하는 중산층이 이용하던 새로운 사립학교들 가운데서 계발되었을 것이다. 이들 학교에서는 과학과 응용과학이 인기있는 과목들로 되어가고 있었다. 반면에 아놀드는 전통적인 과목들을 보다 비전통적인 방식으로 가르치고자 하였다. 그는 개인지도교수들을 도입하고, 아동의 영작문을 향상시켜줌은 물론, 과거와 위대한 수사학에 대한 아동의 감수성을 향상시켜 주기를 바라면서, 희랍어 및 라틴어의 작문과 번역을 강조했다. 그는 그 교육 과정 속에, 이튼(Eton)이나 윈체스터(Winchester)에도 없는 과목들인 현대 언어들을 집어 넣었고, 철저한 역사공부를 교육 과정 속에 넣었다. 그러나 고전들이 그 교육 과정의 핵심이었고, 교양과목(liberal arts)을 소개해 줄 뿐 아니라 인격을 형성해 주는 희랍어 및 라틴어의 문법과 운문을 가지고 끈덕지게 씨름하는 것이었다. 아놀드의 눈에는, 희랍어와 라틴어를 숙달하려고 자기를 단련하는 아동이라면 인내와 근면의 습관을 몸에 배게 했다고 여겨졌다.

아놀드가 자신이 럭비의 교장으로 고려되어지고 있다는 것을 들었을 때 그는 훈육에 대한 자기의 관심을 한 친구 목사에게 이야기했다.

> 내가 큰 학교들에 관하여 알고 있는 모든 것과 그것들에 관하여 내가 일찌기 들은 모든 것에 근거한, 큰 학교들이란 어떤 것인가에 관한 나의 생각에 의하면 현재 상태보다는 퇴학이 훨씬 더 자주 이행되어야 한다네. 자, 나는 학교의 이사들(trustees)이 대체로 이런 계획에 혐오를 느낀다는 것을 알고 있지, 왜냐하면 이 계획은 학교의 수를 줄어들게 하는 경향이

> 있는데, 그들은 질보다는 양을 더 좋아하기 때문이지… 그렇지만 나는 일반적으로 묵인되어지는 것들을 거의 묵인할 수 없을 것 같네. 그러니, 내 자신의 생각에 옳다고 여겨지는 것을 따라서 내가 임무를 수행해 나갈 수 없는 관직에 새삼스럽게 착수하고 싶진 않네.[7]

ratio ultima라는 특권으로 무장하고서, 그는 럭비학교를 훈련시키기 시작했다. 그는 관례적으로 교사들이 억압(iron hand)으로써만 다스리던, 럭비학교에서 내내 성공적이지 못했던 방식으로부터 떠났다. 그는 6년생인 최상급 아동들에게 통제권을 넘겨 주었고("내가 바라는 것은 나의 소년들에게 스스로를 다스리는 것을 가르쳐 주는 것이다") 그들을 정기적으로 접견했다.[8] 그래서 6년생들이 교칙과는 무관하게 놀아나게 해 주었던 해묵은 전통이 새로운 전통, 즉 그들은 공동체의 질서를 확립하는 데에 책임이 있다는 것으로 교체되었다. 비록 이전의 극심한 경우들 중 몇 가지는 시정되었다지만, 하급생들을 시켜서 하찮은 일들을 하게 하는, 상급생이 하급생을 부리는 일은 여전했다. 매질도 여전히 계속되었으나, 그것은 아이들이 상급생이 되면 중지되었다. 아동들이 신사의 위치에 접근해감에 따라, 징벌이 보다 적합한 처벌로 생각되었다.

아놀드의 훈육 수단들 중 몇 가지는 우리의 기준으로 보면 미개화된 것이지만, 그가 자기 학생들을 기독교적 신사답게 되게 하는 수단으로서 도덕적인 설득을 더 낫게 여기고 퇴학이나 매질 등의 중한 조치는 삼갔었다는 것이 분명하다. 그가 남자다움과 기지(***esprit***)와 협동정신을 경험시키는 수단으로써 체육활동을 옹호하였다는 것에 관하여 많은 논란

---

7) Stanly, *Life and Correspondence,* p. 73에서 인용.

8) A. Briggs, *Victorian people,* p. 155.

이 있었다. 비록 그가 스포츠를 관용했고, 때로는 오후 경기들을 보았지만, 그를 영국 공립학교에서 후에 생겨난 "근육적 기독교"(muscular christianity)라는 사이비 무리와 연관시키는 것은 정확하지 못한 것이다. 그와는 달리 그는 학생들의 기독교적인 의무에 관하여서 그들을 타이르고 분발시키기 위해 설교단을 일요일 저녁마다 사용하거나 6년생들의 교실을 비공식적으로 사용하였다. 그의 방식이 효과적이었던 것은 그의 정력, 그의 인격의 힘, 그리고 아동들이 지도자의 음성과 전투 신호에 대하여 보여 주는 반응에 대한 그의 민감성 때문이었다. 그는 기독교적 원리에게 극적인 내용을 부여했다. 톰 브라운은, "그것은 낮은 데서 몸부림치고 범죄하는 자들에게 고요한 높은 곳에서 들려오는 충고나 경고를 하는 자의 차디찬 목소리가 아니라, 우리를 위해서 우리 편에 서서 싸우고 우리더러 그와 우리 자신들과 서로를 도우라고 우리를 찾아오는 이의 따스하고 살아 있는 음성이었다"라고 기록하였다. 톰은 또한, "다른 어떤 것보다도, 그가 많은 대중의 가슴에까지 도달해서 그의 인상을 남긴 것은 바로 이런 철저함과 불굴의 용기 덕분이었다"고 첨가하였다.[9]

휴즈(Hughes)는 「톰 브라운의 학창시절」에서 아놀드가 장차의 6년생이 될 학생들에게 그들의 의무를 상기시키느라고 얼마나 자주 설교를 하였는가를 지적하였다.

> 남자답게 굴어라. 솔직하게 털어 놓고 이야기하라. 참된 것은 무엇에게나 필요하다면 재주를 발휘하라. 씩씩하게 그리고 보기에 흉하지 않게… 오로지 여러분의 의무를 다하고 남들이 자신들의 의무를 다하도록 도와 주기 위해서 〔그렇게 해야 한다〕… 다른 모든 사람들에게 영향력을 주어 학교를 기독교

9) Hughes, *Tom Brown's Schooldays*, pp. 128, 129.

> 적 영국인으로 훈련시키는 고상한 기관으로 만들거나, 아니면 학생들이 런던 거리에 나가서 할 수 있는 것보다 더 악한 것을 배우는 장소로 만드는 책임은 일정한 기간 동안 지도하는 소년들에게 있다.[10]

이러한 충고는 분명히 효력이 있었다. 의무와 명예에 관한 규약을 그렇게 주입받았으며, 소년들은 아놀드가 그들을 늘 믿고 있기 때문에 그에게 거짓말을 할 수 없었다.[11] 그가 진리를 주장한 것은 빅토리아조 중엽의 풍속의 일반적인 개혁의 특징, 특히 성장하는 중산층의 특징이었다.

유 산

아놀드의 유산은 그가 영향을 준 풍습의 변환이었다. 이 변화는 사회적 교제에 있어서 윤리적 원칙들에 대한 점증하는 민감성이었다. 그는 이러한 도덕적인 합의를 교육에 적용하는 데 협력했다. 그의 개혁은 결코 급진적이지 않았으나, 그가 기독교적인 신사를 구체화시키는 데 쏟은 열성은 19세기 공립학교의 새로운 요소가 되었다. 후에 사무엘 스마일즈(Samuel Smiles)에 의해 널리 알려진, "일터의 복음"(The gospel at work)은 아놀드의 교육 철학의 한 가지 표현이다. "단순히 지적으로만 예민한 것"은 끈기있게 일하는 것을 통하여 지성과 고결함을 천천히 계발해 주는 것보다 못하다. 그 당시 근면과 의무가 공립학교교육의 특색이었으나 많은 학교에서는 아직도 사실보다도 신화적인 이야기였다. 그러나 이런 교육적인 이상이 영국의 공립학교를 구원하였다. 영국의 대민 봉사가 확대되면서 정부시험에 의

10) Ibid., p. 151.
11) Briggs, *Victorian People*, p. 157.

해 공무원을 모집함에 따라, 공립학교의 교육은 필요불가결한 것이 되었다. 그것은 청렴과 봉사의 전통을 유지하며 표면상으로 존경할 만하고 의무를 다하는 지도자 계층을 양성했다. 공립학교의 저학년 아동들은 상급생들의 지배를 받아들이나, 졸업반 때는 지배를 하게 된다. 그러한 교화는 공무원직엔 필수불가결하였다. 아놀드의 학교는 영국과 성장해가는 대영제국의 통치에 기여한 본질적인 공헌으로 길이 기억될 것이다.

Selected Bibliography

Arnold, T. *Christian Life.* London: Fellowes, 1841.

_______. *Introductory Lectures on Modern History.* Oxford: Parker, 1842.

_______. *Miscellaneous Works.* London: Fellowes, 1845.

_______. *Sermons Preached in the chapel of Rugby School.* Rev. ed. London: Fellowes, 1945.

Bamford, T. W. *Thomas Arnold.* London: Cresset 1960.

Briggs, A. *Victorian People.* Chicago: Phoenix, 1970.

Stanley, A. P. *The Life and Correspondence of Thomas Arnold.* 2 vols. London: Fellowes, 1844.

Whitridge, A. *Dr. Arnold of Rugby.* London: Constable, 1928.

Williamson, E. L. *The Liberalism of Thomas Arnold.* University: University of Alabama, 1964.

Wymer, N. G. *Dr. Arnold of Rugby.* London: Hale, 1953.

22.
존 헨리 뉴먼

John Henry Newman / 1801 – 1890

버나드 램(Bernard Ramm)

뉴먼은 1801년 런던에서 태어났다. 그는 옥스포드에서 교육을 받았으며, 1820년에 학위를 취득했고, 오리엘 대학 (Oriel College)의 특별연구원으로서 공부를 계속했다. 영국 국교회 사제직에 임명받아서 옥스포드에 있는 성 클레멘트 교회와 성 마리아교회에서 시무했다.

경 력

뉴먼 당시의 영국 국교회의 상태는 통탄할 만했다. 일단의 옥스포드인들(따라서 "옥스포드운동"이라함)이 교회개혁에 착수하였는데, 그들의 최초의 대담한 시도는 *Tracts for the times*(따라서 "the Tractarian movement"라고함)를 발간했던 것이었다. 원래는 작은 소책자들이었는데 그 종교적 소논문들 가운데 몇 개는 결국 책이 되었다. 뉴먼은 90편의 소논문들 중 1833년에 그 최초의 것을 1841년에 맨 마지막 것을 썼다. 후자는 영국 국교회의 종교조항(*Articles of Rel-*

igion)이 참으로 반로마 가톨릭적인 것이 아니라 그 당시의 폐단들에 대한 개선책들이었다고 하는 뉴먼의 주장을 담고 있다.

영국 국교회주의가 로마 가톨릭 신앙과 조화되지 않는다는 결론에 뉴먼은 도달했다. 이러한 그의 확신과 그의 친밀관계를 일치시키려고 그는 1845년 로마교회에 입교하였고, 그 후 옥스포드를 떠나서 그의 평생의 대부분을 기도원(오라토리오회)에서 보냈다. 기도원(oratory)이란 개신교도들에게는 그것이 교회이면서도 교회가 아니라는 점에서 이해하기가 힘든 난해한 기관이었다. 그 기능은 기도, 강론, 교육, 그리고 성례전 집행 등이었다. 뉴먼은 로마교회에서 저술, 강론, 강의, 그리고 교육을 하면서 1890년 그의 임종 때까지 학구적인 삶을 영위했다.

아일랜드에서의 로마 가톨릭교육의 보잘것 없는 상태 때문에, 뉴먼은 로마 가톨릭교회가 개척하고자 하였던 더블린(Dublin)의 한 새로운 대학교에 총장이 되어달라고 설득을 받았다. 뉴먼은 자신이 적합하지 않다고 생각했기 때문에 망설였지만, 결국 수락하였다. 그가 그의 유명한 **대학교의 이념**(The Idea of a University)에 관한 강의들을 하게 된 것은 바로 이런 데서 연유된 것이다. 그 대학교의 출범은 너무나도 어려워서(뉴먼은 자기가 그 대학교 문제로 성 조오지 해협을 56회나 건넜다고 하였다),[1] 그 시도는 실패로 돌아갔고, 그는 오라토리오회로 다시 돌아왔다. 뉴먼은 만년에 두 가지 감격적인 영예를 받았다. 옥스포드에 있는 Trinity College 가 1877년 그를 명예 특별연구원으로 결정한 것과 1879년 레오 13세가 그를 추기경으로 임명한 것이었다. 그의 개종 후 비록 그가 옥스포드를 떠났다지만, 뉴먼은 가슴과

---

1) *Autobiographical Writings*, p. 333.

피와 그리고 그 혼에 있어서는 언제나 옥스포드인이었다.

그의 전집 (Collected Works)은 40권이나 되지만, 그의 명성은 단 몇 권의 책 때문이었다 「*An Essay in Aid of a Grammer of Assent*」는 그의 종교적 인식론, 혹은 지식론이었다. ***Apologia pro vita sua***는 그가 가톨릭 신자가 된 것을 변호하며, 특히 로마교회가 일반적으로 그리고 특별히 뉴먼이 진리를 위한 진리를 미덕으로 생각하지 않는다고 한 찰스 킹슬리 (Charles Kingsley)의 비난에 응답한 것이었다. ***An Essay on the Development of Doctrine***은 19세기의 정교한 로마교회가 사도행전에 나타난 소박한 교회의 논리적인 결실이라는 것을 보여 주려고 한 것이었다.

뉴먼이 전통적인 가톨릭 학자교육을 받지 못했기 때문에, 그 당시의 많은 가톨릭 학자들은 그를 미심쩍게 생각했다. 그러나 그는 20세기 가톨릭교도들에 의해 즉시 받아들여졌고, 이젠 "뉴먼의 재생" (Newman renaissance)에 관하여 이야기할 수 있게 되었다.[2)]

뉴먼을 기독교 교육자로 분석하려면 심각한 한계에 부딪치게 된다.

첫째, 뉴먼은 전적으로 대학교 교육에만 전념했었다.[3)] 이

---

2) 뉴먼에 관한 가장 잘된 전기이자 뉴먼의 저서들에 관하여 특별히 문헌 목록을 가장 잘 붙인 책은 아직까지는 W. S. Lilly, "Newman, John Henry", in ***Dictionary of National Biography***, ed. S. Lee, vol. 40 (London : Smith and Elder, 1894), pp. 340−51이다. 또 하나의 매우 값진 일류급인 전기는 ***On the Scope and Nature of University Education***, pp. xxiii, xxiv에 실려 있다. 뉴먼의 교육적 이론에 관한 훌륭한 문헌 목록은 F. De Hovre, ***Catholicism in Education***, pp. 367−69이다.

3) 나는 ***The Christian College in the Twentieth Century***, pp. 52−71에서 기독교 대학교에 관한 뉴먼의 생각을 재구성하려고 시도하였었다.

수준 아래로의 교육이나 신학교 교육에 관해서는 그는 별달리 해 놓은 것이 없다. 그가 이따금 아동교육에 관하여 논평한 것은 그리 중요하지 않다. 프랑스에 있던 오라토리오회들 가운데 몇 개는(예, 성 필립네리의 오라토리오회) 아동교육에 있어서 대단히 발전적이었으나, 저자로선 이것이 뉴먼 때문이었다고 하는 증거는 도무지 찾아 볼 수 없다. 뉴먼은 지나친 이상주의, 지나친 형식주의, 학생의 지나친 수동성, 그리고 극소한 정신수양 등에 관하여 경고했다. 뉴먼의 이상은 옥스포드적이었다—강의, 독서, 그리고 특히 연구원들과의 담화 등이었다.

둘째, 그의 교육적 활동은 단지 독서, 강론, 강의, 그리고 오라토리오회에서의 약간 가르치는 것에 국한되었다. 그의 한때의 학교경영—아일랜드의 그 대학교—은 실패작이었다. 그는 이렇게 말했다.

> 내 생활 습관으로나 나이로나, 나는 권위를 찾고 규칙을 따지는 일이나 무엇을 창설하는 일엔 적합치 않다.[4]

세째, 뉴먼이 *An Essay in Aid of a Grammar of Assent*에서 학습 이론에 대해 약간 기여했다고 하나, 그 저서는 사실 논리학, 철학, 종교, 그리고 심리학의 혼합이었다. 학습 이론(기독교 교육에 적합한)에 관한 과학적으로 통제된 실험은 20세기 초엽 이전에는 시작되지 못했다. 그렇다면 뉴먼이 위대한 기독교 교육자로 평가되는 것은 이상하게 보일 것이다. 그러나 그의 「대학교의 이념」은 하나의 고전이며, 그 속에는 물론 다른 저서들 속에서 뉴먼이 직접적인 "현금가치"(cash value) 혹은 적용성은 없었을지라도 기독교 교육에 관한 중요한 몇 가지를 언급했다.

---

4) *University Education,* p.207.

교육적 견해

뉴먼은 종교적 지식론을 저술하려고 노력하였으며, 그가 동의(assent)라는 개념 아래서 논한 바, 신앙의 행위의 인식론적 순수성을 방어하기 위해서 그는「동의의 원리」(*Grammar of Assent*)를 저술했다. 어떤 명제들이 참이라고 하는 다양한 진리 진술이나 동의(agreements)에 접어들게 되는 여러 가지 논리적, 현실적, 그리고 심리적 조건들에 관하여 어느 정도 자상하게 그는 설명하였다. 동의(assent)란 진리에 이르는 믿을 만하고 정당화할 만한 수단 가운데 하나—즉 소위 "추론적 감각"—임을 그는 보여 주었다. 신앙은 "추론적 동의"이며, 따라서 철학적으로나 논리적으로 관심을 둘 만하다.

뉴먼은 또한 대학교 교육과 기독교 신앙을 조화시키려고 하였다. 음악적인 용어를 써서 이야기하며, 대학교 교육의 "근본적 진동"(fundamental vibration)은 종교적이지 않다. 그러나, "근본적 진동"으로부터 필히 따라 나오는 "상음들"(overtones)은 신학적이며 기독교적인 내용을 담고 있다. 뉴먼은 성서강습 교육이 그리스도인에게 적합하다고는 생각하지 않았다. 크리스천 학자는 대학인이어야 한다. 그런데 대학인이란 도덕적인 인간(전통적인 희랍어 및 라틴어 교육과 조화를 이루는)이요, 종교적인 인간(신학은 보편적 지식의 일부분이므로)이며, 신사이다.

19세기에 있었던 과학적 지식의 커다란 팽창은 대학교육에 굉장한 영향을 주었다. 즉, 새로 생긴 대학 중에서 많은 대학이 교육 과정에서 신학, 종교, 그리고 기독교 사상을 빼버렸고, 실용성(utility)이라는 것이 전통적이고 고전적인 교육목표를 대치하였다. 그러나 뉴먼에겐, 교육의 목표란 그가 "철학적인 마음"이라고 불렀던 것, 즉 과거의 위대한 문학을 음미하는 마음을 만들어 주는 것과, 심미감각 (sense of taste)을 길러 주는 것과, 인격의 전반적이고 도덕적인 고양, 그리고 어느 학문 영역 혹은 어떤 이론이든지 그 구조 또는 유형을 알 수 있는 능력을 갖게 하는 것이었다. 교육은 편협한 기능을 닦는 데에 중점이 있는 것이 아니라 마음 전체를 연마하고 넓히고 필요한 것들을 갖추게 한다. 사실과 상세한 것들과 정보를 배우는 것은 필요하지만, 그것들은 교육의 목표가 못되며, 그것들은 마음 전체를 연마하고 "철학적인 심성" (philosophical mentality)을 조성하는 것을 돕는 것들이다.

훈련은 교육이 아니다. 그런데 뉴먼에게 있어서는 과학이나 실용성은 훈련이며, 과학이나 실용성은 철학적인 마음을 만들어내지 못한다. 뉴먼은 과학을 반대하진 않았으나, 훈련과 교육은 두 가지 전혀 다른 것임을 분명히 하였다. 뿐만 아니라, 실용성 (utility)을 계속 주장하려면, 교육받은 사람이 가장 유익한 사람이라고 인정해야 할 것이다. 그러나 철학적인 심성을 모든 일에 적용하면 사회의 모든 측면이 풍성해진다. 이보다 더 큰 실용성이 어디 있겠는가?

뉴먼은 고전적인 이상들과 마찬가지로, 교육은 인간을 도덕적이게 만들어야 한다고 주장하면서, 순수히 세속적인 교육을 반박했다. 교육은 인간의 인격 속에 미덕들을 가르쳐서 한 사람의 신사, 즉 사회적인 미덕들, 뛰어난 심미안, 그리고 개방적인 지식은 물론 도덕적이고 종교적인 소질도 갖춘 사람을 길러내는 것이다.

신학은 교육상의 커다란 주제들 가운데 하나이지 기독교에만 국한된 과제가 아니므로, 교육은 신학을 필요로 한다. 신학을 교육 과정에서 뺀 대학교는 보편적인 지식을 가르치겠다고 하는 자신의 헌장을 배반한 것이다.

더우기 죄인인 인간은 대학교 교육 과정의 각 분야에 죄가 스며들지 않도록 할 수는 없다. 죄가 교육적 과정에 미치는 영향을 탐색하고 드러내고 교정해 주는 것이 바로 신학이다. 또, 대학교는 인간적인 집단이기 때문에, 약하고 불안정하나, 수 세기 동안의 존속을 통하여 얻은 학식과 안정감으로 무장한 보편적인 교회는 대학교로 하여금 자신의 약함 및 불안정함을 보완할 수 있게 도울 수 있다.[5)]

현대적 타당성

"가톨릭 옥스포드"(Catholic Oxford)라는 것이 10년쯤 전에는 케케묵은 것으로 여겨졌으나, 뉴먼의 기본적인 착상들 가운데 몇 가지는 새로운 생명과 타당성을 보여 주고 있다.

교육은 삶을 위한 것이다 : 현대사회에서의 대학의 기능에 대한 개념은 변화되고 있다. 대학교의 새로운 역할에 관하여 1960년대 이래로 전반적인 총서가 쓰여졌다. 예를 들면, ***Daedalus*** 라는 잡지는 그 주제에 관하여 기사들을 계속 발간했으며, 1970년 겨울호는 "임전태세의 대학교"(The Embattled University) 라는 제목으로 전적으로 그 주제만 다

---

5) 이것은 뉴먼에게 학문적 자유의 문제를 절실하게 제기해 주었다. 어떻게 우리는 대학교 교육에서의 신학 및 교회의 역할을 절충시키면서 학문의 자유라는 이상을 견지할 수 있을까? 그의 해결책은 대학교에서의 통상적인(***ordinary***) 교육은 학생을 당혹케 하지 않을 만한, 확증되고 논란의 여지가 없는 것들에 국한되어야 한다는 것이었다. 논란의 여지가 있거나 사변적인 것들은 학자들에 의하여 그들의 정기간행물이나 학회에서 토의되어야 한다. 뉴먼이 주장하듯이, 학자들은 충분한 활동범위를 필요로 한다. 20세기의 지식 폭발과 값싼 종이표지의 해결책은 쓸모없이 되어버렸다. 즉 그것은 이제 적용 불가능하고 실현불가능하다.

루었다. 새로운 세대는 대학교의 전통적인 목표들이 적당하다고 주장하고 있지만 그 이상 충분히 나아가지 못했다. 대학교 교육은 단순히 직업이나 전문적인 연구만을 위한 것이 아니라 삶을 위한 것이다. 게다가, 대학교들은 사회적, 정치적, 경제적 변천 과정에 참여해야 한다. 이 점이 뉴먼의 사상을 새로운 타당성을 가지고 알려지게 하였다.

> …대학교 훈련은 위대하지만 평범한 목적을 위한 위대하고 평범한 수단이다. 그 목적은 사회의 지적 수준을 높여주는 것과, 대중의 심성을 계발하는 것과, 국민들의 심미안을 정화시켜주는 것과, 통속적인 열정에 참된 원리들을 제공하며 통속적인 열망에 확고한 목표를 제공하는 것과, 젊은 나이의 생각들을 확장하며 그것들에게 절제를 부여하는 것과, 정치적 권력의 운용을 용이하게 해 주는 것과, 사생활의 교제를 세련되게 해 주는 것이다.[6]

물론, 기독교적인 대학은 "삶을 위한 교육"에 기독교적 차원을 가미해야 한다.[7]

삶을 위한 교육의 개념은 대학교에 관한 공산주의자들의 발상과는 반대된다. 그들의 생각은 대학교를 국가가 필요로 하는 기술교육을 받은 사람들을 위한 자원의 연못으로 만드는 것이다. 그외의 어떤 것이든지 국가를 위한 "부차적인" 혹은 "부가적인 이익"일 뿐이다.[8]

신앙은 타당하다 :「동의의 원리」(*Grammar of Assent*)에서 뉴먼은 일상적인 추론이나 사실적 검증과는 다른, 그러나 그것들과 마찬가지로 타당하고 신뢰할 만한 지각방식이 있다는 것을 보여 주려고 했다. 그는 그것을 "추론적 감각"

6) *University Education,* p. 152.

이라고 불렀으며 신앙은 이런 종류의 것이다. 신앙은 철학적인 것으로 인정받아서 뒷전에 물러 앉을 필요는 없다.

오늘날 아주 널리 알려진 크리스천 학자들 가운데 한 사람이 바로 마이클 폴라니이(Michael Polanyi)이다. 그는 표면적이어서 부자연스럽긴 하지만「개인적 지식」(*Personal knowledge*)과「무언의 차원」(*The Tacit Dimension*)이라는 책 속에서 뉴먼이 자신의 시대에 대하여 시도했던 것을 우리 시대에 대하여 해보려고 하였다.[9] 그는 지각의 과정이 과학적인 실험자에 의하여 제시되는 단순하고 직접적인 방법이 아니라, 전 인격을 포함시킨 복합적인 과정이며, 이것은 다른 영역에서는 물론 과학에서도 들어맞는 말이라고 하는 것을 보여 주려고 했다. 종교적 지식은—인격적인 것, 전체 인격, 명료한 진술로 줄여서 나타낼 수 없는 요소들을 강조한다—이른바 과학적인 지각 방식과 그리 다르지 않다. 이상하게

---

7) 얼핏 보아, 뉴먼이 *On the Scope and Nature of University Education*과 Jerry Rubin의 *Do it!* (New York : Simon and Schuster, 1970)만큼 전혀 상이한 책은 없다. Rubin의 책의 병리적인 면을 빼고서, 믿을 수 없으리만큼 변덕스러운 설명을 넘어서서 보면, 뉴먼과 공통된 주제가 있다. 즉 대학교 교육은 사회적으로나 정치적으로 격리된 영토에 안주하는 기술연구자들이나 학자들이 할 일은 일차적으로는 아니다. 대학교는 생산적이고 성숙한 인격들을 창조하는 곳이어야 하며 사회 전반에 두루 걸쳐서 교정하고 개혁하는 근원이어야 한다. 물론 여기엔 위험이 뒤따른다. 타당성과 개혁에 대한 압력은 그 자체가 억압적일 수 있으며 몇몇 종류의 연구를 부인하게 될 수도 있으며, 그래서 자연히 학문의 자유를 파괴해버릴 수 있다. 그리고 진정한 학문적 자유없이는 대학교는 비록 그것이 이른바 "자유를 아끼는 신 좌파(freedom-loving New Left)"라는 것에 의하여 조정된다고 하여도 지적으로 침체된다.

8) G. S. Conuts, *The Challenge of Soviet Education*과 비교.

9) New York : Harper, 1958; Garden City : Anchor, 1966.

들릴지 모르지만, 과학에서의 지각(knowing)은 과학자가 알고 있는 것보다도, 또는 과학자가 인정하려고 하는 것보다도 훨씬 더 종교적인 지각의 한 종류이다. 그래서 각기 다른 접근을 통하여 뉴먼과 폴라니이는 거의 동일한 결론에 도달하였다.

종교는 대학에 속한다 :「대학교의 이념」의 대부분은 신학이 없는 대학교란 불완전하며 무방비 상태임을 보여 주는 데에 전념하였다. 1960년대의 놀라운 발전들 가운데 하나는 종교과목과 종교학 전공학과들과, 종교학 박사학위까지 미국의 주요한 주립대학교들이 재도입한 것이다. 신학교 교수들이 아닌, 일군의 대학교 교수들이 다소 비공식적으로 함께 뭉쳐서 캠퍼스에 종교를 복귀시키고자 하였고 매년 그들은 「종교정세」(*The Religious Situation*)라고 하는 부피가 큰 책을 발간하고 있다.[10]

대학교 교육은 그렇게 해서 뉴먼에게 되돌아 왔다. 비록 뉴먼은 신학과 기독교, 특히 가톨릭 사상에 관하여 편협하게 생각하고 있긴 했으나, 근본적인 동기에 있어서는 같았다. 즉 종교는 보편적인 체험의 일부분이며, 그것은 모든 문화의 주요한 요소라는 것이다. 올바로 다루려면, 종교는

---

10) Boston : Beacon. 우리들의 대학가에서의 일반적인 종교적 움직임에 관해서는 *Daedalus*라는 정기간행물을 이미 언급한 바 있다. 그 외의 다른 간행물들로는 *Zygon*(과학과 종교의 관계) ; *The Christian Scholor* ; 그리고 *Memo to the Faculty*(미시건대학교의 the Center for Research on Learning and Teaching에서 정기적으로 발간) 등이 있다. 또한 관심을 끄는 것은 R. Bender, *A Bibliography of Materials Related to the Re-examination of Faith in the Scholarly Community* (General Board of Education of the Methodist Church, 1964)가 있다.

대학교 캠퍼스에 복귀되어야 한다.

Selected Bibliography

Counts, G. S. *The Challenge of Soviet Education.* New York: McGraw-Hill, 1957.

De Hovre, F. *Catholicism in Education.* New York: Benziger, 1934.

Harrold, C. F. *John Henry Newman.* New York: Green, 1945.

Newman, J. H. *An Essay in Aid of a Grammar of Assent.* Garden City: Image, 1955.

___________. *Apologia pro vita sua.* New York: Dent, 1912.

___________. *Autobiographical Writings.* Edited by H. Tristram. New York: Sheed and Ward. 1957.

___________. *On the Scope and Nature of University Education.* New York: Dent, 1915.

Polanyi, M. *Personal Knowledge.* New York: Harper, 1958.

Ramm, B. *The Christian College in the Twentieth Century.* Grand Rapids: Eerdmans, 1963.

Walgrave, J. H. *Newman the Theologian.* New York: Sheed and Ward, 1957.

23. 호레스 부쉬넬

Horace Bushnell / 1802 – 1876

엘머 L. 타운즈(Elmer L. Towns)

조오지 앨버트 코우(George Albert Coe)가 썼듯이, 호레스 부쉬넬은 미국 종교교육사에 있어서 가장 중요한 인물들 가운데 한 사람이다. "만약에 기독교 교육의 개념이 현대적인 것에로 변천된 시기를 끄집어내야 한다면, 호레스 부쉬넬의 「기독교 양육」(*Christian Nurture*)의 초판이 나온 1847년을 이야기할 수 밖에 없을 것이다."[1] "어린이는 그리스도인으로 성장해야 하며 그리스도인 이외의 다른 존재로 알아서는 안 된다"라는 부쉬넬의 언명에 관하여 폴 H. 비스(Paul H. Vieth)는 그 말이 "이제는 널리 알려졌으며 받아들여지고 있다"라고 1947년에 기록했다.[2]

부쉬넬은 전통적인 부흥회사상을 반대했는데, 그런 부흥회의 사례에 관하여 그는 1853년 코네티컷주의 하트포트에 있는 북부 조합교회(North Congregational Church)의 20주년

1) *The Religion of Mature Mind*(Chicago : Revell, 1962), p. 305.

2) *The Church and Christian Education*(St. Louis : Bethany, 1947), p. 20.

기념설교에서 설명하였다.

> 영원한 것이 일시적인 것에 희생되고, 일상적인 것은 사라져 버리고 기괴한 것에 빠져버렸으며, 기독교적인 경건 자체마저 일종의 선전운동이나 무대효과의 연습으로 전락해버렸을 정도로 우리 교회들 안의 사정이 부흥회제도의 과열로 인하여 격앙되어 있다.[3]

그는 특히 교회 어린이에게 신앙부흥운동 중심주의(revivalism)을 사용하는 것을 반대하였다. 그는 다음과 같이 믿었다.

> 어떤 의미에서 어린이들은 부모들의 신앙에 포함되어 있으며, 그들의 계약에 동참하는 자들이며, 하나님과 독특한 관계로 자라게 된다. 그 때문에…그들은 기독교인으로, 또는 영적으로 새로워진 인격으로 성장해야 한다. 거룩한 원리의 싹을 받아들이게 되는 정확한 시기나 방법에 관해서는 아무 것도 확실히 말할 수 없다.[4]

그래서 아더 쿠쉬먼 맥기퍼어드(Arthur Cushman McGiffert)는 "낡은 청교도 사상의 극단적 개인주의를 깨뜨리는 데에 다른 어떤 단일한 요소보다도 더 많은 것을" 해낸 공로를 부쉬넬의 「기독교 양육」에 돌렸다.[5] 그리고 샌퍼드 플레밍

---

3) H. S. Smith, ed., *Horace Bushnell,* p.43에서 인용. 발간되지 않았던 부쉬넬의 설교, 편지, 그리고 강연들의 다수가 이 책에 실려 있다.

4) "The Kingdom of God as a Grain of Mustard Seed", *New Englander 2*(1844) : 610. *Horace Bushnell,* p.375에서도 인용.

5) *The Rise of Modern Religious Ideas*(New York : Macmillan, 1915), p.277.

(Sandford Fleming)은 "어른들과 꼭 같은 식으로, 어린이들의 종교적 특성들이나 그들의 정상적인 종교적 체험들에 있어서 차이점들을 전혀 알지 못한 채" 어린이들을 생각했던 그 당시의 전통적인 행위를 역전시킨 공로를 부쉬넬에게 돌렸다.[6]

부쉬넬의 중요성에 관한 다른 증거로는 미국의 기독교 교육계의 가장 유명한 직위 중의 하나인—예일신학교에 있는 "기독교 양육의 호레스 부쉬넬 교수직"(Horace Bushnell Professorship of Christian Nurture)이다.

생 애

호레스 부쉬넬은 1802년 4월 14일 코네티컷의 밴팀(Bantam)에서 태어났다. 농부이자 보잘것 없는 수공업자였던 그의 아버지는 감리교 신자(Methodist)로 양육되었고, 그의 어머니는 감독교회 신자(Episcopalian)로 자라났으나 둘은 호레스가 3세 되던 때에 이사간 도시인 코네티컷의 뉴 프레스톤에 있는 조합교회(Congregational church of New Preston)의 신자가 되었다. 거기서 부쉬넬은 젊은 청년으로 자라났으며 1821년엔 그리스도인의 신앙고백을 하였다. 1822년 3월 3일로 날짜가 적힌 한 원고에서, 부쉬넬은 그가 교회의 교인이 되던 때의 체험을, 그가 "예수께로 인도"되었고 깊은 확신의 증거를 표시했었다고 묘사하고 있다.[7]

1823년 부쉬넬은 예일대학(Yale College)에 들어갔고, 1827년 졸업하기 직전엔 심각한 지적인 의혹들을 겪었다. 그는

6) *Children and Puritanism*(New Haven : Yale University, 1933), p. 185.

7) M. A. Cheney, ed., *Life and Letters of Horace Bushnell,* p. 21에서 인용.

영국의 시인철학자인 사무엘 테일러 코울리지(Samuel Taylor Coleridge)로부터 큰 영향을 받았는데, 코울리지는 기독교가 일차적으로 직관에 의해 이해가능하다고 생각했다. 즉 기독교는 지성에 호소한다기보다는 오히려 윤리적이고 영적인 감각에 호소한다는 것이다. 그리하여 부쉬넬은 종교란 강력한 표출을 위해선 일차적으로는 정서에 호소한다고 확신하였다.[8]

졸업 후 그는 교직(코네티컷의 노르위치에서)과 저널리즘(뉴욕에서)에 손을 대보려하였으나, 두 가지가 다 그의 천직이 아님을 깨달았을 뿐이었다. 1829년 초에 그는 법학을 공부하려고 예일로 돌아왔는데, 거기서 그는 곧 강사가 되었다. 2년 뒤 1831년에, 대단한 부흥운동이 예일을 휩쓸었으며, 부쉬넬의 지적 의혹들은 말끔히 사라지고 그의 인생의 진로는 바뀌었다. 같은 해에 그는 예일신학교에 입학하였고 1833년 졸업과 동시에 하트포드의 북부조합교회의 초청을 받았다.

1849년 부쉬넬은 특히 성육신 사건과 삼위일체가 그리스도인의 체험의 진리들이라고 하는 주장이 담긴, 「그리스도 안에 계신 하나님」(*God in Christ*)이라는 제명의 책을 발행했다. 이것은 당시의 통용되던 뉴 잉글랜드 신학과는 전혀 다른 것이었다. 비록 하트포트 중앙 연합회(Hartford Central Association)는 부쉬넬이 그 회원이었기 때문에 그에게 공격을 가하지 않았지만 패어필드 서부 연합회(Fairfield West Association)는 그렇지 않았다. 이 사건은 1849년에서 1854년까지 코네티컷주의 일반 연합회(General Association)

---

8) H. S. Smith, *Horace Bushnell,* p. 27. Smith는 부쉬넬이 예일에서 학생이었을 때 코울리지가 예일의 교사들과 학생들에게 끼친 영향을 추적하였다. 나중에 부쉬넬은 자신이 코울리지의 글을 처음 읽었을 때 그것은 몽롱하였지만 다음엔 "명료하고 교훈적"인 것이 되었다고 말했다. *Life and Letters,* p. 208.

의 연속적인 회합에서 숙고되었으며, 부쉬넬의 견해에 코네티컷의 목사들 중 거의 아무도 공감하지 않았음에도 불구하고, 그 회합은 공식적으로 부쉬넬을 정죄하진 않았다.

1859년 그는 북부 조합교회에서의 모든 목사임무를 그만두었으며, 1876년 2월 17일 하트포트에서 별세했다.

신 학

부쉬넬 당시의 뉴 잉글랜드 칼빈주의의 중심사상은 신의 초월성이었다. 신의 통치권은 그분이 인간들 속에 내재하신다는 것을 모호하게 만들 정도로 강조되었는데, 반대로 부쉬넬은 신의 인간들 속에 내재하심을 강조하였다. 하나님은 인간 세상 속에 현존하시기 때문에, 어린애가 기독교 가정의 유기적인 삶 속에 참여함을 통하여 하나님의 왕국 안에서 성장하는 것을 기대할 수 있다. 부쉬넬은 경직된 초자연주의를 시정하려고 했으나, 그는 기독교 신앙을 훼손하려고 위협하는 그 당시에 대두되기 시작한 자연주의적 발상을 두려워하기도 했다.[9] 그는 하나님에 관한 성서적인 진술들을 문자적으로 해석하는 것을 반대했다.

> …만약 하나님은 계시되는 하나님이라고 하면, 그 분은 이미 그러기 위하여 상징들을 보내셨으며, 그 상징들로 만물을 채우시며, 이 모든 것들은 은유로 나타난다… 그리고… 우리는 그리스도를 하나님의 은유라고 부르는 것만큼 두루 적합한 다른 말을 할 수 없다. 하나님의 최후의 은유! 그리고 우리가 그 분의 생애와 죽음에 관한 모든 은유적인 의미들과 그 분의 인격 속에 표현되고 구체화된, 구원, 새로운 창조, 죄사함,

9) H. Bushmell, *Nature and the Supernatural* (New York : Scribner, 1858), pp. 20-31.

> 화해적인 사랑을 위한 하나님의 도우심에 관한 모든 것을 깨닫게 될 경우, 그 분의 성육신의 기적, 그 분의 유래, 그 분의 구성, 그 분의 고난—우리의 이해로는 명백히 초월적인—에 대한 직역주의를 빨리 버리면 버릴수록, 그만큼 더 우리는 제자됨에 있어서 현명해질 것이다.[10]

하나님에 관한 이런 견해는 부쉬넬의 동시대인들 가운데 몇몇이 그를 이단자라고 생각하게 된 이유들 중에 하나였다.

인간의 구원관이 대개 그의 신학의 중심을 차지하고 있는데, 부쉬넬은 그리스도의 사역에 관하여 다음과 같이 썼다.

> 그리스도의 사역은 마땅한 보상으로 형벌을 면제해 주는 것이 아니라, 인격을 변화시키며 죄인을 그의 죄로 인해 야기된 응보적인 인과관계로부터 구출하는 것에 귀결된다.[11]

그리스도의 죽음은 인간의 죄에 대한 대속이 아니라 인간에게 하나의 도덕적인 모범이 되는 것이다. 하나님께로 회복되려면, 인간은 죄짓는 것을 멈추어야 한다. 그래서 인간과 하나님의 관계는 하나님의 아들의 행위에 의해서라기보다는 인간의 인격에 의해서 결정된다.

인격적인 종교적 신앙에 대한 이런 교리가 함축되고 있는 것은 무엇인가? 부쉬넬은 "그리스도를 희생제물로…신봉하거나" 기독교를 "대속의 종교"라고 꼭 볼 필요는 없다고 생각하였다. 그러나 그는 다음과 같이 긍정하였다.

> 어떻게해서든지 객관적인 신앙과 헌신으로 하나님 안에 안식

10) "Our Gospel a Gift to the Imagination", *Literary Varieties 3* (1881) : 249.

11) *Vicarious Sacrifice*(New York : Scribner, 1877), p.449.

> 하지 않거나, 자신을 하나님께 양도하지 않는 사람은 아무도 진정한 그리스도인이 되지 않는다.[12]

부쉬넬은 종교적인 신앙의 주관적인 면을 강조하면서도, 객관적인 종교의 필요성도 역시 인정하였다.

> 그러므로 우리 모두가 다 같이 객관적인 종교를 필요로 한다. 그것은 예수의 피가 뿌려져 있는 희생의 제단 위에 우리 자신들을 올려 놓은 것이며, 그 분의 죽음으로 인하여, 열린 지성소로 들어가는 것이며, 그 분의 평강 속에 우리의 영혼을 쉬게 하고, 그 분의 의로움으로 영혼에게 옷을 입히고, 그 분을 우리의 죄를 지고 가는 하나님의 어린 양으로 믿는 것이다. 이처럼 단순하고, 비이기적이며, 비사변적인 훈련 속에서 우리는 하나님께로 가장 가까이 다가가게 될 것이다.[13]

이처럼 부쉬넬은 주관적 신앙과 객관적인 신앙 사이에서 유동적이었다. 아마도 그가 자기에 대한 비평가들을 염려하여서 역사적으로 쓰여온 기독교 용어들과 상징들에게 새로운 의미들과 의의를 부여하려고 했기 때문일 것이다.

기독교적 양육에 관한 그의 견해

부쉬넬은 가정에 관하여 독특한 주장을 하였다. "그 안에서 성품을 지배하는 힘이 발휘되고 있으며, 그 힘을 적당하게 영향이라고 불러버릴 수는 없다"는 점에서 그는 가정을 하나의 통일체, 하나의 몸으로 생각했다. 이 힘은 부모들에 의하여 어린이들에게 행사되는데, "그들이 가르치고, 격려

12) *God in Christ* (Hartfort : Hamersby, 1867), p. 264.
13) Ibid., pp. 267, 268.

하고, 설득하고, 지배할 때만이 아니라 어떤 형태의 고의적인 통제없이도" 행사된다.[14] 부쉬넬은 어린이를 다음과 같이 부연하였다.

> 어린이는 부모들의 눈을 통해서 세상을 본다. 부모의 목적들이 어린이의 목적이 된다. 그들의 삶과 정신이 어린이의 인격을 형성한다. 만일 부모가 물욕에 사로잡히고, 상스러우며, 성미가 급하고, 불경스럽고, 관능적이며, 악마와 같다면, 어린이의 조그마한 유연한 천성은 자연히 그 독물을 마시게 된다… 어린이는 부모 속에서 살고, 움직이며 자신의 존재를 부모 속에 가지고 있다.[15]

---

14) *Christion Nurture,* pp. 93, 94. 기독교적 양육에 관한 부쉬넬의 저술은 Hartford Central Association이 "유아세례의 권리나 가족의 서약이 어린이가 기독교인으로 성장하거나 개종하는 것을 기대하는가"라는 질문에 대하여 강연하도록 그를 초청하였을 때부터 시작했던 것이 분명하다. 8월 4일에 Massachusetts Sabbath School Society가 1847년에 그의 강연을 *Discourses on Christian Nurture*라는 제목으로 발간하자, 탁월한 칼빈신학자였던 Bennett Tyler가 공개서신으로 부쉬넬을 고발하기를 타락과 중생에 관하여 "대단히 위험한 오류"를 전파하고 있다고 하였다. 몇 명의 신학자들이 Tyler의 고소를 따랐으며 *Discourses*라는 책의 간행이 중단되었다. 부쉬넬은 48페이지에 달하는 소책자를 가지고서 그 Society를 공격하였고 자신의 주장을 방어하였다. 그 해가 저물어 갈 무렵에 그는 *Views of Christian Nurture and of Subjects Adjacent Thereto*를 간행하였는데, 이 책은 그의 *Discourses*와 48페이지로 된 그 소책자와 "겨자씨 한 알과도 같은 하나님의 왕국"이라는 제목의 설교를 합본시킨 것이었다. 12년 뒤 부쉬넬은 이 책에다 수 편의 수필을 첨가하였으며, 책이름을 *Christian Nurture*라고(1861) 단축하였다. 가장 최근에 재인쇄된 것은 1966년에 예일대학교에서 발간한 것이다.

15) Ibid., pp. 106, 107.

어린이가 이성적인 사고를 배우기 전에는 부모들의 힘은 절대적이며 그것은 어린이의 전 생애를 통하여 그에게 영향을 미친다. 경건한 부모들의 혈통은 어린이의 종교적 기질에 영향을 주어서 경건한 의식을 길러주고 그의 고결함을 더럽히려는 경향을 저지하게 할 것이다. 성품의 발달은 어린 유아시절부터 시작된다.

> 선을 일러주는 데는 아주 어릴 때 일러주어도 결코 빠르지 않다. 유아시절이나 어린 시절은 선에 대하여 가장 잘 적응하는 시기이다.

부쉬넬은 가족의 통일성(신약 속에 전 가족의 세례로써 예시된)을 믿고 있었기 때문에 유아세례를 베풀었으며, 유아들을 교인으로 받아들였다.

> 어린이를 교인으로 받아들이는 것에 대한 정당성은 어느 일정한 시기, 예를 들면, 세례받는 날과 같은 때에 유아들이 믿을 수 있다거나 믿을 수 없다거나, 혹은 믿는다거나 믿지 않는다거나 하는 것에 있지 않고, 그들의 부모들을 주 안에 있는 부모들로, 그들의 양육을 주님이 친히 하시는 양육이 되게 하는 약속있는 서약 속에 존재한다. 그렇게해서 유아들이 그리스도 예수 안에서 자신들도 모르게 "신자들 중의 신자들"로 성장하게 하는 미래로 통하는 힘을 형성해 준다.[16]

이런 관점에서 기독교 가정에서 태어난 어린이는 양육되어야지(to be nurtured), 회심되어서는 안 된다고 부쉬넬은 생각하였다.[17]

---

16) Ibid., pp. 166, 167.

17) Bushnell, *Sermons for the New Life*(New York: Scribner, 1867), pp. 108, 109.

그의 자주 인용되는 바 “어린이는 그리스도인으로 성장해야 하며 자신을 그리스도인 이외의 존재로는 알지 못해야 한다”라는 원칙을 부쉬넬은 이렇게 설명하였다.

> 달리 말하자면, 목적과 노력과 기대는 보통 생각하는 것처럼, 어린이는 죄 속에서 성장하므로 그가 성숙한 나이에 이르러서 회심을 해야 한다는 것이 아니라, 어린이는 영적으로 새롭게 된 사람으로서 세상에 대하여 개방적이어야 하며, 특수한 경험을 한 때를 기억하는 것이 아니라, 어렸을 때부터 선한 것을 사랑하게 되는 것이어야 한다. 사실상 그리고 예외없이 그렇게 훈련받은 모든 어린이가 틀림없이 그리스도인으로 성장하게 된다고 내가 확언하는 것은 아니다.[18]

부쉬넬은 중생에 관한 설교에 있어서 그의 그리스도인의 양육에 관한 견해로 인하여 정통적 신앙으로부터 반격이 오리라고 예상했다. 그의 방어에 있어서 가장 중요한 것은 그리스도인에 대한 그의 정의였다.

> 그러나 내 아이는 죄인이요라고 여러분은 말할 것입니다. 그리고 하나님께서 그에게 새로운 마음을 주시지 않고서야 어떻게 그가 올바른 삶을 시작하리라고 기대할 수 있겠소? 라고 할 것입니다. 이것이 흔히 말하는 방식이지만, 나는 이와 똑같은 말투로 이것을 반박합니다. 그러면 스스로 자명해지게 됩니다. 누가 도대체 당신들이 이야기하는 바 새로운 마음을 어린이는 가질 수 없다고 여러분에게 말했읍니까? 어린이 앞에서, 어린이와 함께, 여러분이 그리스도의 삶을 본받아 산다고해도, 생명의 성령의 법이 어린이도 또한 포함시켜서 그를 소생시키지 않으리라고 하는 것을 여러분은 어디서 배웠읍니까? 그리고 어린이의 마음 속에 일깨울 만한 참으로 선

18) Ibid., p. 4.

> 한 원리가 틀림없이 존재한다는 것이 왜 믿지 못할 것으로 생각됩니까? 왜냐하면 이러한 것은 모두 그리스도인이라는 상태 속에 함축되어 있기 때문입니다. 그리스도인이란 선한 것을 그 자체만을 위하여 그저 사랑하기 시작한 사람입니다. 그러면, 어린이가 이런 사랑을 자신 속에 생기게 한다는 것이 어째서 불가능하게 생각되어야 합니까?[19]

부쉬넬은 어린이가 "선한 삶"을 살므로써 하나님 앞에 설 수 있는 권리를 얻는다고 하는 것을 넌지시 암시했다. 그러나 어린이가 자신의 의지라곤 전혀 없는데 어떻게 선을 행할 수 있으며, 합리적인 선택을 하지도 이해하지도 못하는데 어떻게 믿음을 갖겠는가? 부쉬넬은 부모들의 신앙이 어린이의 신앙을 포함하고 있다는 것과, 부모들의 의로운 본성이 어린이에게 전이된다고 하는 것을 믿었다. 악이 어린이들에게 전가될 수 있다면(칼빈주의자들이 믿었듯이), 의로움도 그들에게 전가될 수 있다고 그는 주장했다. 그는 부모로부터 어린이에게 내려오는 그리스도인의 삶의 자연스러운 흐름, 즉 그 어린이가 자람에 따라 계속되다가 그가 성숙하면 마침내 사라지는 하나의 흐름을 발견했다.

> …이것은 기독교 교육의 개념, 즉 그것이 양육 혹은 교화로 시작된다라고 하는 바로 그 개념이다. 그리고 하나님의 성령 안에 살고 하나님의 성령에 의하여 살아가는 부모들의 그리스도인다운 삶과 영은 어린이의 마음 속에 흘러들어가서, 이제 발달하기 시작하여 반쯤 형성된 그의 훈련과 섞이게 하는 것, 그래서 어린이 속에 자신의 선을 생기도록 하는 것이 기독교 교육의 목적이다. 그들의 사상, 견해, 신앙, 사랑이 다소간 개별적인 훈련이 되겠지만 그 특성은 동일한 것이다.[20]

---

19) Ibid., p. 9.
20) Ibid., p. 21.

부쉬넬은 또한 그의 견해에 대한 두 가지 더 가능한 반박을 예상했다. 그의 생각은 인간의 본성에 관한 개념에 있어서 결코 자유주의적이거나 인문주의적인 것이 아니었다.

> 인간 본성의 근본적 선을 전제하는 사람들이 많이 있는데, 그들의 견해에 의하면, 기독교 교육의 작업은 우리 속에 있는 선을 끌어내거나 교육하는 것에 불과하다. 내가 여기서 언급한 것과 그러한 이론과의 사이에 한 가닥 우연의 일치라도 있지 않을까라고 생각하는 사람이 한 명도 없기를 바란다. 인간의 본성의 타락은 성경 속에 명백하게 단언되어 있다…[21]

또한 그는 어린이들의 중생에 있어서 성령의 역사를 부모들의 노력과 대치시켜버리진 않았다.

> …부모들과 자녀 사이의 유기적인 관계에 관하여 내가 사용한 강력한 말투는… 부모들 속에 어린이를 새롭게 해 주는 능력이 〔있다거나〕, 또는 부모 자신을 새롭게 해 준 것보다 덜 직접적인, 성령의 어떤 대리자에 의하여 어린이가 새로와질 수 있다고 하는 것을 말하려고 한 것은 아니다.[22]

부쉬넬은 부모가 그리스도인인 아이들과 불신자인 부모를 가진 아이들을 구분하였는데, 전자는 양육받아야 하는 반면에 후자는 회심되어야 한다고 보았다.

그리스도인의 양육에 관한 부쉬넬의 견해는 결코 모든 정통적인 집단들로부터 거부된 것은 아니었다. 당시 가장 저명한 신학자들 가운데 한 사람이었던 프린스턴의 칼빈주의자였던 찰스 호쥐(Charles Hodge)는 「기독교적 양육」(Christion Nurture)의 중추적인 진리를 이렇게 요약하였다. "부

21) Ibid., p.15.
22) Ibid., p.22.

모들의 신앙과 자녀들의 구원 사이에는 친밀하게 신에 의하여 확립된 관계가 있다. 이는 자녀들에게 하나님의 약속을 변론해 주며 확신을 가지고 기대하도록 권위를 부여해 주는 그러한 관계이며, 자녀들의 신앙적인 노력에 대하여 하나님께서 축복해 주심으로써 그들의 자녀들은 하나님의 자녀들로 성장하게 될 것이다." 호쥐는 이 점이 "그의〔부쉬넬의〕책에 주요한 가치를 부여해 주는… 위대한 진리"라고 생각했으나, 그는 이런 진리가「기독교적 양육」(Christian Nurture) 속에 표현된 형식은 "이상하며" "왜곡된" 것이라고 생각하였다.[23]

「감리교 계간지」(The Methodist Quarterly Review)의 한 논평자는 "부쉬넬의 모든 견해에 우리가 맹세하여 동조하진" 않지만, "그의 책의 주장들 혹은 그와 비슷한 주장들은 우리의 지붕 꼭대기에서 선포되어야 한다. 이 세계의 어느 부분도 미국의 교회들 만큼 그것들을 필요로 하는 데가 없다. 왜냐하면 미국 교회 등은 마치 자기들이 전혀 세례를 받지 않았던 것처럼, 세례받은 어린이들을 작은 이교도들로 생각하는 것 같기 때문이다"라고 주장하였다.[24]

교육 방법

코우(Coe)가 지적했듯이, 부쉬넬은 "일반적인 교육학의 입장에서" 글을 쓰진 않았지만,[25] 그는 부모들이 가정에서 활용할 수 있는 몇 가지 교육적 방법들을 계발하였다. 특히

23) "Bushnell on Christian Nurture", *Biblical Repertory and Princeton Review* 19(1847) : 502ff.

24) 31(1849) : 156

25) *The Religion of the Mature Mind,* p. 305.

그는 다음의 다섯 가지 원리들을 계발하였다 : (1) 많은 것들이 "딱딱하게 또는 신학적으로" 가르쳐져선 안 되며, "일종의 어린이의 입장에서 함축적으로" 가르쳐져야 한다; (2) 어린이가 홍미를 가지는 시기를 관찰해야 하며, 받아들여지지 않을 때에 종교를 어린이에게 강요해서는 안 된다; (3) 어린이의 질문들은 신중히 경청되어야 하며 또 응답되어야 한다; (4) 가르치는 것은 진리의 화신으로서 예수 그리스도를 중심으로 해야 하며, 부모는 자신의 삶이 예수의 삶의 해설판이 되도록 살아야 한다; 그리고 (5) 부모는 "종교적인 화제가 솔직한 공개적인 화제가 되게 하며 그것을 그렇게 지속하려고…" 끊임없이 노력해야 한다.[26] 두 번째 원리와 관련하여, 부쉬넬은 부모들이 "아이가 놀고 싶어할 때" 함께 놀아주고, "그가 배우고 싶어할 때 그를 가르쳐" 주도록 충고하였다.

부쉬넬은 자기 자녀의 "모방본능"을 잘 이용하라고 부모들에게 촉구했다.

> 우리는 우리의 숙명적인 체험을, 판단이나 이성에 뿌리를 둔 행위로나, 언어를 통하여 받아들인 개념들을 가지고서 한 것이 아니고, 단순한 모방에 의하여 하였다. 그리고 이 모방의 안내를 받아서 우리는 우리의 기초를 놓는다. 어린이는 보고 듣는다. 그의 주위에서 나타나는 느낌이나 태도는 무엇이든지 그의 유연하고 수동적인 영혼 속에 가라앉아서 그 이후로 주욱 그의 존재의 기질이 된다.[27]

---

26) *Christian Nurture,* pp. 376－80.

27) J. L. Hurlbut, ed., *Sunday Half Hours with Great Preachers* (Philadelphia : Winston, 1907), p. 363에 재인쇄되어 있는 한 설교.

부모들은 다음과 같이 가르쳐선 안 된다고 부쉬넬은 지적하였다 : (1) 어린이가 "세례로 중생" 된다고 하는 것; (2) 그들이 아직 거듭나지 못했으니 이교도이므로 개종될 필요가 있다고 하는 것; (3) 그들의 실수나 놀기를 좋아하는 것 때문에 거듭나야 한다고 하는 것; (4) 그들이 "너무 어려서 선해질 수 없으며 또는 참으로 그리스도인이 될 수 없다"고 하는 것; (5) "그들이 개종하거나 거듭나기까지는 절대로 기도할 수 없으며, 하나님께서 용납하실 수 있는 어떤 일도 할 수 없다"고 하는 것; 그리고 (6) 그들은 선한 일을 해야 하며 스스로 성품을 가꾸어 나가야 한다는 것("신앙에 의한 구원만이 어린이가 지지할 수 있는 유일한 종교이다") 등이다.[28]

부모들은 다음과 같은 것으로써 자기 자녀들 안에 있는 참된 경건을 좌절시키지 않도록 주의해야 한다; (1) 팔팔한 성미, 까다로운 성미, 그리고 화를 잘 내는 것; (2) "너무 지나친 금지사항"; (3) "딱딱하고 매정한" 통제나 "오만한 절대주의"; (4) "너무 깐깐한 태도" 또는 "여간해서는 조금도 만족해하지 않는 것"; (5) "불쾌함을 너무 오래 질질 끌거나, 극히 난처한 정도로 그것을 표현하는 것"; (6) "성급하고 잘못된 비난" ; (7) 근심과 지나친 관심; (8) "어린이들의 나이에 어울리지 않는 품성검사들"을 적용하는 것; 그리고 (9) "교회에서 교인으로서 일찍부터 인정받는 것과 주의 만찬에 참석하는 것"을 그들에게 허용하지 않는 것 등이다.[29] 세 번째 사항은 "가정통솔"의 문제를 제기하는데, 이에 대하여 부쉬넬은 다른 데서 다음과 같이 설명하였다. 가정통솔은 (1) "어린이의 도덕적 본성에 대하여 권위를 사용하거나 계명이나 규율을 유지하여 통치해야 한다." (2) "하나님에 의하여 설정되고 하나님 대신 지

28) *Christion Nurture,* pp. 371－75.

29) Ibid., pp. 295－308.

배하는 권위의 대행자로 간주되어야 한다." (3) "이 세계의 종교적 질서 속에서, 하나님께서 추구하시는 바로 그 목적을 위하여 지배권을 사용해야 한다." (4) "진정한 경건에 이르는 순종의 방식을 어린이의 내면에 확보해 주어야 한다…"[30] 가정은 "가정을 다스리는 은총의 영"이 되어 주어야 하며, "어린 시절의 교회"가 되어야 하고, "식탁과 난로는 거룩한 의식"이 되어야 한다. 가정에서 "태내로부터 성결케 해 주는 그 새롭게 하시는 영에 의하여, 그리스도 그 분이 어린이의 마음 속에 실제로 주입되어져야 한다.[31]

교육에 대한 부쉬넬의 접근은 — 내용의 전달이나 교리주입보다는 체험이나 모방에 더 큰 관심을 보여 줌으로써 — 한 세기 후에 이루어진 종교교육의 실천의 선구가 되었다. 코우는 쓰기를, 부쉬넬이 "아마 자기도 모르게, 자신을 19세기의 위대한 교육개혁의 주류 속에 놓아 두었다"고 하였다.[32]

인간의 본성에 관한 그의 낙관적인 견해는 이른바 뉴 잉글랜드의 "칼빈주의의 염세관"으로 뒤덮힌 하늘에 하나의 로케트처럼 작열하였다. 그는 착한 사람들의 개혁능력을 확신하는 — 자연과학 및 산업혁명의 도움으로 — 점점 자라나던 미국 중산층의 신념을 반영하였으며, 독단적이고 신조에 치우친 접근 방식으로부터 보다 과학적으로 기독교에 접근하는 쪽으로 중산층의 신념이 옮겨가는 것을 반영하였다. 교육이면 어떤 문제든지 종교적인 문제까지도 풀 수 있다고 믿었다는 점에서, 부쉬넬은 증대해가는 미국 교육종파의 한 회원이었다.

30) *Sermons for the New Life,* p. xviii. 목차에 열거된 대로 이것들은 본문에서 설명되고 분석된다.

31) *Christian Nurture,* p. 12.

32) *The Religion of the Mature Mind,* p. 305.

Selected Bibliography

Bushnell, H. *Christian Nurture.* New York: Armstrong, 1876.

__________. *Views on Christian Nurture and of Subjects Adjacent Thereto.* Boston: Massachusetts Sabbath School Society. 1847.

Cheney, M. A. *Life and Letters of Horace Bushnell.* New York: Harper, 1937.

Kirschenmann, F. "Horace Bushnell: Orthodox or Sabellian? " *Church History* 33:49-59.

Loewen, L. L. "An Evaluation of Horace Bushnell's Theory of Christian Nurture." M.A. thesis, Wheaton College, 1947.

Myers, A. J. W. *Horace Bushnell and Religious Education.* Boston: Manthorne and Burack, 1937.

Smith, H. S., ed. *Horace Bushnell.* New York: Oxford, 1965.

24. 아브라함 퀴퍼

Abraham Kuyper / 1837 – 1920

존 H. 크로밍거 (John H. Kromminga)

아브라함 퀴퍼는 원래 교육 이론에 관한 저술가도 교육자도 아니었으나, 기독교 교육의 이론과 실제에 대하여 그가 공헌한 바는 고려할 가치가 있다.

그의 직업은 복음선교에 관한 것이었다. 타고난 연설가였던 그는 이내 곧 이 분야에서 전국적으로 알려지게 되었지만, 그의 타고난 리더쉽과 그의 명성은 그로 하여금 다른 분야에서 종사하도록 했다. 연속적으로 혹은 겸하여서 그는 기독교정당의 지도자, 의회의원, 네덜란드의 수상, 신학교수, 널리 읽히던 정기간행물들의 편집자, 그리고 광범위한 주제들에 관하여 많은 저술을 남긴 작가 등의 역할을 해냈다.

퀴퍼가 교육 이론에 관하여 이야기한 것은 그의 전 생애의 활동의 일부에 불과했지만, 그것은 중요한 부분이었다. 그가 주요한 지도자로 활동한 반혁명당은 단일 노선만을 취하는 당이 아니었음에도, 그 당의 관심의 대부분은 기독교 교육에 쏠렸다. 동일한 명분이 의회의원이자 수상인 퀴퍼의 정력을 필요로 하였고 저널리스트로서 그는 이러한 명분을 변호하고 보급시키기 위해 수천 페이지의 글을 썼다. 게다가 그의 마음에 가장 소중한 업적은 암스텔담 자유대학교의 설립이었는데 그것은 그의 원칙들의 화신 바로 그것을 위한 것이었다.

대체적으로, 퀴퍼는 자신이 발전시킨 개념들을 스스로 안출한 것은 아니었다. 학교에 관한 그의 프로그램을 만들어 낼 때 그는 G. 그로엔 반 프린스테러(G. Groen Van Prinsterer)가 놓은 기초 위에 세웠으며, 로흐만(Lohman) 및 그 외의 동시대 사람들과 함께 명성을 누렸다.[1] 그러나 신학적인 배경을 전개시키고 이러한 개념들을 지지하면서 그는 대단히 글을 많이 썼으며, 그것들을 실천에 옮기는 데엔 어느 누구보다도 더 효과적으로 노력을 기울였다. 이 두 가지 활동이 이 논문의 초점이다. 신학적인 기초들이 가장 중요시될 것이며, 실제적인 실천은 주로 이론 그 자체를 예시하고 조명하기 위해서 언급되어질 것이다.

신학적 기초들

목사가정에서 태어난 아브라함 퀴퍼는 1863년에 목사직에 임명되었다.[2] 4년 동안 시골교회에서 시무하고, 또 3년 간은 우트레히트(Utrecht)에 있는 교회에서 시무한 뒤, 1870년 그는 암스텔담(Amsterdam)으로 부름을 받았다. 이 기간 동안에 그는 기독교적 정치 및 저널리즘에 활발히 참여하게

1) H. Colijn, *Lebensbericht van Dr. A. Kuyper* (Kampen : Kok, 1923), p. 15.

2) 전기에 관계되는 것들은, 영어로 쓰여진 온전한 자서전으로는 유일한 것은 Frank Vanden Berg가 쓴 *Abraham Kuyper*에서 주로 인용되었음.

되었다. 암스텔담에서 그는 신학적 모더니즘에 관하여 걸출한 비평가가 되었고 그 반대자가 되었다. 암스텔담에서 목사로서 보낸 시기는 1874년 그가 하원에 선출되었을 때에 끝났다. 그는 다시 목회에 되돌아오지 않았지만, 암스텔담 교회에서 장로로 봉사하면서 활동적인 교인으로 남아 있었다.

퀴퍼의 정치적 경력은 계속되었다. 그는 여러 해를 의회에서 봉사하였는데, 1901년부터 1905년까지 네델란드의 수상이 되었다. 그는 반혁명당의 지도자였으며 동시에 자유대학교를 설립했다. 이 기관에서 그가 한 신학 강의도 그의 가장 심원한 신학적 사유를 반영한다. 1905년은 국가정치로부터 점진적으로 후퇴하기 시작한 시점이었다.

그의 목회 경력의 초기에 퀴퍼는 열렬한 칼빈주의 신봉자가 되었다. 퀴퍼의 칼빈사상은 본래의 칼빈사상의 연장이었다는 점은 널리 알려졌지만, 정부의 권위를 거의 세우지 않았다는 점에서 칼빈보다는 비네(Vinet)를 추종했다는 말이 있다.[3] 그는 칼빈사상이 네델란드의 합법적 자유의 근원이자 보증이라고 생각했다.

퀴퍼에 따르면, 칼빈주의가 하나님과 그 분이 지은 피조물들과의 관계를 가장 심오하게 포착하였다:

> 그것(칼빈주의)은 이교사상(Paganism)처럼, 피조물 속에서 하나님을 찾지 않는다. 그리고 이슬람교처럼 피조물로부터 하나님을 고립시키지 않는다. 로마사상처럼 하나님과 피조물 사이에 중간적인 동반관계를 만들지도 않는다. 칼빈주의는 모든 만물 위에 존귀하게 뛰어나신 하나님이 자기의 성령을 통

3) F. W. Grosheide, ***Kuypers Geloofsstuk*** (Kampen : Kok, 1937), p. 10.

하여 피조물과의 사이에 다른 것에 의해 매개됨이 없는 동반관계 (fellowship)를 언제나 유지하고 있다고 하는 고매한 사상을 선포한다.[4)]

퀴퍼의 추종자들과 선배들 모두가 네델란드 내에서의 어떤 추세에 대하여 반대한다는 점에 있어서 그와 의견을 같이 했다. 그는 그 의미가 어떤 것이든지 국가교회(national church)라는 개념을 용납할 수 없었다. 이 때문에 그는 1886년 국가교회에서 분리된 *Doleantie*의 지도자가 되었다. 그가 즐겨 사용하던 경귀 중에 하나가, 획일화(uniformity)는 현대 생활에서 빚어진 저주요, 다양성(pluriformity)은 하나님으로부터의 선물이다라는 말이다. 그러한 획일성을 그는 교육계에 현존하는 위험으로 생각했다.

그가 이끈 정당의 명칭—반혁명—은 교육을 국가의 한 수단으로 만들어버린 불란서 혁명의 세속화 정신을 거부한 것이다. 초등교육으로 말할 것 같으면, 국가는 사립학교들을 억압하여 그리스도인들이 자기 자녀들에게 기독교 교육을 시킬 수 있는 권리를 박탈하려고 했다.[5)] 무엇보다도 강력한 국가가 대학교육도 침범하였다. 퀴퍼는 네델란드에서 생긴 이러한 경향을 주시했는데, 거기에서는 자유로운 협동체로서의 대학은 사라져버리고 없었다. 국가가 대학교들의 설립을 결정하였고, 총장과 감독과 교사들을 임명했으며, 시험과 학점을 규칙화하였고, 자금을 대어 주었다.

퀴퍼 및 그가 관계된 운동의 반동은 종교적 애국심의 동기—즉(칼빈주의적) 기독교 신앙을 인생 전반에 적용시키려

---

4) *Calvinism : Six Stone Lectures*, p.12 ; cf. *De Gemeene Gratie in Wetenschapen Kunst*, pp.28ff.

5) J. Van Lonkhuysen, "Abraham Kuyper : A Modern Calvinist", "*The Princeton Theological Review* 19(1921) : 139.

는 것—에서 비롯되었다. 그는 이러한 기독교적 원칙들이 네델란드의 생존 및 복지와 깊이 관계되어 있다고 확신했다 교육자로서의 퀴퍼의 활동을 신학자, 입법자, 그리고 저널리스트로서의 그의 활동과 별개로 생각하기란 분명히 어렵다.

퀴퍼가 편집했던 정기 간행물이었던 *De Heraut*에 내건 구호는 "자유국가의 자유로운 학교와 자유로운 교회"였다. 잔 반 론크휘센(Jan Van Lonkhuysen)에 따르면, 퀴퍼는 "어린이들이 부모에게 속해 있고 그들의 교육이 부모들의 가장 중요한 관심이기 때문에, 학교는 부모들에게 속해 있다…" 라고 주장하였다. 퀴퍼는 "국가와 교회가… 학교가 자유로운 기관인지, 자유로운 사회의 조직 혹은 그러한 사회 속에서 단결된 부모들의 유기적 조직인지를 살피기 위해 감독을 시행하는 것이 좋은 것"이라고 인정했다.[6] 이러한 강조는 소수집단들의 권리를 보호한다.

퀴퍼의 저술들 속에 끊임없이 반복하는 주제(motif)는 영역별 주권이라는 것이다. 두 가지 현저한 예로는 자유대학교 설립 시의 취임연설과[7] 1898년 프린스턴신학교에서 한 Stone Foundation 강의였다. 각 영역—국가, 교회, 가족, 과학, 예술, 등등—은 자기 영역 내에서 주권을 갖고 있다. 각각이 고유한 위치와 역할을 갖고 있다. 서로간의 상호작용은 확실히 존재하지만 다른 영역의 특권을 침범할 수 없다.

보다 더 심오한 주제는 인생 전반에 관한 그리스도의 보편적인 권리이다. 그리스도에 의해 주입된 삶의 원리가 믿는 사람들의 가슴으로부터 나와 모든 영역으로—즉 다락방, 교회, 사회생활, 학교, 정치, 정치적 수완, 대학교, 과학,

---

6) Ibid.

7) *Souvereiniteit in Eigen Kring,* 3rd ed. (Kampen : Kok, 1930).

그리고 끝으로 국가 전체의 생존의 토대인 삶의 심오한 원리들에게로 나아간다. 삶의 전반에 걸친 하나님의 이러한 주권을 인식한 점이 칼빈주의의 독특한 천재성이다. 하나님이 그리스도 안에서 인간이 되어 계신다면, 이 세상 속에는 언제나 그리스도를 위한 자리가 존재해야 한다.[8]

퀴퍼의 신학에서는 이것이 두 가지 연관된 주제들, 즉 보편적인 은총과 그 반명제인 특별한 은총으로 구체화된다. 이들은 동전의 양면이며 서로간의 변증법적 관계로서만이 이해될 수 있다. 하나님께서는 자신의 특별한 은총을 영생에로 부르신 사람들에게만 베푸시지만, 일반적인 은총은 모든 이에게 베푸신다. 기관으로서의 교회만이 무조건적으로 특수한 혹은 특별한 은총의 지역이다.

> 교회 안에서만이 특별한 은총의 삶이 있으며, 교회 밖에서는 오직 일반적인 은총의 삶이 있을 뿐이다.[9]

이러한 명백한 불일치에도 불구하고, 이 두 영역이 서로 무관한 것은 아니다. 복음의 빛이 교회의 창들을 통하여 비치며 교회의 유기적 조직은 국가적인 양심에 어떤 영향을 주는데, 이것은 일반적인 은총의 형태이다.

특별한 은총이 일반적인 은총의 진전에 얼마나 영향을 주는가에 관한 많은 질문들에서 퀴퍼는 아무 대답도 하지 않았다. 그의 광범위한 견해는 세부적인 관심으로 늘 보충되어지진 않았다. 일반적인 은총에 관한 그의 개념을 19세기라는 역사적 상황에 의해 조건지워졌는데, 일반적인 은총은

---

8) W. J. Aalders, "Dr. A. Kuyper", *Onze Eeuw* 4(1921) : 18.

9) *De Gemeene Gratie,* 2 : 273. cf. A. A. Van Ruler, *Kuypers Idee Eener Christelijke Cultuur* (Nijkerk : Callenbach, n. d.), p. 18.

몇몇 비기독교문화에서 나타나지만 이 문화들은 기독교적 영향이 그들에게 미칠 때에는 사라지도록 운명지워져 있었다고 하는 것이다. 유럽 및 아메리카는 일반적인 은총의 특수한 영역들이었다. 역사는 기독교 역사이다.

> 단어의 풍부하고 깊은 의미에 있어서 인류의 역사는 그리스도가 통치하시는 일반적인 은총의 작용에 의해서만 가능하게 된다.[10)]

하나님이 선택하신 목적들이 국가의 핵심을 이룬다. 따라서 기독교 교육을 위한 투쟁은 국가적 발전을 위한 투쟁이다. 기독교 문화는 보다 좁은 초점과 보다 넓은 초점에서 살펴질 수 있다. 그것들 사이에는 본질적인 차이점은 없으나, 그 문화는 보다 좁은 집단인, 신앙고백을 하는 교회 안에서 보다 잘 나타난다. 선택과 특별한 은총은 인간들 사회와 분리시키지 않으며, 일반적인 은총은 특별한 은총의 영향 아래서만이 완성에 이를 수 있다.

그리스도인(Chrstian)이라는 말은 두 가지 의미로 사용된다. 즉 이교도(heathen)와 대립되는 의미와 종교적 자유사상이나 중립이나 불신자에 대립되는 의미이다. 일반적 기독교 문화는 전자에게 맞고, 집약된 기독교 문화는 후자에게 적합하다. 전자의 의미로는 유럽 및 아메리카의 그리스도인의 모든 교육을 일컬을 수 있고, 후자의 의미로는 기독교 교육을 보다 많이 실시해야 할 필요성이 생긴다. 이러한 구분은 퀴퍼에겐 명백하고도 중요한 것이었으며, 그것은 복음의 요구사항 대 완전에의 권고라는 해묵은 문제점의 어떤 면을 반영하고 있다.

---

10) *De Gemeene Gratie,* 2 : 184.

일반적인 은총론의 동기는 문화적 이해 속에 있다기보다는 문화적 활동 속에 존재한다. 그것은 거듭난 신자에게 실존의 가능성, 연구할 자료, 그리고 의미있는 활동을 제공한다. 퀴퍼는 때때로 말하기를, 자신의 일반적 은총의 교리가 종합을 지향하고 있는 것 같다고 했으나, 사실은 그렇지 않으며 반대 명제가 도처에 남아 있다.

이 반명제(antithesis)는 그리스도에 의하여 주입된 삶의 원리로부터 나오는 모든 것과 그렇지 않은 모든 것 사이에서 생긴다.

이러한 반명제는 도처에 스며들지만, 교회와는 상관없이 그것은 대학 내에서 가장 예리하게 초점을 이룬다. 모든 학문은 신앙에 근거한다. 각 사람은 자신의 기본적인 가정들에 근거하여 나아가는데, 그것들은 신 중심(theocentric)이거나 인간 중심(homocentric)이다. 다른 데서와 마찬가지로 여기서도 국가의 복지가 문제된다. 만일 기독교적 토대보다는 합리주의적인 토대 위에서 과학이 개발된다면, 그 나라는 비기독교화되는 것을 피할 수 없다.

퀴퍼가 이해했던 대로의 그 반명제는 학문의 전 영역에 고루 퍼져 있다. 그것은 관찰자가 보다 개인적으로 관계되는 영적 분야에서보다도 아마 물질적인 분야에서 보다 덜 예리하겠지만, 이 대립은 어디에나 현존한다. 삶의 모든 국면은, 제대로 살펴보면, 궁극적으로는 하나님 안에 통일되어 있다. 이 점을 인식하느냐 못하느냐에서 근본적인 분렬이 생긴다.

일반적인 은총은 교육에 있어서 어느 정도의 협동을 전제하고 있지만 그 반명제 역시 여기 작용하고 있다. 기독교학교는 복음전파의 수단 이상의 것이다. 그것은 "중립적인" 학교와는 다음과 같은 점에서 다르다.

교육의 모든 면을 통제하는 정신에 있어서, 그리고 여러 면

> 으로 아동에게 미치게 되는 영향과 적용에 있어서〔다르다〕… 기독교 교육은… 신앙고백에 관해서는 물론 아동의 훈련과 양육에 관해서 한 세대에서 다음 세대로 기독교적 통찰을 전달해 준다.[11]

이것은 명제들에만이 아니라 동정심, 습관들, 관점들, 그리고 이상들에게도 적용된다.

이것이 초등교육에 대하여 참이라면, 그것은 대학교 수준에서는 더욱 더 참이다. 중간적인 접근 방식은 타당치 못하다. 과학은 중립적이 아니다. 왜냐하면 영적인 요소가 그 속에, 즉 연구를 수행하는 사람 속에서는 물론 그가 탐구하고 있는 주제 속에도 존재하기 때문이다. 퀴퍼는 과학적 탐구의 주관적인 요소를 본래의 제자리에로 회복시키려고 애썼다. 거듭난 사람들과 거듭나지 못한 사람들의 구별은 영적 학문들에게만이 아니라 모든 지식에 적용된다. 오직 성령으로 새롭게 된 자만이 만물을 그들의 본질적인 성질과 조화시켜서 바라볼 수 있는 위치에 있다.

비록 퀴퍼의 생각들이 심원하게 신학적이라고 하지만, 그것들이 교육 이론에 직접적인 영향을 주었다는 점은 이상으로부터 명백해졌음에 틀림없다. 그는 모든 교육이 기독교적이어야 한다는 입장에 대하여 이론적 토대를 놓고자 하였다. 그는 그렇게 함으로써 소수집단의 권리에 훨씬 더 많은 관심을 가졌다. 실제적인 정치가로서 그는 소수집단의 권리들에 관한 몇 가지 이득을 단념해야만 했다. 한 정당의 지도자로서 그는 모든 사람들에 의해 지지받지 못하는 생각들을 실행에 옮기려고 교육의 분야에(그리고 다른 분야에서도) 각기 분리된 조직들을 만들 것을 촉구하였다.

그러나 그의 이상은 그것보다 더 높이 있었다. 어느 논평

11) Ibid., 3 : 395.

가가 이야기했듯이 "칼빈주의자들이 리더쉽을 놓치지 않기 위해서라기보다는 그들 자신의 목사, 변호사, 의사, 판사, 정치가, 그리고 여러 분야의 학문에 종사하는 교수들을 확보하기" 위해서 카퍼가 자유대학교를 설립했다고 말하는 것은 그를 올바로 파악하지 못한 것이다.[12] 이러한 목적도 가치있고 야심적인 것이긴 하지만, 카퍼의 꿈은 그것을 초월해 있었다. 그는 자유대학교가 전 국민과 그 이상의 것에 관심을 가져야 한다고 생각하였다. 기독교 교육은 사회 전체를 위한 누룩에 불과하다.

실제적인 업적들

이상과 현실 사이의 긴장은 정치가로서의 카퍼의 실제적인 업적들 속에 특히 뚜렷이 나타난다. 넓은 통찰력을 가진 사람이었던 카퍼는 자신의 생각들을 실천에 옮기는 일을 되도록이면 남에게 맡겼다. 그의 사상이 모두 발표된 후에는 어떻게 하면 학교가 온전히 기독교적이겠으며, 어떻게 하면 교과목이 기독교적으로 가르쳐질 수 있겠는가를 결정하는 작업을 해내야 했다. 그러나, 우선 기독교 학교들의 존재에 관한 합법적인 권리를 확립한 것에 관해서는, 카퍼가 그 열정과 능력과 업적에 있어서 탁월하였다.

카퍼가 이러한 일들을 대단한 반대없이 이루어냈다고 생각해서는 안 된다. 그가 정계에 발을 내딛기 오래 전부터 그는 자신이 가진 견해들의 특성과 그것들에 대한 그의 열렬한 신봉 때문에 논란을 불러일으켰다. 그는 정계에서 격렬한 반대에 마주쳤고 신문들로부터는 혹심한 비방을 받았다. 입법에 관한 그의 몇 가지 노력은 수포로 돌아갔으며,

12) Van Lonkhuysen, "Abraham Kuyper", p. 140.

결국 그는 자신이 바라던 것보다 저조하게 어떤 것은 단념해야 했다. 그러나 그가 후원한 교육법과 그가 설립한 대학교는 중요한 업적들이었다.

1869년에 벌써 그는 칼빈파 학교협회에 편지를 보냈다. "국가적 양심에의 호소"라는 제목으로, 그는 국민성, 민족적 소명, 종교의 자유, 양심의 자유, 그리고 교육적 행위에 있어서 부모의 자율권 등을 논하였다. 하나의 영역, 즉 교회라는 영역은 전적으로 또 직접적으로 하나님을 위하여 보존되어야 한다고 믿었다. 그 나머지—국가, 가족, 사회, 학문, 그리고 문화—는 대체적으로 또 간접적으로 종교의 침투를 받을 수 있다. 그러나 이런 영역들에서도 믿는 자들은 되도록이면 자신들의 원리들을 집약적으로 또 폭넓게 적용할 수 있도록 각기 따로따로 자신들을 조직해야 한다. 이런 방식은 이상적인 것은 아니지만 그 영역의 전체 사람들이 종교적인 삶이나 신앙고백의 조직체가 될 수 없을 때는 그것이 적용되어야 한다.

퀴퍼가 의회에 처음으로 발을 들여놓을 때부터, 그는 학교들의 대의명분을 옹호했다. 학교들은 지역적, 지방적, 그리고 국가적 차원의 위원회를 갖춘 그들 나름의 자치기구를 가져야 한다고 주장하였다. 국가는 기준들을 입법화하고,교사들에게 자격을 부여하고, 통제와 검열을 하며 입학을 의무화해야 한다. 국가는 또한 부모들이 자기 자녀들을 취향대로 학교에 보내는 것을 재정적으로 가능케 해 줄 책임이 있다. 국가는 부모들의 양심의 자유를 존중해야 한다. 국가는 비국립학교들이 국가의 비용을 절감시켜 주는 액수 만큼 그들에게 상환해 주어야 한다. 자신이 대표하고 있던, 그리고 그가 국민적인 종교 및 문화 유산을 참으로 대표한다고 생각했던 그 특정 소수집단의 권리를 변호하면서, 퀴퍼는 또한 모든 소수집단들의 권익을 위해 싸웠다.

퀴퍼가 이해하고 있던 대로, 교육적 반명제는 다음과 같은 질문으로 제기될 수 있다. 젊은이들은 중립적으로,즉 사실은 무신론적으로 가르침을 받아야만 하는가? 그렇지 않으면 그들은 성경의 요구대로 기독교적으로 가르침을 받아야 하는가? 이 상황에서 초등학교와 자유대학교를 위한 투쟁은 동일한 투쟁이었다.[13)]

자유대학들(국가나 교회로부터 자유로운)은 국립대학교들과 동등하게 충분한 권리를 가져야 한다는 원칙을 퀴퍼는 세웠다. 그는 그러한 대학교들로부터 수여되는 학위들의 법적 타당성을 얻기 위하여 싸웠다. 비록 그는 많은 그러한 대학들의 설립을 구체화시켰지만, 암스텔담 자유대학교만이 그가 손수 설립한 것이라고 제대로 이야기될 수 있는데 그것이 설립되는 데엔 그의 비젼과 정력이 가장 큰 요소였다.

그 자유대학교는 신학부부터 시작했는데, 그곳엔 퀴퍼 자신이 광채를 더해주는 주요 인물이었다. 그렇지만 그는 단순하게 신학교만이 아닌, 진정한 종합대학교를 바라고 있었다. 애초부터 그는 이러한 이상의 궁극적인 성취를 위해 일했었다. 자유대학교의 몇몇 후원자들은 신학, 법학, 그리고 문학을 넘어서 자연과학에까지 연구가 진전되자 망설이기 시작하였다. 그러나 퀴퍼로서는 이런 것은 지극히 당연한 것이었고, 이 목표를 향한 그의 전진에는 조금도 흔들림이 없었으며, 그것은 오랜 후에야 성취되었다.

퀴퍼의 활동은 여러 가지 분야에서 이루어졌지만,그의 노력엔 커다란 통일성이 있었으며, 교육 이론가로서 그의 작업은 그의 주된 전문적 작업은 아니었지만, 그의 활동의 대부분은 기독교 교육에 직접 관련된 것이었다.

자유대학교의 교수로서 그가 애써서 만들어낸 독특한 신

---

13) Aadlers, "Dr. A. Kuyper", p. 18.

학을 과학, 법률, 문학, 역사, 그리고 신학 등을 합친 백과 사전식의 원리들을 담고 있었다. 이것은 원래 3권으로 발행되었던, *Encyclopaedie der Heilige Godgeleerdheid*라는 그의 책 속에 요약되어 있다. 이것을 요약해서 영어로 옮겨 놓은 것은 단행본으로 된 *Principles of Sacred Theology*이다.[14)]

퀴퍼가 옹호했던 기독교 교육은 기독교 공동체를 국가나 학문의 세계로부터 격리시키려는 것은 결코 아니었다. 그것은 각기 별개로 나뉜 기독교 조직체를 포함하고 있었던 것이 분명하지만, 그러한 조직체들은 국민들의 생활 속에 깊숙이 침투해 있다. 퀴퍼는 자신의 원칙들로 인하여 결코 상아탑에 안주할 수 없었다. 그리스도께서는 모든 생명에 대하여 절대적으로 요구하고 계시며 그 분의 요구는 무시되어질 수 없다. 각기 분리된 그 조직체들은 이러한 요구들을 고립시키려고 존재하는 것이 아니라, 그것들이 사회에서 효율적으로 작용하도록 만들기 위하여 존재한다.

이것과 논리적으로 꽉 들어맞는 것은 기독교 교육은 모든 학문을 포함한다라는 퀴퍼의 주장이다. "성서만을 가진 〔단순한〕 학교"는 그의 의도와는 동떨어진 것이다. 그 반명제는 어떤 과목도 기독교적 통찰이 없이는 이해될 수 없다는 것을 불가피하게 함축했다. 마찬가지로, 일반적인 은총은 이러한 통찰들이 모든 행위에 적용되기를 요구한다.

---

14) 번역판은 J.H.De Vries(Grand Rapids : Eerdmans, 1954).

Selected Bibliography

Kuyper, A. *Calvinism: Six Stone Lectures.* New York: Revell, 1899.

________. *De Gemeene Gratie.* 3 vols. Leiden: Donner, 1907.

________. *De Gemeene Gratie in Wetenschap en Kunst.* Amsterdam: Hoveker and Wormser, 1905.

________. *Principles of Sacred Theology.* Translated by J. H. De Vries. Grand Rapids: Eerdmans, 1954.

Vanden Berg, F. *Abraham Kuyper.* Grand Rapids: Eerdmans, 1960.

25.

윌리암 제임스

William James / 1842 - 1910

제임스 메리트(James Merritt)

윌리엄 제임스는 아마 19세기 말과 20세기 초의 미국의 주도적인 심리학자이며 철학자였다. 그는 종교에 관해서 귀중한 많은 글을 썼으며, 그의 심리학과 철학은 교육연구와 관련되어 있다.

생 애

제임스는 신학자 헨리 제임스(Henry James)의 아들이었다. 자기 아버지에게 보낸 편지에서, 그는 자기가 아버지에게서 물려받은 것과 차이점들을 이야기하였다:

> 나의 모든 지적 삶은 아버지께로부터 온 것입니다. 종종 우리는 서로 잘 맞지 않는 것 같지만 …… 어딘가에 조화가 있다는 것과 우리들의 노력이 한곳에서 만나게 될거라고 나는 확신합니다…[1]

1) H. James, ed., *The Letters of William James* (Boston : Little and Brown, 1920), 1 : 219.

헨리는 그 편지가 영국에서 도착하기 전에 사망했고, 그것은 그의 장남이며 이름이 같은, 소설가 헨리 제임스에 의해 그의 무덤에서 낭독되었다. 윌리엄의 부친은 1835년 프린스턴신학교에 등록했었지만 1838년 그에게는 거슬리는 장로교 신학때문에 그만 두었다. 1844년 아내와 두 아들과 영국 윈저(Windsor)에서 살 때, 헨리는 그의 여생 동안 가장 현저히 영향을 준 영적 위기를 맞이하였다. 그가 그것을 헤쳐나왔을 때 그는 스웨덴보르그(Swedenborgian)의 추종자는 아니었지만, 그 사상에 심취해 있었다. 스웨덴보르그의 저술들은 그에게 영적 유일성(oneness)에 관하여 잡힐 듯한 희망을 제공해 주었고 그가 칼빈사상과 절교하게 되는 정당성을 제공하였다.

종교와 철학은 헨리의 마음 속에는 통합되어 있었지만, 그의 장남은 그 제임스가의 가정에서 "사소한 하나의 헌신적인 실례"라든가 "'주일을 지키려는' 조그마한 기미"도 기억할 수 없었다. 그러나 "삶의 일반적 자유, 즉 가정이 으레 그렇듯이 우리를 유쾌하게 해 주는 자유로움이 대체로 있었는데, 그러한 '영적세계'에서는 우리가 저녁먹으라는 소리나 우편 배달부의 외치는 소리를 듣는 것에 비유할 만큼 자유롭게 이야기를 듣는 습관에 젖어 살았다…" 그 가정은 대단히 종교적인 분위기였으나, 아이들은 후에 "그런걸 보여 줄 만한 것이 거의 없었다"고 느꼈다.[2)]

제임스가에서는 자주 이사를 다녔는데 그 한 가지 이유는 아이들이 되도록 가장 좋은 교육을 받도록 하려는 것 때문이었다. 윌리엄은 불로뉴－쉬르－메르(Boulogne－sur－mer, 대학), 로드 아일랜드의 뉴포트(Newport, Rhode Island), 스위스의 제네바(Geneva, 학술원), 메사추세츠주의 케임브리지(Cambridge, 로렌스 과학학교) 등에서 공부했다. 1865－66년에 그

2) *Notes of a Son and Brother,* p. 157.

는 루이 애거시즈(Louis Agassiz)의 브라질 동물학 탐사대의 일원이었다. 1867년과 1874년 사이에 그는 신경쇠약 증세가 있는 고질병을 여러 가지 앓았는데, 그것은 복합적인 정서결손으로 평생 그를 따라 다녔다. 1849년 하바드대학교에서 의학박사 학위(M. D.)를 받았으나 건강 때문에 의업을 개업하지 못하였다. 1873년 그는 하바드에서 가르치기 시작하였는데, 그의 직업은 가장 좋은 의미로, 자아 교육의 연장이었다. 그는 생리학을 먼저 가르쳤고, 다음에 심리학을, 끝으로는 철학을 가르쳤다.

1882년 부친의 별세소식을 듣고서 윌리엄은 4년 동안 그의 아내였던 앨리스 기번스 제임스(Alice Gibbens James)에게 자기 부친이 그랬던 것처럼 "종교의 가치와 의미"를 그가 이해하게 될 때까지 그녀가 그를 떠나지 말았어야 했다고 편지를 썼다. 그러나 그는, 자기 아버지처럼, 종교가 이생에 필요한 유일한(the one) 것이라고는 생각하지 않았으며, "안식에 들어간 후에 필요한" 것으로 생각했다. 그는 다음과 같이 썼다.

> 내 친구들은 종교를 모두 팽개쳐 버렸고 나는(다른 이유가 없다고 하면) 그의 아들이기 때문에 그것이 그들의 눈에 제대로 보이도록 도와 주어야만 한다.

랄프 바르톤 페리(Ralph Barton Perry)는 제임스가 이 서원을 20년 후에 「종교적 체험의 다양성」(*The Varieties of Religious Experience*)이라는 책을 씀으로써 성취하였다고 지적하였다. 그의 아버지의 동료들의 어조에서 제임스는 일찌기 종교란 본질적으로 인격적인 길들임의 문제라는 것을 배웠다. 제임스에게는 궁극적인 것에 대한 믿음들이 어떻게 개인적인 체험의 일상적인 맥락 속에서 실제로 작용하는가를 아는 것이 가장 중요한 것이었다.

종교 철학

제임스의 종교철학을 재구성하는 작업은 그의 저술들이 엄청나게 많고, 또 1910년 그의 죽음 이래로 축적된 방대한 해석들 때문에 감히 엄두를 낼 수 없을 정도이다.

우리가 추구해야 할 한 가지 주제는 절대자에 관한 그의 공격이다. 실용주의에 관한 그의 논문에서 제임스는 체험 속에서 믿음들을 관찰하는 보다 실제적인 철학과 절대자에 관한 박식한 철학자들을 대립시키는 데에 관심을 두었다. 그는 청소년 시절에 19세기의 미국 문화가 그에게 강요하였던 일원론(혹은 절대론)을 거부하였다. (그의 아버지의 신학은 독특한 일원론으로 전통적인 칼빈주의적 일원론을 사랑으로서의 하나님과 독립적인 "피조된 피조물"을 전제로 한 일원론으로 바꾸었다.) 제임스는 "초월적인" 유일한 진리라는 개념을 포기한 점에서 다원론자가 되었는데, 이는 최선의 철학적 사유에 의하여 진리에 접근하기 위함이다. 다원론적 철학에서는 상반되는 신학들이, 마치 그것들에 관해 쓰여지거나 말하여진 것들이 신문에, 세미나실에, 또 인기있는 강의실에 나란히 나타나듯이 나란히 존속한다. 그러나 어떤 신학이 "보다 더 참된지"를 어떻게 결정할 것인가? 제임스의 실용주의에서는, 믿는 자에게 "가장 잘 작용하는" 믿음 또는 믿음들의 체계가 그 사람에게 참이다. 믿는 사람 자신이 어떤 것이 자기에게 "가장 잘 작용하는지"에 대하여 확인한다. **가장 잘 작용한다**(working best)는 말은 우둔하게 적용되어서는 안 된다. 오히려 그것은 선택될 수도 있는 다른 믿음을 제끼고 한 믿음을 선택함으로써 참된 취사선택을 하는 것을 가리킨다. 만일 그 선택된 믿음이 그것이 선택되던 바로 그 상황을 조명해 주며 그 나머지의 우주에 관하여 그가 믿고 있는 것과 조화를 이룬다면, 그러면 그 믿음은 그 사람에게 참되다. 절대적 진리에 관한 "이절판 책"을 참조할 필요가 없다.

두 가지 현저한 사실을 주목함으로써 종교교육에 관한 윌리엄 제임스의 "알파와 오메가"에 접근할 수 있다: (1) 그의 양친들은 어느 특정한 종교교리를 그에게 주입시키지 않았다. (2) 그의 생애의 마지막 10년 동안 그는 자신의 형이상학을 구성하였다. 첫째 사실은 어린이들이 진정 종교적인 삶을 살도록 성장하려면, 종교를 자유롭게 공부하도록 최적의 격려를 해주는 가정에서 양육되어야 한다는 것을 암시한다. 둘째 사실은 모든 청소년은 성숙해감에 따라 자신과 종교의 형이상학적 연구와의 관계가 무엇이어야 하는지를 배울 필요가 있음을 암시한다.

제임스의 철학의 중심추세는 무엇이었는가? 제임스가 일원론적이기보다는 다원론적이라고 우리는 언급하였다. 머지않아서 제임스도 "경험적 관념론자"(empirical idealist)로 알려지게 될거라고 로버트 울리히(Robert Ulich)는 시사하였다. 존 와일드(John Wild)는 제임스의 근본적 경험주의(radical empiricism)에 다시금 주의를 돌려 그것이 에드문트 훗서얼(Edmund Husserl)의 현상학과 밀접한 관계가 있음을 보여 주었다. 제임스와 훗서얼은 둘다 자연과학으로부터 미리 어떤 지식에 의존하지 않고 직접적인 경험을 조사하는 체제를 모색하였다.

제임스의 근본적 경험주의는 종교교육에 심각한 도전을 하였다. 전체주의적 공산주의 사회가 일원론적 사회이듯이, 우리의 "자유세계"는 필연적으로 다원적 사회이다. 자유로운 사회 속의 개인이 어떻게 그가 합리적으로 소유하고 있는 모든 종교의 자유를 활용하는 것을 배울 것인가? 그는 정확하고 상세하게 자신의 직접적인 감정들을 묘사하는 방법을 배워야 한다. 경험주의의 보다 전통적인 체계는 지각의 일차적인 단위를 "하얀 원", "붉은 구형", 그리고 "녹색의 현상들"과 같이 감각적인 용어들로 묘사하였다. 「심리학 원리」(*Principles of Psychology*)에서, 제임스는 의식의 흐름 속에서 자연스럽게 생기는 감정을 묘사하였다. 떠오르는 생각들을 설명할 때엔 "심리적 내용"과 물질의 단위라는 이원론은 없다. 그의 경험주의는 궁극적인 것에 대한 우리의 개념이 직접적인 친숙을 통하여 우리가 알게 되기 때문에 바로 그 궁극자에 대한 개념을 고려한다는 점에서 "근본적"이다.

1909년 옥스포드에서 다원적 우주(A Pluralistic Universe)에 관한 Hibbert 강좌를 끝마치면서 제임스는 경험주의와 종교의 새로운 관계의 필요성을 긍정하였다:

> 경험주의가 일단 종교와 결합하여야 한다. 지금까지는 어떤 이상한 오해로 인하여, 경험주의가 무종교(irreligion)와 결합되어 있었다. 나는 철학은 물론 종교의 새 시대가 이제 곧 시작되리라고 믿는다…[3]

이러한 오해 속에는 초월적 자아에 관한 헤겔식의 개념이 포함되어 있었다. 절대론자는 자아는 하나님이 계시하신 지식의 값진 저장소이며 그것을 통해 하나님의 뜻이 작용하는 대리기관이라고 가르쳤었다. 인간정신의 작용을 심리적으로 설명하려면, 그러한 개념들은 수정되어야 하며, 어떤 것은 폐기되어야 한다. 19세기 후반에 다윈의「종의 기원」(*Origin of the Species*, 1859)에 자극받은 경험과학의 풍요한 발전은 많은 사람들로 하여금 하나님과 인간에 대한 개념들을 재음미하게 하였다.

신학은 정신(mind)과 신앙에 관계된다. 정신에 관한 어떤 개념들은 대부분 너무 성스러워서 공격은 고사하고 분석할 수도 없게 되었다. 그렇지만 제임스는 자신의「심리학 원리」(*P-*

3) p.314.

rinciples)에서 그것들을 분석하였다. 신학은 소중히 여겨야만 할 것이 아니라 재구성해야 할 어떤 것임을 그는 그의 아버지로부터 배웠다. 그는 또한 과학의 독단론도 역시 가능한 한 최선의 철학적 비판에 비추어 볼 때 마찬가지로 회의(Skepticism)와 재구성이 필요하다는 것도 배웠다. 1901년 기포드(Gifford) 강좌에서 종교를 설명하기 위해 어떻게 심리학이 활용될 수 있는지를 그는 보여 주었다. 그 강좌를 준비하면서 오랜 친구였던 프랜시스 R. 모르스(Frances R. Morse)에게 쓴 편지에서 제임스는 첫째로, 제임스 자신이 종교적인 사람이라는 것과 둘째로, 자신은 종교를 교묘히 변명하여 회피하려는 냉정하고 객관적인 과학자는 결코 아니라는 것을 밝혔다.

> 내가 스스로 제기한 문제는 어려운 것이었다: 첫째는, 세상의 종교적 생활의 참된 중추는 "철학"이 아니라 "경험"임을 옹호하려는 것(내 "학급"의 모든 편견에 반하여)이다—이는 우리의 운명과 세상의 의미에 대한 고매한 견해가 아니라 기도, 인도, 온갖 종류의 직접적이고 사적으로 느껴지는 것을 의미한다. 둘째는; 내 자신이 철저하게 믿는 것, 즉, 모든 특별한 종교적 표현들(나는 종교적 신조들이나 이론들을 의미한다)이 불합리할지라도 전체로서 종교의 생명력은 인류의 가장 중요한 기능이라고 하는 것을 내 말을 듣는 이들이나 내 글을 읽는 이들이 믿도록 만드는 것이다. 이것은 거의 불가능한 작업이며 도중에 내가 실패하고 말거라고 두려워하지만 이 작업을 시도하는 것이 바로 나의 종교적 행위이다.

제임스의 청중 가운데 보수적인 몇몇 사람은 "경험"이 종교적 신앙의 중추를 이룬다는 점에 확신을 갖지 않았지만 그 강의들의 중추는 "경험"이었다. 제임스는 처음 열 개의 강의에서 종교에 대한 인간의 경험을 보고하고 나중의 열 개의 강의에서 그 철학적인 정당성을 다루려고 하였다. 그러나 심리학적인 문제가 너무 광범위하게 되어서 그가 서문에서 언급한 대로 철학적 정당화 작업은 "전적으로 연기"될 수 밖에 없었다.

「기독교적 경험의 다양성」(*The Varieties of Christian Experience*, 기포드 강좌를 출판한 것)은 먼저 심리학자로서의 제임스의 견해를 확대시킨 것이라고 생각해서는 안 된다. 과학자이자 학자로서 그의 가르침과 저술 속에는 궁극적인 관심들에 관한 그의 관심이 결코 사라진 적이 없다. 알프레드 N. 화이트헤드(Alfred North Whitehead)는, 서구 문명사 중에서, 방대한 과거의 자료들을 가지고 연구했던 네 명의 가장 훌륭한 철학자 속에 제임스를 포함시켰다.[4)]

제임스의 철학을 충분히 설명하려면 그가 개인적으로 실존적인 고뇌와 절망의 심층을 경험했다는 점과, 건설적인 측면에서 본다면, 그가 자기 나름대로의 종교적 관심에 대한 철학적 해결－그가 자기의 철학적 동료들에게 제시할 수 있으며, 교육받은 대중이 이해할 수 있는 해결－을 평생의 과업으로 삼았다는 점을 포함시켜야 한다. 「기독교적 경험의 다양성」의 제 6, 7강좌에서 제임스는 "병든 영혼"에 관한 경험을 위장하여 설명하였다. 그것은 본질적인 가치에 대한 모든 감각을 상실한 사람의 "회심"에 관한 보고서 속에 들어 있다.

> 이런 상태의 철학적 염세주의와 일반적인 영혼의 우울증에 빠져 있을 때… 어느날 저녁, 나는 옷 몇 벌을 가져오려고 황혼이 깃든 강의실에 들어갔었는데, 그 때 갑자기 아무런 예고도 없이… 내 자신의 실존에 대한 무서운 두려움이 거기서 나를 엄습했다. 거의 동시에, 내가 수용소에서 본 적이 있는 어느 간질병 환자의 모습이 내 맘 속에 떠올랐다… 나는 잠재적으로 내가 바로 그 모습이라(That shape am I)고 느꼈다… 나는

4) *Modes of Thought* (New York : Free, 1938), pp. 2, 3.

> 온통 두려움으로 덜덜 떨기 시작했다. 이런 일이 있은 뒤 나에겐 온 우주가 완전히 변해버렸다. 아침마다 나는 명치 끝에 참담한 두려움을 느끼며, 그리고 내가 그전에 결코 알지 못했던, 또 그 때 이래로 내가 아직 느껴 본 적이 없는 삶에 대한 불안정감을 느끼면서 눈을 떴었다…그 이후로 주욱 그러한 경험은 나로 하여금 다른 사람들의 병약한 기분을 동정하게 만들었다… 내가 체험한 이런 우울증의 경험이 어떤 종교적인 관계가 있었다고 나는 늘 생각해 왔다. 즉 그 두려움이 대단히 침략적이고 강력해서 만일에 내가 "영원한 하나님이 나의 피난처로다" 등등과 같은 성경귀절에 매어달리지 않았더라면… 내 생각으로는 내가 정녕 미쳐버렸을 것이라고 나는 생각한다.[5]

전기작가들에 따르면, 이 사건은 1870년 정월에 있었다. 제임스는 자기의 고질적인 고뇌를 해결하려고 굉장한 애를 썼다. 1870년 4월 29일, 그는 르누비에(Renouvier)의 자유의지에 관한 정의-"자유의지와는 다른 생각들을 선택할 수도 있지만 **내가 선택하기** 때문에 한 가지 생각을 계속하는 것"에 접하였다. 제임스는 일기장에 이렇게 썼다:

> 나의 최초의 자유의지의 행위는 자유 의지를 믿는 것일 것이다. 나는 단순한 공론(speculation)이나 명상적인 *Grublei* 〔즉, "미묘한 것들을 열심히 파헤치는 것"〕을 삼갈 것이다…그리고 자발적으로 도덕적 자유에 대한 감각을 (독서와 행함을 통해) 길러야겠다… 아마 형이상학적 연구와 회의주의에 다시 돌아올지도 모른다…〔그러나 나는〕 그 결과 **바로 구두쇠처럼 고의적인 선택을 한 가지씩 축적해 나갈 것이다**; 하나의 고뇌를 빠뜨리게 되면 셀 수 없이 많은 것들이 풀려나간다는 것을 결코 잊지 않으면서…[6]

5) pp. 160, 161.

6) *Letters*, p. 147. 강조는 내가 표시했음.

일기장에 이렇게 기입된 것은, 제임스의 아들인 헨리가 보기엔, 1870년에 제임스의 마음 속엔 어떤 것이 진행되고 있었는지에 관하여 많은 것을 드러내줌은 물론이고 "「심리학」(*Psychology*)이라는 책과 후에 헤아릴 수 없이 많은 독자들에게 위안과 용기를 심어준 철학적 수필들의 어떤 부분들을 암시하고 있다."

제임스 자신의 체험의 본보기를 따라서, 그는 「기독교적 경험의 다양성」에서 "순수하고 소박한" 인격적 종교에 관하여 썼다. 스스로 명백하고 기초적인 정신적 감동이면서, 모든 종교적 경험에 현존하는 추상적인 "종교적 정서"라는 것은 없다. 그러나 종교를 도덕성과 분리시키기가 어렵기 때문에, 많은 사람들이 종교를 감정(feelings)의 체계이며 교회에서 가르친 사상이라고 정의하려고 하며, 인격적 종교는 단지 이러한 복합체의 한 단편에 불과한 것이라고 주장한다. 그러나 제임스는 종교를 다음과 같이 정의하였다.

> 종교는 무엇이든지 사람들이 신적인 것이라고 생각하는 모든 것과 관련지어 스스로를 이해하는 한에서 개개인이 갖는 개인들의 감정, 행위, 그리고 체험들이다.

이런 의미로 사용된다면 종교는 신학, 철학, 그리고 교회적 조직이 이차적으로 성장할 수 있는 많은 것을 말해 준다. 신적인 것(divine)이라는 용어는 광범위하게 신같은(godlike) 대상은 무엇이나 포함하는 것으로 해석되어야 한다.

종교적 활동에 관한 유용한 설명 중에 어떤 것을 「기독교적 경험의 다양성」 속에 포함시킬 것인가를 결정하면서, 제임스는 신뢰도(credibility)의 기준을 채택한다: 그 기록이 개인이 품고 있는 "신적인 것"과 관련시키기 위한 진정한 노력의 영향을 갖고 있는가? 제임스는 종교적 인물들로서 이름난 아우구스티누스, 테레사(Theresa), 존 번연(John Bunyan), 그리고 조오지 폭스(George Fox)의 기록들과 월트 휘트먼(Walt Whitman), 레오 톨스토이(Leo Tolstoi), 토마스 카알라일(Thomas Carlyle), 그리고 마르쿠스 아우렐리우스(Marcus Aurelius)와 같은 문학적 인물들의 기록들, 그리고 경건한 문헌이나 제임스가 개인적으로 접촉한 데서 인용한 보다 덜 알려진 사람들의 기록들을 포함시켰다. 이렇게 많은 증거가 강하게 함축하고 있는 것은, 많은 사람들에게는 종교적인 기관들의 가르침들과는 상관없이, 신적인 것에 다소 직접 관계를 맺으려는 요구가 있다는 것을 암시한다. 그러나 증거의 유형들 사이에는 중요한 내용적 차이점들이 있다. 예를 들면, 마르쿠스 아우렐리우스는 "우주에 대한 신의 계획"에 공감했으나, *Theologica Germanica*의 기독교인 저자는 신의 천명(decrees)에 공감하였고 그걸 받들기까지 하였다. 스토아 황제의 감정은 우선 도덕성에 관한 것으로써 자신을 의무와 필요성에 관련시키는 것이다.

> 도덕론자는 자기 호흡과 근육을 긴장시켜야 한다. 그리고 이러한 신체적 태도가 가능할 때까지는 모든 것이 잘 되어간다-종교는 충족시킨다(suffices) …[7]

그러나 만약 어떤 사람이 "치유할 수 없는 무력감으로 아파 누워 있다"면, 종교는 감정의 첨가된 차원을 제공해 줄 수 있다. 본질적으로 도덕적인 태도와 본질적으로 종교적인 태도의 이러한 비교는 제임스가 젊은 시절에는 금욕주의자(a stoic)로 자처했으며 1870년의 충격(trauma)적인 사건에 선행했던 고질적인 고뇌의 여러 형태들에 대한 스토아적 해결로서 자살

7) *The Varieties of Religious Experience*, p.47.

을 생각하기까지 했다는 것을 우리가 알게 될 때, 훨씬 더 적절하게 된다.

제임스는 자신의 기포오드 강좌에 참석한 에딘버러의 청중들은 본질적으로 절대론적이며 칸트를 따르는 이들임을 느꼈다(즉, 하나님과 인간과 도덕법칙에 관한 하나의 설명이 존재한다). 그는 신학의 독단론자들 뿐만 아니라 "과학의 독단론자들"도 유념하고 있었는데, 이들은 만일 어떤 사건들이 물질적으로 결정될 수 있다고－이른바 "종교적인" 정서들까지도 포함해서－느꼈던 사람들이었다. 후자는, 예를 들면, 그들에게 식도락가들의 체액의 부작용 때문이라고 함으로써 교묘히 변명할 수 있다. 제임스는 경험주의가 종교를 공격하기 위해 이용되어 왔지만, 경험주의가 종교를 발전시키는 데에 사용될 수 있을 것이며, 또 사용되어야 할 것임을 이 두 집단이 다 깨닫기를 바랬다. 1896년 "믿으려는 의지"라는 강의에서 그는 비록 증명해 주는 증거가 빈약하다 하여도 중요한 사항들에 관해서 믿음을 가질 권리가 사람에겐 있다고 지적하였고, 궁극적인 관심들을 포함해서 중요한 사항들에 관하여 믿어야 할 필요성을 느낄 때엔, 참된 선택을 고려해야 하며 경험상 선을 위하여 "효과가 있을"(make a difference) 선택을 해야 한다고 하였다. 그리하여, 그가 에딘버러에 제출한 종교적 감정에 관한 수 많은 광범위한 보고서들은 여러 가지 의미로 "작용한" 종교적 신앙들의 광범위한 다양성을 명백히 하고자 하는 제임스의 소망을 나타낸다. 종교는 본질적으로 정서(emotions)의 문제이며, 다원적인 우주에 있어서 종교적 믿음의 선택이 불가불 가장 중요하다. 종교의 영역에서 분명한 믿음은 분명치 않은 감정들이 동일한 결론들에 도달한 후에라야 설득력이 있다. 제임스는 이것이 당연한 것이라고 말한 것이 아니라, 감정적인 것이 이성적인 것보다 사실상 우선적으로 작용한다는 것을 말한 것이다. "본능이 인도하고, 지성은 다만 뒤따를 뿐이다"(Instinct leads, intelligence does but follow) 라고 제임스는 "보이지 않는 것의 실재" (The Reality of the Unseen) 라는 글에서 주장하였다.

모든 종교적 체험에 관한 설명문에는 제 아무리 기묘하거나 색다른 기록이라고 하여도, 적어도 어느 정도의 진리가 있다. 그러나 어떻게 하나의 종교적 체험이 약간의 임시적 타당성만을 가진 것이 아니라 매우 유익한 것으로 판단될 수 있는가? 제임스의 답변은 피실험자의 정신적 건강에 입각한 것은 아니었다. 이런 것은 의학적 유물론자들의 불확실한 접근 방식이었다. 과학이나 산업예술의 영역에서는, 진리를 제시하는 사람들에게 신체적 혹은 신경상의 장애가 있었다는 기록이 없어야 한다는 것을 요구하지 않는다. 영적인 판단들은, 그것들의 기원(예, 불안정하고 신경질적인 사람)에 근거하기보다는, 그것이 무엇을 설명하는가 또는 그것이 행동에 대하여 어떤 지침을 제공하는가에 입각하여 검증되어야 한다.

> 간단히 말하자면, 그냥 보아서 알 수 있는 명료함, **철학적 합리성**, 그리고 **도덕적 유익성** 등만이 유용한 기준들이다. 성 테레사는 가장 태평스런 암소의 신경조직을 갖고 있었을지 모르나, 그것도, 만일 이러한 다른 검증들에 의해 그녀의 신학이 유치한 것임이 드러나게 된다면 이것이 그녀의 신학을 구할 수 없을 것이다…[8)]

종교적 체험의 연구를 위한 전후관계(context)로써 방대한 자료를 제공하는 것이 제임스의 의도였다. 병적 상태에 접하여 살아온 작가들의 설명을 빠뜨려선 안 된다. 왜냐하면 그 설명 중의 어떤 것은 타당할 수도 있기 때문이다.

8) Ibid., p. 18.

어떤 심리상태들은 다른 심리상태들보다 더 우월하다고 판단되어야 하지만, 어떤 것도, 그 선재(antecedents)를 근거로 하여 우월하다고 판단되지는 않는다. 전적으로 다른 두 가지 기준들 가운데 하나가 반드시 적용되어야 한다: (1) 어떤 것이 우리에게 즉각적인 즐거움을 주는가? 또는 (2) 어떤 것이 더 좋은 결과를 맺는가? 나머지 경험의 판단에 비추어 볼 때, 곧 바로 가장 좋게 느껴진 것이라고 해서 반드시 가장 "참된" 것은 아니다. 즉, 만일 "좋게 느끼는 것"만을 따진다면, 술취한 것이 지상 최고의 인간적 체험이 되버릴 것이다.

제임스가 그처럼 방대한 종교적 체험들을 기꺼이 연구한 것은 그의 사상이 절대적인 상대주의였다는 것을 의미하는 것은 아니다. 그는 종교적 체험의 영역에서 "서글픈 부조화"를 대단히 많이 발견하였다. 그러면 어떻게 하나의 영적 견해가 다른 것에 대하여 판단할 수 있을까? "논리와 실험을 통하여"라는 말이 제임스의 일반적인 대답이었다. 그런데 누구의 논리며 누구의 실험인가? 결국 최종적인 귀착점은 항상 결국 인류의 공통적인 승인이거나 가르치고 훈련시키는 사람들의 판단들이었다. 예를 들면, 어떤 이는 자신이 공감하는 어떤 철학자의 설명을 발견할 수 있다. 만일 그 설명이 그 시대의 보편적인 신학적 어조에 일치한다면, 그것이 개인적인 판단을 한층 강화해 준다. "유능한" 사람들이 영적인 판단들에 관하여 알아야 할 것은 무엇인가라고 묻는 것은 신학이나 종교철학이 무엇이냐라고 묻는 것이다. 제임스가 그토록 끝없이 관심을 기울인 것은 바로 두 번째 영역이었다.

한 가지 농담을 하자면, 교육 철학 집회들을 순회하면서, 듀이 학파의 철학자들은 월요일에서 금요일까지는 자연주의적 무신론자들처럼 행동하지만, 일요일에는 착실한 유신론자들이 된다! 그러나 실용주의와 제임스의 근본적 경험주의는 그러한 특별 간막이 설치를 요하지 않는다. 하나님에 관한 제임스의 신앙은 그의 다원론적 우주관과 일치하였다. "평범한 사람"은 본능적으로 하나님을 믿기를 원하지만, 이런 신앙은 "과학의 청교도주의"의 바탕에서 자라난 교육연구가에겐 거리낌이 된다.[9] 후자는 증명할 수 있는 것만을 믿게 하는 독단주의에 대한 제임스의 묘사였다.

「기독교적 경험의 다양성」은 종교를 추구하는 것을 자아교육상의 한 문제로 보는 사람에게 유익할 수 있다. 제임스는 종교의 선택을 두 가지 유형의 기질과 관련하여 설명하였다: (1) 마음이 건강한 경우와 (2) "병든 영혼"의 경우이다. 건강한 마음은 모든 것이 좋게 보인다. 사람은 분명히 환경으로부터 물려받아서 자기도 모르게 건강한 마음을 가질 수 있다. 혹은 건강한 심리상태를 지탱해 주는 긍정적인 교리와 자기 자신을 의도적으로 또 체계적으로 동일시함으로써 사람은 건강한 마음의 소유자가 될 수 있다. 우리는 모두 질병, 굶주림, 그리고 정부의 부패로부터 우리의 관심을 자주 보다 유쾌한 것들에게로 돌림으로써 어느 정도씩은 위와 같은 일을 하고 있다.

> …우리가 문학이나 사회에서 공적으로 인식하는 세상은 진정한 세상 모습보다 훨씬 더 멋지고 더 청결하고 더 나은 시적 허구(poetic fiction)이다.[10]

건강한 정신적 기질을 가진 사람에게 있어서 종교는 선에 집중하며 악을 피한다. 사람은 죄에서 빠져나와야 한다. 그리고 회개가 필요할 때, "최상의 회개는 일어나서 의를 위

9) *Human Immorality,* p. 10.
10) *The Varieties,* p. 90.

해 행하되, 죄와의 이전의 관계를 잊어버려야 한다."[11]

제임스가 기포드 강좌를 맡고 있을 때, "정신치료"(mind cure)라는 인기있는 운동이 성황을 이루었는데, 그것은 간단히 말하면 건강한 마음가짐론이었다. 제임스는 그 운동의 기원을 4복음서들, 에머슨 사상(Emersonianism), 버클리적 관념론, "스피리티즘"(spiritism), 통속적인 진화론, 그리고 힌두 사상에서 발견했다. 당시의 자유주의적인 기독교 사상이 그 정신치료운동과 조화를 이루고 있었는데, 그것은 인간의 결함이나 지옥 대신에, 무엇보다도 존귀하신(all－in－all) 하나님과 조화를 이룬 인간과 이 세상의 근본적인 선(the basic goodness)을 강조하였다.

그러나 1870년에 겪은 자기 자신의 위기로부터 제임스는 "정신치료"라는 철학도, 자유주의적 기독교 사상도 궁극적 존재를 적절하게 설명하지 못한다는 것을 알았다. 기포드 강좌에서 그는 그 정신건강철학의 그릇된 점에 관하여 이야기했는데, 기껏해야 그것은 공허한 안정을 제공하며 치유불가능한 불안정감을 줄 뿐이다. 우리는 "슬픔의 언저리"에서 살아가고 있다.

제임스가 "정신이 건강한" 기질을 가진 사람들이 악을 무시하고 있다고 말하는 것은 아니다. 그보다는 그들이 자신들의 활발한 관심들이나 우주에 관한 자신들의 개념들 속에서 악을 피하려 하거나 "그것을 약화시키려고" 할 뿐이다. 스펜서적 진화론은 악이라는 사실은 위장한 선이라고 가르쳤다. 그 까닭은 그것이 사회질서의 발달에 필요한 수단이기 때문이다. 그러나 "위장한 선"이라는 개념은 기포드 강좌들을 저술하기 직전에 그가 영구적인 심장손상을 입게 된 원인에 대하여 제임스에게 설명해 주지 못했다.

11) Ibid., p. 127.

그런데 절대론적 철학들이 합리적인 논증을 통하여 그들이 잘못되었다거나 부적절하다는 것이 증명되지 않았다. 적어도 기포드 강좌에서만은 그랬다—그들의 목적은 종교적 체험에 대한 심리학적 연구였다. 제임스의 증명을 살펴 보면 우리는 먼저 사람들의 기질에 관해서 제임스가 알고 있는 것을 묻게 된다. 이에 대한 대답으로는, 종교를 연구하는 학생들은 「심리학 원리」를 오랫동안 참조할 필요가 있다. 여기서 주의해야 될 것은, 「기독교적 경험의 다양성」에서 제임스는 인간의 기질들은 "건강한", "병든", 혹은 "분렬된"(divided) 것으로 범주화하는 단순한 유형론을 제시하고 있지 않다는 것이다. 그러나 이런 유형은 특정 시간에 특정 장소에서 다른 사람들과 우리 자신들을 인식하는 흔한 방법이다. 그의 아버지가 1844년에 그러했듯이 제임스는 1870년에 영혼의 병을 앓았다. 그의 "회심"은 그가 진정한 존재에 대한 그의 감각을 효과적으로 강화시켜 줄 것으로 믿었던 개념적 선택을 통하여 이루어졌다. 그 자신의 동일성의 위기(identity crisis)로 인하여 그는 다른 사람들의 기록들을 수집하게 되었고, 심한 고통이나 자살의 원인이 우주의 궁극적 존재들과 적절하게 일치하지 못한 데까지 거슬러 올라갈 수 있음을 발견했다.

무엇이 사람으로 하여금 자신의 분렬된 자아를 의식하도록 만드는가? 이 질문은 오류에 빠질 수 있다. 왜냐하면 우리는 "순수한 실체"라는 의미로의 "자아", 즉 나뉘어질 수 있는 어떤 것으로서의 "자아"를 가지고 있지 않기 때문이다. "자아의 분렬"이라고 느껴지는 것은 동일한 갈등을 갖는 두 가지 태도이다. 사람의 동일성의 감각(또는 그의 동일성 자체)은 참된 존재(being genuine)에 관한 습관적인 느낌이다. 이것이 없이는 영혼이 아프게 된다. 그러나 이것은 영혼을 존재론적인 의미에서 받아들이는 것이 아니다. 병을 가진 것은 없다. 그보다는 사람이 보통 자기 실존이 진짜라는 것을 느끼도록 도와 주는 느낌들이 충분히 강력하게, 그리고 자주 마음에 떠오르지 않는 것이다.

참된 존재에 관한 사람의 습관적 감정은 자기가 소속한 사회가 지지하는 일반적인 개념들과 어떠한 관계가 있느냐에 따라서 강화될 수도 위협받을 수도 있다. 국정 철학이나 적국의 철학이 철저하게 악해질 때는, 참되게 존재하기 위하여 바로 그 때문에 사람은 반역자가 되든지 아니면 군인이 되어야 한다. "전쟁의 도덕적 등가물" (The Moral Equivalent of War) 이라는 그의 수필에서 제임스는 한 사회가 전쟁에 의지하지 않고도 어떻게 진정한 실존을 강화시킬 수 있는가를 논하였다.

자아 교육에 관한 개인적인 문제는, 내 개인의 동일성의 감각을 재구성하기 위해서 지금 여기서 내가 무엇을 할 수 있는가? 라는 것이다. 이것은 "자신의 존재에 적용되는 무엇을 해야 하는가?" (What ought I to do?) 하는 도덕적인 문제이다. 사회의 문제는, 진정한 실존을 느끼고 싶어하는 각 개인의 문제에 적절한 공적인 지식 가운데 어떤 것들에게 우리가 동의를 해야 할까라는 것이다.

제임스가 극심한 절망 가운데 있을 때, 만일, 그가 "영원한 하나님은 나의 은신처로다" 및 "나는 부활이요, 생명이니"와 같은 성경본문들에게 "매달리지" 아니하였다면, 그는 미쳐버리고 말았을 것이라고 제임스는 말했었다. 제임스가 그 후에도 위기 때면 그러한 성경본문에 매달렸는지 어쩐지는 알 길이 없다. 그가 위대한 마술사요, 가장 뛰어난 기적 제조자로써 자기 백성들에게 자기의 위용을 심어 줄 필요성을 느끼는 어떤 신을 요청하지 않았다는 것을 우리는 확신할 수 있다. 제임스가 절망의 순간에 처하였을 때, 하나님은 천국에 계셨을 수도 있지만, 제임스는 이 세상도 자신의 마음 속도 제대로가 아니라는 걸 알고 있었다. 하나님께서 무엇을 행하셨든간에, 그 분은 자아를 창조하신 것은 아니시며, 자아란 우리가 우리의 생각들과 행위들에게 일반성을 부여하기 위하여 조작해 낸 단어인 것이다. 자아란 순수한 본질이며, 선험적으로 실체로서 존재한다고 결론을 내린 데카르트의 "나는 생각한다, 고로 나는 존재한다"를 "나는 의심한다, 고로 매우 중요한 무엇인가가 진행되고 있다"라는 말로 정정했을 것이다. 그래서 합리적으로 우리의 자아의 동일성을 설명하기 위해서는 가장 훌륭한 철학을 필요로 한다.

전문적인 사람들이건 또는 참되게 살기를 원하는 사람들이건, 교육에 자칭 관심이 있다고 주장하는 사람들이라면 모두 교육과 종교에 관한 제임스의 체험들을 잘 재구성할 수 있을 것이다.

Selected Bibliography

Allen, G. W. *William James: A Biography.* New York: Viking, 1967.

James, H., ed. *The Letters of William James.* 2 vols. Boston: Little and Brown, 1920.

James, H. *Notes of a Son and Brother.* London: Macmillan, 1914.

James, W. *Human Immortality: Two Supposed Objections to the Doctrine.* Boston: Houghton and Mifflin, 1899.

———, ed. *The Literary Remains of Henry James.* Upper Saddle River, N.J.: Gregg, 1870.

———. *A Pluralistic Universe.* New York: Longmans and Green, 1947.

______. *Talks to Teachers on Psychology and to Students on Some of Life's Ideals.* New York: Dover, 1962.

______. *The Varieties of Religious Experience: A Study in Human Nature.* Edited by J. Ratner. New Hyde Park, N.Y.: University, 1963.

Perry, R. B. *The Thought and Character of William James.* Boston: Little and Brown, 1935.

26.
존 듀이

John Dewey / 1859 - 1952

데이빗 H. 로퍼(David H. Roper)

듀이는 1859년 벌만(Vermont)주에서 출생하였다. 그의 아버지는 잡화상을 하고 있었다. 그는 소년 시절에 학교가 끝나면 신문을 배달했고 책읽기를 좋아했다. 그는 벌링톤(Burlington)에 있는 화이트 스트리트(White Street) 조합교회에 출석하였고, 후에 성실한 주일학교 교사가 되어 뉴잉글랜드 신학에 대한 청년기의 분명한 견해를 가졌다.

듀이는 벌만대학교(University of Vermont)에서 철학을 전공하여 자기 반에서 수위(首位)로 졸업하였다. 그는 그 후 존스 홉킨스대학교(Johns Hopkins University)에 가서 홀(G. Stanley Hall)과 모리스(George S. Morris)와 프라이스(Charles S. Price) 밑에서 공부하였다. 철학과는 독일 합리주의, 특히 헤겔의 영향을 받고 있었다.

듀이는 미시간대학교(University of Michigan)에서 강사로 일하게 되었고 여학생이었던 칩맨(Alice Chipman)과 결혼하였다. 그는 1894년에 철학과 교육을 가르치기 위하여 시카고대학교(University of Chicago)로 옮겨갔다. 그는 첫해 정월에 대학의 후원으로 대학 실험학교(the University Experimental School)를 개설하였다. 처음은 더디었고 임시적이었다. 어린이들은 이웃에서 모여들었고 대학은 교사들을 지원하였다. 듀이는 장비를 확보하는 어려움이 있었다. 그 다음 부수적인 것들은 예측할 수 있었다. 그는 많은 세일즈맨들에게 그가 바라는 학생용 책상 형태를 말하였으나 아무도 지원해 주는 사람이 없었다. 결국 한 세일즈맨이 반론을 제기하면서 이렇게 말했다. "당신은 어린이들이 작업할 수 있는 어떤 것을 원합니다. 이것이 듣기 위한 전부입니다."[1) 듀이의 실험학교에 있던 어린이들은 보통 어린이들과 비교해 볼 때 비상하게 공부를 하였다.

1904년에 듀이는 콜럼비아대학교(Columbia University)로 갔다. 그는 거기서 38권의 책과 815개의 논문을 출판하였다.

듀이의 교육 철학은 그의 전반적인 철학 체계에 시종일관 연결되어 있었다. 사실상 듀이의 기본 철학에 동의하는 것은 논리적으로 그의 교육 이론에 동의하는 것과 같다. 왜냐하면 그 두 가지는 그처럼 뗄 수 없이 연결되어 있기 때문이다. 그의 변증법과 만나는 것은 그의 교육 철학을 이해하는 데 꼭 필요하다. 그러므로 본 장의 첫 부분은 그의 철학을 다룬다. 특별히 그것은 인식론(이것은 교육을 위한 방법론을 마련해 준다)과 형이상학(이것은 삶을 향한 관점을 세운다)과 윤리(이것은 이 관점의 결과를 제안한다)를 다룬다. 두 번째 부분은 그의 교육 원리를 다룬다.

철 학

인식론 : 듀이의 철학을 보통 "개념 도구설"(instrument-

---

1) J. Dewey, *The School and Society*, p. 32.

alism)이라고 부른다. 이 말 속에는 지식이 단순히 일편의 사실도 아니고 한 편의 서술적 정보도 아니라는 뜻이 함축되어 있다. 지식과 사유는 도구로서 인간들이 그것을 가지고 지식과 사유에 관한 세계를 교묘히 조정한다. 어떤 사람들은 그것을 "실험주의"(Experimentalism)라고 부른다. 그것은 여기에 사용된 방법이 과학적이고 실험적인 방법이기 때문이다.

대부분의 사상 체계는 앞서 있던 사실들을 발견하고, 그것을 미래 세대에 전달하는 것을 목적으로 한다. 그러나 듀이는 앞서 있던 현실이 그 자체로서 더 이상 실재하지 않는다고 주장하였다. 그것은 앞서 있던 현실이 지식의 타당한 조항을 이루고 있지 못하기 때문이다.

> ……전통은 사상(ideas)이 사물의 선행하는 어떤 상태와 일치하는지를 시험한다. 이처럼 전망과 표준이 앞에 있던 것으로부터 뒤에 있는 것으로, 반성에서부터 예견하는 것으로 변화하는 것은 성취하기 대단히 어렵다. 여기서부터 자연과학이 대상과 세계를 이러저러한 것으로 서술할 때에 그 서술이 있는 그대로 된 것으로 생각한다. 모든 가치의 특성은 과학이 우리에게 제시한 것처럼 대상에서 결핍되어 있기 때문에 현실(Reality)이 그와 같은 특성을 갖고 있지 않는 것으로 생각한다.[2]

그가 말하는 요점은 역사적 실체가 자연과학으로 말미암아 명증될 수 있다 할지라도 본질적으로 가치의 항목으로 존재하지 않는다라는 주장으로 보인다. 과학은 참으로 과학적이라면 방법에서 완전히 감정에 냉정해야 되고 따라서 발견될 수 있는 것에 가치나 현실성을 돌릴 수 없다. 듀이는

2) *The Quest for Certainty*, p. 136.

「경험과 자연」(*Experience and Nature*)이라는 책에서 앞서 있던 현실성의 문제에 관한 좀더 명료한 예증을 제공해 주었다.

> 사람들은 노르웨이인들이 미국을 발견하였다고 말한다. 그러나 어떤 의미로 하는 말일까? 노르웨이인들은 폭풍과 싸워 이기는 항해를 한 후에 바닷가에 상륙하였다. 이것은 유럽 사람들이 지금까지 밟아보지 못한 땅을 우연히 발견하였다는 의미에서의 발견이다. 그러나 새로 발견되고 보게 된 대상물이 옛 신념을 수정하는 데 사용되지 않았다면, 즉 세계의 옛 지도의 의미를 바꾸는 데 사용되지 않았다면 풍부한 지적 의미에서, 즉 장애물을 의미체와 연결시키는 추론의 기초로서 사용될 때까지 어두움 가운데 의자 위에 있는 장애물의 발견 이상의 의미는 되지 못한다.[3]

그러므로 지식은 알려지거나 주어진 것들을 포착하거나 명상하는 것이 아니고 오히려 "일상적으로 경험되는 것들을 운영하는 길이다." 그 지식은 "실천적 행위의 양태이다."

듀이가 지식을 도구적으로 사용한 것은 문제 해결의 맥락에서 가장 생생하게 나타난다. 그는 인간을 진화적 과정으로 말미암아 움직이는 생물학적 문제 해결의 기계로 여겼다. 그 기계는 장애물이 없는 한 계속해서 움직이려는 경향이 있다. 그러나 삶에 있어서 보면 지식과 숙련과 태도와 감상에서 선택이나 결점과 같은 기초적으로 불확실한 것들이 있다. 그것은 문제가 되는 경험의 단위이다. 그 기계는 그러한 문제를 만날 때 정지하게 된다. 새로운 방향이 결정될 동안 긴장 기간이 생기게 된다. 문제는 마음 속에 분명하게 될 때까지 집중적 음미의 대상이 된다. 그 때 이 단위

3) p. 156.

의 경험을 포괄하는 모든 사실은 수집되고 관찰된다. 가능한 해결 방책의 생각은 상황 자체에서, 즉 인접 영역에서 연구하는 데서부터 일어날 수 있다. 그러나 각 개인은 자신의 마음 속으로 현재의 불명확성에 적절한 과거의 경험의 조항을 찾을 수 있다. 이것은 사실 수집을 떠드는 것이 아니고 오히려 순간의 문제에 관계되는 적절한 요소를 함께 모으는 것이다. 듀이는 사실이 행위를 하기 위하여 가정을 준비해 주는 한에서만 중요하기 때문에 사실의 무분별한 수집을 거부한다. 최후적 단계에서 이러한 자료의 관찰과 조직은 유형을 형성하는 경향이 생긴다. 그 유형을 분석하는 것은 행위하는 가정(hypothesis)이 된다. 결국 그 가정을 시험하게 된다. 만일 제안된 해결책이 효력을 낼 수 있다면 다른 부정확한 것들이 일어나기 전에 계속해서 움직이게 된다.[4] 문제들은 반영적 사유를 요청하는 경험을 하게 되며 그 결과 도구로서 후에 불확정적인 것에 작용하는 데 사용되는 지식의 조항이 나타나게 된다. 그 때 경험은 모든 지식의 원천이 된다. 반대로 관념과 사실은 경험을 조작하기 위한 도구이다.

> 관념과 도구는 현재의 불확실한 상황을 변경시키곤 하였다. 그래서 즐기게 될 미래의 상황이 비록 그 자체 때문에 비인식적이지만 가치있는 것으로써 그 능력 안에서 도구적 가치를 증명한 절차의 사용으로 말미암아 신빙성있게 계속해서 일어날 것이다.[5]

---

4) D. Butler, *Four Philosophies and Their Practice in Education and Religion*(New York:Harper, 1951), pp. 428, 429.

5) "Experience, Knowledge and Value", in P. A. Schilpp, ed., *The Philosophy of John Dewey,* p. 557.

어떤 항목의 지식이든 계속되는 경험에 결속될 때에만 타당성을 가지기 때문에 논리적으로 보면 어떤 사실의 가치는 사실 그 자체에 내재하는 것이 아니고 현존 상황에 작용하고 그것을 변경시키는 능력 가운데 내재한다.

> 일반적으로 사유하는 데 있어서 관념(ideas)의 검토는 관념이 형성하는 행위의 결과 가운데, 즉 실재하게 되는 것들을 새롭게 정리하는 가운데 발견된다. 실험적 지식에서 그 위치와 역할을 관찰하는 데서 유도되는 관념의 가치에 대한 명료한 증거도 그와 같다.[6]

듀이에 의하면 격리된 사실은 사실상의 특성을 가지지 못한다. 경험에서 떠나 실재하는 "차갑게 저장된" 사실은 본질적으로 사실을 이루지 못한다. 예를 들면 둘에 둘을 더한다는 사실은 본래적 현실성을 갖지 못한다. 지식의 이러한 조항이 갖는 가치는 그것이 경험의 결과이거나 그 경험에 대한 수단이라는 정도이다. 아무 것도 본질적으로 가치있는 것은 없다. 사실은 그것이 행위를 위한 가정을 산출한다는 정도에서만 중요하다. 그러므로 지식은 미래의 준거를 위하여 마음 가운데 손을 전혀 대지 않고 놓아두는 격리된 사실의 축적이 아니고 통합과 생존을 위한 방법이다. 개념도 구설은 아는 것의 철학이 아니고 행동하고 사는 철학이다. 여기서부터 진보주의자는 "우리는 행함으로써 배운다"는 구호를 말한다.

듀이는 문제 해결의 과정이 끝이 있다고는 느끼지 않았다. 목표와 가치는 경험 가운데 있는 종착역일 수 있으나 고정된 목적과 수단은 똑같이 잘못된 것이다. 삶 자체는 완전하게 되고 정련하며 성숙해 가는 결코 끝없는 과정이다. 이

6) *The Quest for Certainty*, p. 136.

러한 견해는 지식의 개념도구적 사용을 서술하기 위하여 형용사를 사용하려는 주기적 편애 가운데 나타난다.

> 일세대 동안 명사로서 정신이나 물질이나 의식을 사용하지 못하게 하였다면 그리고 우리가 의식적으로 무의식적으로 정신적과 정신적으로, 물질적과 물질적으로와 같은 형용사와 부사만을 사용해야 한다면 훨씬 단순화된 많은 문제를 발견할 것이다.[7]

듀이는 명사들이 완전함과 엄격함을 함축하고 있다는 것을 주장하였다. 명사들은 차갑고 딱딱하며 경험의 나머지로부터 용감하게 구조된 가운데 서 있다. 대조적으로 형용사들은 따뜻하고 풍요하다. 명사는 완전한 것을 제안하고 형용사는 불완전한 것을 제안한다. 그러나 불완전한 것은 완전한 것에서 멀리 떨어져 나가는 것이 아니다. 오히려 불완전한 형용사는 완전하고 맥빠진 명사가 되는 경향이 있다. 명사는 형용사를 개념도구화한다. 이러한 이유 때문에 정확하게 말하면 명사의 형식은 그것이 동조성과 만족과 묵인을 주장하기 때문에 죽어가게 되는 경향이 있다. 형용사가 응고되어 명사가 될 때 그 형식은 결정체화되고 새로운 노력과 표현을 억압하는 경향을 나타낸다. 현상 유지는 숭배하는 대상이 되며 표현되었던 것은 더 이상 표현하려는 것을 막는 우상이 된다. 좋은 사례를 지적한다면 개념도구화된 종교의 문제를 들 수 있을 것이다. 듀이는 종교적 특성이 종교 일반을 대치해야 한다고 말하였다. 종교는 삶과 힘없이 차갑고 형식적인 신조의 사상을 양육시키지만 경험의 종교적 특성은 성장과 생동력을 제안한다.

---

7) *Experience and Nature*, p. 75.

"약간 더 특별하게 말한다면 종교는……항상 헐겁게든 꽉 죄어서든 일종의 제도적 조직을 가지는 특정한 신념과 실천체계를 의미한다. 대조적으로 '종교적'이라는 형용사는 제도적으로나 신념 체계로서 구체화할 수 있는 실체로서는 아무런 의미를 갖지 않는다. 그것은 우리가 이러저러한 역사적 종교나 현존 교회를 지적할 수 있는 것처럼 구체적으로 지적할 수 있는 것은 아무 것도 의미하지 않는다. 왜냐하면 그것은 독자적으로 실존할 수 있는 것이나 실존의 특정하고 분별되는 형식을 조직할 수 있는 어떤 것을 의미하지 않기 때문이다. 그것은 어떤 대상이나 제안된 모든 목적이나 이상을 취할 수 있는 태도를 의미한다."[8]

형이상학 : 자연주의는 "아무 것도 신적 능력으로 창조된 것이 없다"[9]는 루그레티우스(Lucretius)의 원리에 기초한다. 램(Bernard Ramm)은 자연주의의 다섯 가지 특성을 지적하였다.

(1) 현실은 자연에만 밀접한 관계가 있다.

(2) 우주는 더 높은 수준에 준거해서 해석되지 않고 스스로 존재하고, 스스로 설명하고, 스스로 작용하고, 스스로 방향을 정한다.

(3) 과학적 방법은 실제적 지식을 획득하는 의존할 만한 유일한 방법이다(통찰력과 직관은 과학적 방법으로 검증될 때까지 불확실하다).

(4) 인간은 신적인 피조물이라기보다 오히려 자연의 산물이다.

(5) 최소한의 수의 공리에 미치려는 일치된 노력이 있다.

---

8) *A Common Faith*, pp. 9, 10.

9) G. H. Clark, *A Christian Philosophy of Education*(Grand Rapids:Eerdmans, 1946), p.31.

거기서부터 인간의 모든 경험이 설명될 수 있다.[10] 산타야나(George Santayana)가 지적한 대로 "자연주의가 표현된 대로 듀이에게서보다 더 깊이 뿌리박혀 있는 철학자를 발견하기는 힘들 것이다."

듀이에 의하면 초자연주의는 세계의 어려운 문제를 크게 부각시키는 원인이다.

1. 초자연주의는 우리의 민주적 체계와 대비시킬 수 없다.

> 나는 인간사에서 생동적이고 영적인 이상으로서의 민주적 이상의 실현이 초자연적 기독교가 범하는 기본적 분렬을 양보하지 않고 어떻게 가능할 것인지를 이해할 수 없다.[11]

듀이가 착상했던 분렬은 양과 염소, 즉 구원받은 자와 잃어버린 자로 나누는 것이다. 그는 이렇게 구분하는 것이 민주적 이상에 대하여 반작용을 하는 영적 귀족주의를 탄생시켰다고 주장하였다.

2. 초자연주의는 좀더 보상적인 열심에 이지적 에너지를 쏟기보다는 오히려 이상적 실존에 대해 명상을 하게 한다. 듀이는 이상 자체가 현존하는 조건과 불만족하는 산물이 된다는 사변적 관념주의에 관하여 글을 썼다.

> "그러나 그것은 노력을 조직하고 그 노력의 방향을 정하는 데 협력하는 대신 보상적 꿈으로써 작용한다. 그것은 벌써 만들어진 또 하나의 세계가 된다. 그것은 현존하는 것을 구체적으로 변형시키는 데 노력을 증진시키는 대신 벌써 어디엔가

---

10) *Problems in Christian Apologetics*(Portland: Western Baptist Theological Seminary, 1949), p. 55.

11) *A Common Faith,* p. 84.

있는 또 다른 종류의 실존을 형성한다. 그것은 하나의 피난처요, 노력으로부터의 도피처이다. 이렇게 해서 현재의 질병을 변형시키는 데 있어서 소모될 수 있는 에너지는 멀리있는 완전한 세계로 도주하게 되고, 현재의 악한 세계의 필연성에로 강제로 돌아가게 되는 실증을 일으킨다."[12]

3. 초자연주의는 과학적 방법을 초세계적 사건에 침입하는 것을 미리 제거하는 성과 속의 그릇된 이원론이 된다. 그러나 과학적 방법과 그것에 상관되는 것들은 인간이 탐구하는 모든 영역에 적절하다.

"경험의 어떤 영역이나 관점이 과학적 방법으로 아직 "침입을 받지 않았기" 때문에 그것이 과학적 방법에 순응하지 않는다는 논증은 그것이 위험하다고 생각되는 만큼 오래되었다. 그것은 때때로 어떤 특정한 보류된 영역에서 무효로 되었다."[13]

듀이는 "특정한 보류된 영역"에 대한 종교가들의 주장이 초자연주의에 기초한 선험적인 것으로서 "증명되어야 할 것이며 문제를 제기한다"고 느꼈다.

4. 초자연주의는 우둔한 무지에 기초를 두고 있다. 초자연적 개입이 필요하다고 주장하는 것은 "무지의 기초로부터 초자연적인 것에 대한 아주 오래된 추론의 또 하나의 실례일" 뿐이다. 그러나 듀이는 이러한 의견을 나타내었다. 그와 같은 무지는 삶의 특성에 관하여 과학적 지식이 결핍된 데 기초를 두고 있다고 생각하였다.

5. 초자연주의는 종교를 절대적인 것으로 만들기 때문에 종교를 손상시킨다. 인간들은 종교를 통하여 실험적 방법에

---

12) *Human Nature and Conduct*, pp. 260, 261.

13) *A Common Faith*, p. 35.

서보다는 오히려 예배의 고정된 교리와 형식에서 안정을 찾는다. 예배의 제도화된 형식은 종교 생활의 좀더 충만한 발전을 위하여 있다. 이러한 발전을 구하는 개인들은 경험 가운데서 종교적 특성을 발견하려고 시작하기 전에 그들의 기억 가운데 있는 깨끗한 기록을 씻어내야 하고 역사적인 장애물로부터 자유롭게 되어야 한다. 고정된 신조는 없다. 새로운 형식이 항상 일어나고 있으며 그래서 종교는 유동적이어야 한다. 종교적 경험의 교의적 정의는 종교적 생활에 장애가 된다. 성서 자체가 어떤 권위주의적 표준이 조사와 탐구의 과정을 단절시키고 실험하는 정신을 박탈하기 때문에 종교적 삶에 장애물이 된다. 신념의 어떤 형식적 진술을 종교적인 경험과 전망과 기능과 함께 깨끗이 씻어내야 하고 대치시켜야 한다. 그러나 듀이는 "그 자체가 종교적이라고 할 수 있는 확실한 종류의 경험이 있다"는 생각을 거부하였다. "시(Poetry)까지라도 그것이 삶에 개입할 때 종교라고 부른다." 듀이가 찾고 있던 것은 "삶에 더 좋고 더 깊고 지속적인 조정을 할 수 있는" 힘을 가진 종교적 특성이었다. 이러한 종교적 특성은 어떤 경험에나 충만할 수 있다.

듀이는 유신론자인가? 1933-34년 「크리스천 센츄리(*The Christian Century*)에는 이 질문을 논의하는 일련의 논문들이 게재되어 있었다. 듀이 자신이 그 논쟁에 들어갔지만 구름같이 싸인 언어적 찌꺼기를 제외하고 그 논증에 거의 아무 것도 추가시키지 않았다. 1934년에 그는 「공동신앙」(*A Common Faith*)이라는 책을 출판하고 거기에서 통상적인 공허한 말이나 지루한 얘기들은 생략하였다. 그리고 그는 그의 형이상학적 성벽에 관하여 대단히 솔직하게 표현하였다. 듀이는 성서의 하나님, 윤리와 도덕적 책임에서 절대적인 것, 영혼불멸과 부활, 초자연적 그리스도를 일소해버렸다.

듀이는 성서와는 아주 다르게 **하나님**이라는 말을 사용하였다. 듀이는 하나님을 이상이 현실화되는 의미로, 즉 경험의 실제적인 부분으로 생각하였다.

> "그것은 내가 하나님이라는 이름을 주는 이상과 현실 사이의 실제적 관계이다."[14)]

다른 말로 하면 어떤 사람이 삶을 통하여 진전할 때에 이상이나 가치가 마음 가운데 형성된다. 사건이 진행되면서 그 이상은 현실성이 된다. 하나님은 이상과 현실이 이렇게 연합될 때에 발견된다. 듀이는 이렇게 말하였다.

> "그처럼 이상과 현실이 작업적으로 연합하는 기능은 내게 있어서 사실상 영적 내용을 가지는 모든 종교에서 하나님의 개념에 부착된 힘과 동일한 것처럼 보인다."[15)]

듀이는 **하나님** 또는 **신적**이라는 말을 사용하는 것이 사람들을 격리감으로부터 보호할 수 있는 결과로서 일어나는 절망이나 도전으로부터 보호할 수 있다는 것을 인정하였다. 그는 이렇게 덧붙였다.

> 우리가 "하나님"이라는 이름을 그러한 연합에, 즉 사상과 행위에서 작용하는데 주느냐 안 주느냐 하는 것은 개인적 결단을 위한 문제이다.[16)]

이 문제를 전체적으로 볼 때 그 중심은 듀이가 어떤 초자연적 존재를 위하여 허용하지 않았던 사실이다. 왜냐하면

---

14) Ibid., p.51.
15) Ibid., p.52.
16) Ibid.,

그 초자연적 존재가 과학적 방법의 원칙에 대해 통렬히 비난할 것이기 때문이다. 초월적 하나님은 어떤 경험적 명증의 대상이 될 수 없다. 그는 전능할 수도 없고, 전재(全在)할 수도 없고, 전지할 수도 없다. 왜냐하면 절대적인 것이란 있지 않기 때문이다. 간단히 말해서 하나님은 그 자체로서 실재할 수 없다.

윤리 : 듀이의 윤리 체계를 가장 완전하게 서술한 것은 「인간의 본성과 행위」(***Human Nature and Conduct***)라는 책에서 찾을 수 있다. 듀이는 도덕이 인간적 행위의 본래적 부분이어야 한다는 전제로 시작하였다. 그는 도덕이 초자연적 근원에서 풀려난다면 인간적 경험에 접붙여질 수 밖에 없다는 것을 지적하였다. 이렇게 해서 초자연적 도덕원리와 영원한 사실성은 없다. 그는 "이념 〔즉 도덕의 객관성〕을 손상되지 않게 유지시키기를 원하는 사람들이 초월주의로 가는 길을 택한다"는 것을 지적하였다. 여러 세기 동안 듀이는 인간의 본성이 동조될 수 있는 일련의 변할 수 없는 도덕적 진리를 발견하려고 노력하는 가운데 시간을 낭비하였다고 믿었다. 인간의 노력은 무익하였다. 왜냐하면 삶 전체가 유동적이고 변화되는 경향이 있으며 도덕적 진리가 계속해서 적응과 개조에 따라야 하기 때문이다. 도덕적 원칙들은 인간의 진리가 쓸모없이 된 것처럼 변할 수 있다. 도덕은 교의적인 것으로 여겨질 수 없기 때문에 행위는 본질적으로 옳거나 그르다고 생각할 수 없다. 결국 시간과 환경도 그렇다.

듀이는 권위주의적인 도덕 표준을 사회에서 이끌어내는 어려움을 허용하였다. 그러나 그는 권위의 문제를 "어떠한 기원과 비준이 도덕적 의무와 충성에 돌려야 할 것인지 대답할 수 없는 것으로" 생각하였다. 두 번째 난점은 변화를 위한 표준에 관계된다. 즉 도덕적 원칙에 어떠한 변화가 타당한지 그리고 그러한 변화가 사회적 목적을 성취할 것인지 아닌지를 누가 말해야 하는가 하는 어려움이다. 듀이는 도덕적 원칙이 변화되는 방법과 그 원칙을 변화시키기 위한 적성을 습관과 충격이 제공한다는 것만을 제안할 수 있었다. 듀이는 인간의 본성이 도덕적 원칙을 위하여 실행할 수 있는 원천이라고 말했을 때 그 본성을 전통적 기독교의 의심스러운 눈으로 보지 않았다. 인간의 타락에 관하여 "결론이 수집된 자료에서 나오지 않았다"는 것이다.[17)]

듀이의 제자였던 오하이오 주립대학교의 보드(Boyd H. Bode)는 듀이의 윤리관을 잘 요약하였다. "삶의 도덕적 요인은(자연주의의 반대자들이) 가정한 대로 우주의 어떤 이론에서, 우주적 질서의 이론에서, 영원한 사실에서 이끌어내야만 한다. 도덕적 가치가 그 자체에 권위를 주도록 우주적인 지지를 해 줄 것을 요구한다는 이론의 기초 위에 미국의 꿈이 어떻게 결실에 이를 수 있는지를 보기는 어렵다. 이 권위는 인간을 사회적 관계 안에서 변화를 통하여 자유롭게 하려는 목적에 적절하게 되는 데서 와야 한다. 도덕적 문제의 해결은 미래에 있지 과거에 있지 않다.[18)]

그러나 듀이는 결코 도덕 허가서를 주창하지 않았다. 그는 대단히 검소한 사람이었고 다른 사람들로부터 행위의 높은 표준을 기대하였다. 그는 허가장을 얻어 전통으로부터 자유롭게 되려는 사람들을 비난하였다. 듀이는 도덕성과 윤리를 없애려는 것이 아니었고 가치있는 경험을 조직된 종교의 부착에서 해방시키기를 원하였다. 사회적 도덕성의 문제에서 현재 확신하고 있는 것을 이렇게 재검토하고 필요하다

17) Ibid., p. 74.

18) J.O. Buswell, "Public Education:A Propaganda for Atheism," *The Sunday School Times* 90(1948) : 135.

면 개정하기를 원하는 것은 어떤 특정한 원칙보다 더 근본적이지만 허가장을 위한 여지는 없다.

미국 교육에 듀이가 미친 영향이 방대하다는 것은 모든 면에서 인정된다. 그러나 그의 철학은 분명하게 이해되지 못했다. 이해되었더라면 그의 가르치려는 열망은 두려움으로 또는 염려로 좀더 광대하게 누그러지게 되었을 것이다. 많은 교육자들이 듀이사상의 형이상학적 의미에 관하여 분명히 모르기는 했지만 그 자신은 마음 속에서 홀로 분명히 이해하고 있었다. 그는 하나님과 영혼과 전통적 기독교의 모든 주장을 포함한 옛 제도를 반대하였다. 그는 변할 수 없는 법과 고정된 도덕 원칙의 가능성을 배제하였다. 그는 인류를 위한 하나님의 목적을 무시하였고 삶을 끝없이 회전하는 의미없는 경험으로 살았다. 듀이의 정언명령은 이것이었다. "경험의 의미를 증가시키기 위하여 행위하라."[19]

교육 원칙

진보적 교육이 주로 적합하게 듀이와 연합되었지만 또 루소와 페스탈로찌와 헤르바르트와 프뢰벨의 사상에 근거를 두었다. 이들 모두가 학습의 전통적 방법을 대신하여 자연적 방법을 사용하려고 하였다. 그러나 듀이는 바로 거의 지난 반 세기 동안 교육적 영역을 지배하였다. 쿡(Robert L. Cooke)은 이렇게 서술하였다. "듀이는 아마도 어떤 다른 사람보다 더 크게 그리고 더 넓게 그의 철학을 직접 교육에 적용하였다." 쿡은 "경험의 교육적 가치, 즉 교육에 있어서 과학적 측정과 절차와, 교수에 있어서 프로젝트 방법에 관

19) *Human Nature and Conduct*, p. 283.

하여 현재 강조하는 것에 대하여" 특별히 듀이에게 그 공을 돌렸다.[20]

듀이는 세 가지 교육 세계를 보았다. 첫째는, 절대적 질서와 획일성의 세계이다. 여기서는 변화와 성장이 하나의 환상에 불과하다. 이 세계에서 주요 관심사는 이렇다.

> 과거에 작용하였던 정보와 기술로 구성되어 있다. 그러므로 학교가 주로 해야 할 일은 그러한 정보와 기술을 새로운 세대에 전달하는 것이다.[21]

성인들이 과거에 형성하였던 행위의 표준과 규칙에 동조하는 것이 강요된다. 주요 관심사는 적합한 행위의 표준과 마찬가지로 과거부터 전해져 내려오는 것이기 때문에 학생들은 유순하여야 하고 잘 받아들여야 하며 복종을 잘 해야 한다.

교육의 두 번째 세계는, 진보적 학교의 세계였다.

> 위에서 부과하는 것은 개체성을 표현하고 배양하는 데 반대된다. 외적인 훈련은 자유로운 활동에 반대된다. 교과서에서와 교사에게서 배운 것은 경험을 통하여 배우는 것에 반대된다. 연습으로 격리된 기량과 기술을 획득하는 것은 직접적이고 생동적인 호소력을 갖는 목적을 획득하는 수단으로서 그러한 기량과 기술을 획득하는 것에 반대된다. 다소 먼 미래에 대하여 준비하는 것은 현재의 삶의 대부분의 기회를 만든다는 것에 반대된다. 정태적 목적과 자료는 변화하는 세계와 친숙해지는 것에 반대된다.[22]

---

20) *Philosophy, Education and Certainty*(Grand Rapids:Zondervan, 1940), p.167.

21) *Experience and Education*, p.2.

22) Ibid., pp. 5, 6.

듀이는 이러한 일반 철학이 건전할 수 있지만 무정부와 무질서의 부정적 원칙을 발전시킬 수 있다고 느꼈다. 왜냐하면 그것이 경험 안에서 주관심사와 조직의 위치와 의미를 거부하기 때문이다.

세 번째 세계는, 전통과 새로움, 질서와 자유, 필연과 우연성을 연결시키는 성장의 세계이다. 그것은 두 가지 극단적인 세계에서 훨씬 많이 필요한 중간적 근거이다. 그것은 자유와 질서, 메카니즘과 가치를 연결시키는 것이다. 그 원칙은 성장이다. 그 방법은 경험주의이다. 그것은 부분적 자유와 부분적 통제를 제공한다. 어떤 때는 오류도 범하고 실수도 하나 계속 축적되어 중요한 성장을 하기도 한다. 이러한 교육적 세계는 귀족사회에서보다 오히려 민주사회에서 좋은 인상을 준다.

듀이는 신교육학에서 다섯 가지 기초적 주장(tenet)을 제안하였다.

(1) 어린이 중심의 교육
(2) 본질적 동기부여를 통한 교육
(3) 활동을 통한 교육
(4) 경험의 재건으로서의 교육
(5) 사회 중심의 교육

어린이 중심의 교육 : 듀이는 이렇게 말하였다.

> 이것은 천문학상의 중심이 지구에서 태양으로 바뀔 때 코페르니쿠스(Copernicus)가 소개한 변화가 혁명 못지 않는 것이었다. 이 경우에 있어서 어린이는 교육 설비가 주위를 회전하는 태양이 된다.[23]

---

23) *The School and Society*, p. 35.

듀이는 어린이 개인의 퍼스낼리티에 크게 존경한다. 그는 어른들이 자기들의 관습과 표준을 어린이에게 몰래 억지로 떠맡기듯 삽입함으로써 "어린이의 유쾌한 독창성"을 길들이려 한다고 느꼈다. 좀더 성숙한 사회 구성원들이 어린이들로 하여금 그와 같은 규칙에 동조하기를 요구할 때 그들은 어린이에게서 높은 질서의 이지를 가정하면서 동시에 그 이지를 불신하고 있다. 그 내신 "최대한의 감정적 표현을 하면서 최소한의 이해로 확고한 주장을 하는 도덕적" 습관을 주입시켜야만 한다.

듀이 체계에서 가장 기본적인 것은 어린이들이 하나의 작용하는 속력을 가지며 그들의 길은 가장 좋은 것이라는 개념이었다. 이렇게 해서 학교는 어른 행정가들에 대한 생각보다는 오히려 어린이들 주위에 관계되는 방향을 설정하였다. 교육의 출발 위치는 어른들의 판단에 기초한 완전 이전의 커리큐럼이 아니고 어린이의 직접적인 필요와 관심에 기초한 전달의 심리학적 방법이다.

> 주제는 처음부터 일상생활 경험의 범위 안에서 일어나는 자료로부터 얻어져야 한다.[24]

훈련은 어린이가 친숙한 실제적 상황에 실제로 참여하는 데 근거하여야만 한다.

듀이는 교육의 방향이 어른이 필요한 미래를 향하여 정해져서는 안 되고 직접적 현재를 향하여 정해져야 한다고 되풀이하여 강조하였다. 왜냐하면 어린이가 자기의 환경과 지금 싸우도록 훈련을 받아야 하기 때문이다. 미래가 교육적 과정의 모든 단계에서 고려되어야 한다는 것은 경험이

---

24) *Experience and Education*, p. 87.

계속되는 표준에 기초가 된다. 그러나 그 가정은 방심할 수 없다.

> 학생들이 후에 필요하게 될 어떤 기량을 얻음으로써 그리고 어떤 주제를 배움으로써 당연한 것으로 미래의 필요와 환경을 위하여 준비된다.[25)]

현재의 필요와 싸울 어린이의 능력은 미래에 유사한 성공을 보장하는 것이다. 어린이가 자신의 인격과 사회적 관계를 통제하는 힘을 증가시키고 있다는 정도에서 교육을 받고 있다. 듀이는 현재를 위하여 퍼스낼리티 통합의 개념을 강조하였다. "참으로 통합된 어린이는 진보적 혁신주의의 지고선이다."

본질적 동기부여를 통한 교육 : 듀이는 노력할 관심의 중요성을 강조하였다. 관심을 갖는 의지는 교육적 과정에 대해 생동적이다. 그는 기계적 방법에 대해 비난하였고,

> 행위에서 기량을 생산하도록 디자인되었고, 생각하는 연습의 계약에서 독립되어 목적없이 자동적인 기량의 생산을 하려는 훈련 연습을 강조하는 것을 비난하였다.[26)]

이처럼 행해져야 할 것에 무관계한 외적 강제적 압력과 동기부여는 피해야 한다. 동기유발은 내부에서 와야 하고 실제하는 사업에서 자라야 한다. 듀이는 이렇게 제안하였다.

> 우리는 어떤 교육적 교의가 어린이를 가진 것처럼 어린이에

25) Ibid., p. 47.

26) *Democracy and Education*, p. 209.

> 게서 적극적인 활동을 이끌어내거나 환기시켜서는 안 된다. 생명이 있는 곳에 벌써 더 열심이 있고 감격한 활동이 있다.

동의할 수 없는 것을 하는 훈련은 "그 자체를 위하여 주제에 완전히 관심을 가지고" 역사하는 가치로 말미암아 보다 가치있게 된다.

훈련은 본래적인 방법에 근거를 둔다. 듀이는 강제적 통제가 다른 각도에서 합리적인 감각을 가진 사람들 가운데 만연되어 있는 비합리성의 대중을 설명하는 인위적 획일성과 습관을 낳게 하는 결과를 초래케 한다고 느꼈다. 그는 엄격한 규칙과 조직화가 외적인 활동을 통제할 수 있어도 생각과 욕망을 통제할 수 없다고 지적하였다. 훈련의 목적이 스스로 통제할 수 없는 것이라면 학생은 외적 통제에서 벗어날 때 변칙적으로 행위할 것이다.

이러한 질서 안에서 교사는 안내자이며 독제자나 훈련을 시키는 사람은 아니다. 교육은 교사는 적게 행위하고 학생은 많이 행위하는 것이다.

> 교사는 학습자이고 학습자는 그것을 알지 못한다 할지라도 교사이다. 전체적으로 의식이 더 적게 있는 곳에 어느 편에서나 교육에 더 좋은 것을 주고 받는 것이다.[27]

활동을 통한 교육:듀이는 참 교육이 계속하고 있는 경험과 함께 시작한다고 주장하였다. 경험이 다양성을 가지고 유동적이라는 점에서 정태적이 아니기 때문에 학습은 문제 해결의 맥락에서 일어난다. 그러므로 학교는 학생이 문제를 만날 수 있고 해결할 수 있는 곳에서 정상적인 활동을 하기 위하여 기회를 마련해 주어야 한다. 학교는 암송실의 수집이

27) Ibid., p. 207.

되어서는 안 되고 기회가 삶의 상황을 재생산하기 위하여, 그리고 진보적 경험을 전달하는 가운데 정보와 이념을 획득하고 응용하기 위하여 실재한다는 실험실이 되어야 한다.

듣는 제도인 학교는 자료와 방법의 통일성을 가질 수 있으나 그 커리큐럼은 주어진 시간에 다같이 모든 어린이들이 획득하는 어느 정도의—고정된 양의—기성 결과와 성취가 될 수 있을 뿐이다.

듀이가 커리큐럼에 준거하여 생각하는 것은 그가 교육적 방법에 대해 비판하는 데 근거하였다. 전통적 커리큐럼은 그 당시 그처럼 욕망할 수 있는 지식만이 있다는 개념에 근거를 두었다. 그리고 어린이는 12년 내지 16년 간 학교를 다니는 동안 먼저 배웠던 것을 잊어버리지 않았다면 전체를 완전히 정복하였다. 그러나 듀이는 내용 중심의 커리큐럼이 어린 아이를 경험의 구체적인 상황에서 격리시킨다고 주장하였다.

> 어린이의 경험을 떠나서 본질적으로 고정되고 기성화된 어떤 것으로서 주제의 관념을 포기하라. 어린이의 경험을 어렵고 빠른 어떤 것으로 생각하는 것을 중지하라. 어린이의 경험을 유동성있고 미발달되고 생동적인 어떤 것으로 보라. 그리고 우리는 어린이와 커리큐럼이 단순히 단 하나의 과정을 정의하는 두 개의 한계라는 것을 인식한다. 두 개의 점이 직선을 정의하는 것과 마찬가지로 어린이의 현재의 표준과 연구의 사실과 진리는 교육을 정의한다. 그것은 어린이의 현재의 경험으로부터 우리가 연구라고 부르는 진리의 조직체에 의하여 표현되는 경험으로 움직이면서 경험을 계속적으로 재건하는 것이다.[28]

---

28) *The Child and the Curriculum*, p. 16.

듀이의 전체적인 교육 철학은 주제가 아닌 경험이 학교의 커리큐럼을 형성한다는 사실에 근거하였다. 경험이 계속해서 학생 주위에 맴돌고 있기 때문에 삶 자체가 커리큐럼을 구성한다. 그는 외적으로 제시되는 커리큐럼에서 두 가지 악을 보았다.

(1) 어린이가 이미 보고 느끼고 사랑하던 것과 잘 연결되어 있지 못하다. 그것은 자료를 순수하게 형식적으로, 그리고 상징적으로 만든다.

(2) 동기부여가 결핍되어 있다.

> 이전에 그 자체로써 느껴졌고 새로운 것을 자기 것으로 삼고 동화시키는 사실 또는 진리가 없을 뿐만 아니라 갈망이나 필요나 요구가 없다.[29]

듀이는 그의 전체적인 교육 철학과 일치하여 수학, 과학, 생물학 등으로 과정들을 구분짓는 것을 거부하였다. 시간을 존중하고 연속되는 커리큐럼이란 있을 수 없고("교육이 많은 곳에 교육이 망각된다") 시간 스케줄이나 과정 자체가 없는 코어 커리큐럼(core curriculum)이 있다. 연구의 단위는 주어진 수업 기간이 아니고 경험의 특정한 단위로 표시되는 영역이다. 어린이들의 학습활동이 매시간 울리는 45분만의 종소리로 중지된다는 주장은 "어리석은 명령법"이라고 적합하게 정할 수 있다.

교육에서 듀이의 행동 철학은 진보적 순간의 중심이다. 그것은 "어린이는 행동함으로써 행동하는 것을 배운다"라는 친숙한 격언으로 흔히 표현된다. 즉 그것은 하나의 개념—프로젝트 방법—으로 요약될 수 있다. 이러한 방법을 통한 교육

---

29) Ibid., p. 10.

은 긴장과 관심과, 문제 해결을 할 의지를 창조하는 비결정적 상황으로 시작한다. 문제는 학생이 상황을 검토하는 것처럼 이루어지기 시작한다. 이런 경험에서 오는 모든 자료는 현재의 문제에서 나오는 자료와 함께 수집되고 비교된다. 이렇게 친숙한 요인들은 새로운 양상을 띠게 되며 일시적인 해결은 새로운 상황과 관계를 가지며 작용한다. 해결은 검토된다. 즉 효과가 없는 것들은 버려야 한다. 효과가 있는 것들은 미래의 비결정적 상황을 해결하기 위한 수단이 된다.

> 사람에게 일어나는 것과 그가 응답하는 가운데 행하는 것 사이에, 그가 자기의 환경에 대하여 행하는 것과 그것이 그에게 응답하는 가운데 행하는 것 사이에 연결되게 하는 정도에서만 자기에 관한 행위와 사물이 의미를 얻는다……합목적적 교육이나 학교학습은 그의 상호작용이 그처럼 중요한 의미를 얻도록 영향을 미치며 대신 그 의미가 더 배우는 학습의 도구가 되는 환경을 나타내야 한다.[30]

요약하면 듀이는 학습에 의미를 줄 경험을 획득하는 가운데 활동이 있다는 것을 느꼈다. 지금이나 계속되는 경험 가운데 그것이 사용되도록 노력하는 가운데 경험이 있다.

경험의 재건으로서의 교육 : 듀이는 주제를 경험에서 분리시키는 교육 체계에 대해 거의 참지 못했다. 그러나 그는 경험이 바른 종류의 경험이라는 정도에서만 가장 좋은 교사라는 것을 허용하는 최초의 사람일 것이다. 어떤 경험은 다음과 같은 이유 때문에 비교육적이 될 수 있다.

(1) 경험이 그 이상의 경험의 성장을 정지시키거나 왜곡시

---

30) *Democracy and Education*, pp. 13, 14.

킬 수 있다.

(2) 경험이 계속되는 경험에 대해 민감하거나 응답하는 것을 못하게 할 수 있다.

(3) 경험이 자동적인 기량을 증가시킬 수 있으나 과정에서 개인으로 하여금 틀에 박히게 할 수 있다.

(4) 경험이 실패할 수 있다. 왜냐하면 경험이 너무 연결되지 않아서 의미있는 모습으로 함께 연결될 수 없기 때문이다.[31]

듀이는 비교육적인 경험의 문제를 해결하기 위하여 연속성의 원칙(the principle of continuity), 또는 경험적 연속, 또는 그것이 교육과 관련된 대로 경험의 계속적인 재건을 제안하였다.[32] 이러한 경험은 전에 있었던 경험의 도움을 받아 어느 정도 후에 있는 경험을 조절한다. 모든 경험은 문제를 해결하는 데 있어서 과거의 경험에서 오는 자료의 도움을 받는다. 대신 이 자료들은 계속되는 경험에 영향을 주기 위한 도구가 된다. 듀이는 이러한 연속으로서 순수한 이론적 지식의 교육학적 신화를 타파시켰다. 그는 지식이란 학생이 개인적으로 익히 아는 것으로서 그리고 다른 사람이 확실히 알아서 기록하였던 것을 연구함으로써 발견하였던 것이라고 지적하였다. 그러나 이것은 그에게 지식일 뿐이다. 왜냐하면 그에게 대면하는 알려지지 않은 것들을 해석하고, 부분적인 사실을 채우며, 개연적 미래를 예견하며, 거기에 따라 계획을 세우기 위한 자원을 제공하기 때문이다.

> 한 온스의 경험은 어떤 이론이든지 생동적이고 명증할 수 있는 의의를 가진다는 것이 경험 안에서만 있기 때문에 한 톤

31) *Experience and Education*, pp. 13, 14.

32) Ibid., p. 24.

의 이론보다 더 좋다.[33]

사회 중심의 교육 : 듀이는 단언적으로 이렇게 말하였다.

> 학교 교육의 행정, 커리큐럼, 방법의 가치의 측정은 그것들이 사회정신으로 활기를 띠게 되는 정도이다.[34]

두 가지 조건은 이렇게 "침투하는 사회 정신"을 가능하게 한다.

(1) 학교 자체는 노력의 공동체임에 틀림없다. 듀이는 진보적 학교를 수동적 수용성의 학교라기보다는 오히려 협력적 노력의 학교라고 서술하였다. 그럼에도 불구하고 듀이는 참으로 교육적인 과정이 그룹활동과 경험의 맥락에서 계속한다고 느꼈다. 단순한 사실은 격리된 가운데 획득될 수 있으나 그 사실들의 의미는 "다른 사람과 일하고 노는 맥락과 관계된다."

(2) 학교는 "시민과 대학 관계자"(town and gown)를 전통적으로 분리한 것을 지속시켜서는 안 된다. 또 학교는 "학문적 은둔"(academic seclusion)을 장려해서도 안 된다. 학교에서의 학습은 학교 밖의 학습에서 계속되어야 한다. 교육이 작은 붉은 학교 건물에 인접해서만 일어난다는 개념은 교육의 수도원적 유형에 공헌하였다. 거기서는 이상화된 과거가 정신의 피난처와 위안이 된다. 현재의 관심은 천한 것이어서 주의를 기울일 가치가 없다.

듀이의 대답은 하나의 교육적 개요이었다.

---

33) *Democracy and Education*, p. 169.

34) Ibid., p. 415.

> 그 교육적 개요에서 학습은 사회적 목적을 가지고 전형적인 사회 상황의 자료를 활용하는 계속적 활동이나 직업의 부산물이다.[35]

미국 교육의 장면은 변하고 있었다. 모든 것에 대하여 자유로우나 의무적이고 보편적인 체계가 소개되면서 교사들로 하여금 여러 가지 다른 배경을 갖고 온 수 많은 학생들을 다루도록 강요하였다. 듀이는 지식층의 이지적 욕구 이상으로 일반 대중의 복합적 필요를 참작하는 교육 체계를 소개하였다.

듀이가 살고 있던 기간에 근대적 직업이 빨리 성장하고 있었다. 일은 분업화되고 전문화되었다. 새로운 기술 직업이 일어나고 있었다. 이러한 상황은 문제와 자료의 과학적 조사와 미래의 조심스러운 평가를 요구하였다. 교수의 창조적 방법이 발명되어야 했다. 기술에 관한 내용은 옛날 분류하는 방법이나 커리큐럼에 따라 다루지 않고 새로운 방법으로 취급되어야만 했다. 듀이는 두 가지 방법을 다 사용하였다. 과학적 세계는 어린이들과 학습을 다루는 새로운 심리적인 방법을 요구하고 있었다. 그것은 어린이들의 본성과 좀더 일관성있는 것이었다. 듀이의「경험과 자연」(*Experience and Nature*)은 이것을 지원하였다.

사람들은 듀이를 그처럼 새로운 사상을 반영시켰던 프라그마티즘과 개념도구설을 주장했던 미국의 최초의 근원적 철학자라고 부른다. 그는 오늘날 관찰하는 사람들이 볼 때 미국이 그를 형성시킨 것 이상으로 그가 미국 교육을 형성시켰는지 결정하기 어려울 정도로 미국 정신을 성장시켰다.

---

35) Ibid., p. 418.

Selected Bibliography

Dewey, J. *The Child and the Curriculum.* Chicago: University of Chicago, 1902.

_______. *A Common Faith.* New Haven: Yale University, 1960.

_______. *Democracy and Education.* New York: Macmillan, 1943.

_______. *Experience and Education.* New York: Macmillan, 1958.

_______. *Experience and Nature.* New York: Dover, 1958.

_______. *Human Nature and Conduct.* New York: Holt, 1922.

_______. *The Quest for Certainty.* New York: Capricorn, 1960.

_______. *The School and Society.* Chicago: University of Chicago, 1915.

Schilpp, P. A., ed. *The Philosophy of John Dewey.* 2nd ed. New York: Tudor, 1951.

Contributors

Marshall Coleman Dendy (M.A., University of Tennessee), Retired Executive Secretary of the Board of Christian Education of the Presbyterian Church, U.S.

Joan Allen Duval (Ph.D., Catholic University of America), Chief, Early Childhood Branch, Division of School Programs, Bureau of Educational Personnel Development, United States Office of Education, Department of Health, Education, and Welfare

William R. Feyerharm (Ph.D., University of Wisconsin), Assistant Dean, College of Liberal Arts and Sciences, University of Illinois

William Warren Filkin, Jr. (Ph.D., Southern Baptist Theological Seminary), Professor Emeritus of Christian Education, Trinity Evangelical Divinity School.

Abraham Friesen (Ph.D., Stanford University), Assistant Professor of Renaissance and Reformation History, University of California (Santa Barbara)

Kenneth O. Gangel (Ph.D., University of Missouri), President, Miami Christian College

George E. Ganss, S.J. (Ph.D., St. Louis University), Professor Emeritus of Spirituality, School of Divinity, St. Louis University

Lewis Howard Grimes (Ph.D., Columbia University) Professor of Christian Education, Perkins School of Theology, Southern Methodist University

Harold J. Grimm (Ph.D., Ohio State University), Professor Emeritus of History, Ohio State University

Gerald Lee Gutek (Ph.D., University of Illinois), Professor of History and of Foundations of Education, Loyola University (Chicago)

Donald Guthrie (Ph.D., University of London), Registrar for Advanced Studies and Senior Lecturer in New Testament, London Bible College

Julia S. Henkel (Ph.D., University of Pittsburgh), Professor of Christian Education, Grand Rapids Baptist Seminary

T. F. Kinloch (M.A.), died 1953.

John H. Kromminga (Th.D., Princeton Theological Seminary), President and Professor of Historical Theology, Calvin Theological Seminary

Richard N. Longenecker (Ph.D., Edinburgh University), Professor of New Testament, Wycliffe College, University of Toronto

James Merritt (Ed.D., Harvard University), Professor of Education, Northern Illinois University

Carl S. Meyer (Ph.D., University of Chicago), died 1972. Formerly Graduate Professor of Church History, Concordia Theological Seminary (St. Louis)

H. Wayne Pipkin (Ph.D., Hartford Seminary Foundation), Assistant Professor of Religion, Baylor University

Bernard L. Ramm (Ph.D., University of Southern California), Professor of Theology, Eastern Baptist Theological Seminary

David H. Roper (Th.M., Dallas Theological Seminary), Director, Discovery Center, Peninsula Bible Church, Palo Alto, California

Elmer L. Towns (Th.M., Dallas Theological Seminary), Director, Sunday School Research Institute; and Executive Vice President, Baptist University of America

Robert Ulich (Dr.Phil., University of Leipzig), James Bryant Conant Professor of Education, Emeritus, Graduate School of Education, Harvard University

John D. Woodbridge (D.T.C., University of Toulouse), Associate Professor of Church History, Trinity Evangelical Divinity School

편자 소개 | Elmer L. Towns

엘머 L. 타운즈(Elmer L. Towns)는 미국 조지아 주 사바나 시에 있는 주일학교연구소 소장으로 봉직하고 있으며, 같은 주 디케이터 시에 있는 the Baptist University of America의 부총장으로 재직 중이다.

그는 Northwestern 대학에서 B. A. 학위를, Dallas 신학교에서 Th. M. 학위를, Garrett 신학교에서 MRE 학위를 각각 취득하였다.

타운즈는 여러 책들을 썼는데 그 가운데 *The Christian Hall of Fame*, *Ministering to the Young Single Adult*, *Successful Lesson Preparation*, *Teaching Teens*, *The Ten Largest Sunday Schools* 등이 대표적이다.

인물 중심의 종교교육사 기독교교육연구시리즈 2

초판발행 · 1984년 8월 20일
4 쇄발행 · 2006년 9월 20일

편 자 · 엘머 L. 타운즈
역 자 · 임 영 금
발 행 인 · 박 노 원
발 행 소 · **한국장로교출판사**
주 소 · 110－470 | 서울특별시 종로구 연지동 135
전 화 · (02)741－4381~2 | (F)741－7886
등록번호 · No. 1－84(1951. 8. 3.)

ISBN · 89－398－0402－3

값 16,000원